BAEDEKER

W
WIEN

»

Wien ist eine Stadt, die um einige Kaffeehäuser herum errichtet ist.

«

Bertolt Brecht

baedeker.com

★★

TOP 18

Die Top-Sehenswürdigkeiten von Wien

★★

ALBERTINA

Kunstsammlung von Weltruf und Habsburgische Prunkräume. **S. 50**

★★

BELVEDERE

Die beiden Schlösser des »Türkenbesiegers« Prinz Eugen mit Kunst und herrlichem Park. **S. 67**

★★

BURGTHEATER

Theater der Spitzenklasse. Hier treten Schauspieler mit Weltruf auf. **S. 73**

★★

HOFBURG

Der ehemalige Palast der Habsburger birgt mehrere Museen und eine Fülle von Prunkräumen. In einem Flügel hat der Bundespräsident seinen Amtssitz. **S. 100**

★★

KAISER-APPARTEMENTS

In der Alten Hofburg arbeitete und lebte das Kaiserpaar Franz Joseph und Elisabeth, genannt Sisi. Ihr ist ein eigenes Museum gewidmet. **S. 102**

★★

KARLSKIRCHE

Barockes Meisterwerk von Vater und Sohn Fischer von Erlach. Ein Aufzug führt bis ganz nach oben. **S. 134**

★★

KUNSTHISTORISCHES MUSEUM

Was die Habsburger im Laufe der Jahrhunderte an Schätzen zusammentrugen, zeigt die Kunstkammer. Gemälde und Kunstwerke von Weltruhm ergänzen die Sammlung. **S. 149**

★★

MAK

Welcher Designer hat es ins Museum geschafft? Kostbares Kunsthandwerk und junges Design auf mehreren Etagen. **S. 165**

★★

MUSEUMSQUARTIER

Lebendige Szene und prominente Museen, darunter eines nur für Kinder **S. 171**

NATURHISTORISCHES MUSEUM
Zu Besuch bei Dinosauriern und im Venus-Kabinett, riesigen Kristallen und berühmten Meteoriten **S. 176**

ÖSTERREICHISCHE NATIONALBIBLIOTHEK
Mit dem barocken Prunksaal zählt sie zu den schönsten Bibliotheken der Welt. **S. 106**

SCHATZKAMMERN
Legendäre Kronen, wertvolle Juwelen, Umhänge der Kaiser und sakrale Kostbarkeiten in mehr als 20 Räumen verbergen sich hinter den Panzertüren in der Alten Hofburg. **S. 103**

SCHÖNBRUNN
Maria Theresias Sommerfrische zeigt die imperiale Pracht der Habsburger. Gleich nebenan lockt der Tierpark Schönbrunn. **S. 190**

SPANISCHE HOFREITSCHULE
Was Pferde alles können! Das Lipizzaner-Ballett ist Reitkunst in höchster Vollendung – von der Pirouette bis zur Kapriole. **S. 105**

STAATSOPER
Großer Auftritt für Diven und Tenöre in einem der bekanntesten Opernhäuser der Welt **S. 210**

STEPHANSDOM
Herz der Stadt, weltberühmtes Kulturgut, nationales Wahrzeichen und Touristenmagnet ersten Ranges **S. 212**

WELTMUSEUM WIEN
Eines der bedeutendsten ethnographischen Museen der Welt. In den 14 Räumen geht der Blick hier weit über den kulturellen Tellerrand hinaus. **S.114**

ZENTRALFRIEDHOF
Zahlreiche Berühmtheiten haben hier ihre letzte Ruhestätte gefunden. Prächtige Denkmäler schmücken die Ehrengräber. **S. 233**

DAS IST WIEN

TOUREN

LEGENDE

Baedeker Wissen

● Textspecial, Infografik & 3D

Baedeker-Sterneziele

★★ Top-Sehenswürdigkeiten

★ Herausragende Sehenswürdigkeiten

SEHENSWERTES VON A BIS Z

HINTERGRUND

ERLEBEN UND GENIESSEN

PREISKATEGORIEN

Restaurants

Preiskategorienfür ein Hauptgericht

€€€€	über 25 €
€€€	20–25 €
€€	15–20 €
€	unter 15 €

Hotels

Preiskategorien für ein Doppelzimmer

€€€€	über 200 €
€€€	150 – 200 €
€€	100– 150 €
€	bis 100 €

PRAKTISCHE INFORMATIONEN

ANHANG

BAEDEKER MAGISCHE MOMENTE

MAGISCHE MOMENTE

BAEDEKER ÜBERRASCHENDES

ÜBERRASCHENDES

D

DAS IST...

Wien

Die großen Themen
rund um die Donaumetropole.
Lassen Sie sich inspirieren!

Wien ist ohne Kaffehäuser nicht vorstellbar. ►

125
CAFÉ
Sperl

HÜ ODER HOTT?

Da kommen sie! Schon von Weitem kündigt Hufgetrappel die Fiaker an. Wiens Altstadt ist ohne diese Pferdekutschen kaum vorstellbar. Die Wiener selbst steigen nur selten ein; es ist halt ein wenig Wiener Stimmung für Touristen.

◄ Zwei von circa 300 Wiener Fiakerpferden

MORGENS um 10 Uhr zieht eine lange Parade von Pferdegespannen in die Wiener Innenstadt. Die Kutschen parken vor der Hofburg, am Stephansdom und vier weiteren Standplätzen. Dort warten stets schon die ersten Wientouristen auf eine kleine **Stadtrundfahrt im imperialen Stil**.

Der Fiaker – der Name meint auch den Kutscher selbst – ist im günstigen Fall mehr als ein Pferdelenker und gibt während der Fahrt so manches launige G'schichterl zum Besten. Ist er schlecht gelaunt oder sieht nur mäßiges Trinkgeld kommen, kann er sehr ausdauernd schweigen. Auch Frauen sind mittlerweile als Fiaker zugelassen und auch sie tragen die in der »Betriebsordnung für Fiaker- und Pferdemietwagenunternehmen« genau vorgeschriebene **Dienstkleidung**: weißes Hemd, Weste und Melone.

Kutschen im Verkehr

Den meisten Wienern sind die Fiaker ziemlich egal, selbst nutzen sie die Gefährte so gut wie nie, höchstens einmal bei Hochzeiten oder um ausländische Geschäftspartner zu beeindrucken. Manche Autofahrer betrachten die dahinzottelnden Kutschen als ärgerliches Hindernis. Auch die Hinterlassenschaften der Pferde sorgten für Bürgerproteste. Mittlerweile ist unter jedem Pferdehintern ein Auffangsack (»Poohbag«) positioniert, der dieses Problem behebt.

Und immer wieder demonstrieren Wiener **Tierschützer** publikumswirksam vor dem Stephansdom, um auf die Lage der Fiaker-Pferde aufmerksam zu machen. Sie monieren langes Stehen an den Warteplätzen, unbeweglich eingebunden im Geschirr, strapaziöses Gehen auf hartem Kopfsteinpflaster, Dauerstress durch Großstadtlärm, Einsatz bei Hitze im Sommer und Kälte im Winter, teils gar Wasser- und Futtermangel, angebundene Schweife, scheuernde Maulkörbe.

Alles Unsinn, alles übertrieben, kontern die Fuhrunternehmer. Sie wüssten mit ihren Pferden so artgerecht wie pfleglich umzugehen. Und doch stellt sich die Frage: Eine Fahrt mit dem Fiaker – darf man? Wird man als Tourist womöglich zum Tierquäler?

Hitzefrei für Pferde

Die Stadt Wien hat die Frage als dringlich erkannt und den 38 Droschkenbetrieben Auflagen gemacht. Das Pferd muss jeden zweiten Tag im Stall bleiben, über die **Pausenzeiten** haben die Fiaker Buch zu führen. Mehr als fünf Gäste dürfen nicht in die Kutsche und betrunken sollen die Fahrer auch nicht sein. Seit 2016 bekommen die Tiere ab 35 °C im Schatten hitzefrei und machen an überdachten Standplätzen Pause. Hinweisen auf krank wirkende Tiere geht der Amtstierarzt umgehend nach.

Die Liste ist noch längst nicht abgearbeitet. Wenn es den Tierschützern gelingt, eines schönen Tages ihre Maximalforderung durchzusetzen, endet die Geschichte der Mietdroschken, die in Wien 1693 begann, mit einem Fiakerverbot. Bis dahin beginnt der **Arbeitstag der Fiaker** wie jeden Morgen um 10 Uhr.

Fiakerfahrer kennen jede Menge Geschichten, vielleicht auch die der dynamischen Figuren am Michaelertrakt der Hofburg: Sie zeigen den Sieg von Herkules über Antäus, Sohn der Erdgöttin Gaia. ▶

BAEDEKER DAS IST ...

UNTERWEGS MIT 2 PS

Jetzt aber rein in die Kutsche. So gemütlich-authentisch ist keine andere Stadtbesichtigung. Sogar im Winter wunderschön, dick eingemummelt in eine Decke, während romantisch-leise der Schnee rieselt (▶ **S. 343/344**).

DER TORTEN-KRIEG

Die Wiener Speisekarte erzählt k. u. k. Geschichte: Kaiser- und Königliches aus längst vergangenen Zeiten der österreichisch-ungarischen Monarchie. Und sie erzählt die Geschichte der Sachertorte, von der es gleich zwei »echte« gibt.

◄ Sisi hat ein wachsames Auge auf das Geschehen im Hotel Sacher.

VOM Mittelalter bis zum Ersten Weltkrieg, rund 630 Jahre lang, schuf das Haus Habsburg ein enormes Reich, zu dem außer dem Kernland Österreich auch Teile Süddeutschlands und Norditaliens, ganz Schlesien und Böhmen inklusive Prag, Kroatien und Bosnien zählten. Bis weit in die ungarischen Steppen und tief in die Ukraine hinein spannte sich der Machtbezirk von Österreich-Ungarn. Und wer am Wiener Hof als Staatsbeamter Karriere zu machen gedachte, tat gut daran, mindestens sechs Sprachen zu sprechen.

K. u. k. Küchenvielfalt

Wien, die mächtige Schaltzentrale zwischen Ost und West, Hauptstadt und Auffangbecken eines Vielvölkerstaats, zog Menschen aus dem gesamten Reich an. Die einen kamen als hohe Bedienstete mit ihrem Tross aus Kammerdienern, Mägden, Köchen und Zofen, die anderen versahen als Handwerker und Tagelöhner ihren Dienst.
Erfahrungsgemäß hat der Magen ein ausgesprochen langes Gedächtnis und so manche Gräfin, so mancher Kammerdiener und Hufschmied mag nagendes Heimweh mit einer Leibspeise von zu Hause gestillt haben. Langsam, aber unaufhaltsam gingen viele fremde **Kochrezepte** in den Kanon der »typischen Wiener Küche« ein. Die Spuren des Wiener Schnitzels führen nach Italien, Gulasch stammt aus Ungarn, Powidltascherln und Palatschinken haben ihre Wurzeln in der böhmischen Küche. Der hauchdünn gezogene Teig eines Strudels, an dessen Zubereitung schon so mancher verzweifelt ist, stammt ursprünglich sogar aus der Türkei! Stets handelte es sich um eine **freundliche Übernahme** und kein Ungar käme auf den Gedanken, einen Namenskrieg um einen Kessel voller Rindfleischstücke zu führen. Streit gab es nur um eine einzige Wiener Spezialität, die Sachertorte. Und diese Geschichte trug sich so zu:

Eine Torte muss her!

Ein kleiner Schnupfen oder sonst eine Unpässlichkeit entscheidet mitunter über Schicksale. Das war im Fall von Franz Sacher nicht anders. Der 16-Jährige absolvierte gerade seine Lehre, als sein Chef krankheitshalber ausfiel. Und

BAEDEKER DAS IST ...

KANN ES NUR EINE GEBEN?

Verkosten Sie die Sachertorten: Die »Original Sachertorte« besitzt eine Schicht Aprikosenmarmelade, die »Eduard-Sacher-Torte« zwei. Was sonst noch in den Torten ist, halten Sacher wie Demel streng geheim. Bei beiden gehört ein Schlagobers zwingend zur Torte. Der Wiener Tortentest kann ausgeweitet werden: Imperialtorte, Dobostorte, Malakofftorte ...
(▶ S. 75/299)

das im denkbar ungünstigsten Moment: Ihr Brötchengeber, Klemens Fürst von Metternich, verlangte nach einer eigens für ihn kreierten Torte, die der Höhepunkt eines Festes werden sollte. Der **findige Lehrling** kombinierte eine Art Schokoladenbiskuit mit einer feinen Schicht Aprikosenmarmelade. Die Sachertorte war geboren.

Die dunkle Königin

Später schickte Franz, inzwischen Vater geworden, seinen Sohn Eduard in die k. u. k. Hofzuckerbäckerei Demel in die Lehre. Dieser speiste des Vaters Tortenrezept selbstverständlich in den Demel'schen Rezeptekanon ein. Auch Eduard blieb nicht bei seinem Lehrherrn hängen, sondern machte sich selbstständig und ging als Gründer des legendären Hotels Sacher in die Wiener Geschichte ein. Als Eduard 1892 starb, führte seine rührige Ehefrau, die **Metzgerstochter Anna Sacher**, das Hotel zur bekannten Größe.

Im Zeitalter der Markenrechte wurde plötzlich der größte Verkaufsschlager des Hauses, die Sachertorte, zum Streitfall. Auch der Konkurrent Demel hatte eine »Original Sachertorte« im Angebot und verdiente damit gutes Geld. Man stritt sich von 1954 an durch sämtliche Instanzen der österreichischen Gerichtsbarkeit. Seit 1963 ist der **Streit gütlich und salomonisch beigelegt**: Das Sacher darf die »Original Sachertorte« verkaufen und Demel wiederum die »Eduard-Sacher-Torte«.

JEDER WIENER IST EIN OPERN-DIREKTOR

Wien, die Stadt der Musik! Schubert, Beethoven, Brahms, Haydn und natürlich Mozart füllen die Säle. Wichtigstes Aushängeschild des österreichischen Musikbetriebs ist die Staatsoper. Künstlerische Glanzleistungen und menschliche Niedertracht gehen hier Hand in Hand.

Das Fachpublikum nimmt Platz in der Staatsoper. ▶

ALS die Oper am 25. Mai 1869 mit Mozarts »Don Giovanni« eröffnete, blieben zwei Ehrensitze leer. Diese Lücke unter den Ehrengästen hatte sich Kaiser Franz Joseph sicher nicht gewünscht. Die Hofoper sollte das Glanzstück der imperialen Ringstraße werden, die er ab 1865 Zug um Zug errichteten ließ. Entsprechend hoch hing die Latte für die Baumeister: Der Wiener Architekt August von Sicardsburg zeichnete für das Gebäude verantwortlich, Eduard van der Nüll für die Innendekoration. Steht man heute vor dem Prachtbau und bewundert die glanzvolle Innengestaltung, kann man nicht nachvollziehen, warum das Ganze zum Desaster geriet. Schon während des Baus zerrissen sich die Kritiker das Maul und auch der Kaiser selbst ließ sich zu abfälligen Bemerkungen herab. Das, so heißt es, verkrafteten die Verantwortlichen nicht: Van der Nüll brachte sich ob der Schmähungen um; von Sicardsburg erlag einem Herzinfarkt.

BAEDEKER DAS IST...

STEHPLÄTZE UND FÜHRUNGEN

Jeweils 80 Minuten vor Vorstellungsbeginn gehen die 435 Stehplätze für die jeweilige Abendvorführung in den Verkauf. Eine perfekte Möglichkeit für den spontanen Opernbesuch und für kleines Geld ein unvergessliches Wien-Erlebnis. Der Dresscode hat sich mittlerweile sehr gelockert. Frack und Abendkleid sind nur noch beim Opernball vorgeschrieben. Nicht nur für Opernfans ein Erlebnis: die Führungen durchs Haus.
Tickets am Eingang (▶ **S. 210**).

Es kracht

Auch den Operndirektoren machten es die Grantler nie leicht. Gustav Mahler, begnadeter Komponist und innovativer Geist, aber Jude, musste sich erst taufen lassen, bevor man ihn ab 1897 ans Dirigentenpult ließ. Während seiner zehn Jahre in Wien revolutionierte er das Opernwesen: Verkürzte Aufführungen schaffte er ab, als Erster ließ er Richard Wagners Opern in kompletter Länge spielen. Die Solisten, die bislang vom Bühnenrand aus ihre Arien in den Zuschauerraum schmetterten, sollten nun auch schauspielern. Auch das Publikum erzog Mahler. Nach Beginn der Aufführung war kein Eintritt mehr möglich, **Herumlaufen während des Spiels** schon gar nicht, Zwischenrufe, auch begeisterte, verbat er sich. Doch antisemitische Hetzkampagnen machten ihn mürbe, 1907 ließ ihn Wien ohne Abschied und ohne Dank nach New York ziehen. Auch **Herbert von Karajan**, der als künstlerischer Leiter von 1957 bis 1964 enorme Erfolge feierte, schied in Unfrieden. »In Wien hat jeder Operndirektor eineinhalb Millionen Mitdirektoren, die ihm alle sagen, wie die Oper geführt werden muss.«

1000 Mitarbeiter, 24 Lkw

Kein leichtes Pflaster also und gleichzeitig **eines der besten Opernhäuser der Welt**. Mehr als 60 verschiedene Opern- und Ballettaufführungen werden an rund 350 Abenden gegeben, ein gigantisches Pensum. Die Aufführungen sind stets zu fast 100 % ausverkauft, eine **ungewöhnliche Erfolgsquote**. Rund 1000 Mitarbeiter beschäftigt die Oper, darunter 200 Bühnenarbeiter und Techniker. Vormittags laufen Proben in der einen Originalkulisse, diese weicht am Nachmittag der Kulisse für die aktuelle Abendvorstellung. Allein für »Carmen« kommen zwei Mal täglich 24 LKWs für den Kulissentransport von den Außendepots zum Einsatz. Die größte Leistung ist der Umbau des gesamten Hauses für den **Opernball**, wenn Bühne, Orchestergraben und Parkett in einen ebenerdigen Tanzsaal verwandelt werden. Dort schwingen Politik und Hochfinanz, Unternehmer und Kulturgrößen das Tanzbein und das Haus steht im Zentrum von Klatsch und Tratsch.

Facetten des Opernerlebens

Die opulentest verzierten Räumlichkeiten wie Feststiege, Teesalon, Loggia und Schwindfoyer, auch Zuschauerraum und Bühne kann man mehrmals täglichen im Rahmen von **Führungen** besichtigen. Verschnaufen kann man danach im Café Gerstner im Opernfoyer (Eingang an der Ostseite). Ein toller Zusatzservice ist die Möglichkeit, das Bühnengeschehen an der Ostfassade draußen kostenfrei via **Mega-Leinwand und Lautsprecher** zu verfolgen. Beachtenswert: vor der Südostecke das von Architekt Wolf D. Prix (Studio Coop Himmelb(l)au) aus Aluminium gestaltete Denkmal zu Ehren der Komponisten der Zweiten Wiener Schule.

Pause! Nun bei Schampus und Canapés die Aufführung besprechen. ▶

DIE ZWEI LEBEN DER PUMMERIN

Die »Pummerin« hängt im Stephansdom. Sie ist die zweitgrößte Glocke Mitteleuropas und viel mehr als nur eine Kirchenglocke – ein nationales Denkmal ist sie und die Stimme Österreichs für ausgesuchte Anlässe. Wenn sie läutet, hat das besondere Bedeutung.

Die »Pummerin« ist die Stimme Österreichs. ▶

EIN ganz normaler Tag im Stephansdom. Vor dem Haupteingang drängen sich fotografierende Touristen, Bettler, als Mozart verkleidete Konzertkartenverkäufer, Stadtführer mit ihren Gruppen. Gläubige und Besucher schieben sich durch die Schwingtüren ins Innere. Opferkerzen flackern leicht, ein immerwährendes Wispern und Raunen erfüllt die gotische Kathedrale: Im Schnitt besuchen pro Tag rund 16 000 Menschen aus aller Welt den Dom, ca. sechs Millionen sind es im Jahr.

Stimme Österreichs

Der katholische Dom ist zuallererst ein spiritueller Ort, wo mehrfach am Tag Messen zelebriert werden und Gläubige noch im größten Trubel andächtig vor den Altären beten. Er ist sodann ein touristischer Ort zum Staunen – und zum Gruseln, wenn man die Katakomben besucht, wo die Gebeine Tausender Menschen aufgeschichtet liegen. Und er ist auch ein besonderer Ort der österreichischen Geschichte: im Nordturm hängt die Pummerin, die »Stimme Österreichs«.

Sie führt hier schon **ihr zweites Leben**. 1711 ließ Kaiser Joseph I. Kanonen aus dem Türkenkrieg zur ersten Pummerin gießen; so ist schon ihre »Geburt« etwas Besonderes, werden doch normalerweise Glocken zu Kanonen umgeschmolzen. Die Wiener gaben ihr, ihres sehr tiefen »pumbernden« Klangs wegen, den Namen Pummerin. Bis 1945 hing sie im Südturm, dem höchsten der vier Türme von St. Stephan. Als in den letzten Tagen des Zweiten Weltkriegs der Dom Feuer fing, ging auch das Glockengestühl in Flammen auf. Die Pummerin stürzte krachend in die Tiefe und **zerschellte** in viele Stücke. Die Stimme Österreichs verstummte.

BAEDEKER DAS IST...

DA HÄNGT SIE ALSO!

Von der Aussichtsterrasse auf dem Nordturm ist die Pummerin gut zu sehen. Die Fahrt im engen Aufzug dauert wenige Sekunden. Schauen Sie genau hin: in der Aufzugskabine klemmt ein plüschiges Maskottchen an der Decke. Sprechen Sie den Aufzugführer darauf an – er wird sich freuen (tgl. 9–17.30 Uhr, 6 €). Wenn Sie den Dom selbst in einer ganz besonderen Stimmung erleben wollen, gönnen Sie sich eine nächtliche Domführung mit Dachrundgang (Juli–Sept. Sa. 19 Uhr, 12 €; ▶ S. 212/215).

200 Jubelkilometer

Als Teil von Hitlers Deutschland gehörte Österreich zu den Kriegsverlierern und lag nach 1945 auf Jahre in jeder Hinsicht am Boden. Für den Wiederaufbau des Stephansdoms, der größten Kirche Österreichs, spendete das ganze Land Geld. 1951 goss eine Linzer Gießerei die zweite Pummerin aus den Bruchstücken der alten. Man kann es heute vielleicht nicht recht nachvollziehen, aber der Transport der fertigen Glocke geriet zum **Volksauflauf**. Ältere erinnern sich noch gut daran. In allen Orten, die die Pummerin auf der 200 Kilometer langen Strecke von Linz nach Wien pas-

OBEN: Einzug der neuen Pummerin in Wien am 26. April 1952
UNTEN: Blick vom Nordturm, wo die Pummerin heute hängt, hinab auf die Stadt

sierte, säumten Hunderte die Straßen, jubelten, lachten, weinten, schwenkten Taschentücher.
Der Einzug der Pummerin in Wien hätte zum Desaster werden können. Noch war die Hauptstadt, wie Berlin, in vier Sektoren geteilt. Wohlweislich setzten die Alliierten Ausweiskontrollen und Passierscheinpflicht an den Zonengrenze an diesem Tag kurzerhand aus.
Heute hängt die Pummerin aus statischen Gründen im niedrigen Nordturm – und schweigt fast das ganze Jahr. Nur an den **höchsten Festtagen** wird sie geläutet. Ihr schwerer Mollton erklingt auch bei besonderen nationalen Unglücksfällen: Die »Stimme Österreichs« ehrte im Jahr 2000 die 155 Toten des Seilbahnunglücks bei Kaprun und sie betrauerte 71 Flüchtlinge, die 2015 in Parndorf in einem Lastwagen erstickten. Und für die Wiener gehört ihr weit über die Stadt klingendes Silvester-Mitternachtsgeläut so fest zum Jahreswechsel wie das Feuerwerk.

EIN BAD IN DER DONAU

Ein Bad in der Donau schätzen die Wiener sehr, doch manchmal verdirbt die Obrigkeit den Spaß. Kollisionen sind vorprogrammiert, wenn dann noch ein Querkopf dazukommt. So geschehen beim berühmten Arbeiterstrandbad Gänsehäufel.

Noch eine letzte Runde in der Neuen Donau ▶

FLORIAN BERNDL (1856–1934) ergriff seine Chance. Der Naturheilkundler und Ärztehasser aus dem Waldviertel gründete im Jahr 1900 auf einer Schotterinsel in der Alten Donau das »Strandbad am Gänsehäufel«. Dort propagierte er sehr erfolgreich das Nacktbaden, Freikörperkultur sowie Sandbäder gegen allerlei Gebrechen. Das rief Ärzteschaft und **Sittenwächter** auf den Plan. 1905 setzte die Obrigkeit dem Treiben ein Ende, nicht aber dem Baden: 1907 eröffnete sie das »Strandbad der Commune Wien am Gänsehäufel« in eigener Regie mit Umkleidekabinen, elektrischem Licht und – man glaubt es kaum – Berndl als Bademeister.

Das ging nicht lange gut. Berndl kurierte munter weiter, wurde prompt entlassen und gründete in der unmittelbaren Nachbarschaft mit seinen Anhängern die Schrebergartenkolonie »Neu-Brasilien« inklusive Wirtshaus am Fluss. Die Geschichte endet tragisch: Der Naturapostel verarmte völlig , wurde als »verwilderter Narr« in ärztliche Obhut überstellt und starb beim Fluchtversuch aus dem Spital. Was bleibt? Das bei den Wienern sehr beliebte **»Strandbad Gänsehäufel«** (jetzt mit FFK-Bereich), das Gasthaus »Neu-Brasilien« und – typisch Wien – für Berndl ein Ehrengrab auf dem Zentralfriedhof.

Wien und seine Donau

Wahrscheinlich gäbe es Wien ohne die Donau gar nicht. Keine reichen Fischgründe, keine satten Einkünfte durch Warentransport, kein Schutz vor Feinden. Der Preis, den die Wiener für die Vorteile zahlen mussten, war hoch: Immer wieder überschwemmte der unregulierte Fluss die Stadt, vernichtete Hab und Gut und Menschenleben.

Schon Maria Theresia sann auf Abhilfe, aber erst unter Kaiser Franz Joseph I. gelang die **Zähmung der Donau**. Mit Hilfe akribischer Planung und der französischen Firma, die mit dem Bau des Suezkanals ihr Meisterstück abgeliefert hatte, erhielt die Flusslandschaft zwischen 1870 und 1875 ihr heutiges Gesicht (▶ Baedeker Wissen, S. 78). Eine zweite Regulierung im 20. Jh. teilte das Flussbett, die Donauinsel entstand. Beide Eingriffe bescherten den Wienern neben Hochwasserschutz und Baugrund auch eine neue Vergnügungsinsel – und neue Konflikte.

Die Spaghetti-Insel

Die 200 Meter breite, aber 21 Kilometer lange Donauinsel schmähten die Wiener erst als »Spaghetti-Insel«, bevor sie sie ins Herz schlossen. Landschaftsarchitekten haben der spindeldürren Kunstinsel ein fein modelliertes Gesicht gegeben, Biotope und künstliche Teiche angelegt, Grillplätze, Badeinseln und herrliche, topfebene Jogging- und Inlinestrecken geschaffen. Für die Skandale sorgt die **»Copa Cagrana«** (benannt nach dem angrenzenden Stadtteil Kagran), ein Konglomerat aus Bars und Restaurants, das sich in den 1980er-Jahren am Ufer der Neuen Donau ansiedelte. Teils mit Bretterbudenflair, oft ein bisschen wild, ein bisschen schräg, erst bejubelt, dann heruntergekommen, am Ende in Verruf geraten. 2016 nahm die Stadtverwaltung das Heft in die Hand. Unter ihrer Ägide entstand Zug um Zug die »Copa Beach«! **Schicke Beach-Bars** mit Sandstrand und Liegestühlen sowie gepflegte Restaurants für die kosmopolitische Kundschaft, gut gemischt mit »konsumfreien Zonen« für Sport und Freizeit, eine laut Planern »Dockingstation urbaner Diversität«. Strand, Liegewiese, Chill-out-Park, einige hippe Bars und Restaurants sorgen hier nun für Kurzweil, weitere sollen noch folgen. Willkommen am Donaustrand!

BAEDEKER DAS IST...

CHILLEN AM DONAUWASSER

Seit 2016 ist die »Copa Beach« Stadtgespräch. Heute reihen sich an ihr Restaurants und Beach-Bars dicht an dicht. Steigen Sie an einem schönen Sommerabend an der U-Bahn-Haltestelle »Donauinsel« aus und genießen Sie einen Sundowner am Strand der Donau. Lieber eine Runde schwimmen? Dann ins Gänsehäufel! Wer lieber in der Innenstadt mit der Donau in Kontakt kommen will, geht an den Donaukanal. Dort liegt ein Badeschiff vor Anker und, besonders angesagt, das »Motto am Fluss«. In diesem Szenerestaurant wird auch Conchita Wurst ab und zu gesichtet (▶ **S. 304**).

T

TOUREN

Durchdacht, inspirierend, entspannt

Mit unseren Tourenvorschlägen lernen Sie Wiens beste Seiten kennen.

Von der Gloriette geht der Blick über Schloss Schönbrunn hinweg zu den Höhen des Wienerwalds. ►

UNTERWEGS IN WIEN

Zu Fuß durch Wien

Eine Reise nach Wien erfordert gutes Schuhwerk, denn man kann praktisch alle wichtigen Sehenswürdigkeiten zu Fuß erkunden. Die meisten Attraktionen befinden sich innerhalb und entlang des Rings, also in der Inneren Stadt, dem 1. Bezirk.
Ca. 2 km^2 umfasst der **historische Stadtkern**, der Ausgangspunkt jeder Besichtigung sein sollte. Am besten orientiert man sich immer am Stephansdom. Weite Teile der Innenstadt sind zudem Fußgängerzone.

Mit Fiaker und Tram

Eine nicht gerade preiswerte, aber sehr beliebte Art der Stadtbesichtigung ist die Fahrt mit einem **Fiaker**. Die Pferdekutschen stehen u. a. am Stephansdom, auf dem Heldenplatz und vor der Albertina und laden zur nostalgischen Reise durch die Altstadt ein. Für die Besichtigung der historischen **Ringstraße** mit ihren Prachtbauten, die ab Mitte des 19. Jh.s anstelle der Stadtmauer entstanden, kann man die **Vienna Ring Tram** benutzen. Die Straßenbahn fährt ganzjährig täglich von 10 bis 17.30 Uhr im 30-Minuten-Takt vom Schwedenplatz eine Runde um den Ring. Die Fahrt ist gleichzeitig eine Reise durch die Kunstgeschichte, denn der »Ringstraßenstil« imitiert Klassik, Gotik, Renaissance und Barock.

Weiter draußen

Die Erholungslandschaft des **Praters** erstreckt sich jenseits des Donaukanals und bietet heute weitverzweigte Spazierwege und im sogenannten Wurstelprater Kurzweil in Vergnügungsstätten und Gasthäusern. Der **Gürtel** schließlich umfasst die ehemaligen Vorstädte, und will man das Wiener Nachtleben kennenlernen, so kann man dies auch in den diversen Lokalen in den Stadtbahnbögen entlang des Lechenfelder und des Hernalser Gürtels tun.
Und dann gibt es mit der **UNO-City** und der **Donau-City** ja auch noch die »Zweite Stadt« jenseits der Donau. Wien konnte sich neben New York, Genf und Nairobi als vierte UNO-Stadt etablieren. Zwar kann man angesichts der Hochhaustürme nicht unbedingt von architektonischen Highlights sprechen, aber Millennium Tower, Andromeda Tower oder der neue DC Tower stellen für Architekturinteressierte einen schönen Kontrast zum historischen Wien dar.

Vienna Heurigen Express

Die Tour beginnt und endet in Heiligenstadt an der gleichnamigen Endstation der U4 und führt durch den romantischen Wienerwald zum Kahlenberg. An jeder Haltestelle kann ein- oder ausgestiegen werden. Fahrtzeiten: April – Okt. jeweils Fr. 13 – 20.30, Sa. 11 – 21.30, So. 11 – 19.30 Uhr, Feiertage variable Zeiten, www.liliswelt.at

BAEDEKER ÜBERRASCHENDES

6X TYPISCH

Dafür fährt man nach Wien.

1. KAFFEEHAUS

Wien ohne Kaffeehausbesuch geht gar nicht. Die Auswahl ist groß, die Tortenauswahl noch größer. Und im Dschungel der **Kaffeespezialitäten** hilft unsere Kaffeehaus-Infografik. (▶ **S. 314**)

2. WÜRSTEL

Typischer als Wiener Schnitzel? Ja, das geht. Die üppig über die ganze Stadt verstreuten **Würstelbuden** beweisen es. Sogar vor der Albertina steht eine. (▶ **S. 298**)

3. MOZART

Unter all den Größen, die Wiens Musikkultur geprägt haben, ist Mozart der Superstar. Von Kaffeetassen, Postkarten und Süßigkeiten lächelt sein Konterfei, eine ganze Industrie lebt von ihm. Besonders nah kommen ihm seine Verehrer im **Mozarthaus**. (▶ **S. 223**)

4. A SCHEENE LEICH

»Der Tod, das muss ein Wiener sein.« Wiens enger Beziehung zu den letzten Dingen lässt sich am besten bei einem Gang über den **Zentralfriedhof** nachspüren. (▶ **S. 233**)

5. HEURIGEN

Bei Schrammelmusik und einem Glas Veltliner rutschen Einheimische und Gäste zusammen und blicken gemeinsam tief in die Wiener Seele. Einer der bekanntesten Heurigen ist die **10er Marie**. (▶ **S. 305**)

6. HABSBURGER

Was den Briten ihre Queen, ist den Wienern das Haus Habsburg. Bestens erlebbar in **Schönbrunn**, das Kaiserin Maria Theresia besonders liebte. (▶ **S. 190**)

WIEN
Freud-Museum
Kahlenberg Grinzing, Nußdorf, Heiligenstadt
Gartenpalais Liechtenstein
Universität
Rathaus
Burgtheater
Parlament
Naturhistor. Museum
Museums-Quartier
Kunsthistor. Museum
Schottenstift
Schotten-kirche
Bank Austria Kunst Forum
Judenplatz
Uhrenmuseum
Freyung
Palais Ferstel
Palais Mollard
Minoriten-kirche
Stadtpalais Liechtenstein
Goldenes Quartier
Peterskirche
Graben
Demel
Michaeler-platz
Jüdisches Museum
Alte Hofburg
Josefs-platz
Augustinerkirche
Kaisergruft
Neue Hofburg
Weltmuseum Wien
Theater-museum
Albertina
Staats-oper
Akademie der bildenden Künste
Secession
Café Museum
Majolika-haus
Nasch-markt
Landes-gericht
Palais Auersperg
Justizpalast
Palais Trautson (Justizmin.)
Volkstheater
Rathaus-park
Theseus-tempel
Volksgarten
Bundeskanzleramt
Burgtor
Burggarten
Technische Universität
Theater an der Wien
Lainzer Tiergarten Westbahnhof, Schönbrunn
200 m
©BAEDEKER

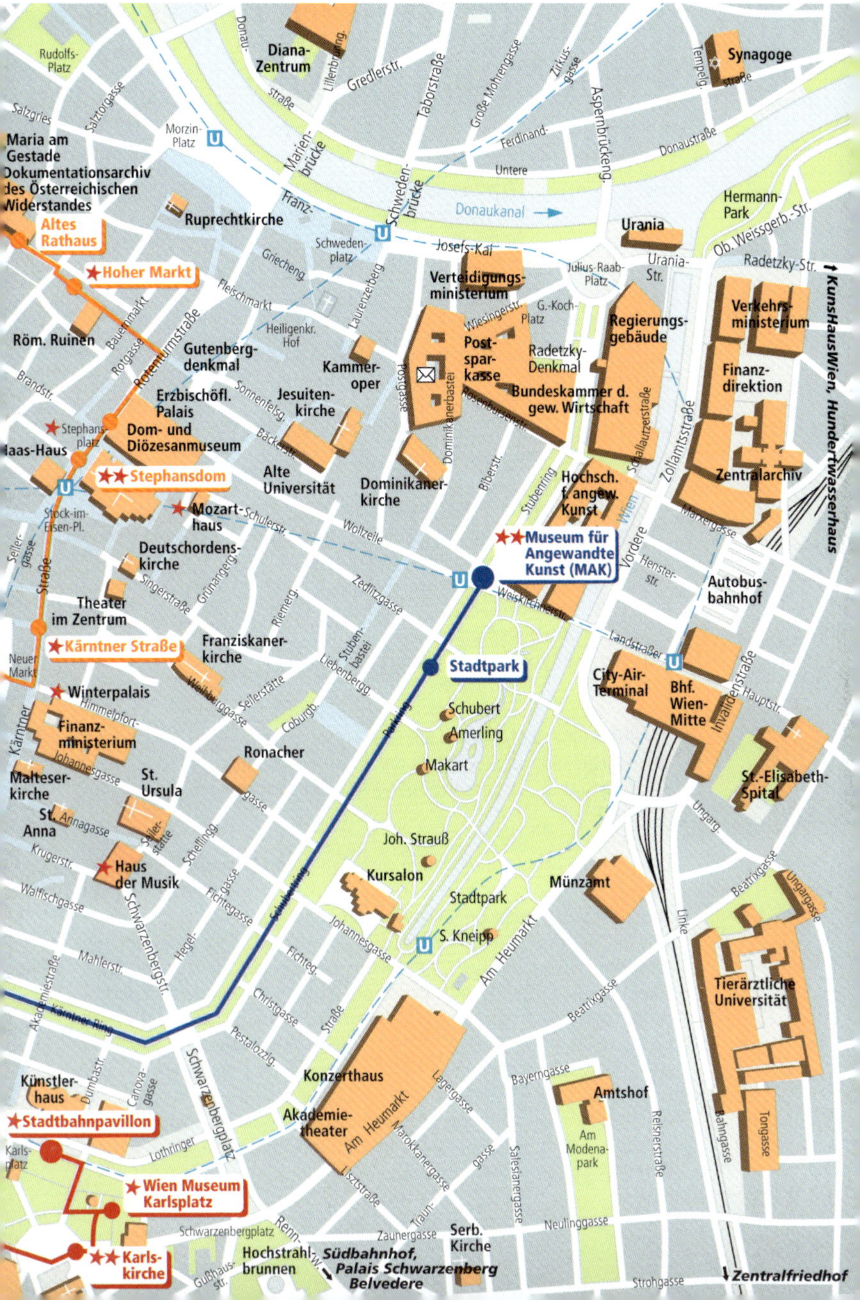
Rudolfs-Platz
Salzgries
Salztorgasse
Donau-
Diana-Zentrum
Lillenbrunng.
straße
Gredlerstr.
Taborstraße
Große Mohrengasse
Zirkus-gasse
Aspernbrückeng.
Tempelg.
Synagoge
straße
Morzin-Platz
Marien-brücke
Ferdinand-
Untere
Donaustraße
Maria am Gestade
Dokumentationsarchiv des Österreichischen Widerstandes
Altes Rathaus
Franz-
Schweden-brücke
Donaukanal
Hermann-Park
Ruprechtkirche
Schweden-platz
Josefs-Kai
Urania
Ob. Weissgerb.-Str.
Julius-Raab-Platz
Urania-Str.
Radetzky-Str.
KunstHausWien, Hundertwasserhaus
Hoher Markt
Griecheng.
Laurenzerberg
Verteidigungs-ministerium
Fleischmarkt
G.-Koch-Platz
Wiesingerstr.
Regierungs-gebäude
Verkehrs-ministerium
Bauernmarkt
Heiligenkr. Hof
Röm. Ruinen
Rotgasse
Rotenturmstraße
Gutenberg-denkmal
Kammer-oper
Post-spar-kasse
Radetzky-Denkmal
Finanz-direktion
Brandstr.
Sonnenfelsg.
Postgasse
Erzbischöfl. Palais
Jesuiten-kirche
Dominikanerbastei
Rosenbursenstr.
Bundeskammer d. gew. Wirtschaft
Schallautzerstraße
Zollamtsstraße
Stephansplatz
Dom- und Diözesanmuseum
Bäckerstr.
Haas-Haus
Alte Universität
Dominikaner-kirche
Biberstr.
Stubenring
Hochsch. f. angew. Kunst
Zentralarchiv
Stephansdom
Mozart-haus
Schulerstr.
Wien
Marxergasse
Stock-im-Eisen-Pl.
Wollzeile
Museum für Angewandte Kunst (MAK)
Vordere
Seiler-gasse
Deutschordens-kirche
Grünangerg.
Henslerstr.
Straße
Singerstraße
Zedlitzgasse
Weiskirchnerstr.
Autobus-bahnhof
Theater im Zentrum
Riemerg.
Landstraßer
Kärntner Straße
Franziskaner-kirche
Stuben-bastei
Liebenbergg.
Stadtpark
City-Air-Terminal
Bhf. Wien-Mitte
Invalidenstraße
Hauptstr.
Neuer Markt
Winterpalais
Seilerstätte
Himmelpfort-
Weihburggasse
Coburgb.
Parkring
Schubert
Kärntner
Finanz-ministerium
Amerling
Johannesgasse
Ronacher
Makart
St.-Elisabeth-Spital
Malteser-kirche
St. Ursula
gasse
St. Anna
Annagasse
Seiler-stätte
Ungarg.
Joh. Strauß
Krugerstr.
Haus der Musik
Schellingg.
Kursalon
Münzamt
Beatrixgasse
Ungargasse
Walfischgasse
Schwarzenbergstr.
gasse
Fichtegasse
Schubertring
Stadtpark
Johannesgasse
S. Kneipp
Linke
Mahlerstr.
Hegel-
Fichteg.
Am Heumarkt
Tierärztliche Universität
Akademiestraße
Kärntner Ring
Christgasse
Straße
Beatrixgasse
Pestalozzig.
Schwarzenbergplatz
Konzerthaus
Lagergasse
Künstler-haus
Dumbastr.
Canova-gasse
Bayerngasse
Amtshof
Stadtbahnpavillon
Akademie-theater
Am Heumarkt
Marokkanergasse
Reisnerstraße
Bahngasse
Tongasse
Karls-platz
Lothringer
Am Modena-park
gasse
Salesianergasse
Wien Museum Karlsplatz
Lisztstraße
Traun-
Neulinggasse
Schwarzenbergplatz
Zaunergasse
Serb. Kirche
Rennw.
Karls-kirche
Hochstrahl-brunnen
Südbahnhof, Palais Schwarzenberg Belvedere
Zentralfriedhof
Gußhausstr.
Strohgasse

HIER SCHLÄGT DAS HERZ DER STADT

Start und Ziel: Stephansdom | **Dauer:** 1/2 – 1 Tag

Der großartige Stephansdom ist Ausgangspunkt der abwechslungsreichen Tour, die durch quirlige Shoppingmeilen mit traditionellen Wiener Institutionen, über stille Plätze und vorbei an historischen Denkmälern durch das ehemalige Judenviertel wieder zum »Steffl« führt.

Tour 1

Der Rundgang durch die Altstadt Wiens beginnt am 1 ★★**Stephansdom**, dem wundervollen Wahrzeichen der Donaumetropole – sein Besuch ist ein Muss. Der 1356 begonnene Südturm des Doms gilt als einer der schönsten Türme der deutschen Gotik und der Panoramablick vom »Steffl« lohnt die Mühe des Aufstiegs über 343 Stufen! Danach folgt ein ausgiebiger Bummel durch die attraktive Fußgängerzone der 2 **Kärntner Straße**, Wiens Hauptader und eine der beliebtesten Einkaufsmeilen der Stadt. Hier findet man schicke Designerboutiquen, junge Flagshipstores und traditionsreiche k. u. k. Hoflieferanten wie das Glashaus Lobmeyr (Nr. 26) und die Hofzuckerbäckerei Gerstner im Palais Todesco (Nr. 13), die ihre Gäste seit der Kaiserzeit mit Köstlichkeiten wie Champagner-Trüffeln und kandierten Sisi-Veilchen verwöhnt.

Wo Mozart starb

Einige Meter weiter erhebt sich das 1950 eröffnete Kaufhaus »Steffl«. Eine Gedenktafel am Gebäude erinnert daran, dass auf dem Grundstück an der Rückseite des Kaufhauses einst das »Kleine Kaiserhaus« stand, in dem Wolfgang Amadeus Mozart am 5. Dezember 1791 starb.

Kaisergruft und Hawelka

Dann geht's rechts zum Neuen Markt mit dem Donner-Brunnen, benannt nach Georg Raphael Donner, der das Wasserspiel 1737 gestaltete. Die unbekleideten Götterfiguren des Brunnens sorgten seinerzeit bei Kaiserin Maria Theresia für Unmut. Am Platz steht auch die Kapuzinerkirche mit der 3 ★**Kaisergruft**, in der die meisten österreichischen Herrscher bestattet worden sind. Die Plankengasse führt weiter zur Dorotheergasse mit dem »Dorotheum«, einem der weltweit größten Auktionshäuser, und dem 4 ★**Jüdischen Museum**, das einzigartige Einblicke in die Geschichte und Gegenwart der Wiener jüdischen Gemeinde gewährt. Wenige Schritte weiter kann man eine Pause im gemütlichen Kaffeehaus »Hawelka« einplanen – einst beliebter Treffpunkt von Künstlern und Intellektuellen hat es bis heute nichts von seinem Charme eingebüßt.

Von der Dorotheergasse ist es nicht weit bis zum 5★**Graben**, einer breiten Fußgängerzone und pulsierenden Prachtstraße mit eleganten Geschäften und der barocken ★Pestsäule, die an die große Pestepidemie von 1679 erinnert. Eine herausragende barocke Ausstattung präsentiert die 6★**Peterskirche**, während man im Goldene Quartier zwischen Tuchlauben, Bognergasse und Am Hof, Wiens Luxusmeile mit noblen Flagshipstores internationaler Designer, weltlichen Luxus findet. Mehr als 3 000 Zeitmesser sind wiederum im Alt-Wiener 7**Uhrenmuseum** am Schulhof 2 zu bewundern – und zur vollen Stunde auch zu hören!

Shopping-glück im Goldenen Quartier

Auf dem benachbarten 8**Judenplatz** mit den Ausgrabungen einer mittelalterlichen Synagoge und einem Museum zum mittelalterlichen

Holocaust-Mahnma

Judentum erinnert das im Jahr 2000 von Rachel Whiteread gestaltete Mahnmal an den Holocaust. Durch eine kleine Gasse erreicht man die Wipplingerstraße, wo im 9 **Alten Rathaus** das Dokumentationsarchiv des Österreichischen Widerstands vom Widerstand gegen die Nationalsozialisten berichtet. Die Wipplingerstraße führt südöstlich zum 10 ★**Hohen Markt**, dem ältesten Platz Wiens. Im Sommer gibt es dort in der preisgekrönten »Gelateria Hoher Markt« feinstes Speiseeis – natürlich nach italienischem Rezept. Über die Rotenturmstraße sind es nur wenige Schritte zurück zum Stephansdom.

MACHT UND POLITIK: HOFBURG UND UMGEBUNG

Start: Albertina | **Ziel:** Freyung
Dauer: mind. 4 Stunden, mit Museumsbesuch deutlich länger

Im Mittelpunkt dieses Spaziergangs steht die Hofburg, die mit ihren umfangreichen Museen und wertvollen Sammlungen eine der wichtigsten Sehenswürdigkeiten der Donaumetropole ist und zum Pflichtprogramm eines Wienbesuchs gehört.

Tour 2

Der Spaziergang beginnt an der 1 ★★**Albertina** mit einer der bedeutendsten europäischen Privatsammlungen der klassischen Moderne vom französischen Impressionismus bis in die jüngste Gegenwart. Wer danach sofort einen Snack braucht: direkt an der Albertina gibt es einen Würstelstand, der täglich von 8 Uhr morgens bis 4 Uhr in der Früh geöffnet hat. Hier gibt es sogar Leberkäse aus Pferdefleisch.

Kurzer Fußweg

Durch die Augustinerstraße ist schnell der Lobkowitzplatz erreicht, wo sich das 2 ★**Theatermuseum** nicht nur dem Sprechtheater, sondern auch dem Tanz, dem Puppenspiel, dem Film und der Oper widmet. Danach geht's vorbei an der gotischen 3 ★**Augustinerkirche** mit dem klassizistischen Marmorgrab für die Erzherzogin Maria Christina von Sachsen-Teschen, Tochter Maria Theresias, das der italienische Bildhauer Antonio Canova zwischen 1798 und 1805 schuf.

Besuch der Hofburg

Schließlich erreicht man den 4 **Josefsplatz** mit der Reiterstatue von Kaiser Joseph II., dem Sohn Maria Theresias. Hier befindet sich der

Eingang zum Prunksaal der Österreichische Nationalbibliothek. Ein Durchgang führt sodann in die 5★★**Hofburg**, die ehemalige Residenz der österreichischen Herrscher mit Alter und Neuer Hofburg, die Museen von Weltrang und die berühmte Spanische Hofreitschule beherbergt. Für diesen Komplex sollte man viel Zeit einplanen, insbesondere wenn man alle Schauräume und das Sisi-Museum anschauen möchte bzw. eine Vorführung der Hofreitschule sehen will. Karten für die Hauptvorführung unbedingt vorbestellen!

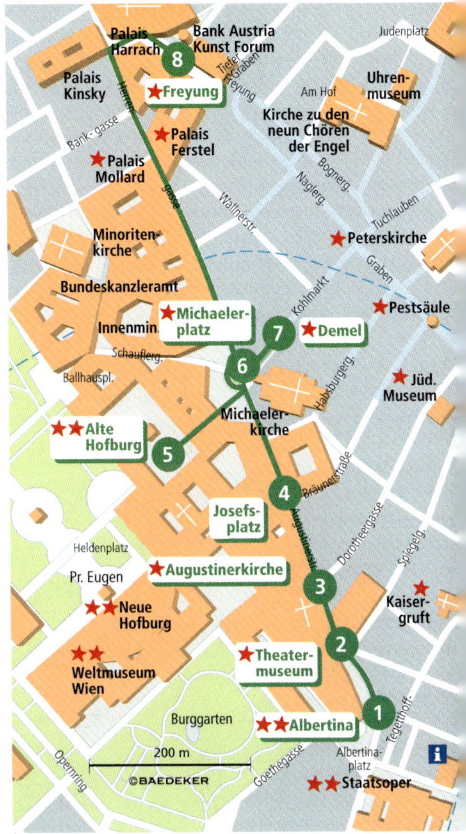

Vom Josefsplatz gelangt man zum prachtvollen 6★**Michaelerplatz**, einem Standort der zweispännigen Fiaker. Hier tut sich ein Blick in Wiens Vorgeschichte auf: Grundrisse des römischen Lagers sind hier ausgegraben worden.

Lust auf eine Mélange, einen kleinen Schwarzen oder einen Einspänner? Das legendäre Kaffeehaus 7★**Demel** am Kohlmarkt bietet dafür einen denkbar stilvollen Rahmen.

In der Gruft der Michaelerkirche sind einige der dort Beigesetzten mumifiziert. An der Westseite des **Michaelerplatzes** steht ein Stück »skandalöser« Architekturgeschichte: Das nach seinem Architekten Adolf Loos benannte Gebäude (Nr. 3) ist heute Sitz einer Bank. Der elegant-schlichte Bau ohne jeglichen Fassadenschmuck, 1909 als Kontrapunkt zur pompösen Ringstraßen-Architektur entworfen, wurde von Kaiser Franz Joseph als wahre »Scheußlichkeit« empfunden.

Zum Schluss ins Central

Durch die Herrengasse erreicht man schließlich die 8★**Freyung**, bekannt für ihren Alt-Wiener Oster- und Weihnachtsmarkt. Das **Bank Austria Kunstforum Wien,** erkennbar am interessante Eingang mit goldener Kugel, präsentiert tolle Wechselausstellungen zur Kunst der klassischen Moderne. Im Palais Ferstel wartet mit dem Café Central eines der charmantesten Kaffeehäuser Wiens.

PRACHTENTFALTUNG DES HISTORISMUS

Start Museum für Angewandte Kunst | **Ziel:** Universität
Dauer: mind. 4 Stunden, mit Museumsbesuch deutlich länger

Nachdem Kaiser Franz Joseph den Befehl gegeben hatte, Wiens alte Befestigungsanlagen zu schleifen, entstand mit der Ringstraße ein Prachtboulevard, der seinesgleichen in Europa sucht – 2015 feierte die Ringstraße 150. Geburtstag. Im MuseumsQuartier finden sich renommierte Museen ebenso wie kleine Kulturinitiativen, dazu junge Cafés und Shops als Oasen der Erholung inmitten der Stadt. Zusammen mit dem Naturhistorischen und dem Kunsthistorischen Museum wurde hier ein einzigartiges Kulturareal verwirklicht.

Tour 3

Startpunkt ist das 1★★**Museum für Angewandte Kunst (MAK)** am östlichen Teil des Rings. Im MAK wird Design großgeschrieben, sind Möbel, Glas und Porzellan vom Mittelalter bis heute zu bewundern. Jeden Dienstag gewährt es für alle ab 18 Uhr ermäßigten Eintritt. Von hier geht es in südlicher Richtung entlang des 2**Stadtparks** mit seinen vielen Denkmälern für Wiener Komponisten.

Im Venus-Kabinett

Der Kärntner Ring geht in den Opernring über, wo am Beginn die 3★★**Staatsoper** steht, eines der größten und bedeutendsten Musiktheater der Welt. Über den Opern- und den Burgring kommt man zum Maria-Theresien-Platz. Ihn flankieren das 4★★**Kunsthistorische Museum** mit den sensationellen Kunstsammlugen der Habsburger und das 5★★**Naturhistorische Museum** mit Sauriersaal, Marsmeteorit und der 29 500 Jahre alten »Venus von Willendorf«. Sie und ihre noch etwas ältere »Kollegin« Fanny werden in einem eigenen »Venus-Kabinett« ausgestellt.

Pause im Volksgarten

Den Museumsdreiklang vervollständigt das 6★★**MuseumsQuartier**, das einen spannenden Mix aus prominenten Museen, jungen Kunstinitiativen und einer quicklebendigen Lokal-Szene bietet. Das Museum mumok etwa präsentiert hier jüngere Kunstströmungen, das Leopoldmuseum widmet sich Egon Schiele und dem Secessionsgründer Gustav Klimt sowie der Wiener Werkstätte.
Weiter nördlich, wo der Dr.-Karl-Renner-Ring einmündet, breitet sich der Volksgarten (▶ Hofburg) aus. Die zweitgrößte grüne Oase der Innenstadt ist im Sommer beliebter Treffpunkt für ein Picknick – mit Blick auf die Hofburg!

Bei den Politikern

Gegenüber vom Volksgarten thront das repräsentative klassizistische 7★**Parlament**, das in antiken griechischen Formen erbaut ist. Weiter den Ring entlang kommt man zum berühmten 8★★**Burgtheater**, eine der ersten Adressen für deutschsprachige Schauspielkunst, das 1874 bis 1888 nach den Plänen von Gottfried Semper entstand. Das Café Landtmann, das in unmittelbarer Nachbarschaft liegt, lädt zu einer kleinen Pause ein. Die Tortenauswahl im Landtmann ist grandios. Früher war dieses Kaffeehaus ein Treff der Sozialisten, auch Trotzki verkehrte hier; heute stärken sich hier Parlamentarier aller Fraktionen nach den anstrengenden Sitzungen.

Zur Uni

Gleich gegenüber erhebt sich das neugotische 9★**Rathaus**, das auch im Rahmen einer Führung zu besichtigen ist. Im Winterhalbjahr wird der Platz vor dem Rathaus zur Schlittschuhbahn; vor Weihnachten zum stimmungsvollen Christkindlmarkt.
Am Ende dieses Ringteils befindet sich die 10**Universität** (▶ Altes Universitätsviertel), 1877 bis 1884 von Heinrich von Ferstel im Stil der italienischen Renaissance erbaut.

KUNST UM DEN KARLSPLATZ

Start: Stadtbahnpavillon am Karlsplatz | **Ziel:** Akademie der bildenden Künste | **Dauer:** mind. 4 Stunden

Während eines Wien-Urlaubs sollte man auch den weiten Karlsplatz besuchen. Er bietet eine hervorragende Möglichkeit, einen Spaziergang auf den Spuren von Klimt mit einer Jause zu unterbrechen – im Sommer sogar im Schanigarten.

Tour 4

Auftakt sind die originalgetreu restaurierten Jugendstilpavillons von Otto Wagner an der U-Bahn-Station Karlsplatz, und gleich darauf folgt das ❶★**Musikvereinsgebäude**, das eine hervorragende Akustik hat und in dem auch die Wiener Sängerknaben auftreten. Das ❷★**Wien Museum Karlsplatz** besitzt einige Hauptwerke des Jugendstilmalers Gustav Klimt. Unübersehbar: die ❸★★**Karlskirche**, der bedeutendste barocke Sakralbau der Stadt. Für eine Ausstellung der Secessionisten 1902 schuf Klimt eines seiner berühmtesten Werke überhaupt: den Beethoven-Fries. Er befindet sich im Gebäude der ❹★**Secession** westlich vom Karlsplatz, das eine vergoldete »Lorbeerlaube« als Kuppel krönt.

Von hier sind es nur wenige Schritte zum ❺★**Naschmarkt**, mit rund 120 Marktständen und Lokalen eine wahre Fressmeile mit buntem kulinarischen Angebot aus aller Welt. Der Flohmarkt am Samstag ist Kult. In der parallel verlaufenden Linken Wienzeile errichtete Otto

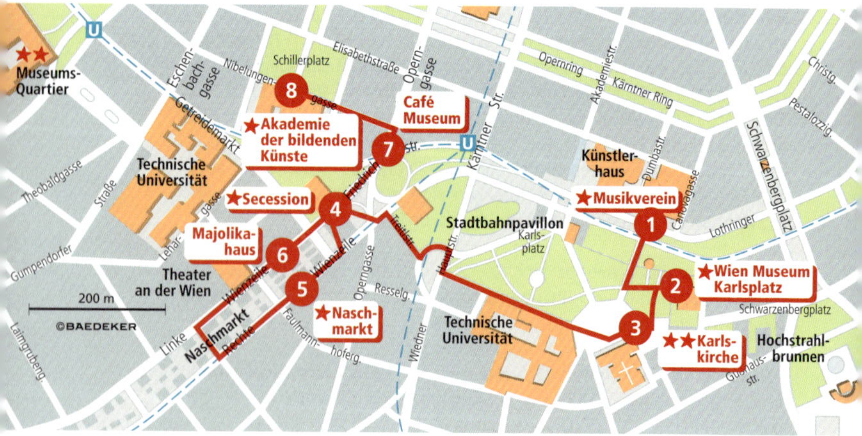

Wagner 1898/1899 zwei Mietshäuser (Nr. 38, 40). Blickfang bei den Bauten ist nicht mehr das Piano nobile, das vom Großbürgertum bevorzugte erste Obergeschoss, vielmehr wird das gesamte Sockelgeschoss als eigenständiger Bereich architektonisch hervorgehoben. Die Fassade des 6 **Majolikahauses** (Nr. 40) ließ Wagner mit farbigen Keramikfliesen mit Blumenmotiven verkleiden.

Einkehr im Kaffeehaus

Das 7 **Café Museum** neben der U-Bahn-Station am Ende der Operngasse wurde 1899 von Adolf Loos gestaltet. Literaten wie Joseph Roth, Karl Kraus, Elias Canetti und Peter Altenberg waren hier zu Gast. Nostalgie, Genie und Inspiration wehen auch heute noch im Café Museum, das regelmäßig Lesungen veranstaltet und im Sommer einen Schanigarten hat. Den Schlusspunkt setzt am Schillerplatz die 8 ★**Akademie der bildenden Künste** mit einer bedeutenden Gemälde- und Kupferstichsammlung.

AUSFLÜGE

Im Umkreis von 40 Kilometern warten ehrwürdige Klosteranlagen, wunderschöne Weinorte und die herrlichen Wälder und wildromantischen Täler des Wienerwalds.

Gumpoldskirchen, Baden

In den viel besuchten ★**Weinort Gumpoldskirchen**, 18 km südlich von Wien, fährt man vor allem, um in die gemütlichen Gasthäuser oder Buschenschanken einzukehren und ein Glas Heuriger zu trinken. Nur 8 km weiter liegt die traditionsreiche ★**Kurstadt Baden**, in der sich schon Schubert, Liszt und Stifter aufhielten. Heute kommt man wegen des Thermalstrandbads und wegen des weitläufigen Kurparks oder man besucht das Spielkasino und die Trabrennbahn.

Heiligenkreuz

Die Attraktion von Heiligenkreuz, 34 km südwestlich von Wien, ist sein 1133 gegründetes Kloster, die **zweitälteste Zisterzienserabtei Österreichs.** In der romanisch-gotischen Stiftskirche fanden mehrere Mitglieder des Hauses Babenberg ihre letzte Ruhestätte. Mit Klosterladen und Klostergasthof.

Stiftshof & Kirche: tgl. frei zugänglich ca. 5 – 20 Uhr | Klosterbesichtigung mit Audioguide: Mo. – Sa. 9 – 11.30 u. 14 – 17.15, So., Fei. nur 14 – 17.15 Uhr (letzter Einlass jew. 45 Min. davor) | Eintritt: 11,30 € | Tel. 02258 8 70 30 | www.stift-heiligenkreuz.org

★ Stift Klosterneuburg

Hoch über der Donau, nur 13 km nördlich von Wien, thront das monumentale **Stift Klosterneuburg**, das 2014 sein 900-jähriges Bestehen feierte. Kaiser Karl VI. plante um 1730 den Umbau. Die Baumaß-

Auch in Klosterneuburg wachsen sehr gute Weine. Von den Weinbergen aus reicht der Blick bis nach Wien.

nahmen wurden jedoch kurz nach seinem Tod im Jahr 1740 eingestellt. Der Besuchereingang in die »Sala terrena«, den unvollendeten Gartensaal, erinnert an diesen Baustopp. Eines der wertvollsten Kunstwerke des Stifts ist der ★★**Verduner Altar** in der Leopoldskapelle, geschaffen im Jahr 1181 von dem Goldschmied Nikolaus von Verdun. Auf den 51 Emailletafeln des Flügelaltars sind Szenen aus dem Alten und Neuen Testament dargestellt. In der Sebastini-Kapelle ist mit dem Albrechts-Altar ein ebenfalls sehr schöner Flügelaltar zu bewundern. Auch die **Schatzkammer** ist für die Öffentlichkeit zugänglich. Herzstück dieser Kunstsammlung ist das Ensemble historischer Nussholzschränke aus dem Jahr 1677, in denen die berühmte Schleiermonstranz von 1714 aufbewahrt wird. Seit seiner Gründung im Jahr 1114 betreibt das Stift Weinbau und ist somit das **älteste Weingut Österreichs**. Für Freunde edler Tropfen werden Weinschnuppertage, Weinseminare und Führungen durch die beeindruckenden Kelleranlagen des Stifts angeboten. Zudem lo-

cken Themenführungen wie eine »Sakrale Tour«, eine »Imperiale Tour«, eine »Gartentour« oder die Besichtigung der Schatzkammer.
Stiftsplatz 1 | Stift: Mai – Mitte Nov. tgl. 9 – 18, Ende Nov. – April tgl. 10 – 16 Uhr | Eintritt: 9 €; Stiftsticket 15 € (gilt für alle am jeweiligen Tag angebotenen Führungen) | Vinothek: Mo. – Fr. 10 – 18, Sa. bis 17, So. 12 – 17 Uhr | Tel. 02243 41 12 12 | www.stift-klosterneuburg.at

★★ Wienerwald

Der rund 1000 km² große Wienerwald im Westen von Wien stellt das beliebteste Naherholungsgebiet der Donaumetropole dar und greift auch flächenmäßig weit ins Stadtgebiet hinein. Die sanft geschwungenen Hügel dieses Mittelgebirges bilden die nordöstlichen Ausläufer der Ostalpen, die sich hier in mehreren Geländestufen zur Donau hin absenken. Im Norden zeigt der dicht bewaldete Erholungsraum eine liebliche **Bilderbuchlandschaft** mit breiten Buckeln und Buchenwäldern, im Osten dominieren Schwarzkiefernwälder, im raueren Südosten sind auch wildromantische Täler zu finden.

★ Lainzer Tiergarten

Das einstige kaiserliche Jagdgebiet Lainzer Tiergarten bildet den östlichen Abschluss des Wienerwalds. Eine 22 km lange Umfassungsmauer zieht sich rund um das 2 450 Hektar große Areal, das heute mehrere Naturschutzgebiete umfasst. Ein besonders spannendes ist der **Johannser Kogel** mit seinen mehrhundertjährigen Eichen. Er darf nur im Rahmen von Führungen betreten werden, die das Besucherzentrum Lainzer Tiergarten veranstaltet. Zahlreiche Wanderwege, Wildgehege, Naturlehrpfade und Kinderspielplätze machen den Lainzer Tiergarten zu einem beliebten Naherholungsgebiet für die Wiener. Das Besucherzentrum befindet sich am Lainzer Tor gleich bei der Hermesvilla.
Die **Hermesvilla**, ein Geschenk von Kaiser Franz Joseph an Elisabeth, wurde 1882 – 1886 inmitten dieses Naturidylls von dem Ringstraßen-Architekten Carl von Hasenauer erbaut. Der Kaiser hoffte, seine reiselustige Sisi damit besser in Wien halten zu können, eine Hoffnung, die sich bekanntlich nicht erfüllte. Benannt nach der im Garten stehenden Statue »Hermes als Wächter«, zeigt die Villa neben kulturhistorischen Wechselausstellungen auch einige original belassene Räume. Hier erleben Sie, wie das Kaiserpaar ganz privat wohnte, jenseits von höfischer Etikette. Schlicht fällt das trotzdem nicht aus. Das Prunkbett stammt noch von Maria Theresia; die Wände sind mit Szenen aus dem »Sommernachtstraum« bemalt. Hier können Sie auch einen Blick in **Sisis Turnzimmer** werfen.
Lainzer Tiergarten: Straßenbahn 60 bis Hermesstraße, Bus 55A bis Lainzer Tor | ab 8 Uhr bis Einbruch der Dunkelheit | Eintritt: frei
Hermesvilla: Mitte März – Okt. Di. – So., Fei. 10 – 18 Uhr | Eintritt: 8 €, jeden 1. So. im Monat frei | Tel. 01 8 04 13 24
www.lainzer-tiergarten.at | www.wienmuseum.at

S

SEHENS-WERTES

Magisch, aufregend, einfach schön

Alle Sehenswürdigkeiten sind alphabetisch geordnet. Sie haben die Freiheit der Reiseplanung

Beste Ausblicke von der Onyx Bar am Stephansplatz ►

★ AKADEMIE DER BILDENDEN KÜNSTE

Lage: 1., Schillerplatz 3 | **U-Bahn:** U1, U2, U4 (Karlsplatz) | **Bus:** 2A (Oper), 7A (Burgring) | **Straßenbahn:** 1, 2, D (Oper) | **Gemäldegalerie:** tgl. außer Mo. 10–18 Uhr | **Kupferstichkabinett:** auf Anfrage unter Tel. 01 588 16 24 01 | **Eintritt:** 9 € | **www.akademiegalerie.at**

Brennende Ruinenlandschaften, gemarterte Seelen, Folterszenen in allen Details – wer will so etwas sehen? Offenbar viele, wenn der Maler Hieronymus Bosch heißt. Sein »Jüngstes Gericht« in der Gemäldegalerie der Akademie ist stets dicht umlagert. In der Akademie selbst studierten viele, die heute berühmt sind.

Wo Künstler Kunst studieren

Maler wie Friedrich von Amerling, Ferdinand Georg Waldmüller, Moritz von Schwind, Egon Schiele, Friedensreich Hundertwasser und Fritz Wotruba gingen aus der Akademie hervor. Auch waren fast alle »Ringstraßenbaumeister« Professoren der Akademie, ebenso Theophil Hansen, der das Akademiegebäude, das Musikvereinsgebäude und das Parlament schuf. Die Aufnahmeprüfungen des renommierten Hauses sind von jeher sehr streng; Bewerber Adolf Hitler hat man 1907 als Student abgelehnt. Heute zeigen die vielen Fahrräder vor dem Portikus des Renaissance-Baus, dass der Studienbetrieb in vollem Gange ist. Abseits von Hörsälen, Ateliers und Institutsbüros liegen die Räume aber in fast klösterlicher Ruhe. Wenn die Tür zur Aula im Erdgeschoss offen sein sollte, lohnt ein Blick auf Anselm Feuerbachs wuchtiges Deckengemälde »Titanensturz«. Die Galerie liegt im 1. Stock. Nach einem Umbau sind auch Boschs Tryptichon und die anderen Gemälde hier wieder ausgestellt.

Kostbare Lehrmittelsammlung

Gemäldegalerie

180 Meisterwerke zeigt die Akademie in ihrer öffentlich zugänglichen Lehrsammlung, wo heute noch die Künstler von morgen ihren Blick schulen. Meistbestauntes Stück der Sammlung: das »Jüngste Gericht« von Hieronymus Bosch (1450–1516), das als Weltgerichts-Triptychon in farbigsten Szenen zeigt, wohin die Sünden führen: direkt ins Höllenfeuer, wo bizarre Fantasiefiguren die Sünder auf jede erdenkliche Art foltern. Über den **gemarterten Kreaturen** einer entheiligten Welt thront ein ferner Gott. Nur wenige Seelen dürfen, von Engeln geleitet, in den Himmel auffahren. Bosch malte ein völlig anderes Bild vom jüngsten Gericht, als zu seiner Zeit sonst üblich und pflegte eine Vorliebe für sadistische Details. Die Akademie hat sich genau damit beschäftigt, woher der Schöpfer ihres meistbestaunten Ausstellungsobjekts seine Höllen-Ideen hatte. Illustrationen in Stun-

denbüchern für Laien könnten ihn inspiriert haben, zudem die Bibel selbst und die theologische Literatur, die wenig Zweifel daran lässt, was Sünder erwartet.

Bosch ist nur einer der großen Meister, die hier gezeigt werden. Die wichtigsten Stilepochen und Schulen sind prominent vertreten, war doch die Galerie ursprünglich als »Lehrmittelsammlung« für den Kunstunterricht gedacht, um Auge und künstlerisches Stilgefühl der Studenten zu schulen. In Raum 1, der sich der Kunst des 18. Jahrhunderts widmet, hängt unter den Glanzstücken des Klassizismus auch das »Bildnis der Kaiserin Maria Theresia« (1759) von Martin van Meytens, einst Direktor der Akademie. Ein Gang durch die Säle offenbart minutiös die **Entwicklung der Malerei**: für die Renaissance steht u. a. Botticelli, der um 1480 das seelenvolle Werk »Madonna mit Kind und Engeln« geschaffen hat. Weitere Stationen sind das Goldene Zeitalter der Holländischen Meister, wo ein Rembrandt ebensowenig fehlt wie die üppigen Frauengestalten von Peter Paul Rubens, dazu seine berühmten Ölskizzen für die verbrannten Deckengemälde der Antwerpener Jesuitenkirche.

Im Laufe des 18. Jh.s ergänzten »Aufnahmewerke« die Sammlung, also Arbeiten, die jeder Künstler vorlegen musste, der Mitglied der Akademie werden wollte. Heute gilt die Sammlung als Museumsgalerie von internationalem Rang.

Der auf dem gleichen Stockwerk liegende Präsentationsraum der Akademie **Exhibit** dient für Ausstellungen zeitgenössischer Kunst.

Die Kunstgalerie der Akademie diente einst als Lehrmittelsammlung. Auch heute noch schärfen Studierende und Besucher hier ihren Kunstverstand.

Zarte Linien, große Visionen

Kupferstichkabinett

Im Zwischenstock liegt das Kupferstichkabinett. Zu den Tausenden hier aufbewahrten Handzeichnungen, Aquarellen und Druckgrafiken zählt auch ein **Plan des Stephansdoms**, angefertigt im Mittelalter von einem Architekten der Bauhütte, der in zarten Linien seine Vision von einer Kathedrale als dem angemessenen Haus Gottes entwarf.

Schillers Locke im Sockel

Schillerplatz

Die 1692 gegründete Kunstschule zog 1876 in das Renaissance-Gebäude am Schillerplatz ein. Hinweis für Schillerfreunde: Im Fundament des 1876 vor der Akademie aufgestellten **Schillerdenkmals** hat man eine Locke des großen Dichters versenkt. Das Denkmal war das erste, das einem Künstler auf einem öffentlichen Platz in Wien zugestanden wurde; vorher wurden nur Herrscher und Feldherren auf den Sockel gestellt.

★★ ALBERTINA

Lage: 1., Albertinaplatz 1 | **Bus:** 2A (Albertinaplatz), U-Bahn: U1, U2, U4 (Karlsplatz), U3 (Stephansplatz) | tgl. 10–18, Mi. u. Fr. bis 21 Uhr | **Eintritt:** 18,90 €, Führung 5 €, Smartphone-Guide 3 €
www.albertina.at

Die Albertina ist das meistbesuchte Museum von ganz Österreich. Ihre Sammlung der Malerei der Moderne genießt Weltruf, die grafische Sammlung ist eine der größten überhaupt. Neben Kunst wird in den ehemaligen Prunkräumen Habsburger Luxus pur gezeigt – und ein berühmter Hase.

Kunst der Extraklasse

Das Museum ist leicht zu erkennen: sechs Meter weit schiebt sich das **Flugdach »Soravia Wing«** von Architekt Hans Hollein über die Brüstung der Terrasse hinaus. Das 53 Meter lange Ungetüm aus Stahl und Aluminium überdacht den Zugang, und wie so oft in Wien wurde auch über dieses architektonische Accessoire heftig gestritten. »Aufregung gehört zu moderner Architektur dazu«, befand ein Wiener Stadtrat. Morgens um 10 Uhr ist der Ansturm auf die Kassen noch nicht ganz so groß. Wer kann, versorgt sich im Voraus mit einem Online-Ticket. Dieses gilt für den gewählten Tag über die gesamte Öffnungszeit, man ist also nicht auf eine bestimmte Uhrzeit festgelegt. Bestens sortiert: der Museumsshop. Der Blick in den Veranstaltungskalender der Albertina ist wegen der Wechselausstellungen obligatorisch. Es laufen meist drei bis vier zur selben Zeit.

OBEN: Passt das? Hans Holleins »Flugdach« vor der Front der Albertina war und ist umstritten.

UNTEN: Audienzzimmer von 1822 in der Albertina. Blitzende Lüster, herrliche Einlegearbeiten, kostbare Seidenbespannungen aus einer venezianischen Werkstatt zieren den Saal.

ALBERTINA

Das heutige Kunstmuseum diente zunächst als Wohnpalais für Herzog Albert von Sachsen-Teschen. Die Prunkräume sind perfekt restauriert, grandios etwa das Goldkabinett und der Musensaal.

Öffnungszeiten:
tgl. 10–18, Mi. und Fr. bis 21 Uhr

1 Albrechtsrampe
Sie ist ein Überrest der Augustinerbastei, die als Stadtbefestigung diente.

2 Reiterdenkmal
1899 von Kaspar von Zumbusch geschaffenes Denkmal des Feldmarschalls Erzherzog Albrecht (1817–1895), des Siegers in der Schlacht von Custozza (1866).

3 Hollein-Dach
Das Dach aus eloxiertem Aluminium – und nicht wie geplant aus Titan – wurde nach seinen Sponsoren »Soravia Wing« genannt. Architekt Hans Hollein entwarf es.

4 Danubiusbrunnen
1869 errichtet, gruppieren sich um die allegorischen Mittelfiguren Danubius und Vindobona zehn Nischenfiguren aus weißem Carraramarmor.

5 Prunkräume
Seidentapeten, edle Holzböden, erlesenes Mobiliar unterm Kronleuchterglanz: Die 1822 im Stil des Klassizismus gestalteten Räume wurden herrlich ausgestattet. Der zentrale Musensaal diente bis 1918 der habsburgischen Familie als Speise- und Ballsaal.

6 Goldkabinett
Das Goldkabinett beeindruckt durch die Vergoldung der Wände und eine Vielzahl von Spiegeln. Das Sèvres-Tischchen war ein Geschenk von König Ludwig XVI. und Marie Antoinette.

6
5
3
©BAEDEKER

Sammlung Batliner

Eine Schule des Sehens

Von Monet zu Picasso

Der 2. Stock der Albertina ist eine der ersten Anlaufstellen für die Malerei der Moderne. Hier genießt man die europäische Malerei nicht nur, vielmehr entfaltet sich hier Raum für Raum deren Chronologie und Entwicklung – und das am Beispiel **herausragender Meisterwerke**. Auf Claude Monet, der mit seinen berühmten Seerosen noch ganz die Natur nachbildet, folgen Künstler, die sich in ihren Werken vollkommen abkoppeln von dem, was sie sehen, die expressiv und avantgardistisch mit Farben und Formen umgehen. Der Weg führt bis hin zu den entgrenzten Figuren eines Picasso, wo kein Auge und keine Nase mehr am rechten Fleck sitzt. Beim Gang entlang der berühmten Gemälde wird also klar ersichtlich, warum Künstlergruppen wie »Die Brücke« und »Der Blaue Reiter« zu ihrer Zeit solches Aufsehen erregten und was Marc Chagall so außergewöhnlich macht. Dieser Teil der Dauerausstellung gründet auf der Privatkollektion des Sammlerehepaars Rita und Herbert Batliner, das 2007 rund 500 Werke der klassischen Moderne dem Museum als Dauerleihgabe überließ. Davon zeigt die Ausstellung »Von Monet zu Picasso. Die Sammlung Batliner« rund 180 Werke vom Impressionismus bis in die Gegenwart.

Weitere Sammlungen

Lichtscheue Werke

Dürer, Kollwitz, Tizian

Berühmt ist die Albertina auch für ihre unterschiedlichen Sammlungen (Fotokunst, Architektur), deren Werke sie nur im Rahmen von Wechselausstellungen zeigt. Das wohl bekannteste Werk der grafischen Sammlung ist **Albrecht Dürers »Feldhase«** von 1502; er hängt in den Prunkräumen (s.u.) an der Wand. Ein Aha-Effekt bleibt nicht aus: Das Bild ist mit 25 x 23 cm nur wenig größer als ein iPad. Und: es handelt sich um eine Kopie. Denn wie alle anderen 65 000 Werke der grafischen Sammlung ist auch dieses sehr lichtempfindlich. Nur alle sieben Jahre ist der Original-Hase für ein paar Stunden zu sehen. Im Herbst 2019 freilich fand eine große Dürer-Ausstellung in der Albertina statt; dabei nahm der Hase einen Ehrenplatz ein.
Der Fundus, aus dem die Kuratoren bei den Sonderausstellungen schöpfen können, ist überwältigend: von Albrecht Dürer besitzt die Albertina die größte Werksammlung. Herausragend sind die Arbeiten von Holbein d.Ä., Baldung, genannt Grien, und Cranach d.Ä. Auch Emil Nolde und Käthe Kollwitz, Gustav Klimt, Egon Schiele und Michelangelo, Tizian, Raffael sind vertreten, Rembrandt fehlt nicht. Kurzum: die **Meister der grafischen Sammlung** lesen sich wie ein Who's who der europäischen Kunstgeschichte.

Die Prunkräume

So wohnten kunstsinnige Habsburger

Nobles Stifterpaar

Der Name »Albertina« verweist auf den Gründer der Sammlung: **Herzog Albert von Sachsen-Teschen**. Seine Ehefrau Maria Christina war nicht nur die Lieblingstochter von Kaiserin Maria Theresia, die als einzige den Mann ihrer Wahl heiraten durfte, sondern auch eine begabte Malerin. Das begüterte Ehepaar widmete sich intensiv der Kunst und ihre Kollektion bildet den Grundstock des heutigen Museums. Seit 1805 sind die Kunstschätze im ehemaligen Palais Taroucca untergebracht, der heutigen Albertina. Von 1794 bis zu seinem Tod 1822 lebte Albert hier.

Einen Eindruck davon, wie die österreichische Oberklasse wohnte, geben die 20 habsburgischen Prunkräume im 1. Geschoss mit ihrer erlesenen klassizistischen Ausstattung. Von den herrlichen Intarsien-Fußböden über die seidenbespannten Wände bis zu gigantischen Kronleuchtern und edlen Möbeln zeugt hier alles von **Luxus pur**. Das Zentrum der 150 m langen Raumflucht bildet der Musensaal mit dem Hauptwerk klassizistischer Bildhauerkunst: Joseph Kliebers Skulpturenzyklus »Apollo und die neun Musen«. Daran schließen sich die herrschaftlichen Appartements an, wie das Goldkabinett mit dem Sèvres-Tisch des französischen Königs Ludwig XVI. Besonders verspielt: das Wedgwoodkabinett mit den ältesten englischen Porzellanreliefs. Die Idee für die Raumdekoration mit grotesken Malereien ist von den Loggien Raffaels im Vatikan inspiriert. Dürers Hase hängt im Spanischen Appartement; den Hasen auf Tassen, T-Shirts und Postkarten sowie weitere Mitbringsel bietet der Museumsshop.

Albertinaplatz

Demütigung, Terror, Tod

Mahnmal gegen Krieg und Faschismus

Beherrschendes Kunstobjekt auf dem Albertinaplatz ist Mahnmal gegen Krieg und Faschismus, 1988 bis 1991 vom österreichischen Bildhauer **Alfred Hrdlicka** gestaltet. Das steinerne »Tor der Gewalt« symbolisiert den Terror der nationalsozialistischen Diktatur, der Granitsockel des Tors stammt aus dem Steinbruch des Konzentrationslagers Mauthausen. Die Bronzeplastik eines das Pflaster bürstenden Juden erinnert an den 12. März 1938, als jüdische Bürger nach der Annexion Österreichs von Nazis gezwungen wurden, auf die Straße gemalte proösterreichische Parolen mit Zahnbürsten zu entfernen. Die Statue »Orpheus betritt den Hades« dient dem Gedenken an die Wiener Bombenopfer des Zweiten Weltkriegs. Genau an dieser Stelle stand einst der Philliphof, bei dessen Bombardierung 1945 Hunderte Menschen, die in die Keller geflüchtet waren, verschüttet wurden und starben.

ALTES RATHAUS

Lage: 1., Wipplingerstraße 6 | **U-Bahn:** U1, U3 (Stephansplatz), U1, U4 (Schwedenplatz) | **Bus:** 1A, 3A (Hoher Markt)

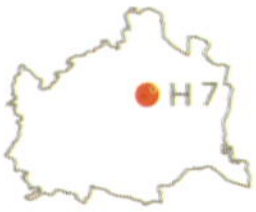

Nicht nur die Kirche Maria am Gestade ist einen Abstecher in diesen stillen Winkel der Stadt wert. Vom benachbarten Alten Rathaus aus lenkten würdige Herren rund 700 Jahre lang die Geschicke Wiens. Die Geschichte des Hauses selbst reicht in unruhige Zeiten zurück, als die Habsburger noch um ihre Macht zu kämpfen hatten.

Haus des Rebellen

Das Spätmittelalter, eine Zeit des Umbruchs: Kreuzzüge, Inquisition, erste gotische Kirchen, unklare politische Verhältnisse, Schlachten und Kämpfe allenthalben. 1273 zog Rudolph als erster Habsburger die Königswürde an sich. Der Plan, die Herrschaft erblich zu machen, scheiterte: Sein Sohn Albrecht I. fiel 1308 durch die Hand des eigenen Neffen. Kaum war Albrecht tot, entschlossen sich namhafte Wiener 1309 zum Kampf gegen die Landesherren, unter ihnen Otto Haymo. Doch die Verschwörung flog auf, die Rädelsführer wurden verbannt und ihr Vermögen konfisziert. Haymos Haus fiel an die Stadt Wien. Von 1333 bis 1885 diente das repräsentative Anwesen als Rathaus der Stadt. In den Nachbarhäusern lebten mehrere jüdische Familien. Nach deren Ermordung im Zuge der Wiener Geserah, dem Judenpogrom 1421, verleibte man ihre drei Häuser dem Rathauskomplex ein. Im Laufe der rund 700-jährigen Nutzung wurde das Haus mehrfach umgestaltet. Um 1700 erhielt es eine barocke Hauptfassade, aus dem 18. Jh. stammen die Portale mit den Plastiken »Fides publica« und »Pietas« von Johann Martin Fischer. 1885 zog die Stadtverwaltung ins neue ▶ Rathaus am Rathausplatz. Der im westlichen Hof aufgestellte **Andromedabrunnen** mit einem Bleirelief von Perseus und Andromeda ist eines der letzten Werke von Raphael Donner aus dem Jahr 1741.

Widerstand gegen die Nazis

Dokumentationsarchiv des Österreichischen Widerstandes (DÖW)

Heute widmet sich im Alten Rathaus die DÖW-Ausstellung der Vorgeschichte des Nationalsozialismus ebenso wie dem Widerstand und der Verfolgung in der NS-Zeit sowie der Aufarbeitung der NS-Vergangenheit nach 1945. Sie ist die einzige ihrer Art in Österreich, die sich in dieser Breite mit der Thematik befasst. In Glasvitrinen sind Originalobjekte, Dokumente, Bücher und Korrespondenzen zu sehen, an Computerterminals können Texte, Fotos und Datenbanken des DÖW eingesehen werden.

Mo.–Fr. 9–17, Do. bis 19 Uhr | Führungen ab 5 Pers. nach Anmeldung unter Tel. 01 22 89 46 93 19 | Eintritt: frei | www.doew.at

BAEDEKER ÜBERRASCHENDES

6X STAUNEN

Hätten Sie das gewusst?

1. GRUSELIG

Maria Theresia schickte ihren Leibarzt Gerhard van Swienten aus, um das Vampirunwesen zu bekämpfen. Der Wissenschaftler diente Bram Stoker als Vorlage für den Vampirjäger van Helsing in **»Dracula«**. (▶ **S. 189**)

2. TIERISCH

Ein Kaffeehaus mit fünf **Katzen** für alle Katzenliebhaber, das ist ein Alleinstellungsmerkmal in Wiens weiter Kaffeehauslandschaft. (▶ **S. 84**)

3. SKURRIL

James Cook umsegelte die ganze Welt. Warum das **Weltmuseum Wien** heute so manches kuriose Stück aus dem Reisekoffer des britischen Kapitäns zeigen kann? Der Nachlass kam in London unter den Hammer. (▶ **S. 115**)

4. STRENGE AUSLESE

Die Aufnahmeprüfungen an der **Akademie der bildenden Künste** sind anspruchsvoll, die Liste der abgelehnten Studienbewerber lang. Darunter: Adolf Hitler. (▶ **S. 48**)

5. PRIORITÄTEN

Zu Franz Josephs Zeiten verfügt **Schloss Schönbrunn** zwar über rund 320 Zimmer, aber nur eine einzige Toilette. (▶ **S. 190**)

6. UMBENANNT

Auch in Wien gibt es Austern – so heißen hier die **Weinbergschnecken**. Der Austernmarkt hinter der Peterskirche existiert zwar nicht mehr, aber **Austern** werden immer noch gezüchtet. (▶ **S. 295**)

Aus Versehen heilig

Salvatorkapelle

Die an der Salvatorgasse gelegene, durch das Alte Rathaus zugängliche Kapelle stiftete Otto Haymo 1298; sie bildete einen Teil von Haymos Haus. Im Laufe der Jahrhunderte kam es zu einer »Karriere«, die die Kirche dann doch ärgerte. Aus Otto Haymo, dem Kapellenstifter und Rebellen, wurde fälschlich der »Heilige Ottenhaim«. Papst Leo X. machte der Verehrung 1515 ein Ende, stufte den Kult als Ketzerei ein und bestimmte den hl. Salvator zum Kirchenheiligen. Das prachtvolle **Renaissanceportal** unterstreicht dies ausdrücklich: Es zeigt im Bogenfeld eben jenen Salvator sowie die Muttergottes. Es datiert in die Zeit um 1520 und ist eines der wenigen Zeugnisse der Renaissance in Wien. 1871 ging die Kapelle in den Besitz der Altkatholiken über.

Di. 10–15, Do. bis 14 Uhr sowie vor und nach den Gottesdiensten
www.stsalvator.altkatholisch.info

Eine schlanke Kirche

★ Maria am Gestade

An der Ecke Salvatorgasse/Schwertgasse erhebt sich eine der ältesten Kirchen der Stadt. Die im Volksmund »Maria-Stiegen-Kirche« genannte Kirche Maria am Gestade lag, wie der Name andeutet, einst direkt am Steilhang des alten Donauarms. Das Gotteshaus mit seinem wunderschönen durchbrochenen gotischen Kuppelhelm aus dem 16. Jh. ist ein Wahrzeichen der nördlichen Altstadt und wirkt wie in die Gassen hineingequetscht: Ihre 33 m hohe und nur 10 m breite Westfassade ragt wie ein Schiffsbug aus den verwinkelten Altstadtgassen auf; keine Kirche in Wien hat solch eine schmale Fassade. Die urkundlich erstmals 1158 erwähnte Kirche war im 9. Jh. ein hölzernes Bethaus der Donauflößer. Der heutige Bau, wie auch die gotischen Glasgemälde, entstanden überwiegend zwischen 1394 und 1414. Kunsthistorisch bedeutend sind die gotischen Pfeilerfiguren aus dem 14. Jh. und das »Hornberger Votivbild« von 1462 in der Klemens-Maria-Hofbauer-Kapelle. Der hl. Klemens Maria Hofbauer (1751–1820) ist **Stadtpatron von Wien** – was selbst viele Wiener heute nicht mehr wissen. Sein Reliquienschrein befindet sich ebenfalls in der Kirche. Eine steile und lange Treppe (»Marienstiege«) führt hinunter Richtung Donaukanal. Bei Hochzeiten nimmt die Gesellschaft hier gerne Aufstellung fürs Gruppenfoto.

Wo die Salzschiffer anlegten

Salzgries

Ein kleiner Gang durch die Straße namens Salzgries lohnt für alle, die sich gerne mit Vergangenheit und Topografie Wiens befassen: Ursprünglich reichte der südlichste Donauarm etwa bis hier an die Stadt heran, denn erhebt sich die Schotterterrasse, auf der einst die Römer bauten. Die **Uferstraße** »Salzgries« verlief genau zwischen Fluss und Stadt; hier legten die Salzschiffer mit ihrer kostbaren Fracht an. Zahlreiche Wirtshäuser säumten die Straße.

ALTES UNIVERSITÄTS-VIERTEL

Lage: 1., Dr.-Ignaz-Seipel-Platz | **U-Bahn:** U1, U3 (Stephansplatz)

Das kennen viele aus ihrer eigenen Studienzeit: Hörsäle, Bibliotheken, Institute verteilen sich auf viele verschiedene Gebäude, mitunter wird im Provisorium gelernt. Das ging den Studenten der ersten Universität im deutschsprachigen Raum ähnlich.

Uni mit Weinkeller

Nachdem Herzog Rudolf IV. 1365 die Universität gegründet hatte, fanden die Vorlesungen 20 Jahre lang in einer Schule statt, bis sich am heutigen Ignaz-Seipel-Platz endlich ein eigenes Gebäude für den akademischen Lehrbetrieb fand. Im Laufe der Zeit dehnte sich die Universität auf etliche Häuser in der Nachbarschaft aus. Zwischen 1623 und 1725 entschied man sich für einen radikalen Schnitt, riss zahlreiche Häuser um den Platz herum ab und ließ unter Leitung des Jesuitenordens ein Akademisches Kolleg bauen inklusive Bibliothek, Observatorium; auch Theater, Weinkeller und Karzer erschienen für einen geregelten Unibetrieb unerlässlich. 1870 zog die Universität in das deutlich größere Gebäude an der Ringstraße um. Die **Alte Universität** ist heute Veranstaltungsraum. Vorträge und Seminar finden im obersten Geschoss, im ehemaligen **Jesuitentheater** (1650), statt.

Anatomie im Rokokosaal

Neue Aula

Gegenüber steht die Neue Aula, 1753 auf Befehl von Maria Theresia nach Plänen von Jean-Nicolas Jadot de Ville-Issey erbaut. Unter anderem hatten die »Kräuterwissenschaft«, die »Arzeneywissenschaft« und die »Zergliederungskunst« (Anatomie) hier ihre Hörsäle. Der bedeutendste profane Rokokobau Wiens ist seit 1857 **Sitz der Österreichischen Akademie der Wissenschaften**. Die Hauptfassade beeindruckt: Brunnen begrenzen die Eckrisaliten, Säulen gliedern die eingezogene Loggia in der Mitte. Die beiden allegorischen Figuren über den Seitenrisaliten stellen die Medizin (links) und die Jurisprudenz dar. Das Haus ist nicht frei zugänglich.

Kirchlich abgesegnete Täuschung

Jesuitenkirche

Unter all den Kirchen Wiens dürfte die Jesuitenkirche wohl die fantasiereichste Barockausstattung besitzen. Die mächtigen gedrehten Säulen sind so einzigartig wie die perspektivisch-illusionistischen Malereien von Andrea Pozzo. Herausragend hierbei ist die Scheinkuppel, durch die der Längsraum den Eindruck eines Zentralbaus macht. Stellen Sie sich auf die helle Platte im Mittelgang, um die optische Täuschung in aller Pracht zu genießen. Die Jesuitenkirche war einst

Einst Studienort: die Neue Aula mit Brunnen, dahinter die Jesuitenkirche

die Universitätskirche, 1624 bis 1631 unter Kaiser Ferdinand II. erbaut. Ihr Korpus wird von den Nachbargebäuden verdeckt, sichtbar sind nur die zwischen 1703 und 1705 angebrachte frühbarocke Fassade sowie zwei hochbarocke Türme mit mächtigen Helmen.

Herrliche Fresken

Dominikanerkirche

Über die Bäckergasse und die Postgasse (oder etwas abenteuerlicher über die winzige Jesuitengasse) ist schnell die Dominikanerkirche erreicht. Herzog Leopold VI. berief 1226 die Dominikaner nach Wien. 1237 erbauten sie eine erste Kirche; die jetzige geht auf das Jahr 1632 zurück und gehört zu den schönsten Sakralbauten des Frühbarocks in Wien. Seit ihrer 1927 erfolgten Erhebung zur »Basilica minor« trägt sie den Namen »Rosenkranzbasilika ad S. Mariam Rotundam«. Ihre herrlichen Fresken stammen im Hauptschiff von Matthias Rauchmiller (17. Jh.), im Vierungsgewölbe von Franz Geyling (1836) und im Chor von Carpoforo Tencala (1676). Das 1839 aufgestellte Hochaltarbild »Maria als Königin des Rosenkranzes« von Leopold Kupelwieser behandelt die Einsetzung des Rosenkranzfests durch Papst Gregor XIII. Die Kapellen stammen aus dem 17./ 18. Jh., die älteste ist die Thomas-von-Aquin-Kapelle mit einem Altarbild von 1638, die bedeutendste die Vinzenzkapelle mit einem Altarblatt von François Roettiers (»Hl. Vinzenz erweckt einen Toten«, 1726).

Postgasse 4

AM HOF

Lage: 1. Bezirk | **U-Bahn:** U1 (Stephansplatz), U3 (Herrengasse

Der weite Platz »Am Hof« gehört zu den bedeutendsten in Wien, auch wenn ihm das niemand ansieht. Eine Tiefgarageneinfahrt und parkende Autos stören den Anblick. Atmosphäre kommt täglich in der Abenddämmerung und in der Adventszeit auf.

Römer, Kaiser, Papst

Vor Weihnachten riecht's Am Hof nach heißen Maroni und Punsch, jetzt hat der Adventsmarkt den Platz erobert. Die Buden stehen auf geschichtsträchtigem Boden: »Am Hof« schlugen die Römer ihr Heerlager »Vindobona« auf, die Herrscher der Babenberger errichteten hier 1135 die erste Pfalz, bevor sie in die Hofburg umzogen. Als **Turnier- und Marktplatz** war der Ort eine Schaubühne glänzender Feste; hier machte Kaiser Barbarossa 1189 auf dem dritten Kreuzzug Station. Als Papst Benedikt XVI. im Jahr 2007 Wien besuchte, warteten rund 7000 Menschen geduldig auf dem großen Platz »Am Hof«. So richtig gemütlich war das nicht – es regnete in Strömen. Kaum hatte der Papst den Altan der Kirche »Zu den neun Chören der Engel« betreten und die ersten Worte zu den Gläubigen gesprochen, fiel das Mikrofon aus. Ein Sabotageakt von Papstgegnern? Nein, Wasser hatte die Anlage lahmgelegt. So blieb es beim freundlich-päpstlichen Winken zur »Be-ne-de-tto« skandierenden Menge; den Rest der Ansprache verlas der Papst in der Kirche im Trockenen.

Berühmter Balkon

Kirche Zu den neun Chören der Engel

Der Altan der Kirche war Schauplatz noch ganz anderer Ereignisse: 1806 trat Franz II. als römisch-deutscher Kaiser ab. Das war nicht nur eine Personalie, sondern bedeutete faktisch das Ende des Heiligen Römischen Reiches Deutscher Nation, das mit der Krönung von Karl dem Großen in Rom im Jahr 800 begonnen hatte. Ob tatsächlich die Abdankung von hier aus verkündet wurde, ist mittlerweile unter Historikern strittig, erzählt wird die Geschichte dennoch gerne und mit Überzeugung. Ihre effektvolle **Westfassade** erhielt die gotische Kirche (14. Jh.) im Jahr 1662. Ihr Inneres wirkt trotz barocker Umgestaltung licht und klar. Besonders schön: der klassizistische Altarraum, die Orgel, die Fresken von Maulbertsch in der zweiten Kapelle links, der Frauenaltar und die Ignatiuskapelle mit den Deckenfresken von Andrea Pozzo. Heute gehört die Kirche der kroatisch-katholischen Gemeinde.

Rauch und Feuerwehr

Rund um den Platz

Das barocke Märkleinsche Bürgerhaus (1727–1730) beherbergt die Zentrale der Wiener Feuerwehr und das **Feuerwehrmuseum**.

Wenn bei Einbruch der Dämmerung gelber Rauch im Nachbargebäude aufsteigt, ist das keine Feuerwehrübung, sondern Kunst im öffentlichen Raum: Der Däne Olafur Eliasson, einer der renommiertesten zeitgenössischen Installationskünstler, schuf an der Fassade der Zentrale des Elektrizitätskonzerns Verbund AG das atemberaubende Lichtspektakel **Yellow Fog**.
Seit 1667 ziert die korinthische **Säule** mit der bronzenen Maria Immaculata den Platz. Ihre vier Putti symbolisieren die siegreiche Abwehr von Krieg (Löwe), Pest (Basilisk), Hunger (Drache) und Ketzerei (Schlange).
Feuerwehrmuseum: Am Hof 7 | Di. 14–17, So., Fei. 9–12 Uhr und nach Voranmeldung unter Tel. 01 531 99-51 508 | Eintritt frei
Yellow Fog: Am Hof 6a; mit Beginn der Abenddämmerung ca. 1 Std.

AUGARTEN

Lage: 2., Obere Augartenstraße 1 | **Bus:** 5A (Gaußplatz) | **Straßenbahn:** 31 (Gaußplatz)

Wieso verkauft die Porzellanmanufaktur Augarten Semmeln? Die Geschichte beginnt bei Kaiser Franz Joseph I., einem Frühaufsteher, der zum Frühstück frische Brötchen liebte.

Semmel für den Kaiser

Vor allem eine Brötchensorte hatte es dem Monarchen angetan. Zur Feier seines Geburtstags verteilten die Bäcker jährlich am 18. August diese Semmeln im ganzen Reich gratis an die Untertanen, daher ihr Name »Kaisersemmel«. Auch die Porzellanmanufaktur Augarten stellt Kaisersemmeln her, und zwar aus Porzellan. Solche künstlichen Brötchen pflegte man im 19. Jh. gerne bei Tisch in die Servietten zu legen. Ein tieferer Sinn erschließt sich nicht, offenbar galt dies als lustiges Detail auf hochherrschaftlichen Tafeln. Heute gehört die künstliche Kaisersemmel zu einem beliebten Souvenir der Manufaktur. Das mit rund 150 Euro nicht ganz billige Objekt wird als Dose angeboten und ist damit auch zu etwas nützlich.

Feines aus Porzellan

★ Porzellanmanufaktur Augarten

Natürlich verdient die Porzellanmanufaktur auf ganz anderem Gebiet ihre Brötchen: Die viel gepriesenen traditionellen Service mit dem blauen Bindenschild heißen »Paquier«, »Liechtenstein«, »Prinz Eugen« und »Maria Theresia«. Die gängigsten Exportartikel sind Porzellanlipizzaner in allen Hofreitschulposen vom Rokoko über Art déco bis zur Moderne und »Wiener Typen« nach Originalmodellen aus der Zeit Maria Theresias (▶ Baedeker Wissen S. 340). Für Lieb-

haber der feinen Porzellankunst bietet die Manufaktur zahlreiche sehr unterschiedliche Seminare zum Bemalen von Porzellan oder zur Figurenherstellung an.
Die Schau- und Verkaufsräume sowie das Porzellanmusuem sind im **Schloss Augarten** untergebracht. Im Schloss fanden ab 1782 berühmte Morgenkonzerte statt, das erste unter Leitung Mozarts, später auch unter Leitung Beethovens – der u. a. die »Kreutzersonate« hier uraufgeführt hat – und Strauß' Vater, sowie illustre Abende mit Richard Wagner und Franz Liszt.

Porzellanmuseum und Manufaktur: Mo.–Sa. 10–17 Uhr | Führungen Manufaktur: Mo. 10.15 u. 11.30, Do. zusätzl. 14 u. 15.30, jeden 1. Sa. im Monat 14. u. 15.30 Uhr | Eintritt: 8 € (Museum), 21 € (Museum und Manufakturführung) | Tel. 01 211 24 200 | www.augarten.com

Picknick beim Flakturm

Augarten

Wiens ältester erhaltener Barockgarten, der 52 000 m² große Augarten, wurde Mitte des 17. Jh.s als kaiserlicher Lustgarten angelegt und 1775 für das Wiener Publikum freigegeben. Damit kämpft die Parkverwaltung noch heute: einige Rasenflächen seien übernutzt, denn das Publikum picknickt, sonnt und bolzt auf den Wiesen der denkmalgeschützten Gartenanlage. Der Zweite Weltkrieg hatte dem Park ganz andere Verwüstungen beschert: Das Militär ließ weite Teile planieren, um zwei Flaktürme aufzustellen. Deren gut sichtbare Rümpfe stehen heute noch. Für die benachbarten Wohngebiete ist der Park Naherholungsgebiet.

Park: April–Okt. ab 6.30, Nov.–März ab 7.30; Schließzeiten: Nov. bis Febr. 17.30, März und Mitte Sept.–Okt. 19, April–Mitte Mai und Mitte Aug.–Mitte Sept. 20, Mitte Mai–Mitte Aug. 21 Uhr
Schankwirtschaft: 2., Obere Augartenstraße 1A | tgl. 11.30–18.30 Uhr | www.schankwirtschaft.at

Heimat der Wiener Sängerknaben

Augartenpalais

Die Wiener Sängerknaben (▶ Baedeker Wissen S. 64) sind auf der ganzen Welt unterwegs, ihre Heimat haben sie im Augartenpalais. Ein Ratsherr ließ sich Ende des 17. Jh.s das stolze Domizil nach einer Idee von Johann Bernhard Fischer von Erlach erbauen, Kaiser Joseph II. erwarb es 1780, seit 1948 ist der Barockbau die Internatsschule der Sängerknaben. Als die Sängerknaben ein separates Konzerthaus im Park planten, hagelte es Proteste der Parknutzer. Der Anbau kam trotzdem, wenngleich in abgespeckter Form. Heute ist das **MuTh** (»Musik und Theater«) genannte Konzerthaus eine gute Adresse rund um Jazz, Rock, Ballett, Theater und natürlich auch für Aufführungen der Sängerknaben.

2., Am Augartenspitz 1 | Tel. 01 347 80 80 | ganzjährig außer Sommerpause fast tägl. Abendveranstaltungen
MuTh-Programm: www.muth.at

DAS HOHE C GEHT UM DIE WELT

Die Wiener Sängerknaben begeistern jährlich in rund 300 Konzerten fast eine halbe Million Menschen, getreu dem augenzwinkernden Motto: »Wem die Stimme nicht bricht, der singt bis zum Jüngsten Gericht.«

Wenn man Touristen fragt, was sie mit Wien verbinden, bekommt man häufig die Antwort: Sachertorte, Riesenrad und die Wiener Sängerknaben. Und in der Tat, die jüngsten Botschafter Wiens zählen zu den bedeutendsten Chören der Welt. Tourneen, Auftritte in Wien, Österreich und rund um den Globus, CD- und Filmaufnahmen – das Leben der Wiener Sängerknaben richtet sich nach einem straffen Terminkalender mit prall gefülltem Stundenplan.
Heute gehören ca. 100 aktive Sänger, verteilt auf **vier gleichrangige Chöre**, zum berühmten Ensemble – benannt nach den vier Komponisten Haydn, Schubert, Mozart und Bruckner. Berühmte ehemalige Wiener Sängerknaben waren u. a. Franz Schubert, Joseph und Michael Haydn, Jacobus Gallus, Clemens Krauss und Peter Weck.

Hofsängerknaben

Offiziell wurde die singende Institution im Jahr 1924 gegründet, ihre Wurzeln reichen aber bis 1498 zurück. Als Kaiser Maximilian I. seinen Hof samt Hofmusik von Innsbruck nach Wien verlegte, beauftragte er den niederländischen Hofkapellmeister Heinrich Isaac, die höfische Musikszene um sechs Sängerknaben zu bereichern. Dieser Knabenchor trat nur im Auftrag der Herrscher auf – bis zum Ende der Monarchie 1918.

Zu Kaiser Franz Josephs Zeiten trugen die »Hofsängerknaben« noch Kadettenuniformen mit Zweispitz und Degen. Der heutige Matrosenanzug wurde bei der Neugründung des Chors als »Wiener Sängerknaben« festgelegt. Weil sie nun auch öffentliche Konzerte gaben und weltliche Musik ins Repertoire aufnahmen, ließ der Erfolg nicht lange auf sich warten. Schon bald gaben die Knaben europaweit Konzerte, Anfang der 1930er-Jahre unternahmen sie erste Tourneen durch Nord- und Südamerika, durch Australien und Neuseeland.

Kurze Karrieren

Die **jüngste »Boygroup« der Welt** – die Mitglieder sind 10 bis 14 Jahre alt – muss hart arbeiten. Jeder Sängerknabe tritt durchschnittlich 80-mal im Jahr auf. Die Gesangskarriere, die naturgemäß kurz ist, beginnt mit dem Vorsingen bei der Aufnahmeprüfung. Wer die anschließende Probezeit bestanden hat, darf sich – endlich – Wiener Sängerknabe nennen.
Seit 2011 werden auch Mädchen aufgenommen. Damit auch die schulische Ausbildung der jungen Sänger gewährleistet ist, verfügt der Träger der Institution Sängerknaben, der »Verein Wiener Sängerknaben«, über ein Internat, mehrere Schulen und sogar über einen Musikkindergarten. Selbst wenn die Chormitglieder aus Wien stammen, leben sie im Internat, denn der Chor versteht sich als große Gemeinschaft.

Sängerknaben live

Wer die Sängerknaben in Wien live erleben möchte: Von September bis Juni

Die Matrosenuniformen sind das Markenzeichen der Sängerknaben.

tritt der Chor jeden Sonntag während der Heiligen Messe in der Hofburgkapelle sowie im Frühjahr und Herbst bisweilen im Musikverein auf. 2012 wurde eine neue Aufführungsstätte für die berühmten Sänger eingeweiht: das **MuTh** (»Musik und Theater«) mit rund 400 Sitzplätzen. Damit besitzen die Sängerknaben nun den modernsten Konzertsaal der Stadt. Im MuTh kann man die Chöre regelmäßig mit ihren neuesten Programmen, mit Weltmusik und bei Kinderopern erleben.

AUGARTENPALAIS
2., Obere Augartenstraße 1 c
Tel. 01 216 39 42
www.wsk.at

MUTH
2., Am Augartenspitz 1
www.muth.at

HOFBURGKAPELLE
Sonntagsmessen beginnen um 9.15 Uhr. Die Plätze müssen bis 9 Uhr eingenommen sein. Karten vorab nur schriftlich und gegen Vorkasse bzw. online (www.culturall.com).
1., Hofburg; Schweizerhof
Tel. 01 533 99 27
www.hofmusikkapelle.gv.at
Ausgabe reservierter Karten für die Sonntagsmesse:
Fr. vor der Messe 11–13, 15–17,
So. (Tag der Messe) 8–8.45 Uhr
Preis: 12–43 €
Besichtigung Kapelle: Mo., Di. 10–14, Fr. 11–13 Uhr (kostenlos)

★ AUGUSTINERKIRCHE

Lage: 1., Augustinerstraße 3 | **U-Bahn:** U1, U3 (Stephansplatz), U3 (Herrengasse) | **Bus:** 2A (Albertinaplatz) | **Führungen:** So., Fei. nach dem Hochamt, Treffpunkt Lorettokapelle; werktags nach Voranmeldung unter Tel. 01 533 70 99 | **www.augustinerkirche.at**

So dicht schmiegt sich die Hofpfarrkirche St. Augustin an die Hofburg, dass sie im Stadtbild komplett untergeht. Drinnen heiratete der europäische Hochadel. Auch Kaiser Franz Joseph I. und Sisi gaben sich hier das Ja-Wort.

Wo Sisi heiratete

Als Prinz Charles und Lady Diana 1981 in der St Paul's Cathedral heirateten, drängten sich 3500 Hochzeitsgäste allein in der Kirche. Das Traumpaar des Jahres 1854, Kaiser Franz Joseph I. und Elisabeth in Bayern, gab sich vor dem Altar der Augustinerkirche hingegen im engsten Kreise der Familie das Ja-Wort. Und sie betraten die Augustinerkirche fern den Augen der Öffentlichkeit von der Hofburg aus. 1881 ehelichte ihr Sohn, Kronprinz Rudolf, vor diesem Altar Stefanie von Belgien. Bereits 1736 ließen sich Kaiserin Maria Theresia und Franz Stefan von Lothringen hier trauen. Ihre Tochter Marie Antoinette stand vor demselben Altar – allerdings ohne Bräutigam. Sie wurde 1770 per Ferntrauung an den französischen König Ludwig XVI. vergeben. Maria Theresias Urenkelin Marie Louise heiratete 1810 in der Augustinerkirche ebenfalls in Abwesenheit eines Bräutigams, den sie bis dato noch nicht einmal gesehen hatte: Napoleon I.

BAEDEKER MAGISCHE MOMENTE

MUSIK IN HEILIGEN HALLEN

Die Sonntagmesse in der Augustinerkirche ist bei Kennern berühmt, denn sie wird von vorzüglichen Konzerten begleitet. Dem legendären Klang der beiden Orgeln zu lauschen und dabei gewärtig zu sein, welche prominenten Paare hier schon vor dem Altar standen, das hat was. Deutlich vor Messebeginn vor Ort sein, der Andrang ist stets groß.

54 Herzen

Herzgruft

Die Kirche entstand im Auftrag der Augustinereremiten von 1330 bis 1339. Die **Lorettokapelle** (1724) galt den Wienern einst als eine sehr bedeutende Wallfahrtsstätte. Wenn in früheren Zeiten eine Prinzessin als Braut von der Hofburg ins Ausland zog, war es Brauch, sich von der Maria Loretto zu verabschieden. Teil der Kapelle ist die Herzgruft. Hier werden in kleinen Silberurnen die Herzen der Habsburger Monarchen seit König Matthias († 1612) bewahrt, insgesamt sind es 54. Die Gebeine der Verstorbenen sind in der Kaisergruft der Kapuzinerkirche beigesetzt, die Eingeweide in den Katakomben im Stephansdom. Der Brauch der getrennten Bestattung endete 1878 mit Erzherzog Franz Karl von Österreich, dem Vater Franz Josephs I.

Grabmal für eine große Liebe

Christinendenkmal

Als einzige der Töchter Maria Theresias durfte Erzherzogin Maria Christina (1742–1798) den Mann ihres Herzens heiraten. Nach ihrem Tod engagierte ihr Gatte Herzog Albert von Sachsen-Teschen einen der besten Künstler der damaligen Zeit, Antonio Canovas, um das »Christinendenkmal« zu bauen. Diese fünf Meter hohe flache Wandpyramide aus weißem Carrara-Marmor sticht unter dem Schmuck der Augustinerkirche heraus. Ein Trauerzug schreitet durch ein dunkles Tor ins Innere der Pyramide. Der mächtige Löwe am Toreingang hat die Augen geschlossen, das Haupt ist auf die Pranken gesunken. Doch über allem schwebt leicht und frei der Genius der Glückseligkeit, das Bild der Erzherzogin in Händen.

★★ BELVEDERE

Oberes Belvedere: 3., Prinz-Eugen-Str. 27 | **U-Bahn:** U1 (Südtirolerplatz) | **Straßenbahn:** D (Schloss Belvedere), 18, O (Quartier Belvedere) | **Bus:** 69A (Quartier Belvedere) | tgl. 10–18 Uhr | **Eintritt:** 15,90 €, Kombi-Ticket (inkl. Unteres Belvedere und Belvedere 21): 24,90 € | **Unteres Belvedere:** 3., Rennweg 6 | **Straßenbahn:** 71 (Unteres Belvedere), D, 2 (Schwarzenbergplatz) | tgl. 10–18 Uhr Eintritt: 13,90 € | **Barockgarten:** tgl. ab 6.30 bis Einbruch der Dämmerung, Winter ab 7.30 Uhr | **www.belvedere.at**

Geld, Macht, Ruhm: Von alldem besaß Prinz Eugen von Savoyen so überreichlich, dass er sich unweit der Hofburg eine Sommerresidenz leisten konnte, die eines Kaisers würdig gewesen wäre. Heute ist das Belvedere ein Hort der österreichischen Kunst inklusive der größten Klimt-Ausstellung der Welt.

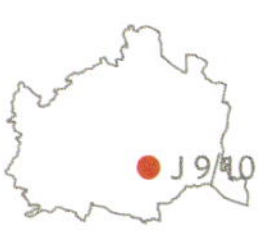

Kunst im Belvedere

»Alle Kunst ist erotisch«, fand Gustav Klimt, der zeitlebens bei der Mutter wohnte und seine unzähligen Liebschaften vorzugsweise im Atelier auslebte. Sein berühmtestes Gemälde, der »Kuss«, hängt zusammen mit vielen anderen seiner Werke im Oberen Belvedere. Wer wenig Zeit hat, sollte sich wenigstens diese Ausstellung ansehen. Etwa ein halber Tag ist nötig, um einen ersten Eindruck von der Gesamtanlage mitzunehmen. Die Ausstellung im oberen Schloss gibt einen exzellenten Einblick in die Kunst vom Mittelalter bis zur Gegenwart. Das Untere Belvedere bietet Prunkräume, Wechselausstellungen und eine Schau zur Kunst des Mittelalters. Ein barocker Garten auf drei Ebenen trennt die beiden Schlösser – er ist ideal für eine Kunstpause in schönster Umgebung.

Vorbild? Versailles!

Prinzenschloss

1698 hatte sich Prinz Eugen (▶ Interessante Menschen) in der Innenstadt sein Winterpalais erbauen lassen; zwischen 1714 und 1723 holte er zum ganz großen Wurf aus: Belvedere, zwei Schlösser als

Klare Sichtachsen und zurechtgestutzte Büsche prägen den Park zwischen Oberem und Unterem Belvedere.

Sommerresidenz, erbaut vom Barockbaumeister **Johann Lukas Hildebrandt**; das untere Schloss zum Wohnen, das obere zum Repräsentieren. Der in Paris geborene Prinz hatte nichts weniger als Versailles vor Augen. Hildebrandt war so begeistert von den Plänen seines prominenten Auftraggebers, dass er ausrief:

» Dieses Schloss will ich nicht bauen, sondern in die Luft hineinmodellieren!«

Eugen, zu dieser Zeit auf dem Zenit seiner Macht, ging es vor allem ums Repräsentieren. Die beiden Schlösser sollten an barocker Pracht ihresgleichen suchen, die Innenausstattung vom Allerfeinsten sein. Den **Terrassengarten**, der beide Schlösser verbindet, hat der Pariser Gartenbaumeister Dominique Girard mit Kaskaden, symmetrischen Treppen, Hecken und Alleen gestaltet. Die Skulpturen an den Wasserbecken zeigen Götter und Helden zwischen Hades und Olymp: Auf der untersten Terrasse stehen die Unterweltsgötter Pluto und Proserpina, es folgen die Wassergottheiten Neptun und Thetis, ganz oben Apoll und Herkules. Von der Terrasse des Oberen Belvederes überblickte der große Feldherr ganz Wien bis zu den Höhenzügen des Wienerwalds. Die Stadtsilhouette hat sich zwar in den vergangenen 300 Jahren sehr verändert, die Aussicht ist aber immer noch fürstlich.

Oberes Belvedere

Österreichs neue Geburt

Staatsvertrag

Am 15. Mai 1955 unterzeichneten Österreich und die Alliierten im Marmorsaal den Staatsvertrag, Österreich war wieder souverän. Für die Nation hat das Obere Belvedere eine besondere Bedeutung, die sich auch in der hohen Qualität der Sammlung niederschlägt. Highlights sind die Arbeiten von Klimt und Schiele sowie Werke des französischen Impressionismus und des Wiener Biedermeier.

Von Schiele zu Waldmüllers Idyllen

Ostflügel

Der Rundgang führt zunächst durch die drei Geschosse im Ostflügel und geht dann im Westflügel wieder hinab ins Erdgeschoss. Im Ostflügel beginnt die Schau »Schiele und seine Zeit« mit dem Gemälde »Die Umarmung« von 1917 sowie »Tod und Mädchen«. Auch lassen sich expressionistische Meisterwerke von Oskar Kokoschka und Max Oppenheimer (»Wiener Philharmoniker« mit Gustav Mahler am Dirigentenpult) bewundern. Im 1. Stock folgt die umfangreiche Barocksammlung. Sie zeigt Werke von Franz Anton Maulbertsch, Paul Troger sowie die grimasseziehenden »Charakterköpfe« des Bildhauers Franz Xaver Messerschmidt.

Im 2. Stock bilden Klassizismus, Romantik und Biedermeier den Abschluss. Herausragend sind die Gemälde von Ferdinand Georg Waldmüller, etwa »Am Fronleichnamsmorgen« von 1857, eine ländliche Idylle pur. Bereits der Romantik gehören die teils düster-melancholischen Landschaften eines Caspar David Friedrich an.

Klimt!

Westflügel

Der Rundgang setzt sich im Westflügel fort. Dort werden die Sammlungsbereiche des Impressionismus präsentiert mit bekannten Werken wie Claude Monets »Weg in Monets Garten in Giverny«. Van Goghs »Ebene von Auvers« aus dem Jahr 1890 widmet sich meisterhaft goldenen Weizenfeldern und Mohnblüten. Der Abstieg in den 1. Stock führt in die große Klimt-Ausstellung. Im Wien um 1900 stand er wie kein zweiter für den Aufbruch einer Künstlergeneration in die Moderne. Alle Schaffensphasen des Meisters werden hier gezeigt, von Studien des Frühwerks bis zu den allerletzten, unvollendeten Bildern des Jugendstil-Malers. Sein Hauptwerk »Der Kuss« aus der »Goldenen Periode« wird in seiner einzigartigen Stellung auch architektonisch im Raum hervorgehoben. Ebenfalls berühmt: Klimts Femme fatale »Judith I.«. Auf dieser Ebene befindet sich auch der historisch so bedeutende Marmorsaal. Das Deckenfresko setzt den Erbauer des Belvedere, Prinz Eugen, pompös in Szene.
Im Erdgeschoss endet der Rundgang mit **Mittelalter**-Exponaten von Weltruf, darunter herausragende Arbeiten der spätgotischen Bildhauerkunst und Tafelmalerei, u. a. vom Wiener Schottenmeister.

Unteres Belvedere

Im Goldkabinett

Wohnung des Prinzen

Wie glanzvoll Prinz Eugen in seinem Wohnschloss lebte, zeigt ein Blick in die Prunkräume: den über zwei Geschosse reichenden Marmorsaal, das »Goldkabinett« mit seinen kostbaren Spiegeln, den Groteskensaal mit üppig rankenden Pflanzen, schillernden Vögeln und Früchten. Es grenzt die **Orangerie** an, heute ein Raum für Wechselausstellungen. Im ehemaligen Prunkstall zeigt das »Schatzhaus Mittelalter« Exponate aus jener Zeit. Zwischen den Gebäuden erstreckt sich der Kammergarten, ein kleines, verträumtes Paradies.

Gartenanlagen

Was blüht denn da?

Alpengarten, Botanischer Garten

Über 4000 Pflanzenarten aus allen Alpingebieten der Welt holen die raue Gebirgsflora mitten in die Großstadt. Die Sammlung des **Alpengartens im Belvederegarten**, die zu den ältesten der Welt gehört,

dient nicht nur zum Bestaunen der Überlebenskünstler, vielmehr werden hier Samen von akut gefärdeten Arten gewonnen.
Der ebenfalls im Belvederegarten gelegene **Botanische Garten** der Universität Wien entstand 1754 als medizinischer Kräutergarten. Maria Theresia hatte ihn auf Anraten ihres Leibarztes Gerard van Swieten anlegen lassen. Heute befinden sich unter den rund 11 500 Pflanzenarten besonders sehenswerte Kakteen- und Sukkulentenpflanzungen und Orchideenzüchtungen. Keine Bange vor Überforderung: die Pflanzen tragen Bestimmungsschildchen.

Belvederegarten: Eingänge: Landstraßer Gürtel 3, Prinz-Eugen-Straße 27 und Rennweg 6 | Nov.-Feb. 7-17.30, März u. Okt. 6.30-19, April, Aug., Sept. bis 20, Mai-Juli bis 21 Uhr | Eintritt: frei
www.bundesgaerten.at
Alpengarten: Landstraßer Gürtel 3 | Ende März-Anf. Aug. tgl. 10-18 Uhr (bei Schlechtwetter geschl.) | Eintritt: frei
Botanischer Garten: Haupteingang: Mechelgasse/Praetoriusgasse | Nov.-Jan. 10-16, Feb., März, Okt. bis 17, April-Sept. bis 18 Uhr | Führungen: Mai-Sept. Mi. 16.30 Uhr | Eintritt: frei
www.botanik.univie.ac.at/hbv

Umgebung des Belvedere

Künftig Hotel?

Palais Schwarzenberg

Ganz in der Nähe des Unteren Belvedere steht das Palais Schwarzenberg mit einer prächtigen Innenausstattung. Das Palais war einst einer der ersten Sommersitze, die vor den Stadtmauern Wiens entstanden. Den Architektenwettbewerb zwischen den beiden großen Barockbaumeistern Johann Bernhard Fischer von Erlach und Johann Lucas von Hildebrandt entschied Fürst Schwarzenberg auf seine Weise: Die ersten Entwürfe für den 1697–1704 erstellten Rohbau stammten von Hildebrandt, 1720–1723 nahm Fischer von Erlach Veränderungen vor. Das 1945 schwer beschädigte Palais wurde sorgsam wiederhergestellt. Geplant ist, freilich seit Jahren schon ergebnislos, in dem Palais ein Hotel einzurichten.
Schwarzenbergplatz 9

Moderne Kunst, moderner Bau

Belvedere 21

Das Belvedere 21, nur wenige Gehminuten vom Belvedere entfernt, wird als Museum für österreichische Kunst von 1945 bis heute genutzt. Ursprünglich diente der preisgekrönte Stahlskelettbau 1958 als Pavillon der Weltausstellung in Brüssel. Heute befindet sich hier auch der Nachlass des Bildhauers Fritz Wotruba, dazu Museumsshop, ein Kino und ein Café-Restaurant mit Terrasse.
Arsenalstraße 1 | Di.-So., Fei. 11-18, Do. bis 21 Uhr | Eintritt: 8,90 €
www.belvedere21.at

BUNDESKANZLERAMT

Lage: 1., Ballhausplatz 2 | **U-Bahn:** U3 (Herrengasse) | **www.bka.gv.at**

»Die Fenster des schönen alten Palais am Ballhausplatz warfen oft noch spät abends Licht in die kahlen Bäume des gegenüberliegenden Gartens, und gebildete Bummler, wenn sie nachts vorbeikamen, erfasste Schauer.«

Zentrale der Macht

Denn, so beschreibt Robert Musil, hier wurde »hinter verhängten Fenstern das Geschick der Menschheit bereitet.« Hier bekam zumindest der Kontinent nach dem Fall Napoleons tatsächlich ein neues Gesicht. War doch das Gebäude **Schauplatz des Wiener Kongresses 1814/1815**, auf dem während rauschender Ballnächte durch Diplomatie, Auseinandersetzungen sowie Intrigen die Ländergrenzen neu gezogen wurden. 1914 formulierten hier die Politiker das Ultimatum an Serbien, das den Ersten Weltkrieg auslöste. 1938 besiegelte Bundeskanzler Kurt Schuschnigg den Anschluss Österreichs an Hitler-Deutschland und trat gleichzeitig zurück mit den Worten: »Gott schütze Österreich!« Heute ist das Haus wieder Amtssitz des Bundeskanzlers – seit Dezember 2021 heißt der Hausherr Karl Nehammer (ÖVP). Das Bundeskanzleramt wurde 1717 bis 1719 nach Plänen von Johann Lucas von Hildebrandt erbaut, später vergrößert.

Minoritenkirche

Napoleons Raubkopie

Kirche der Franziskaner

Eine besondere Überraschung wartet in der ehemalige Minoritenkirche am Minoritenplatz: Über die Nordwand erstreckt sich Leonardo da Vincis berühmtes Werk **»Das letzte Abendmahl«**, wahrhaft täuschend echt. Napoleon I. hatte die Kopie in originaler Größe einst mit Kalkül in Auftrag gegeben: Er wollte das Mailänder Original nach Paris entführen und durch die Wiener Kopie von Giacomo Raffaelli ersetzen. Nach Napoleons Sturz kaufte der österreichische Hof das Werk höflicherweise an, 1845 kehrte es in die Minoritenkirche zurück. Auch das Hochaltarbild von Christoph Unterberger ist eine Kopie; das Original »Maria Schnee« wird auf dem Esquilin in Rom verehrt.
Die Kirche heißt seit 1786 »Italienische Nationalkirche Maria Schnee«, seit 1957 ist sie Franziskanerkirche. An Stelle des Kirchleins von 1230 ließ Herzog Albrecht der Weise im 14. Jh. die heutige gotische Hallenkirche bauen. Das gotische Hauptportal gestaltete Herzog Albrechts Beichtvater Jacobus von 1340 bis 1345.

1, Minoritenplatz 2a | tgl. 8–18 Uhr | www.minoritenkirche-wien.info

★★ BURGTHEATER

Lage: 1., Universitätsring 2 | **U-Bahn:** U3 (Herrengasse), U2 (Schottentor) | **Straßenbahn:** 1, 71, D (Rathausplatz/Burgtheater) | **Führung:** Do., Fr. 15, Sa., So. 11 Uhr | **Preis:** 8 € | **www.burgtheater.at**

Das Burgtheater ist die größte und finanzkräftigste Bühne im deutschsprachigen Raum. Dem Publikum sagt man nach, es sei das anspruchsvollste, kritischste und verzogenste. Wer also in seinem Künstlerleben schon einmal als »Burgschauspieler« Erfolge feierte, ist auf der Karriereleiter ziemlich weit oben angekommen.

An der »Burg«, wie die Wiener den musealen Prachttempel kurz nennen, spielten Klaus Maria Brandauer, Fritz Muliar, Josef Meinrad, natürlich auch Katharina Schratt; sie ist allerdings mehr als Geliebte von Kaiser Franz Joseph I. im Gedächtnis geblieben. Seit 2019 und noch bis 2024 leitet der Kärntner Starregisseur Martin Kušej das Haus mit seinen vier Spielstätten, 900 Aufführungen pro Jahr, einem Etat von 50 Millionen Euro und einer eigenen Feuerwehr. Als sein Nachfolger wurde Stefan Bachmann bestimmt.

»Die Burg«

Gottfried Sempers Handschrift

Olymp der Bühnenkunst

Gegründet wurde die Bühne 1776 durch Kaiser Joseph II. als »Hoftheater«. 1888 eröffnete Kaiser Franz Joseph I. das neue Haus am Ring, das nach Plänen von Carl von Hasenauer und Gottfried Semper erbaut worden war. 1945 vernichtete ein Feuer den Zuschauerraum vollständig. Erst 1955 konnte das Haus wiedereröffnet werden. Heute verfolgt das Publikum von 1175 Sitz- und 105 Stehplätzen das Bühnengeschehen. An der Außenseite der »Burg« fallen die Figuren, Kolossalgruppen, Szenen und Büsten der Bildhauer Tilgner, Weyr und Kundmann auf. Bei Führungen werden die **kostbaren Innenräume** im Stil des französischen Barock gezeigt und in den Treppenhäusern die wunderbaren Jugendstil-Fresken von Gustav Klimt und seinem Bruder Ernst sowie von Franz Matsch.

★ Stadtpalais Liechtenstein

Lage: Bankgasse 9 | Führungen: nur gelegentlich | **Eintritt:** 29 €, Kombiticket mit Gartenpalais 45 € | www.palaisliechtenstein.com

Goldene Wände

Wenn Fürsten bauen

Gleich hinter dem Burgtheater liegt das Stadtpalais der Fürsten von Liechtenstein, in dessen Sanierung rund 100 Mio. Euro flossen. Seit 2013 steht das einzigartige Juwel für Veranstaltungen zur Verfügung, kann aber im Rahmen von Führungen besichtigt werden. Architektur und Ausstattung der Prunkräume umfassen die Zeit von Biedermeier bis Barock und Rokoko; Gemälde und Möbel stammen ebenfalls aus dieser Epoche. Die Parkettböden hingegen hat Michael Thonet entworfen. Einen unvergesslichen Eindruck hinterlassen die **überreichen Verzierungen aus Blattgold** an den Decken und Wänden der Festsäle, die hauchfeinen Seidenbespannungen der Wände, die mächtigen Kronleuchter und kostbaren Böden. Ein weiterer Teil der Sammlung ist im ▶ Gartenpalais Liechtenstein zu sehen.

Die Wiener gehen nicht ins Burgtheater, sondern »in die Burg«. Direkt nebenan liegt das Hotel Sacher; die kurzen Wege beförderten einst auch intime Treffen.

★ DEMEL

Lage: 1., Kohlmarkt 14 | **U-Bahn:** U1, U3 (Stephansplatz), U3 (Herrengasse) | **Café:** tgl. 10–19 Uhr mit Kaiserschmarrn to go
www.demel.at

Servierdamen, gekleidet in züchtiges Schwarz mit weißem Spitzenkragen, dazu ein höfliches »Haben schon gewählt?« – die »Demelinerinnen« sind fester Bestandteil der traditionellen Wiener Kaffeehauskultur.

Schon Kaiser Franz Joseph ließ sich zum Tête-à-tête mit seiner Geliebten aus dem Demel feine Mehlspeisen und Pralinen kommen, während seine Gattin Sisi dem sagenhaften **Veilchensorbet** des Hauses verfallen war. Die weltberühmte k. u. k. Hofzuckerbäckerei gilt nach wie vor als eine der feinsten und auch teuersten Konditoreien Wiens, in der nach überlieferten Rezepten unwiderstehliche Köstlichkeiten fabriziert werden.

k. u. k. Hof-bäckerei

Schwäbische Wurzeln

Geschichte

Die über 200-jährige Geschichte des illustren Etablissements begann 1786 mit dem württembergischen Zuckerbäcker Ludwig Dehne, der die legendäre Institution gründete. Seine Erben übergaben das Geschäft 1857 an den Gesellen Christoph Demel, dessen Familie das Stadtpalais zum ersten Haus am Platz machte. 1917 übernahm Anna Demel für vier Jahrzehnte den Tortentempel, und das mit größtem Erfolg: Im Jahr 1952 erhielt sie als erste Frau in Österreich den Titel »Kommerzialrat«. Ihre Nachfolgerin, Klara Demel, heiratete einen Baron Berzeviczy, der das Traditionsunternehmen – nach dem Tod seiner Gattin – zum Verkauf anbot. So schwang hier seit 1972 Udo Proksch das Zepter, bis der Hausherr wegen sechsfachen Mordes hinter Gitter musste. Seit 2002 gehört das geschichtsträchtige Haus einer international tätigen Restaurant- und Catering-Gesellschaft.

Live dabei

Schau-backstube

In der gläsernen Schaubackstube im Erdgeschoss kann man den Konditormeistern über die Schulter schauen, wie sie Apfelstrudel ziehen, wunderschöne Dekostücke aus Marzipan schaffen oder die legendäre Dobostorte aus sechs Schichten Biskuit, Schokoladencreme und Karamell zaubern. Wer sich nicht, wie Kaiserin Sisi, die geliebten kandierten Veilchen in sein Schloss liefern lassen kann, findet sie im Demel-Shop.
Sehenswert sind auch die Schaufensterinszenierungen, die im »Demel« lange Tradition haben und oft in provokanter Weise Bezug zum Tagesgeschehen nehmen. Seit den Zeiten der Corona-Epidemie eine

süße Zusatzattraktion ist der Straßenverkauf der berühmten Mehlspeise Kaiserschmarrn, sozusagen »to go«.

Kohlmarkt

Im Reich der Edelboutiquen

Architektur und Luxus

Hochkarätiges finden Luxusfans in der Fußgängerzone des Kohlmarkts zwischen ▶ Michaelerplatz und ▶ Graben. Wo einst Holz und Kohle ihre Käufer fanden, ballen sich heute Edelboutiquen, Juweliere und Flagshipstores, darunter zwei von Hans Hollein entworfene eigenwillige Ladenfassaden im Stil der Postmoderne mit kühnen Metall- und Marmorinszenierungen – Nr. 7 und 10. Hinter der schönen Jugendstilfassade am Verlagshaus Artaria (Nr. 9) logierte Frédéric Chopin während seiner Wienaufenthalte.
Gegenüber vom »Demel« liegt das **Große Michaelerhaus** (Nr. 11), dessen Bau um 1720 im Auftrag der Barnabiten erfolgte. Hier lebte und starb der italienische Dichter und Librettist Pietro Metastasio (1698–1782); die Dachkammer des Hauses diente Joseph Haydn ab 1750 für mehrere Jahre als Domizil.

In den prächtigen Räumen der einstigen k. u. k. Hofzuckerbäckerei Demel wird der Kaffeegenuss auch zum Fest für die Augen.

DONAUINSEL

Lage: Zwischen Klosterneuburg und dem Ölhafen Lobau | **U-Bahn:** U1 (Donauinsel) | **www.wien.gv.at**

Allein dem Hochwasserschutz verdanken die Wiener das Freizeitparadies Donauinsel. Aus dem Hotspot für Jogger, Radler und Schwimmer wird einmal jährlich Europas größte Freiluftbühne beim Donauinselfest.

Am letzten Juni-Wochenende steigt Jahr für Jahr die »größte Jugendparty Europas« mit über 3 Mio. Besuchern. Mehr als 2000 Musiker aller Genres machen 600 Stunden lang Programm – bei freiem Eintritt. Das gastronomische Angebot reicht von Brathendln bis zu südamerikanischen Köstlichkeiten. Am Festland wird Beachparty-Feeling an der »Copa Beach« geboten (▶S. 29, 231) und ab 2024 soll die runderneuerte »Sunken City« auf der Donauinsel wieder ein großes, zusätzliches Angebot rund ums Ausgehen und Feiern bieten.

Party für Millionen Gäste

Paradies für Surfer

Action

Der Nordteil der nur 210 m breiten, aber 21 km langen »Spaghetti-Insel« ist ein Paradies für Segler und Surfer, da hier der Wind, vom Wienerwald einfallend, am stärksten weht. Ruder-, Tret- und Elektroboote schippern übers Wasser. Die Ufer der Donauinsel sind – ihrer Funktion als Hochwasserschutzbau entsprechend – mit Steinen und Rasengittern aus Beton gegen Abschwemmungen gesichert. Doch in eigens angelegten **Badebuchten** sind die Steine mit feinem Schotter überdeckt, und für Kinder wurden Bereiche mit seichtem Wasser angelegt. In der Inselmitte liegen Sportplätze mit Fußballfeldern in Turniermaßen, ein Wasserskilift, eine Wasserrutsche sowie eine Tauch-, Segel- und Kanuschule, ein Riesen-Trampolin und etliches mehr.

Petri Heil

Ruhe

Abseits der Badebuchten finden Angler stille Plätze – entlang der Donauinsel gibt es einige der besten Fischreviere Wiens. In diesem Teil der Insel liegt das Naturschutzgebiet »Toter Grund« mit seinen Schilfufern und Vogelbeobachtungsmöglichkeiten.

Buddha am Fluss

Friedenspagode

Am Festland liegt die Friedenspagode, initiiert von Buddhistin Elisabeth Lindmayer. Mönche des Ordens des Michidatsu Fujii hatten schon in Japan, Sri Lanka, Indien und den USA Friedenspagoden errichtet. Seit 1983 steht die erste Friedenspagode Europas in Wien, ein glockenförmiges Monument, Wirklichkeit: ein Mahnmal, kein Tempel, mit einem fast 3 m großen sitzenden Buddha.

BAEDEKER WISSEN

DIE ZÄHMUNG DER DONAU

Jahrhundertelang litten die Wiener unter den unberechenbaren Hochwassern der Donau. Ungezähmt bahnte sich der Fluss im Wiener Becken immer neue Wege. Seit 1870 arbeitet die Stadt an seiner Zähmung. Seit 1988 darf das Projekt als abgeschlossen gelten. Mit der künstlich aufgeschütteten Donauinsel ist eines der größten städtischen Naherholungsgebiete der Welt entstanden. Dies nahm der Donau ihren Schrecken, ihrem Charme schadete es nicht.

Die Donauinsel

Bauzeit:	1972 bis 1988
Fläche:	4,9 km²
Länge:	21,1 km
Breite:	70 bis 210 m

▶ **Zu erreichen**
mit der U-Bahn U1

▶ **23,8 Mio. m³ Erdreich**
wurden aufgeschüttet, knapp das Zehnfache des Volumens der Cheops-Pyramide.

▶ **Donauinselfest**
Seit 1984 ist die Donauinsel Ende Juni Schauplatz des größten Freiluft-Musik-Festivals Europas – mit bis zu drei Millionen Besuchern in drei Tagen (www.donauinselfest.at).

▶ **Zum Vergleich**
Einige der größten aufgeschütteten Inseln der Welt

Barro Colorado Island
15 km², Panama

Chubu Airport
4,7 km², bei Nagoya, Japan

The Palm Jumeirah
5,6 km², Dubai (V.A.E.)

Bock (bei Hiddensee)
3,6 km², Deutschland

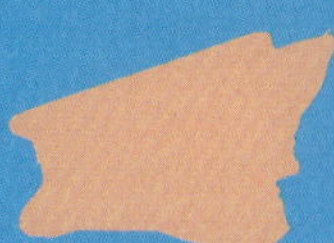

Flughafen Chek Lap Kok
12,5 km², Hongkong (China)

4 km

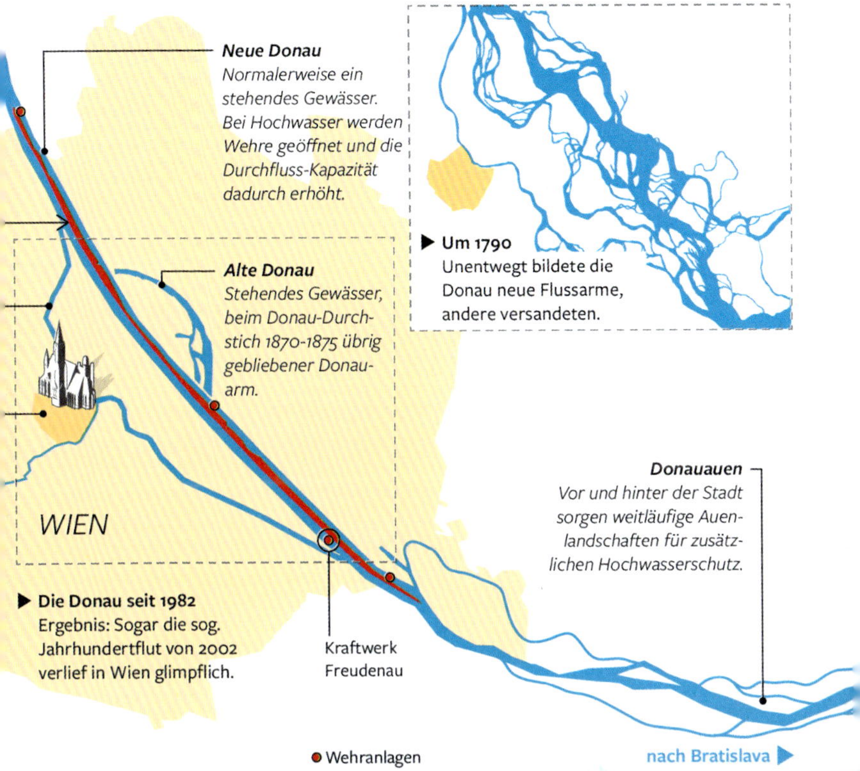

Katastrophen-Hochwasser
Durchflussmengen in Kubikmetern Wasser pro Sekunde

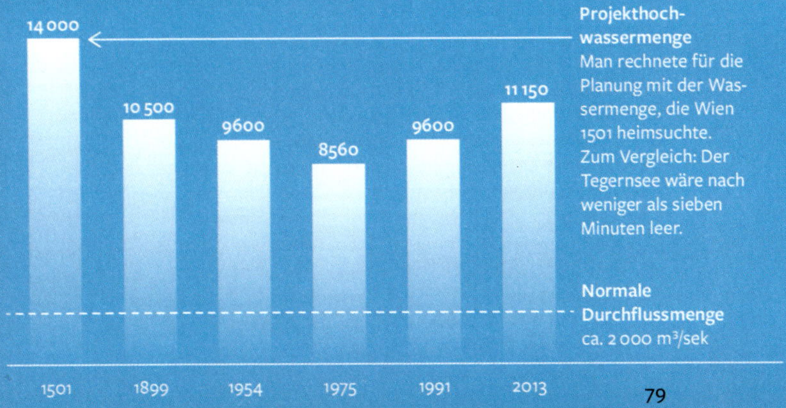

★ DOROTHEERGASSE

Lage: 1. | **U-Bahn:** U1, U3 (Stephansplatz)

Als in Österreichs Gaststätten das Rauchverbot eingeführt wurde, ging für Leopold Hawelka eine Welt unter. Rauchen gehört nun mal zu einem Künstlertreff und der blaue Dunst von zahlreichen Berühmtheiten hatte nicht unerheblich zur Patina des »Hawelka« beigetragen.

Beim Hawelka

Das (Passiv)Rauchen hat Leopold Hawelka nicht geschadet – immerhin verbachte er über 70 Jahre tagein, tagaus in seinem Café, machte Honneurs bei den Gästen und starb 2011 im stolzen Alter von 100 Jahren. Den Titel eines »Kommerzialrats« verliehen ihm die Wiener ehrenhalber zum 80. Geburtstag. Da war er längst ein stadtbekanntes Original. Doch »i wär net der Hawelka ohne mei Frau«, gab er immer offen zu. 1939 gründeten er und Josephine den charmanten Studenten-, Literaten- und Künstlertreff **»Café Leopold Hawelka«**. Friedensreich Hundertwasser, Elias Cannetti und Helmut Qualtinger gingen hier ein und aus, Andy Warhol, Klaus Maria Brandauer und Senta Berger schauten vorbei.

Heute treffen hier Touristen überwiegend andere Touristen. Sofern überhaupt ein Tisch zu bekommen ist. Das Hawelka ist oft brechend voll. Die schummerige Atmosphäre ist aber auch ohne Künstler, Dichter und Rebellen gar zu schön. An den Wändern hängen Werke berühmter Gäste, Zeitungen stapeln sich, die Einrichtung changiert zwischen Jugendstil und 1970er-Jahren. Und täglich gibt es ab 20 Uhr frisch gebackene Buchteln nach Josephine Hawelkas Rezept. Nur der Rauch fehlt.

1., Dorotheergasse 6 | Mo.–Do. 8–24, Fr., Sa. 8–1, So. 9–20 Uhr | Tel. 01 512 82 30 | www.hawelka.at

Schnittchen mit Pfiff

Trześniewski

Gleich vis-à-vis vom Hawelka liegt das Trześniewski, die ideale Anlaufstelle für einen schnellen Snack zwischendurch. »Schnittchen mit Pfiff« gibt's seit über 100 Jahren im Stammhaus vom Trześniewski, das mittlerweile acht Filialen in Wien betreibt. Selbst gebackenes Schwarzbrot mit einem **köstlichen Brotaufstrich** in über 20 Variationen, das ist das Geheimnis des Erfolgs dieser weit über die Stadt hinaus bekannten Imbiss-Institution. Dazu noch einen »Pfiff« (ein »Achterl Bier«) oder ein Glas Sekt und der Mittags- oder Nachmittagssnack ist perfekt Übrigens: Trześniewski spricht sich »Tschesnjewski« – oder so ähnlich.

1., Dorotheergasse 1 | Mo.–Fr. 8.30–19.30, Sa. 9–18, So., Fei. 10–17 Uhr | www.trzesniewski.at

Knapp bei Kasse?

So mancher, der knapp bei Kasse ist, besucht »Tante Dorothee« oder das »Pfandl«, wie das berühmte Auktionshaus kurz genannt wird. Das Dorotheum ist keine zwielichtige Adresse, sondern wirkt wie eine Mischung aus Museum und gut sortierten Verkaufsräumen, die sich über mehrere Stockwerke erstrecken. Alle, die nicht auf eine Auktion warten wollen, finden in der Dorotheum Galerie eine reiche Auswahl, der Dorotheum Juwelier bietet Schmuck aller Art.

★ Dorotheum

Bei den rund 600 Auktionen im Jahr werden über 500 000 Objekte aller Art versteigert. Allein in Wien unterhält das Dorotheum über ein Dutzend Filialen, im Haupthaus sind Abteilungen für Möbel, Teppiche, Bilder, Pelze, Kunstgegenstände, Briefmarken, Bücher und Pretiosen eingerichtet. Längst wird auch online gefeilscht. Auch wegen des guten Apfelstrudels im hauseigenen Kaffeehaus lohnt der Besuch des Pfandls. Das Dorotheum geht auf ein 1707 durch Kaiser Joseph I. gegründetes »Versatz- und Fragamt« zurück. Im Jahr 1787 siedelte diese Pfandleihanstalt in das 1360 geweihte und 1782 aufgehobene Dorotheerkloster über, das von 1898 bis 1901 großzügig im neobarocken Stil neu gestaltet wurde. In den Gassen des angrenzenden Viertels werden Antiquitätenfans beim Durchstöbern der vielen **Antiquitätenläden** fündig.

1., Dorotheergasse 17 | Mo.–Sa. 10–17 Uhr | www.dorotheum.com

Vertreibung und Rückkehr

1923 war jeder zehnte Einwohner Wiens Jude, darunter Sigmund Freud, Gustav Mahler, Ludwig Wittgenstein, Karl Popper und andere Berühmtheiten. 1945 war die jüdische Gemeinde fast erloschen. Wie ging die Geschichte weiter? Dem widmet sich die Dauerausstellung »Unsere Stadt! Jüdisches Wien bis heute«. Auch die Geschichte vor der Schoa nimmt breiten Raum ein und hilft, die brisante Lage, in der sich die jüdische Gemeinde in Wien fast immer befand, zu verstehen. Mehrere Privatsammler haben ihre Schätze zur Verfügung gestellt. Familie de Waal schenkte dem Museum das Familienarchiv der Ephrussis und lieh ihm 157 Netsuke, das sind japanische Figürchen. Gemeinsam mit den Objekten der Israelitischen Kultusgemeinde (IKG) zeigt sich ein facettenreiches Bild des Judentums im österreichisch-ungarischen Raum. Einzigartig ist auch die Sammlung von rund 1000 Objekten zum Thema Antisemitismus. Das Museum ist im Palais Eskeles untergebracht. Seit 1936 war das Dorotheum Eigentümer des klassizistischen Gebäudes, seit 1993 wird es vom Museum genutzt. Das **Café Eskeles** serviert zu Mittag mediterrane und israelische Speisen sowie koschere Weine.

★ Jüdisches Museum

1., Dorotheergasse 11 | U-Bahn: U1, U3 (Stephansplatz) | **Museum:** So.–Fr. 10–18 Uhr, Führungen: So. 15 Uhr | Eintritt: 15 € (7-Tages-Ticket gilt auch für das das Museum Judenplatz, ▶ S. 127) | **Café Eskeles:** So.–Fr. 10–18 Uhr | www.jmw.at

JÜDISCHES LEBEN IN WIEN

Die Geschichte der Wiener Juden ist eng mit der Leopoldstadt verbunden. Hier befand sich einst der Schwerpunkt jüdischer Ansiedlungen, lebte vor dem Zweiten Weltkrieg fast die Hälfte der rund 180 000 Wiener Juden. Heute zählt die gesamte Stadt nur knapp 8000 jüdische Mitbürger, und nicht mehr viele von ihnen leben in dem einstigen Judenviertel.

Der verhältnismäßig friedlichen Zeit, die dem mittelalterlichen Wiener Judenviertel bis zu Beginn des 14. Jh.s am Fuß der herzoglichen Burg beschieden war, folgte eine schrittweise Verschlechterung durch judenfeindliche Bestimmungen. Bereits 1215 wurden diese auf dem Vierten Laterankonzil beschlossen und hielten nun auch in der Donaumetropole Einzug. Die Wiener Juden waren zunehmend dem schwankenden Wohlwollen der Regenten ausgesetzt.
Erzherzog Albrecht V. machte die Juden 1420 schließlich zum Sündenbock für seine politisch-militärische Misere, woraufhin alle Bewohner des Judenplatzes vertrieben oder ermordet wurden. Im Lauf des 16. Jh.s siedelten sich wieder jüdische Familien in Wien an, aber erst Ferdinand II. bot der jüdischen Gemeinde im Jahr 1620 eine wirtschaftliche Grundlage mit der Neuverleihung des alten Münzrechts.

Errichtung eines Gettos

Vier Jahre später gab der Kaiser den Befehl, ein jüdisches Getto am nördlichen Donauufer anzulegen, das 1660 drei Synagogen mit je einer Schule, ein Spital, ein Gemeindehaus und Wiens erste Müllabfuhr besaß. Durch die vielen Zuwanderer des Leopoldstädter Gettos erhielt Wien alsbald die **Mittlerfunktion zwischen West- und Ostjudentum**, die sie auch im 19. und 20. Jh. bewahrte. Mit der Thronbesteigung Leopolds I. schlug das Pendel erneut in die entgegengesetzte Richtung, als der Kaiser 1670 die Vertreibung von fast 3 000 jüdischen Bürgern veranlasste.

Toleranz und Glaubensfreiheit

Die Blütezeit des jüdischen Wien begann 1782 mit dem **Toleranzedikt Josephs II.**, das eine große Zuwanderungswelle, vor allem aus Osteuropa, bewirkte. Da den Juden der Landerwerb nur für den Bau von Fabriken erlaubt war, erwarb die jüdische Hochfinanz eine dominierende Position auf dem Kreditmarkt der Kaiserstadt. Führende Bankiers wurden ab 1796 in den Adelsstand erhoben, darunter Salomon Freiherr von Rothschild – zweitmächtigster Mann des Vormärz nach Fürst Metternich.
Der österreichisch-ungarische Ausgleich von 1867 brachte die volle Glaubensfreiheit per Dekret für beide Reichshälften. Nach dieser Gleichstellung unter Kaiser Franz Joseph I., der den Juden eine aufrichtige Sympathie entgegenbrachte, stieg der jüdische Bevölkerungsanteil sprunghaft an: von rund 2 % (6200) 1857 auf fast 11 % (72 400) 1880. Etwa ein Drittel davon entfiel auf die **Leopoldstadt**, in der Handwerker, Arbeiter und Künstler wohnten und sich die meisten ostjüdischen Neuankömmlinge einfanden. Diese hatte inzwischen wenig gemein mit der Welt der wohlhabenden, assimilier-

ten jüdischen Aufsteiger, die sich vor allem im 1. und 9. Bezirk niederließen.

Und wieder: Hass

Das ausgehende 19. Jh. wurde durch den Einfluss von Männern wie Karl Lueger, Georg Ritter von Schönerer und Ernst Schneider erneut von antisemitischen Hetzkampagnen geprägt, die auch beim jungen **Adolf Hitler** Anklang fanden. Nach dem Ersten Weltkrieg wuchs der Druck auf die jüdische Minderheit, der sich zunehmend in antisemitischen Ausschreitungen äußerte. Mit dem Anschluss Österreichs an Hitler-Deutschland 1938 folgten Verhaftungen und Beschlagnahmungen, Synagogen wurden zerstört. Überfälle auf Juden waren an der Tagesordnung. Berüchtigter Leiter der Wiener »Zentralstelle für jüdische Auswanderung« wurde **Adolf Eichmann**, der dafür verantwortlich war, dass bis Ende 1939 fast 225 000 Juden gegen horrende Auslösesummen aus der Stadt flohen, während gleichzeitig die ersten Deportationen in Konzentrationslager im besetzten Polen stattfanden. Als die Auswanderung schließlich verboten wurde, rollten ab 1941 die Todeszüge von Wien nach Theresienstadt und Auschwitz, wo bis 1945 fast 40 000 Wiener Juden dem Holocaust zum Opfer fielen.
Heute ist das Viertel um die Taborstraße ein Wohnbezirk wie andere. Nur wenige jüdische Schulen, Bethäuser und koschere Restaurants erinnern an die versunkene Welt des jüdischen Wien.

Hauptsynagoge/Stadttempel
Seitenstettengasse 4
Führungen auf Deutsch: Do., Fr. um 10 Uhr

Wiens Hauptsynagoge, der Stadttempel, ist Zentrum des religiösen Lebens der jüdischen Gemeinde in Wien.

★ FRANZISKANER-PLATZ

Lage: 1. Bezirk | **U-Bahn:** U1, U3 (Stephansplatz)

Nur ein paar Schritte vom Rummel der Kärtner Straße entfernt liegt die himmelblau bemalte Franziskanerkirche. Wo einst Dirnen Buße taten, erklingt heute die älteste Orgel Wiens. Der kleine Platz vor der Kirche ist allerliebst: Dezent sprudelt der Mosesbrunnen, und auf der Terrasse des Kleinen Cafés treffen sich Freunde zum »Tratscherl«.

Lauschiges Plätzchen

Besitzer des Kleinen Cafés ist Hanno Pöschl, gelernter Konditor mit einer bewegten Erwerbsbiografie: Gearbeitet hat er als Automechaniker, Chauffeur und Zirkusartist, später als Schauspieler unter Claus Peymann am Burgtheater und dank Nebenrollen in *James Bond* und *Before Sunrise* auch in Hollywood ein Begriff. Zusammen mit seiner Frau betreibt er außerdem das Restaurant »Pöschl« gleich um die Ecke. Ohne Reservierung geht hier gar nichts. Konkurrenz bekommt Pöschl vom »Artner«, einem schicken Restaurant mit Weinhandlung. Sie alle bewirten im Sommer auch draußen auf dem idyllischen Platz. Wer noch einen Eindruck von den alten Wiener Gässchen erhaschen will, spaziert durch die **winzige Ballgasse**. Ebenfalls eine Institution: Katzen-Café Neko, wo sich meist fünf Katzen tummeln.

Kleines Cafe: Franziskanerplatz 3 | tgl. 10–2, So. ab 13 Uhr | **Pöschl:** Weihburggasse 17 | Mo.–Sa. 12–23 Uhr | www.gasthauspoeschl.com
Artner: Franziskanerplatz 5 | Mo.–Sa. 12–24 Uhr | www.artner.co.at
Café Neko: Blumenstockgasse 5 | tgl. 10–20 Uhr | www.cafeneko.at

Muttergottes mit Axt

Franziskanerkirche

Die Franziskanerkirche auf dem idyllischen Platz ist Wiens einziger Sakralbau mit einer Renaissancefassade. An der Stelle der 1603 bis 1611 erbauten Kirche stand zuvor ein altes Barfüßerinnenkloster (14. Jh.). Die geschnitzte Wöckherl-Orgel von 1642 ist **Wiens älteste Orgel**. Jeden Freitag gibt es eine fachkundige Präsentation mit Werken aus der Zeit ihrer Erbauung. Auf dem 1707 geweihten Hochaltar von Andrea Pozzo steht eine »Madonna mit Kind« (um 1550), vermutlich aus Grünberg in Böhmen. Eine Legende erzählt, die »Madonna mit der Axt« genannte Figur sollte einst von Bilderstürmern zerschlagen werden, die Axt blieb jedoch stecken. Soldaten nahmen daraufhin »die Unzerstörbare« in den Feldzug gegen die Türken mit und schrieben ihr den Sieg bei Pest (Ungarn) zu.

Orgelpräsentationen: Fr. 14–14.45 Uhr | Karten: 9 €
Konzertkalender: https://wien.franziskaner.at

★ FREUD-MUSEUM

Lage: 9., Berggasse 19 | **Bus:** 40A (Berggasse) | **Straßenbahn:** D (Schlickgasse), 37, 38, 40, 41, 42 (Schwarzspanierstr.) | Mi.–Mo., Fei. 10–18 Uhr | **Eintritt:** 14 € | **www.freud-museum.at**

Knapp 50 Jahre lang strömten Menschen in die Berggasse 19, legten sich auf die Couch und erzählten Sigmund Freud ihre Träume und Probleme. Sein Haus lässt heute in die Arbeit und ein wenig auch in die Seele des großen Forschers blicken.

1891 bezog Freud mit seiner Familie das Haus in der Berggasse. Als Jude drohten ihm nach dem Anschluss Österreichs an Hitler-Deutschland Deportation und Tod. 1938 flüchtete der »Vater der Psychoanalyse« (▶ Interessante Menschen) nach London und nahm auch die berühmte Couch mit, die laut seiner Tochter Anna »mehr Geheimnisse kennt als ein katholischer Beichtstuhl«.

Vater der Psychoanalyse

BAEDEKER MAGISCHE MOMENTE

SEELENVOLLE RÄUME

An der Garderobe hängt Freuds Hut, in der Ecke lehnt sein Spazierstock. Im Warteraum, wo die Patienten durchatmeten, bevor es Richtung Sofa ging, stehen noch die originalen Plüschmöbel. Hier begründete Freud die Psychoanalyse, ein Meilenstein der Psychotherapie.

Heimstatt der Psychoanalyse

Museum und Archiv

In der Berggasse therapierte Freud nicht nur, sondern verfasste viele grundlegende Schriften wie z. B. »Die Traumdeutung« (1900). Seine gediegene 15-Zimmer-Wohnung ist heute Museum und fängt den Geist dieser Zeit gut ein. Behandlungs- und Arbeitszimmer wurden rekonstruiert, der Warteraum ist noch im Originalzustand. Dokumente und Fotografien informieren über den Werdegang des großen Seelenforschers. Zu den Exponaten gehören ferner Objekte aus Freuds Antikensammlung, die früher im Arbeitszimmer untergebracht war.

Die **Bibliothek**, deren Grundlage die Bücherspenden zahlreicher emigrierter Analytiker bilden, sammelt psychoanalytische Literatur in mehreren Sprachen und zählt mittlerweile zu den größten psychoanalytischen Fachbibliotheken Europas. Im Archiv werden Dokumente sowie Bild- und Tonträger zur Geschichte der Psychoanalyse in Österreich aufbewahrt.

★ FREYUNG

Lage: 1. Bezirk (Nähe Schottentor) | **U-Bahn:** U2 (Schottentor), U3 (Herrengasse) | **Straßenbahn:** 1, 43, 44, D (Schottentor) | **Bus:** 1 A (Schottentor)

Einst priesen auf der Freyung die Küchelbäcker ihre Waren an, heute pendelt die Kundschaft zwischen Klosterladen, Kräuterhaus und dem schicken Palais Ferstel. Mitten auf dem Platz plätschert der Austriabrunnen, auch »Zigarrlbrunnen« genannt.

Wiener Geschichten

Als der Münchner Künstler Ludwig Schwanthaler den Auftrag für den Austriabrunnen erhielt, stellte er die Austria als streng blickende Dame dar, die hoch über vier Allegorien von Flüssen steht. Die gerne erzählte Geschichte rund um den Brunnen geht so: Schwanthaler versteckte in der Austriafigur Zigarren, um sie von der Münchner Gießerei unverzollt nach Wien zu bringen. Doch war er nicht schnell genug, um die heiße Ware zu entnehmen, bevor sein Kunstwerk 1846 auf den Sockel gehievt wurde. Deshalb blickte viele Jahrzehnte lang eine **mit Zigarren gefüllte Austria** aufs Publikum herunter. Der Blick des Restaurators ins Innere der Skulptur bewies: Die kuriose Geschichte ist erfunden, der »Zigarrlbrunnen« ist gar keiner. Doch vielleicht stimmt es ja, dass Alma Goethe, die Enkelin des großen Dichters, für die Austria Modell gestanden hat, kurz bevor sie mit 17 Jahren in Wien an Typhus starb. Von Rübezahls Existenz kann sich hingegen jeder selbst überzeugen. Die Bronzefiguren unter der Austria stellen die ehemaligen Hauptflüsse der Monarchie, Po, Elbe, Weichsel und Donau dar. Die Dame in wallendem Gewand, die die Elbe verkörpert, stützt ihre linke Hand auf einen bärtigen Rübezahlkopf. Warum? Weil die Elbe im Riesengebirge entspringt, der Heimat des Berggeistes. Heute ist die Freyung vor allem für den Alt-Wiener Oster- und Weihnachtsmarkt bekannt. Im 17. und 18. Jh. entstanden die Stadtpaläste rund um den Platz – heute ausgestattet mit Kaffeehäusern, einer noblen Einkaufspassage und mehreren Museen.

Wohnort Kaffeehaus

Wenn Banker und Börsianer bauen, kann sich das Ergebnis sehen lassen. So auch beim **Palais Ferstel**. Die Bauherren engagierten einen der großen Architekten Wiens, Heinrich Ferstel, der schon Votivkirche und Universität geplant hatte. 1860 eröffnete der italienisch anmutende Bau, doch 1877 wurde es den Börsianern zu eng, sie übersiedelten in einen Neubau. 1925 zog die Nationalbank ebenfalls in größere Räumlichkeiten um. Ein Gang durch die noble Geschäftspassage gibt einen Eindruck von der Pracht, mit der sich die finanzkräftigen Bauherren umgeben haben. Im Arkadenhof steht der Donaunixenbrunnen von Anton Fernkorn.

★ Palais Ferstel

Am südlichen Ende des Gebäudetrakts (Ecke Strauch-/Herrengasse) hat mit dem **Café Central** eines der berühmtesten Kaffeehäuser der Stadt seinen Sitz, gut an den teils langen Besucherschlangen zu

Eine noble Verpackung für gediegene Shops und hippe Cafés: Palais Ferstel

erkennen, die auf einen Tisch warten. Wer Einlass erhält, begegnet gleich rechts an einem Tisch dem Dichter Peter Altenberg – natürlich nicht persönlich, aber seinem naturgetreuen Abbild. Als Stammgast gab er gerne als Adresse »Wien 1, Café Central« an (▶ Baedeker Wissen S. 310ff.).

Museen-Tempel

★ Palais Mollard

Südlich vom Palais Ferstel steht das Ende des 17. Jh.s errichtete Palais Mollard. Es beherbergt heute drei Museen, von denen zwei eher Experten interessieren dürften, das dritte aber überaus faszinierend für jedermann ist: Das **Globenmuseum**, weltweit das einzige seiner Art, ist nicht sehr groß, doch Zeit kann darin viel verbringen, wer sich in all die Erd- und Himmelskugeln versenkt. Historische Globen sind mit enormer Liebe zum Detail gestaltet. Da schwimmen Galeonen mit geblähten Segeln über die Weltmeere, merkwürdig anmutende Fabeltiere bevölkern die Dschungel, denn wo weder Berichte reisender Missionare noch Vermessungskunst hinreichten, begann das

BAEDEKER MAGISCHE MOMENTE

WUNDERWELTEN

Was liegt hinter dem Horizont, den wir erblicken? Lauert am Ende der Welt ein Abgrund? Der Gang durchs Globenmuseum zeigt, wie diese Fragen quer durch die Epochen beantwortet wurden und welch wunderbare Geschichten sich um unseren Planeten ranken.

Reich der Fantasie. Insgesamt präsentiert das Museum 250 Objekte, darunter Globen von Mond und Venus sowie Armillarsphären aus der Zeit vor 1850. Besonders bedeutend sind zwei um 1550 angefertigte Mercatorgloben, der älteste Globus Österreichs (Anf. 16. Jh.) und ein farbenprächtiger Himmelsglobus (1705).
Zu den Beständen der **Musiksammlung**, Österreichs größtem Musikarchiv, zählen u. a. Originalpartituren wie Mozarts Requiem, Beethovens Violinkonzert, Haydns Kaiserhymne sowie ca. 20 000 Tonträger. Das **Internationale Esperantomuseum** ist eine reiche Dokumentationsstelle für Plan- bzw. Hilfssprachen. Die Spezialsammlung umfasst über 35 000 Bücher, tausende Zeitschriftentitel, Handschriften und Manuskripte, Fotos und Plakate.
Herrengasse 9 | **Musiksammlung:** Juli–Sept. Mo.–Fr. 9–13; Okt.–Juni Mo.–Mi. 9–16, Do. 12–19, Fr. 9–13 Uhr | www.onb.ac.at
Globenmuseum, Esperantomuseum: Di.–So. 10–18, Juni–Sept. Do. bis 21 Uhr | Eintritt: 5 € | www.onb.ac.at

Kunst in der Bank

Bank Austria Kunstforum Wien

Eine mächtige goldene Kugel ziert den Eingang des Bank Austria Kunstforum Wien. Hier werden Wechselausstellungen zur Kunst der klassischen Moderne präsentiert (▶ S. 331).

Jasomirgotts Grab

Schottenkirche

Irland hieß einst Neu-Schottland. Folgerichtig nannten man die irischen Mönche, die im 12. Jh. von Regensburg nach Wien berufen wurden, Schotten und ihre Kirche Schottenkirche. Der Babenberger Herzog Heinrich II. Jasomirgott (1114–1177) gründete 1155 das Schottenkloster, das damals noch vor der Stadtmauer lag. Zehn Jahre zuvor hatte er Wien zu seiner Residenz gemacht – dem verdankt die Stadt ihren steilen Aufstieg. Hier in der Krypta hat dieser bedeutende Herrscher sein Grab; ein Denkmal an der Außenfront erinnert ebenfalls an ihn. Mitte des 17. Jh.s gestalteten Andrea Allio und Silvestro Carlone die Kirche barock um. Der Hochaltar (1883) war Heinrich Ferstels letzte Arbeit. Am Marienaltar befindet sich Wiens ältestes Gnadenbild der Maria.

Kräuter, Klöster, Kunstgenuss

★ Schottenstift

Auffallendstes Gebäude am Platz ist das Schottenstift. Der Name Freyung (»Freistatt«) erinnert daran, dass dieses Kloster ebenso wie der Stephansdom das Recht besaß, Verfolgten Asyl zu gewähren. Das Schottenstift (12. Jh.), mit der Schottenkirche durch den Schottenhof verbunden, wurde 1832 in klassizistischen Formen neu erbaut. Es unterhält ein renommiertes katholisches Privatgymnasium. Berühmte Schüler waren der Dichter Nestroy, der Walzerkönig Johann Strauß (Sohn) und der Maler Moritz von Schwind. Öffentlich zugänglich ist die bedeutende **Gemäldegalerie** mit Werken aus dem

16. bis 19. Jh. Hauptattraktion sind die 19 Tafeln des spätgotischen Flügelaltars (1469–1475), der ursprünglich in der Schottenkirche stand. Im Hintergrund der Bilder sind die ältesten Wiener Stadtansichten zu sehen.
Zum Stift gehört das **Benediktushaus**, eine angenehme Bleibe für Reisende. Der **Klosterladen** verkauft feine Klosterprodukte aus ganz Europa, auch die Christophorus-Plakette fürs Auto erhalten Sie hier. Im Nachbarhaus (Freyung 7) bietet **Kräuterhaus Kottas** Arzneikräuter aller Art an. Eine weitere Initiative im Schottenstift: Beim **Dialog im Dunkeln** werden die Gäste von blinden Guides durch stockdunkle Stiftsräume geführt. Hier werden Alltagssituationen nachgestellt, eine interessante Herausforderung für Menschen, die sich sonst auf ihre Augen verlassen.

Klosterladen: Mo.–Fr. 10–18, Sa. bis 17 Uhr | **Museum:** Zugang über Klosterladen; Do., Fr. 11–17, Sa. 11–12.30 u. 13–17 Uhr | Führungen: Sa. 14.30 Uhr | Eintritt: 8 €, mit Führung: 12 € | www.schotten.wien
Dialog im Dunkeln: Mi., Do. 11–17, Fr. 13–18, Sa. 10–19, So. 13–19 Uhr | Eintritt: 19,90 € | **Dinner im Dunkeln:** Fr.- und Sa.abend | 84 € inkl. Führung | **Frühstück im Dunkeln:** 34 € inkl. Führung
Reservierung für alle »im Dunkeln«-Events erforderlich unter Tel. 01 890 60 60 | www.imdunkeln.at

★ GARTENPALAIS LIECHTENSTEIN

Lage: 9., Fürstengasse 1 | **U-Bahn:** U4 (Roßauer Lände)| **Straßenbahn:** D (Bauernfeldplatz)| **Bus:** 40A (Bauernfeldplatz) | **Führungen:** nur gelegentlich zu variablen Zeiten | Tel. 01 31 95 76 71 53 | **Eintritt:** 24 €, Kombiticket mit Stadtpalais 45 €

Die Fürsten von Liechtenstein regieren zwar nur einen Zwergenstaat, sind aber Europas vermögendste Monarchen und rund zehnmal reicher als der britische König. Ihr in Finanzaktionen begnadeter Ahnherr zog von Wien aus die Fäden. Mit welchem Prunk er sich umgab, zeigt ein Gang durchs Palais Liechtenstein.

Was fürs Auge

Fürst Johann Adam Andreas I. von Liechtenstein (1657–1712), Erbauer von Garten- und Stadtpalais Liechtenstein, zählte zu den größten Bauherren seiner Zeit. Der **Finanzexperte**, dessen Dienste auch das österreichische Kaiserhaus in Anspruch nahm, kaufte 1712 bzw. 1699 die Herrschaften Vaduz und Schellenberg und fügte sie zum

Fürstentum Liechtenstein zusammen. Und er liebte schöne Dinge, wirkte als Mäzen und gründete die umfangreiche Kunstsammlung des Hauses Liechtenstein. Gemälde zeigen ihn als stattlichen Mann mit Doppelkinn, energischem Blick, hoch aufragender Puderperücke, gekleidet in einen roten Brokatumhang mit kostbarem Hermelinbesatz. Dieser Mann, der als Geheimer Rat von Kaiser Leopold I. und Mitglied des Ordens vom Goldenen Vlies in den höchsten Kreisen verkehrte, war schlichtweg immens reich. Und bereit, Geld auszugeben für die besten Architekten und Künstler.

Barocke Fülle vom Boden bis zur Decke

Garten-palais

Den Entwurf für das Gartenpalais Liechtenstein in der Wiener Rossau übertrug er zunächst Johann Bernhard Fischer von Erlach, dann dem in Bologna ausgebildeten Domenico Egidio Rossi. Dessen Konzept führte ab 1692 Domenico Martinelli weiter. Für die Gemäldeausstattung wurde der Bologneser Künstler Marcantonio Franceschini verpflichtet, die Stuckdekoration stammt von Santino Bussi. Letztere ist ein seltenes Zeugnis für barocken Stuck in Wien, der gänzlich ohne historistische Ergänzungen des späten 19. Jh.s. erhalten blieb. Mit den Freskenzyklen in der Sala Terrena und in den Treppenhäusern wurde 1705 Johann Michael Rottmayr beauftragt. Den Höhepunkt der Ausstattung stellt das ab 1704 verwirklichte monumentale Deckenfresko des großen Meisters des römischen Barock, Andrea Pozzo, im Herkulessaal dar.

Rubens, Raffael und eine traumhafte Bibliothek

Fürstliche Sammlungen

Im Gartenpalais sind die umfangreichen Sammlungen des Fürstenhauses Liechtenstein zu sehen, deren Grundstock Fürst Johann Adam Andreas legte. Die Gemälde, Statuen, Möbel – vertreten sind u. a. Peter Paul Rubens, Raffael, van Dyck, Frans Hals und Rembrandt sowie Skulpturen von Andrea Mantegna und Adrian de Fries – können allerdings nur im Rahmen von Führungen bestaunt werden. In der Sala Terrena steht heute die barock-verschnörkelte Goldene Kutsche, ebenfalls ein Prunkstück der Sammlungen. Zu sehen ist auch die Bibliothek, ein Prunkstück klassizistischer Bibliotheksarchitektur, mit rund 100 000 Bänden aus dem 15. bis 19. Jahrhundert. Das für 100 Millionen Euro sanierte **Stadtpalais** des Fürsten (▶ S. 73f.) zeigt die Werke aus der Zeit des Biedermeier und Barock.

Der Garten als Kunstwerk

Garten

Auch vor den Toren zeigt sich barocke Gestaltungskunst. Die Gartenanlage war neben dem Belvederegarten die bedeutendste Repräsentantin barocker Gartenkunst in Wien. Mit den Skulpturen Giovanni Giulianis und vielfältigen ornamentalen Bepflanzungen bildete sie einen eigenen Kosmos, der im 19. Jh. zu einem weitläufigen englischen Landschaftsgarten umgeformt wurde.

★ GRABEN

Lage: 1. Bezirk | **U-Bahn:** U1, U3 (Stephansplatz)

In der Adventszeit macht sich der Graben so richtig fein. Dann schwingen mächtige Lichtinstallationen über der Flaniermeile und die Kundschaft trägt schwer an Tüten und Taschen. Seit die Babenberger den Stadtgraben einebnen ließen, wird hier Handel getrieben. Erst von Kräutlerinnen, Bäckern und Fleischhauern, später machten die k. u. k. Hoflieferanten den breiten Straßenzug zur noblen Adresse.

Shoppen!

Am Graben finden sich feinste Traditionsgeschäfte, die bereits als Hoflieferanten des Kaisers bekannt waren wie Parfumeur Nägele & Strubell (Nr. 27) und Porzellanmanufaktur Augarten (um die Ecke, Spiegelgasse 3), Herrenausstatter Knize und Hofjuwelier Heldwein. Meinl am Graben (Nr. 19) ist das Paradies auf Erden für alle Feinschmecker. Altmann und Kühne (Nr. 30) versorgt Freunde von Süßwaren zuverlässig mit vorzüglichen Schokoladen und zierlichem Konfekt. Andere königlich-kaiserliche Hoflieferanten haben aufgegeben, darunter Braun & Co., einst das beste Modehaus von Wien. An seinem Stammsitz in Haus Nr. 8, einem der schönsten Gebäude der Stadt, verkauft heute ein schwedischer Modekonzern Billigklamotten von der Stange. Vom denkmalgeschützten Ambiente blieben die edle Ladenfassade und die Einrichtung: stilvolle Lampen, holzvertäfelte Wände und Treppenaufgänge, die noch immer von Luxus flüstern.

Stilles Örtchen mit Stil

Lange Marktgeschichte

Diesem Straßenzug war ein steiler Aufstieg vergönnt: Aus dem aufgefüllten Wehrgraben des römischen Lagers entwickelte sich erst ein Mehl- und Gemüsemarkt, dann rückte er ab dem 17. Jh. auch als Schauplatz glanzvoller höfischer Feste in den Blick. 1950 gab es hier die erste Neonbeleuchtung Wiens, 1971 die erste Fußgängerzone, bevor Sommercafés den eleganten Platz eroberten. Bis heute macht die geschäftig-charmante Atmosphäre den Graben zu einem der gefragtesten Treffpunkte der Stadt. Eine kuriose Sehenswürdigkeit ist die wohl **älteste unterirdische Toilette der Welt**: ein 1905 nach einem Entwurf von Adolf Loos von Wilhelm Beetz gebautes Jugendstil-WC. Es bietet einen noblen – und sehr sauberen – Rahmen für »dringende Geschäfte« (auf Höhe Haus Nr. 22).

Heilmittel in großer Not

★ Pestsäule

In der Mitte des Grabens steht die 21 m hohe barocke Dreifaltigkeitssäule. Im Volksmund wird sie nur »Pestsäule« genannt, und das aus gutem Grund: 1679/1680 wütete die Krankheit entsetzlich in Wien,

Es ist ein erhebendes Gefühl, durch den Graben zu flanieren, Wiens Edelboulevard.

mehr als 35 000 Menschen starben. Es fehlte an Helfern, um die Toten zu bestatten, kaum jemand traute sich noch aus dem Haus. Es müssen sich furchtbare Szenen abgespielt haben, denn wo Lebensmittel kaufen, wenn sich jeder Bäcker, Metzger und Händler verkriecht oder bereits tot ist? Kaiser Leopold I. mitsamt seinem Hofstaat war längst geflohen, erst nach Mariazell, dann vorsichtshalber ganz nach Prag, der Adel und die reichen Bürger taten es ihm nach. In seiner Ohnmacht gelobte der Kaiser: Wenn die Seuche vorüber ginge, wolle er eine »himmelstrebende Säule« stiften. Die Pest endete und der Kaiser hielt Wort. Die Säule begann 1681 Matthias Rauchmiller, 1686 setzte Johann Bernhard Fischer von Erlach die Ausführung fort, 1693 vollendete Lodovico Burnacini das Werk. Die Figur des knienden Kaisers schuf Paul Strudel, die »Dreifaltigkeit« der Augsburger Johann Kilian. Doch besiegt war die Pest nicht, sie holte nur neuen Anlauf (▶ Karlsplatz / Karlskirche).

★ GRINZING

Lage: 19. Bezirk | **U-Bahn/Bus:** U4 bis Endstation Heiligenstadt, dann Bus 38A Richtung Kahlenberg bis Grinzing

Wo Wiens Häusermeer ausfranst und in eine bildschöne Landschaft aus Bauerngärten, Weinbergen und Wiesen übergeht, liegt Grinzing. Mächtige Torbögen führen in respektable Winzerhöfe, unter begrünten Lauben schenken die Heurigenwirte ihren hauseigenen Wein aus. Die Gäste strömen in Scharen herbei.

Kleines Dorfidyll

Das wohl schönste Heurigendorf scheint Opfer des eigenen Erfolgs zu werden. Beethoven hat sich hier gerne aufgehalten, heute schätzen großstadtmüde Reiche das Idyll am Rande Wiens – mit dem Ergebnis, dass immer mehr Grundstücke und Weingärten den Besitzer wechseln und zugebaut werden. Um gegen die Zersiedlung ihres beschaulichen Dörfchens öffentlichkeitswirksam zu protestieren, verkauft und verschenkt ein Verein Grinzinger Boden mit dem Recht auf einen dort gepflanzten Weinstock und dessen Ertrag. Besitzer derartiger Stöcke mit Bürgerurkunde sind u. a. Barack Obama, der Dalai Lama und Sophia Loren.

Im Schanigarten

Heurigen

Die meisten Touristenbusse machen hier Station. Auch mit dem »Heurigenexpress«, der Tram Linie 38, ist Grinzing schnell erreicht. Die echten Grinzinger Heurigen, die nur eigenen Wein ausschenken, haben im Jahr drei Wochen bis maximal sechs Monate geöffnet (▶ Baedeker Wissen S. 96). Dann lohnt es, in einem der vielen »Schanigärten« ein Glas Wein zu genießen. Lauschige Spazierwege führen bis zum ▶ Kahlenberg und Leopoldsberg.

★ HAUS DER MUSIK

Lage: 1., Seilerstätte 30 | **U-Bahn:** U1, U3 (Stephansplatz) | tgl. 10–22 Uhr | **Eintritt:** 16 € | **www.hausdermusik.com**

Sich nicht nur passiv berieseln lassen, sondern Musik auf ganz andere Art erleben und hören, sich in unendliche Klangwelten einfühlen – das bietet das »Haus der Musik«.

Das Museum lädt zu einer abwechslungsreichen musikalischen Entdeckungsreise ein und schickt die Besucherohren auf besondere

Hör-Abenteuer. Auf 5000 m^2 bietet das moderne, interaktive Klangmuseum neue Zugänge zum Thema Musik, weshalb es wegen seiner innovativen Konzeption mit dem Österreichischen Museumspreis ausgezeichnet wurde. Für Kinder bietet das Haus Erlebnisse an allen Ecken und Enden. Auch befindet sich hier das Museum der Wiener Philharmoniker und ihr historisches Archiv.

Klangwelten

In dem Gebäude lebte **Otto Nicolai** (1810–1849), der »Die lustigen Weiber von Windsor« komponierte und 1842 die **Wiener Philharmoniker** gründete. Ihn würdigt das Museumscafé »Nicolai« im Foyer, wo jeder auf dem Klavier in die Tasten greifen darf.

Selbst komponieren und dirigieren

Gang durchs Haus

Die erste Etage bietet Platz für das Museum der Wiener Philharmoniker. Im historischen Spiegelsaal fasziniert das Walzer-Würfel-Spiel, mit dem jeder seinen eigenen Walzer komponieren kann. Dann geht es aufwärts in die »Sonosphere«. Hier wird ein neues Hörbewusstsein geschaffen: Was hört ein Kind im Mutterleib? Wie klingt das Sonnensystem? Eine riesige **Klanggalerie** schärft das Gehör. Wer mag, mischt die eigene Stimme in Musikstücke und lässt sich vom Ergebnis eine CD brennen. Einmal die Wiener Philharmoniker dirigieren dürfen! Dieser Traum geht im dritten Stock mit dem virtuellen Dirigenten in Erfüllung. Dort werden auch all die berühmten Wiener Musiker umfassend mittels Hörbeispielen und Erlebnisstationen vorgestellt. Solchermaßen inspiriert, ist es spannend, in der »virto|stage« im vierten Stock selber einmal Teil einer multimedialen Oper zu werden – ein einzigartiges Erlebnis!

BAEDEKER MAGISCHE MOMENTE

GANZ OHR

Haus der Musik, 2. Stock, ein dämmeriger Raum mit großer Sitzbank in der Mitte: das Polyphonium. Mozart und Beethoven erklingen, mit elektronischen Beats gekonnt abgemischt. Hier die Augen schließen und sich über Raum und Zeit hinausträumen, getragen vom Sound aus 30 im Kreis angeordneten High-End-Kevlar-Lautsprechern und zwei Subwoofern, denen eine 10 000 Watt-Anlage Schub verleiht. Raumakustik vom Feinsten. Klang pur.

AUSG'STECKT IS!

Der Heurige gehört zu Wien wie das Schnitzel, das Riesenrad und der »Steffl«. Dabei wird sowohl der für den Ausschank fertige junge Wein als auch das Lokal, in dem er serviert wird, als »Heuriger« bezeichnet.

Das Recht, selbst angebauten Wein im eigenen Weingut auszuschenken, verdanken die Weinhauer, wie die Winzer in Österreich genannt werden, einer Verordnung von Kaiser Joseph II. aus dem Jahr 1784. So benötigen Wiener Weinbauern für ihr **saisonal geöffnetes Heurigenlokal** auch heute noch keine Gaststättenkonzession. Andererseits sind viele Wiener Heurigenlokalitäten, die als »Heurigenrestaurant« oder »Stadtheuriger« geführt werden, vor allem Touristenlokale und haben das ganze Jahr über geöffnet.

Strikte Regeln

Bis zum 11. November (Martini) darf der **aktuelle Weinjahrgang** »Heuriger« genannt werden; danach ist es »alter Wein«. Der Heurige sollte auch nicht mit dem »Federweißen« oder »Suser« verwechselt werden, der in Österreich »Sturm« heißt. Der »Federweiße« bzw. »Sturm« ist frischer Traubenmost, dessen alkoholische Gärung eben erst eingesetzt hat.
Ist Heurigen-Zeit, so steckt der Winzer Föhren- bzw. Kiefernzweige (österr.: Föhrenbuschen) an eine Stange und hängt diese über die Eingangstür seines Hauses bzw. der vielerorts auch »Buschenschank« genannten Heurigenwirtschaft. Jetzt wissen die durstigen Gäste: »Ausg'steckt is« – es ist geöffnet.

Familiäre Gemütlichkeit, ungezwungene Atmosphäre im Heurigengarten und ein leckeres Angebot einfacher regionaler Speisen zeichnen ein traditionsbewusstes Heurigenlokal aus. Das typische Weinkrügerl mit Henkel stammt noch aus jener Zeit, als nur »Fingerfood« serviert wurde und der Henkel hässliche fettige Fingerabdrücke am Glas verhindern sollte.
In einem traditionellen, »echten« Heurigen dürfen nur selbst erzeugte Weine ausgeschenkt sowie gemäß dem Wiener »Buschenschankgesetz« von 1975 nur kalte Speisen serviert werden, beispielsweise »... heimische Wurst- und Käsesorten, Schinken und geräuchertes Fleisch, Speck, ... Salate, Essiggemüse, Brotaufstriche aller Art, Butter und Schmalz, Brot und Gebäck sowie heimisches Obst und Gemüse unter Ausschluß aller warmen Speisen ...«
Zubereitet werden die überwiegend zu einem »Heurigenbüfett« zusammengestellten Speisen meist von der Wirtin selbst. Daher darf man sich auf so manches »Gustostückerl« freuen! In den gewerblich betriebenen Heurigenlokalen kommen auch warme Gerichte auf den Tisch, beispielsweise die Schinkenfleckerln, Schweinsbraten und Backhendl, zum Nachtisch gibt's Süßspeisen wie Kaiserschmarrn oder Apfelstrudel.

Die Schrammelmusik

Weitere traditionelle Zutaten für einen echten Heurigen sind möglichst live dargebotene Schrammelklänge. Schrammelmusik hat bestimmt jeder schon einmal gehört, jene Wiener Volksmusik aus der zweiten Hälfte des 19. Jhs., die nach den Musikern und

Komponisten **Johann und Josef Schrammel** benannt wurde. Präsentiert wird die Schrammelmusik meist von einem Quartett, das mit Geige, Klarinette, Knopfakkordeon und Kontra- oder Schrammelgitarre (eine Gitarre mit zwei Hälsen und bis zu 15 Saiten) besetzt ist. Und weil's in den Schrammelliedern um Wienerisches geht, wird natürlich im Wiener Dialekt gesungen. Eine meist üppige, rustikale und manchmal auch kitschige Raumdekoration ist ein weiteres Kennzeichen der Heurigenlokale. Riesige Wagenräder, alte Weinpressen und -fässer, alles großzügig umrahmt mit reichlich Weinlaub, schaffen heimelige Gemütlichkeit für weindurstige Zecher.

Und wo genau kann man einen schönen Heurigen-Abend verbringen? Schließlich gibt es in Wien rund 150 Buschenschanken. Die meisten Heurigenlokale findet man im Westen Wiens, in den einstigen Weindörfern Sievering, Grinzing, Heiligenstadt, Nußdorf und Neustift, auf der nördlichen Donauseite in Stammersdorf und Strebersdorf am Fuß des Bisambergs und in Mauer im Süden Wiens. Hinweistafeln in den Winzerorten informieren darüber, welche Heurigen geöffnet haben.

Mehr über den Heurigen und die Weinregion Wien:
www.wienerwein.at
www.wienerheurige.at

Noch sind Plätze frei im Heurigenlokal Mayer am Pfarrplatz in Döbling. Bei den meisten Heurigen sollte man aber lieber reservieren.

HEERESGESCHICHT-LICHES MUSEUM

Lage: 3., Arsenal, Objekt 1 | **U-Bahn:** U1 (Südtiroler Platz) | **Bus:** 13A (Südtiroler Platz), 69A (Arsenal) | **Straßenbahn:** 18, D, O (Südtiroler Platz) | tgl. 9–17 Uhr, Panzerhalle, Sa., So. 10–16 | **Eintritt:** 7 € , jeden 1. So. im Monat frei, Führung: Sa., So., Fei. 11 u. 14.15 Uhr, 4 €
www.hgm.at

Das älteste Museum Wiens widmet sich Schlachtengetümmel und Kriegsgeschrei vom Dreißigjährigen Krieg bis zum Zweiten Weltkrieg. Auch das Attentat von Sarajevo 1914 hat seinen Platz im Museum gefunden. Im Wagen des Kronprinzen ist das Einschussloch noch gut sichtbar.

Universum des Krieges

Die Revolution von 1848 noch gut im Gedächtnis, ließ Kaiser Franz Joseph I. ab 1850 das heutige Museum ursprünglich als Arsenal für Truppen und Waffen bauen. Den Komplex, der wie eine Mischung aus Festung und Palast wirkt, planten Ludwig Förster und Theophil Hansen als eine Mixtur aus maurischer und byzantinischer Architektur, garniert mit neugotischen Zutaten. Seit 1891 ist das Arsenal Museum und wirbt mit dem Motto: **»Der Krieg gehört ins Museum«**. Eine historisch-kritische Auseinandersetzung mit der österreichischen Militärgeschichte ist nicht unbedingt Ziel der Schau.

Kampfgerät zu Wasser und zu Lande

Rundgang

Im Erdgeschoss zeigt die Feldherrnhalle 36 lebensgroße Marmorstatuen österreichischer Heerführer und Herrscher. Im Saal zum Thema Republik und Diktatur sind Waffen und Geräte aus der Zeit nach dem Ersten Weltkrieg, des Austrofaschismus und des Nationalsozialismus zu sehen. Im Marinesaal dokumentiert eine umfangreiche Sammlung von Schiffsmodellen die Geschichte der kaiserlichen, später K.-u.-k.-Marine. Der Kaiser-Franz-Joseph-Saal präsentiert Porträts, Hausorden, Fahnen und Uniformen aus Kaisers Zeiten.

Zündfunke für den Ersten Weltkrieg

Attentat von Sarajevo

Ebenfalls »Museumsobjekt« ist das offene Auto, in dem das Thronfolgerpaar Erzherzog Franz Ferdinand und seine Gemahlin Sophie am 28. Juni 1914 dem Attentat von Sarajevo zum Opfer fielen; ferner erinnern der blutverschmierte Uniformrock des Thronfolgers sowie verschiedene Bilder und Dokumente an das Ereignis, das den Ersten Weltkrieg auslöste. Diesem gewidmet ist der folgende Saal, der die Kriegsschauplätze der österreichisch-ungarischen Armee vorstellt und einige der schwersten Geschütze der K.-u.-k.-Armee zeigt.

Reiche Beute aus den Türkenkriegen

Österreich im Krieg

Der freskengeschmückte Kuppelsaal der Ruhmeshalle im ersten Stock hat die wichtigsten Kriegsereignisse der österreichischen Geschichte zum Thema. Gezeigt wird u. a. ein 1796 erbeuteter französischer Heißluftballon sowie der russische Offiziersmantel, den Napoleon trug, als er nach Elba verbannt wurde. Der Radetzkysaal ist der Zeit vor der 1848er-Revolution gewidmet. Im Prinz-Eugen-Saal werden Waffen und Harnische aus den Türkenkriegen sowie Brustkürass, Kommandostäbe und das Bahrtuch des Prinzen Eugen gezeigt. Daran schließt der Maria-Theresia-Saal an: Themen sind der Spanische Erbfolgekrieg und die letzten Türkenkriege; das aufgestellte türkische Staatszelt wurde wahrscheinlich 1716 bei Peterwardein erbeutet, der Mörser spielte bei der Erstürmung Belgrads 1717 eine entscheidende Rolle. Wer noch mehr Kriegsgerät sehen will, spaziert durch die **Panzerhalle**.

HEILIGENSTADT

Lage: 19. Bezirk | **U-Bahn:** U4 (Heiligenstadt)

Schmale Straßen und fehlende Parkflächen haben das hübsche Winzerdorf vor dem großen Rummel bewahrt. Unter den Gästen sind die einen auf dem Weg zum Heurigen, die anderen wandeln auf Beethovens Spuren.

Hier lebte Beethoven

Ludwig van Beethoven wohnte mehrfach im damals noch weit vor den Stadtmauern gelegenen Heiligenstadt. So auch im Herbst 1802, als er an seiner 2. Symphonie arbeitete und durch Anwendungen in der örtlichen Badeanstalt auf Linderung seiner zunehmenden Taubheit hoffte. In der Herrengasse 6, der heutigen Probusgasse, soll er 1802 sein **»Heiligenstädter Testament«** verfasst haben – eigentlich ein nicht abgesandter Brief an seine Brüder Carl und Johann, in dem er über sein Gehörleiden klagt. Beethoven litt einerseits als Komponist und Musiker schwer unter dem Hörverlust, andererseits auch, weil ihn die Taubheit immer mehr sozial isolierte: »…es fehlte wenig, und ich endigte selbst mein Leben – nur sie, die Kunst, sie hielt mich zurück.« Auch das Jahr 1817 verbrachte Beethoven in Heiligenstadt, diesmal logierte er am Pfarrplatz im Haus Nr. 2, ein Ende des 17. Jh.s vollendeter Bau mit stimmungsvollem Hof, wo der Meister an seiner 6. Symphonie, der »Pastorale«, arbeitete. Heute ist das Haus ein Museum, das 2017 mit neuer Ausstellung eröffnete.

Beethoven Museum: Probusgasse 6 | Di.–So., Fei. (außer Mo) 10–13, 14–18 Uhr | Eintritt: 8 € | www.wienmuseum.at

Ein entzückendes Weindorf

Gang durchs Dorf

Das historische Ortsbild mit Weinbauernhöfen, Empire- und Biedermeierhäusern ist vor allem im Bereich der Probus- und Armbrustergasse erhalten. Die im 13. Jh. erstmals urkundlich erwähnte Sankt-Jakobs-Kirche am Pfarrplatz, wo auch eine Statue des Heiligen steht, wurde in romanischer Zeit auf römischen Fundamenten errichtet, wiederholt zerstört, wieder aufgebaut und verändert.

★★ HOFBURG

Lage: 1., Michaelerplatz 1, Burgring | **U-Bahn:** U1 (Stephansplatz), U3 (Herrengasse) | **Straßenbahn:** 1, 2, D (Burgring) | **Bus:** 2A (Heldenplatz), 57A (Burgring) | **www.hofburg-wien.at**

Als »Stadt in der Stadt« wird die Hofburg gerne bezeichnet. 600 Jahre lang haben Österreichs Kaiser an ihrem Regierungssitz fast ununterbrochen gebaut. Heute ist der Komplex Amtssitz des Bundespräsidenten und beherbergt Museen und Sammlungen.

k.u.k. Labyrinth

Von der Hofburg aus regierten die Habsburger ihren riesigen Vielvölkerstaat von 1282 bis 1918. Fast alle Herrscher bauten um und weiter, bis schließlich ein völlig **verschachtelter Komplex** aus 18 Trakten, 54 Stiegen, 19 Höfen und 2 600 Räumen entstand, der Bauteile aus der Gotik, Renaissance, dem Barock, Rokoko, Klassizismus und der Gründerzeit aufweist. Die Gesamtanlage umfasst mit Plätzen und Gärten ein Areal von 240 000 m², rund 5 000 Menschen arbeiten heute hier.

zur Baugeschichte von Alter und Neuer Hofburg ▶ S. 117 f.

Was muss man gesehen haben?

Planung des Besuchs

Die Hofburg mit all ihren Sammlungen, Parks und den Stallungen der Lipizzaner gehört zu den bestbesuchten Sehenswürdigkeiten Wiens. Hier lässt sich ein ganzer Tag und mehr verbringen. Für jedes der Museen sind gut zwei Stunden Besichtigungsdauer nötig, fürs Weltmuseum drei, und etwa eine Stunde für den Besuch des Prunksaals der Nationalbibliothek. Wer sich beschränken muss, schaut das Weltmuseum an, den Prunksaal, die weltliche Schatzkammer und die Kaiserappartements mit Sisi Museum.

Zum Kaffeetrinken, Mittag- und Abendessen bietet sich das **Palmenhaus** an, im Sommer mit schöner Terrasse zum Burggarten. In der Neuen Hofburg befindet sich in der Säulenhalle ebenfalls ein Café.

Zugänge zu den Museen und Sammlungen ▶ Karte S. 101

Palmenhaus Café Brasserie Bar: März–Dez. tägl., Jan., Feb. Mi.–So. geöffnet | www.palmenhaus.at

★ Silberkammer

Eingang: unter der Michaelerkuppel | tgl. 10–17.30, Juli, Aug. bis 18 Uhr | **Eintritt:** Silberkammer, Kaiserappartements mit Sisi Museum 16 €, mit Führung 20 € | www.hofburg-wien.at (Achtung: Silberkammer ab 1. April 2023 bis auf Weiteres geschl.)

Silber, Porzellan und andere Kostbarkeiten

Im Reich der Gala-Gedecke

Das Fest- und Alltagsgeschirr des kaiserlichen Hofes wird in der Silberkammer ausgestellt. Bis Ende des 18. Jh.s benutzte man auf der kaiserlichen Tafel ausschließlich Silbergeschirr und -besteck, Porzellan gab es nur als Tischschmuck. Zu den Kostbarkeiten der Sammlung gehören ostasiatisches Porzellan aus dem 18. Jh.; das Gala-Gedeck aus Kaiser Franz Josephs Zeiten, das heute noch bei Staatsempfängen Verwendung findet, und drei herrliche Tafelservice aus Sèvresporzellan, ein Geschenk des französischen Hofes für Maria Theresia anlässlich des Bündnisses von 1756. Weitere herausragende Arbeiten sind der berühmte, fast 30 m lange »Mailänder Tafelaufsatz« aus sorgfältig ziselierter und vergoldeter Bronze sowie das prunkvolle kaiserliche Vermeilservice aus feuervergoldetem Silber für 140 Gäste, das zu Beginn des 19. Jahrhunderts von einem Pariser Goldschmied gefertigt wurde und aus dem Besitz Napoleons stammt.

HOFBURG

A Leopoldinischer Trakt
B Reichskanzleitrakt
C Michaelertrakt
D Festsaaltrakt

1 Burgtor (Heldendenkmal)
2 Kaiserappartements, Sisi Museum und Silberkammer
3 Schweizerhof (Zugang zu den Schatzkammern)
4 Weltliche und geistliche Schatzkammer
5 Hofburgkapelle
6 Winterreitschule
7 Lipizzaner-Stallungen
8 Zugang zur Spanischen Hofreitschule
9 Nationalbibliothek
10 Ephesos-Museum, Hofjagd- und Rüstkammer, Sammlung alter Musikinstrumente, Haus der Geschichte Österreichs
11 Weltmuseum Wien
12 Augustinerkirche

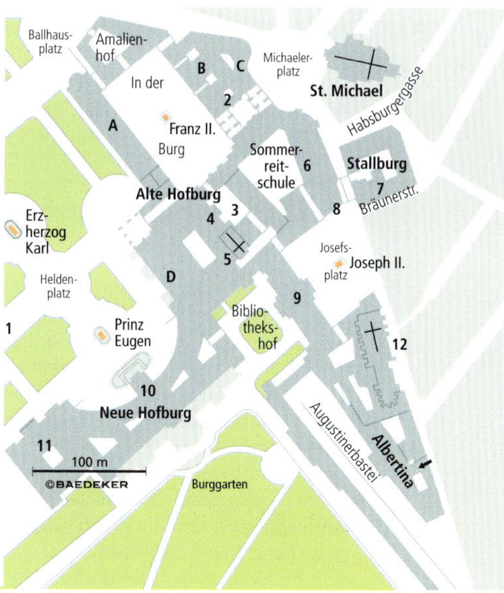

KAISERAPPARTEMENTS UND SISI MUSEUM

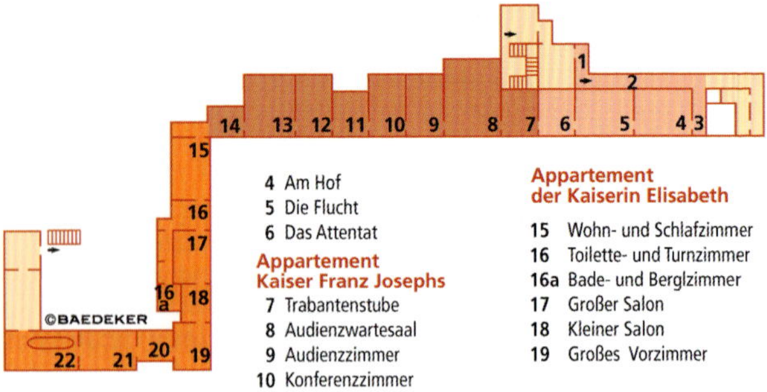

Sisi Museum
1 Der Tod
2 Mythos Sisi
3 Das Mädchen
4 Am Hof
5 Die Flucht
6 Das Attentat

Appartement Kaiser Franz Josephs
7 Trabantenstube
8 Audienzwartesaal
9 Audienzzimmer
10 Konferenzzimmer
11 Arbeitszimmer
12 Schlafzimmer
13 Großer Salon
14 Kleiner Salon

Appartement der Kaiserin Elisabeth
15 Wohn- und Schlafzimmer
16 Toilette- und Turnzimmer
16a Bade- und Berglzimmer
17 Großer Salon
18 Kleiner Salon
19 Großes Vorzimmer

Alexanderappartements
20 Eingangszimmer
21 Roter Salon
22 Speisesaal

★★ Kaiserappartements und Sisi Museum

Infos siehe Silberkammer

Zu Gast bei Sisi und Franz

Imperiale Pracht

Die Kaiserappartements sind die Franz-Joseph-Appartements im Reichskanzleitrakt sowie die Elisabeth- und Alexander-Appartements in der Amalienburg. Ihre Einrichtung ist nahezu unverändert. Imperialer Prunk beherrscht Sisis Gemächer, und doch hat sie sich auch Unübliches in die Privatzimmer stellen lassen, etwa Sträuße aus Wiesenblumen und mit Turnen an Ringen und Sprossenwand hielt sie sich fit.
Sechs Räume widmen sich als Sisi Museum dem Mythos der schönen Kaiserin Elisabeth. Die »Sissi-Filme« der 1950er-Jahre werden aufgegriffen, Elisabeths Schönheitskult, ihre Kleider – viele persönliche Gegenstände und kleine Details machen den Menschen Sisi greifbarer. Erst seit 2007 ist bekannt, wie ihr Hochzeitskleid ausgesehen hat. Denn nach der Hochzeit ging ihre Robe dem Brauch gemäß als Spende an die Habsburger Wallfahrtsbasilika Maria Taferl bei Melk. Entsprechend umgearbeitet, diente der herrlich mit silbernen Fäden bestickte Traum in Weiß viele Jahrzehnte als liturgisches Messgewand für die Priester und verschwand aus dem Gedächtnis. Heute ziert eine **Rekonstruktion des Hochzeitskleides** das Sisi Museum. Zum spannenden Streifzug durch ihr rastloses Leben gehört ein begehbarer Nachbau ihres Hofsalonwagens. Auch ihre Totenmaske und die Feile, mit der das Attentat auf sie verübt wurde, sind Teil der Schau.
Nicht zugänglich sind die Wohn- und Zeremonien-Appartements von Maria Theresia und die ihres Sohnes, Kaiser Josephs II., da hier Österreichs Bundespräsident seinen Amtssitz hat (Leopoldinischer Trakt).

Hier liegt jede Gabel korrekt: der Speisesaal in den Kaiserappartements.

★★ Kaiserliche Schatzkammer

Eingang: Schweizerhof | tgl. außer Di. 9–17.30 Uhr | **Eintritt:** 14 €
www.kaiserliche-schatzkammer.at

Tausendjährige Geschichte des Abendlandes
Die Kaiserliche Schatzkammer birgt Kostbarkeiten und Staatsinsignien aus über tausend Jahren abendländischer Geschichte, darunter den Kronschatz des Heiligen Römischen Reichs Deutscher Nation. Was in den 21 Räumen darüber hinaus an Schmuck und Erinnerungsstücken aus habsburgischem Besitz gezeigt wird, ist von unschätzbarem Wert – deshalb erfolgt der Zugang zur Schatzkammer durch eine gepanzerte Tür. Kronschatz

SCHATZKAMMERN DER HOFBURG

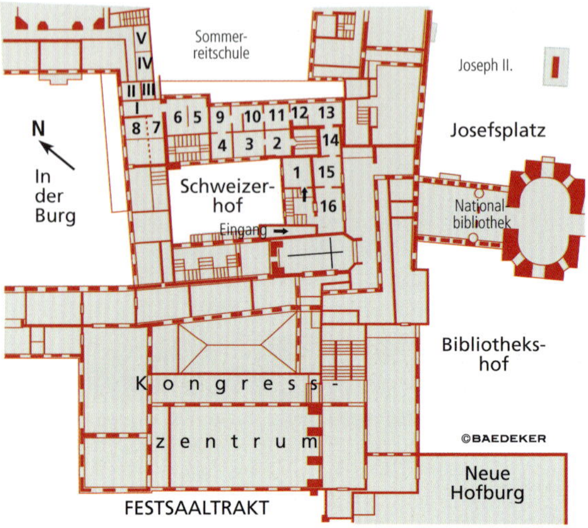

WELTLICHE SCHATZKAMMER

1 Insignien der Erbhuldigung
2-4 Österreichisches Kaisertum
5 Napoleonika
6 Taufgewänder und -geräte
7 Juwelen
8 Unveräußerliche Erbstücke
9-12 Heiliges Römisches Reich
13-16 Burgundisches Erbe und Orden vom Goldenen Vlies

GEISTLICHE SCHATZKAMMER

I - V Messgewänder, Reliquien und liturgisches Gerät

Die schönste Krone der Welt

Weltliche Schatzkammer

In der Weltlichen Schatzkammer befindet sich eine der schönsten und edelsten Kronen der Welt, die Krone Kaiser Rudolfs II., 1602 vom flämischen Goldschmied Jan Vermeyen vollendet. Acht große Diamanten schmücken den Kronreif, ein riesiger Saphir leuchtet blau auf der Spitze, Perlen laufen in dichten Ketten um die Konturen der goldenen Krone, zahlreiche weitere Edelsteine schmücken diese angeblich »schönste Krone der Welt«. Zusammen mit dem Reichsapfel aus der Prager Werkstätte und dem ebenfalls in Prag hergestellten Zepter trugen sie ab 1804 alle österreichischen Kaiser als Zeichen ihrer Macht (Raum 2, ▶ Foto S. 325).
Zu den **Reichskleinodien** und **Krönungsinsignien** des Heiligen Römischen Reiches (Raum 11) gehören die sehr viel ältere, mit einer Fülle von Perlen und Edelsteinen besetzte Reichskrone aus der zweiten Hälfte des 10. Jh.s, die Heilige Lanze (8. Jh.) aus der Karolingerzeit und zuständig für Sieg in der Schlacht sowie das Reichskreuz (um 1029).

Das Einhorn und der Heilige Gral

Unverkäufliche Erbstücke

Zwei Stücke im Nachlass Kaiser Ferdinands I. sahen die Habsburger 1564 als so kostbar an, dass sie sie in den Rang von »unveräußerlichen Erbstücken« erhoben: Eines ist die antike Achatschale aus dem 4. Jh. Hält man sie auf die richtige Weise gegen das Licht, tauchen in der Maserung des Steins die Zeichen XRISTO auf. Rasch festigte sich die Legende, dies sei der Heiligen Gral, also der Kelch, in dem das Blut Christi bei der Kreuzigung aufgefangen wurde. Ein weiteres geheimnisumwittertes Stück ist das fast 2,5 m lange **»Ainkhürn«**, ein Narwalstoßzahn, das bis ins 18. Jh. als Horn des legendären Einhorns angesehen wurde (Raum 8).

Schwurkreuz der Ritter

Burgunderschatz

Der Burgunderschatz (ab Raum 13) setzt sich aus dem Schatz des 1430 gegründeten Ordens vom Goldenen Vlies und aus dem Erbe Marias von Burgund zusammen. Auf das Schwurkreuz des Ordens vom Goldenen Vlies (um 1400) legten neue Mitglieder ihren Eid ab. Blaue Saphire, Rubine und Perlen zieren es (Raum 15).
Einzigartige Meisterwerke der Stickkunst sind die zwischen 1425 und 1440 gefertigten Messornate im Raum 16. Mit winzigen Stichen haben die Stickerinnen in monatelanger Arbeit kleinen Perlen und Samtapplikationen aufgenäht und aus Seidenfäden enorm lebensechte Figuren geschaffen. Beachten Sie insbesondere die Gesichter der Mönche auf dem Christus-Mantel!

Christlicher Prunk

Geistliche Schatzkammer

In den fünf Räumen dreht sich alles um den habsburgischen Katholizismus, aber auch um den Volksglauben. Ausgestellt sind liturgische Geräte, Reliquien und Messgewänder, die einst am kaiserlichen Hof verwendet wurden, darunter ein Reliquienkreuz König Ludwigs des Großen von Ungarn, das sog. **»Anjou-Kreuz«**.

★★ Spanische Hofreitschule

Lage: Michaelerplatz 1 | **Besucherzentrum:** tgl. 9–16, Fr. (wenn Vorführung) bis 19 Uhr; Jan. und Feb. Mo. geschl. | **Führungen:** 21 €
Tel. 01 533 90 31-0 | www.srs.at

Besuch bei den Lipizzanern

Vorführungen und Ställe

Nicht nur Pferdenarren begeistert diese hohe Kunst des Reitens. Die Lipizzaner zeigen sowohl bei den Vorführungen als auch der zweistündigen Morgenarbeit öffentlich, was sie können. Jeden Morgen trainieren »Bereiter« die **Hengste aller Altersklassen** zwei Stunden lang, untermalt von klassischer Musik, in der barocken Reithalle. Die komplizierten Sprünge – Capriole, Courbette – werden nicht täglich geübt, um die Pferde zu schonen. Nicht alle Rösser, die bei der Morgenarbeit auftreten, sind weiß; die Junghengste tragen noch ihr graues Fell (s. u.). Besonders interessant ist eine Kombination aus Morgenarbeit und Führung durch die Ställe, die extra zu buchen ist. Hauptvorführungen dauern 80 bis 100 Min. Jetzt zeigen die Lipizzaner ihr ganzes Können beim »Ballett der weißen Pferde«, das sind außer den Sprüngen auch verschiedene kunstvolle Gangarten sowie

Choreographien wie den Pas de deux oder die Schulquadrille. Die Reiterinnen und Reiter auf ihrem Rücken sind fein herausgeputzt in einer traditionellen Uniform. Karten muss man frühzeitig bestellen; für die Morgenarbeit gibt es keine Kartenreservierungen.
In der Michaelerkuppel bietet das **Café** der Spanischen Hofreitschule einen idealen Beobachtungsposten. Bei Melange, Sachertorte und Apfelstrudel gelingt mit etwas Glück ein Blick auf die Lipizzaner.
Morgenarbeit: meist Di.–Fr. 10–12 Uhr, 15 € | **Hauptvorführungen:** meist Sa., So. 11 Uhr, 85–150 € (Stehplätze 27–39 €)
Café: tgl. 9–16 Uhr, Jan., Feb. geschl.

Wen grüßen die Reiter?

Die hohe Schule

Als Institution geht die 1572 erstmals urkundlich erwähnte Spanische Reitschule auf Kaiser Maximilian II. zurück, der 1562 mit der Zucht spanischer Pferde in Österreich begann. Dass »Rosseballette« und gerittene Karussellchoreografien seit dem 16. Jh. zu den glanzvollen Höhepunkten des Hofes gehörten, belegen historische Stiche und Beschreibungen. Die berühmten Reitvorführungen (▶ Baedeker Wissen S. 108) finden in der barocken Winterreitschule statt, die Joseph Emanuel Fischer von Erlach 1735 vollendete. Zu Beginn und am Ende jeder Vorstellung gilt der **stumme Reitergruß** dem Bild Karls VI., dem Bauherrn der Winterreitschule.

Edle Pferde für den Hof

Bunte Mischung

Die Lipizzaner entstammen einer Kreuzung von »Berbern« und »Arabern« mit spanischen und italienischen Pferden. Braun bis mausgrau kommen die Fohlen zur Welt, und erst nach vier bis zehn Jahren färbt sich ihr Fell weiß. Lipizzaner eignen sich wie keine andere Pferderasse für die höfische Dressur. Ihr kompakter Körperbau erleichtert die Versammlung, der hoch getragene, kräftige Hals verleiht ihnen die nötige Aufrichtung. Für genügend Schwung bei schwierigem Galoppwechsel, dem taktmäßigen Trab auf der Stelle (Piaffe), Pirouetten oder Seitwärtsgängen wie Travers, Renvers und Schulterherein sorgt die kräftige Hinterhand. Die hohe Knieaktion befähigt die Tiere zu einem besonders erhabenen »spanischen Tritt«, wie die Passage auch genannt wird, bei der die Beine scheinbar mühelos angewinkelt werden.

★★ Österreichische Nationalbibliothek

Lage: Josefsplatz 1 | tgl. 10–18, Do. bis 21 Uhr, Okt.–Mai Mo. geschl.
Eintritt: 10 €, 7-Tage-Sammelticket für div. Museen (▶ 111, Ephesos-Museum) | www.onb.ac.at

Ein Tempel für die Bücher

Prunksaal

In der Welt der E-Books wird es nie nötig sein, solch prachtvolle Umgebungen für Bücher zu schaffen. Auch derart interessante Holzleitern

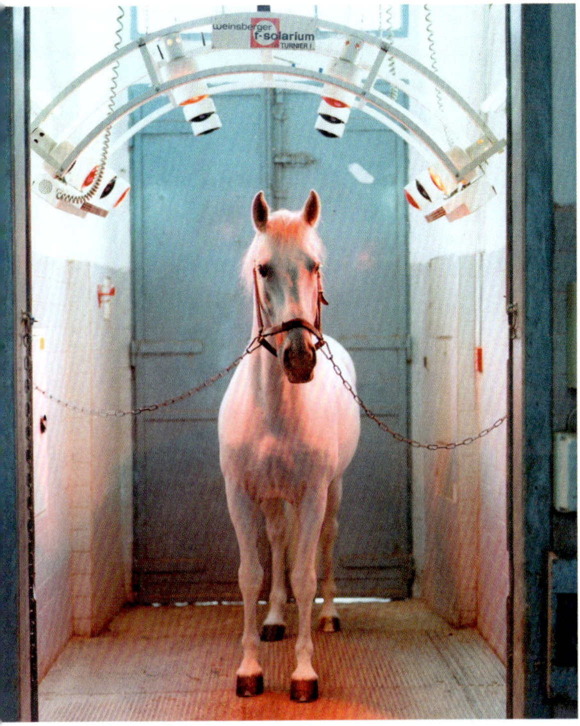

OBEN: Ein Lipizzaner genießt das Solarium. Die sanfte Wärme dient dem Aufwärmen der Muskulatur vor und dem Trocknen nach dem Auftritt.

UNTEN: Am Beginn jeder Vorführung steht der traditonelle Griff an den Hut als Gruß an den Erbauer der Reithalle.

DIE MEISTER DER HOHEN SCHULE

Seit über 460 Jahren wird die klassische Reitkunst an der Spanischen Hofreitschule gelehrt und vorgeführt. Mensch und Tier müssen dazu eine anspruchsvolle Ausbildung absolvieren.

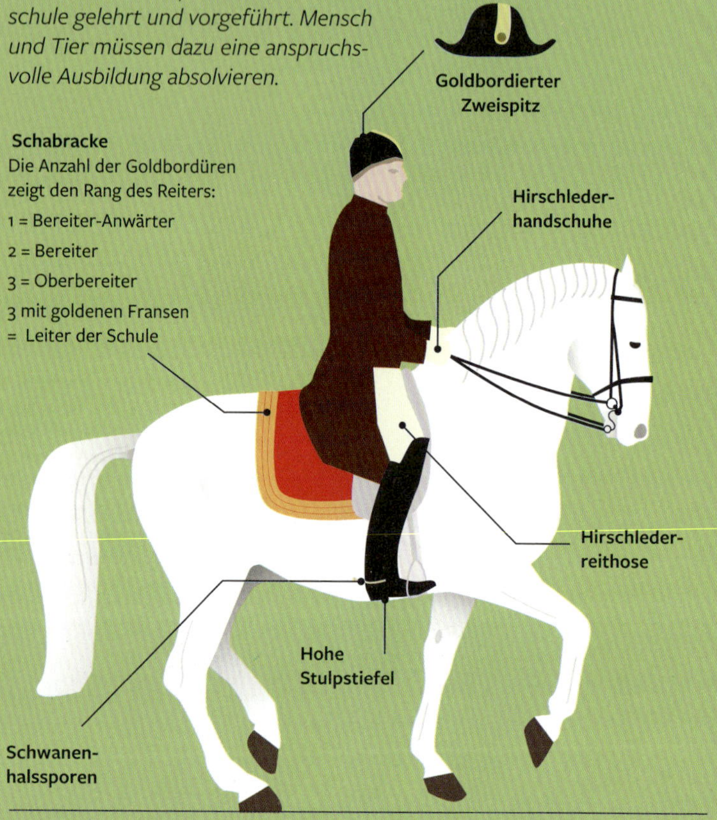

▶ Aus dem Personalbüro (Stand 2023)

72 Hengste

- 3 Oberbereiter
- 9 BereiterInnen
- 2 Bereiteranwärterinnen
- 1 Bereiteranwärter
- 9 ElevenInnen
- 3 Lehrlinge

▶ Strenge Auswahl: Aufnahmekriterien für Bereiter

- Mindestalter 16 Jahre
- abgeschlossene Schulausbildung
- Idealgröße 172 cm; schlanke Statur
- sportliche und kreative Begabung
- sehr gute Fremdsprachenkenntnisse (bevorzugt Englisch)
- starker Bezug zu Pferden
- reiterliche Grundkenntnisse (Sitz)

▶ »Schulen über der Erde«
Diese Übungen beherrschen nur wenige talentierte Hengste.

Courbette

Levade

Capriole

▶ Am langen Zügel
Das Pferd wird lediglich mit Zügel- und leichten Gertenhilfen geführt.

▶ Von Piber nach Wien
Ausbildung der Hengste

Bundesgestüt Piber

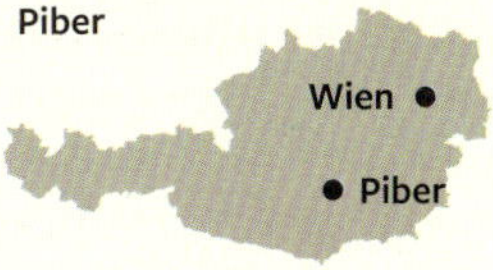

Mit ca. 4 Jahren werden die ausgewählten Lipizzanerhengste vom Gestüt Piber in die Hofreitschule gebracht.

Remonteausbildung
Das Pferd wird in möglichst natürlicher Haltung und nicht versammelten Gangarten (= Gangart ohne Belastung der Hinterhand) auf der Geraden geritten.

Campagneschule
Das jetzt versammelte Pferd wird in allen Gangarten und mit Wendungen und Kehren geritten.

Hohe Schule
Je nach Begabung werden die Hengste gefördert. Sie trainieren Übungen wie Piaffe, Passage, Galopppirouetten und Galoppwechsel, bis sie sie perfekt beherrschen.
Im Schnitt benötigt ein Hengst sechs Jahre, bis er die Ausbildung zum Schulhengst beendet hat.

▶ Lipizzaner
Lipizzaner sind die älteste Kulturpferderasse Europas und haben ihren Namen vom slowenischen Gestüt Lipica, wo sie zuerst gezüchtet wurden. In ihnen vereinen sich u.a. Andalusier-, Araber-, Kartäuser-, Neapolitaner-, Berber- und Karstpferde. Die Hengste der Hofreitschule stammen aus dem Bundesgestüt Piber.

Weitere Informationen unter: www.srs.at

LIII

wie die im Prunksaal fehlen in der virtuellen Bücherwelt, wo jedes Werk nur einen Klick weit entfernt ist. Hofarchitekt Joseph Emanuel Fischer von Erlach schuf bis 1726 nach Plänen seines Vaters Johann Bernhard einen der glanzvollsten Räume des Hochbarock. Den 78 m langen, 14 m breiten und über zwei Geschosse reichenden Saal krönt eine mächtige **Kuppel mit Deckenfresken** zum Ruhm Karls VI. von Daniel Gran, die Franz Anton Maulbertsch 1769 restaurierte. Die Kaiserstatuen aus Marmor schufen Paul und Peter Strudel um 1700. Im Mittelpunkt des Prunksaals, der für wechselnde Ausstellungen genutzt wird, stehen die kostbaren 15 000 goldgepressten Bände der ehemaligen Bibliothek des Prinzen Eugen von Savoyen (▶ Interessante Menschen). Beeindruckend sind auch die vier barocken venezianischen Prachtgloben mit einem Durchmesser von jeweils über einem Meter. Die umfangreichen Sammlungen der Bibliothek gehen bis ins 14. Jh. zurück. Der Bestand umfasst heute über 3 Mio. Druckschriften. Sehr bedeutend sind die Gutenberg-Bibel, die 1454/55 in Mainz gedruckt wurde und die um 1460 gedruckte Bamberger Bibel.

So schrieben die Pharaonen

Papyrusmuseum

Noch mehr Papier, aber in seiner ältesten Form, zeigt das Papyrusmuseum. Die Ursprünge des Papiers führen nach Ägypten, wo vor 3 000 Jahren auf Papyrus geschrieben wurde. Ältestes Papyrus der Sammlung ist ein ägyptisches Totenbuch aus dem 15. Jh. v. Chr. Zu sehen sind auch Inventarlisten und Urkunden aus der islamischen Zeit im 13. Jahrhundert. Die Papyrussammlung zählt zum UNESCO-Weltdokumentenerbe.
Heldenplatz | tgl. 10–18, Do. bis 21 Uhr, Okt.–Mai Mo. geschl. | Eintritt: 5 € | www.onb.ac.at

★ Ephesos-Museum

Lage: Neue Hofburg; Heldenplatz | Di.–So. 10–18, Do. bis 21 Uhr |
Eintritt: einzeln (mit dem Haus der Geschichte) 4,50 €; 7-Tage-Sammelkarte auch für Prunksaal, Literatur-, Globen-, Papyrus-, Esperantomuseum 19 € | www.khm.at

Amazonen, Apostel, Brandstifter

Trümmer eines Weltwunders

Otrere, die Königin der Amazonen, soll der Sage nach den Tempel in Ephesos um 550 v. Chr. gegründet haben, zu Ehren von Artemis, der Herrin des Waldes, der Tiere, Frauen und Kinder. Die monumentale Anlage zählte zu den sieben **Weltwundern der Antike**. Herostratos brannte 356 v. Chr. den Tempel nieder, auf dass sein Name in die Geschichte eingehe und unsterblich werde. Das ist ihm offenbar gelungen, den Tempel hat man aber wieder aufgebaut. Um ihn herum entwickelte sich eine Handelsstadt mit rund 200 000 Einwohnern. Illustre

Im Prunksaal ist alles edel, selbst die Holzleitern der emsigen Bibliothekare.

Gäste aus allen Teilen des römischen Imperiums kamen hierher, darunter der Apostel Paulus, und in Ephesos lebte der berühmte Philosoph Heraklit. Erst die Goten machten den Tempel 268 n. Chr. endgültig dem Erdboden gleich.
Österreichische Archäologen graben seit über 100 Jahren diese berühmte Stätte im Südwesten der Türkei aus. Heute wäre es unmöglich, archäologische Funde auf legalem Wege zu exportieren. Was hier an kostbaren Statuen, Reliefs und Bronzen der antiken Handelsstadt gezeigt wird, sind Schenkungen aus der Zeit vor 1906 des damaligen Sultans. Das Ephesos-Museum bringt den Glanz und die Vernichtung dieser herausragenden Mysterienstätte nahe. Einen imposanten Eindruck von seiner Größe und Pracht gibt ein 8 x 4 m großes **Modell**, das auch das Geländerelief schön zeigt. Fast 2 m hoch und aus 234 Bruchstücken zusammengesetzt ist die Bronzestatue eines Athleten (2. Hälfte 4. Jh. v. Chr.). Der etwa 40 m lange, monumentale Partherfries mit lebensgroßen Relieffiguren stammt vom rund 80 m langen Denkmal, das nach der siegreichen Beendigung des Partherkriegs (161–165) errichtet wurde. Die vielen abgeschlagenen Arme, Nasen und Köpfe zeigen, welchen Zerstörungen das Heiligtum ausgesetzt war.
Wer sich Zeit für einzelne Skulpturen nehmen möchte, kann sich mit Gewinn in »Der Kampf des Herakles mit dem Kentauren« und den marmornen »Knabe mit Fuchsgans« versenken.

★ Hofjagd- und Rüstkammer

Lage: Neue Hofburg; Heldenplatz | tgl. außer Mi. 10–18, Di. bis 21 Uhr | **Eintritt:** 16 €, gültig auch für Sammlung alter Musikinstrumente und Weltmuseum | www.khm.at

Rostende Ritter

Rüstkammer

Mit welchen Waffen kämpften die Heerführer auf den Schlachtfeldern Europas? Welche Rüstungen schützten die Ritter bei Schlachten und Turnieren? Und welche Helme und Schwerter dienten einfach nur dem Prunk? Das beantwortet ein Gang durch die Rüstkammer. Sie zählt zur bedeutendsten Sammlung ihrer Art in Europa und vereinigt die Waffen von zahlreichen Berühmtheiten. Etliche lebensgroße Pferdeattrappen setzen die edlen Ritter und ihre vollverkleideten Rösser gut in Szene. Zu den kostbaren Exponaten gehören: der Harnisch Friedrichs I. von der Pfalz; ein Prunkschwert Kaiser Friedrichs III.; die Armbrust König Ludwigs XII. und die kunstvollen, märchenhaft schönen Prunkharnische. Kaiser Karl V. trug einen Helm in Form eines Löwen (um 1541); auf der Spitze der Sturmhaube von Erzherzog Ferdinand II. geifert ein Drache (um 1560). Seine exquisite Mailänder Rüstung hat 2400 welsche Kronen gekostet; dafür musste ein Minister seinerzeit zwölf Jahre arbeiten, ein Handwerker 200 Jahre. Anfassen darf man die unverwüstlich aussehenden Ritterrüstungen nicht – sie rosten sonst.

Blutiger Zeitvertreib

Hofjagd

Ein Saal ist der Falkenjagd gewidmet. Wien besitzt die weltweit größte Sammlung an höfischen Ausrüstungsstücken zu dieser speziellen Jagdart, für die Greifvögel mit viel Geduld abgerichtet werden. Prächtig in Szene gesetzt ist die **Goldene Voliere**, in der die herrlich verzierten, teils sogar vergoldeten Jagdhauben für die Falken und Habichte gezeigt werden. Rund 90 fürstliche Jagdwaffen geben einen spannenden Einblick in den bevorzugten Zeitvertreib der Herrscher vor 400 Jahren. Mit den eigens angefertigten Jagdschwertern gaben Jäger den Bären, Wildschweinen und Hirschen den Todesstoß, die zuvor von den Hundemeuten gestellt worden waren. Auch die Jagdarmbrüste, die die Habsburger führten, sind wegen ihrer aufwendigen Verzierung eine Augenweide.

★ Sammlung alter Musikinstrumente

Lage: Neue Hofburg; Heldenplatz | tgl. außer Mi. 10–18, Di. bis 21 Uhr | **Eintritt:** 16 €, gültig auch für Hofjagd- und Rüstkammer und Weltmuseum | www.khm.at

Mozarts Geige

Im Reich der Musik

Die kaiserliche Familie und der Verein der Wiener Musikfreunde trugen die kostbaren Instrumente im Mittelteil der Neuen Burg zusammen. Hier werden Originalinstrumente der größten Komponisten gezeigt, z. B. von Haydn und Beethoven, auch die Geige, die Mozart als Kind spielte, und das Klavier von Clara und Robert Schumann stehen hier. Die Sammlung mit Schwerpunkt auf der Wiener Klassik besitzt einzigartige Bestände aus Barock und Renaissance, dazu eine umfangreiche Kollektion an Tasteninstrumenten (Abb. ▶ S. 325), vom Clavicord und Cembalo des 16. Jh.s bis zum modernen Hammerklavier. Zu sehen ist auch die Zither, auf der die Melodie zum Filmklassiker »Der dritte Mann« (Baedeker Wissen ▶ S. 142) gespielt wurde. Ein weiterer Hörgenuss ist die einzige erhaltene **Originalaufnahme der Johann-Strauss-Kapelle**. In einem separaten Raum kann jeder auf Nachbauten alter Instrumente selbst musizieren. Und wie einige der wertvollen Originale klingen, führen Solisten bei den allerdings seltenen Matineen vor.

Haus der Geschichte Österreichs

Lage: Neue Hofburg; Heldenplatz | Di.–So. 10–18, Do. bis 21 Uhr
Eintritt: einzeln (mit Ephesos-Museum) 4,50 €, 7-Tage-Sammelkarte für div. Museen (▶ 111 ebendort) | www.hdgoe.at

100 Jahre

Rechtzeitig zum 100-Jahrfeier der Republik wurde das Museum 2018 fertig. Und genau die Epoche 1918–2018 handelt das Haus auch ab, beginnend mit dem Umsturz 1918 und den Wirren der ersten Jahre der Demokratie. Eine wichtige Rolle spielt die Zeit des **Nationalsozialismus**, die umfassend dokumentiert wird – auch mit ihren Nachbeben. Die Ausstellung ändert sich regelmäßig und lebt u. a. von multimedialen Zugängen – auch über die Website.

★★ Weltmuseum Wien

Lage: Neue Hofburg; Heldenplatz | tgl. außer Mi. 10–18, Di. bis 21 Uhr | Eintritt: 12 €, gültig auch für Sammlung alter Musikinstrumente, Hofjagd- u. Rüstmuseum | www.weltmuseumwien.at

Die Souvenirs des Captain Cook

Einmal um die ganze Welt

Das 2017 wiedereröffnete Museum zählt zu den bedeutendsten ethnologischen Sammlungen der Welt und zeigt seine Schätze in 14 neu gestalteten Ausstellungsräumen. Viele der rund 3000 ausgestellten Objekte aus aller Welt gehen auf die Sammelleidenschaft der Habsburger zurück. Diese haben u. a. die weltberühmte Sammlung des britischen Captain James Cook 1806 bei einer Auktion in London ersteigert. Der legendäre Weltumsegler erwarb auf seinen Reisen zahlreiche einzigartige und teils skurrile Stücke, die nun in Wien zu sehen sind, darunter das Modell eines hawaiianischen Zeremonialhauses aus kunstvoll ineinander verwobenen Federn. Es ist im **Südsee-Raum** zu sehen, wo mehrere Kanus dieser Weltregion von der Decke hängen. Cook hat die hier ausgestellte Federbüste eines Kriegsgottes so sehr gefallen, dass er sie in die Heimat schickte. Hawaii war Cooks letzte Station: Er kam bei einer gewaltsamen Auseinandersetzung mit den Einwohnern 1779 ums Leben.

Kopfschmuck der Azteken

Museum der Völker

Der Raum »Geschichten aus Mesoamerika« ist dem berühmtesten und vielleicht schönsten Exponat des Weltmuseum gewidmet: dem altmexikanischen Federkopfschmuck »Penacho«. Die Azteken hatten ihn im 16. Jh. aus Hunderten **Federn des Quetzals** angefertigt und mit goldenen Scheiben verziert. Federn sind sehr empfindlich und stellen besonders hohe Ansprüche an die Konservierung. Dieser Kopfschmuck ist ein besonderes Prunkstück des Museums und weltweit der einzige seiner Art, der die Zeiten überdauert hat.

Die Fülle an Exponaten aus verschiedenen Ländern werden als »Perlenkette von Geschichten« sehr anschaulich präsentiert und zusätzlich mit zahlreichen Multimediastationen erlebbar gemacht. Und die Geschichten reichen bis in die Gegenwart. Der **China-Saa**l stellt am Beispiel von Seide und Porzellan das sich wandelnde Bild von China dar: Einst sehr bewundert, änderte sich mit den militärischen Auseinandersetzungen ab dem 19. Jh. Europas Bild auf China radikal. Heute steht das Land auch im Ruf eines Produzenten von Billigware. 2019

Der Saal »In eine neue Welt« im Weltmuseum widmet sich Nordamerikas Kultur.

wurde dem Museum für seinen ehrlichen **Umgang mit der kolonialen Vergangenheit** ein renommierter Museumspreis verliehen.

Weitere Sehenswürdigkeiten und Parks

Hier singen auch die Sängerknaben

Hofburgkapelle

Die Hofburgkapelle in der Alten Hofburg wurde zwischen 1447 und 1449 erbaut. Sonntags und an kirchlichen Feiertagen gestaltet die Wiener Hofmusikkapelle die heiligen Messen. Das Ensemble besteht aus den Wiener Sängerknaben, Mitgliedern der Wiener Philharmoniker und dem Herrenchor der Wiener Staatsoper.

Mo. u. Di. 10–14, Fr. 11–13 Uhr | Messe mit Wiener Sängerknaben: So., Fei. 9.15 Uhr, außer Juli, Aug. | Reservierung: Tel. 01 533 99 27
Karten 15–40 € | www.hofmusikkapelle.gv.at

Schmetterlinge, groß wie Amseln

Schmetterlingshaus

Das Schmetterlingshaus ist ein wenig in die Jahre gekommen, aber trotzdem einen kleinen Abstecher wert, besonders mit Kindern. Im ehemaligen **Palmenhaus im Burggarten** – in herrlichem Jugendstil erbaut, lädt es auf einer rund 280 m² großen Fläche zu einem Besuch in den tropischen Regenwald ein. Eine der fliegenden Attraktionen sind die bunten Atlasfalter mit einer Flügelspannweite von 30 cm. Im

»Puppenkasten« kann beobachtet werden, wie Schmetterlinge schlüpfen, ein faszinierendes Schauspiel.

April–Okt. Mo.–Fr. 10–16.45, Sa., So., Fei. bis 18.15, Nov.–März tgl. 10–15.45 Uhr | Eintritt: 7 € | www.schmetterlinghaus.at
Palmenhaus Café-Brasserie: Jan., Feb nur Mi.–So., sonst tgl. 10–23 Uhr | www.palmenhaus.at

Napoleon schafft Platz

Burggarten

Napoleon hatte 1809 die Burgbasteien sprengen lassen – durchaus zur Freude des Wiener Hofs: Endlich war Raum für einen kaiserlichen Garten entstanden, der allgemein »Promenade« genannt wurde. Später legte man in einem Teil des Parkareals die Neue Burg an. In der Grünanlage stehen drei **Denkmäler berühmter Männer**. Das 1896 für Mozart errichtete Denkmal ist eine meisterhafte Marmorarbeit von Viktor Tilgner. Den Sockel schmücken die musizierende

BAEDEKER ✦ MAGISCHE MOMENTE

DORNRÖSCHENS REICH

Ab Ende Mai erblühen die Rosen im Volksgarten. Ein guter Ort, um sich im Herz des alten Habsburgerreichs an der Königin der Blumen zu freuen. Mehrere Tausend Rosen gedeihen hier, darunter sehr alte Züchtungen, eine schöner als die andere. Ein Traum aus Farben und Düften, mal sinnlich-betörend, mal lieblich-dezent. Wer sich in eine dieser Schönheiten verliebt, kann ihr Pate werden.

Mozartfamilie und zwei Reliefs mit Motiven aus der Oper »Don Giovanni«. Das Reiterstandbild Kaiser Franz' I., das Balthasar Ferdinand Moll schuf, wurde bereits 1781 enthüllt. Das Denkmal für Kaiser Franz Joseph I. steht seit 1957 hier.

Bestellt, aber nicht abgeholt

Volksgarten

Die Parkanlage entstand ab 1819 ebenfalls anstelle der von den Franzosen gesprengten Burgbastei. Inmitten des Volksgartens steht der 1819 bis 1823 von dem Architekten Peter von Nobile (1774–1854) errichtete **Theseustempel**, eine Nachbildung des 449 v. Chr. gebauten Athener Tempels des Hephaistos, in dem die von dem italienischen Bildhauer Antonio Canova (1757–1822) geschaffene Theseusstatue stand. Napoleon hatte die Statue während seines Wienaufenthalts bestellt, konnte sie aber aus den bekannten politischen Gründen nicht abholen. Die Statue steht heute im Treppenhaus des ▶ Kunsthistorischen Museums; im Tempel finden Wechselausstellungen statt. Sehenswerte Denkmäler im Park sind das 1889 enthüllte **Grillparzerdenkmal** von Carl von Hasenauer, Karl Kundmann und Rudolf Weyr mit Reliefszenen aus den Dramen des Dichters sowie das Denkmal für **Kaiserin Elisabeth**, das Hans Bitterlich und Friedrich Ohmann 1907 schufen.

Eine kurze Baugeschichte der Hofburg

Von der Trutzburg zum Renaissanceschloss

16. Jh

Eine Übersicht zu den Trakten bietet ▶ S. 101. Ältester Teil der Hofburg ist der **Schweizerhof** oder Schweizertrakt. Der Name erinnert an die Schweizergarde, die hier einst Wache stand. Urkundlich belegt ist dieser Teil seit 1279, war aber zu dieser Zeit eher eine trutzige Feste. Erst Ferdinand I. ließ die Anlage 1547 bis 1552 in ein Renaissanceschloss umbauen, heute **Alte Hofburg** genannt. Gleichzeitig entstand auch das mächtige Schweizertor, der Zugang zur Kaiserlichen Schatzkammer (▶ S. 103). Mehr zur Hofburgkapelle ▶ S. 115. Einen eigenen Renaissancepalast ließ Kaiser Ferdinand I. 1558 für seinen Sohn Maximilian errichten. Als dieser den Kaiserthron bestieg, wurde die Maximilianburg 1565 in ein Hofstallgebäude umgewandelt. In dieser sogenannten **Stallburg** befinden sich die Stallungen für die Lipizzaner (▶ S.105).

Auch Kaiser Maximilian II. setzte die Tradtion fort und baute zwischen 1575 und 1577 für seinen Sohn Rudolf eine eigene Burg, die **Amalienburg**. Im 17. Jahrhundert wurde das oberste Stockwerk hinzugefügt und der Turm umgestaltet. Heute wird die Amalienburg u. a. vom Bundeskanzleramt genutzt. Die Räume der Kaiserin Elisabeth und des Zaren Alexander I. sind als Teile der Kaiserappartements (▶ S. 102) zu besichtigen.

Heldenplatzdenkmal: Prinz Eugen schlug die Türken zurück.

Arbeitsplatz des Bundespräsidenten

17. Jh. Auftraggeber für den barocken Verbindungsbau zwischen Schweizerhof und Amalienburg war Leopold I., der Großvater von Maria Theresia, die den von 1660 bis 1680 errichteten **Leopoldinischen Trakt** mit Franz Stephan von Lothringen bewohnte. Die Appartements von Maria Theresia und Joseph II. gehören heute zu den Amtsräumen des Bundespräsidenten und sind nicht zu besichtigen.

Noch mehr Kaiserappartements

18. Jh. Johann Lucas von Hildebrandt begann 1723 und Joseph Emanuel Fischer von Erlach vollendete 1730 den nordöstlichen Verbindungsflügel zwischen Schweizerhof und Amalienburg und gab ihm seine barocke Fassade. Die Räume des **Reichskanzleitrakts** wurden teilweise als Kaiserappartements (▶ S. 102) adaptiert.

Tänzelnde Pferde, tanzende Monarchen

19. Jh.

Illustrer Schauplatz vieler glanzvoller Feste, u. a. während des Wiener Kongresses (1814/1815), ist der barocke Auftrittsraum der Spanischen Hofreitschule (▶ S. 105), die **Winterreitschule**. Joseph Emanuel Fischer von Erlach gestaltete den wunderschönen weißen Saal von 1729 bis 1735 im Auftrag Kaiser Karls VI. an der Stelle des »alten Paradeisgartls«. Die kassettierte Decke hängt in 17 m Höhe frei über der Reitbahn. 1889–1893 entstand das Verbindungsstück zwischen Reichskanzleitrakt und Winterreitschule. Das prunkvolle Michaelertor führt, von Herkulesfiguren flankiert, in den Kuppelsaal des **Michaelertrakts**. Hier befinden sich die Aufgänge zur Silberkammer (▶ S. 101) und zu den Kaiserappartements (▶ S. 102). Eines der Lieblingsfotos vieler Wienbesucher: Fiaker passieren das Tor.
Letzte größere Umbauten nahm Franz I. beim Bau des **Hoftafel- und Festsaaltrakts** vor. Er ließ 1804 an den ältesten Teil der Burg einen 1000 m² großen Zeremoniensaal im klassizistischen Stil anbauen, dessen prächtige Kassettendecke von 24 korinthischen Marmorsäulen getragen wird. Er diente als Thron- und Ballsaal – hier gaben die Habsburger feierliche Thronverzichtserklärungen ab, wenn sie eine morganatische, d. h. standesungleiche Ehe eingingen. Heute gehört der imperiale Prunksaal zum Kongresszentrum der Hofburg und gibt alljährlich zu Silvester den repräsentativen Rahmen für den **Kaiserball** ab.
www.hofburgsilvesterball.com

Hitlers Auftritt

20. Jh.

Die **Neue Burg**, ab 1871 als Teil des nie realisierten »Kaiserforums« begonnen und mit Fertigstellung des Innenausbaus 1926 vollendet, spielte nur ein einziges Mal eine historische Rolle: Von ihrem Altan aus verkündete Adolf Hitler am 15. März 1938 die Annexion Österreichs, während die ersten Transporte von österreichischen Widerstandskämpfern in die deutschen Konzentrationslager zusammengestellt wurden. Heute sind hier mehrere **Museen** untergebracht. Der Zugang erfolgt vom Heldenplatz aus; die prachtvolle Säulenhalle des Corps de Logis ist Teil des Weltmuseums (▶ S. 114).

Heldenplatz

Picknick in bester Lage

Zwei Reiterstandbilder

Der Bereich westlich der Alten Hofburg hieß ursprünglich »Paradeplatz«. Nach Errichtung der beiden flankierenden Denkmäler für den Türkenbesieger Prinz Eugen von Savoyen (▶ Interessante Menschen) und den Aspernsieger Erzherzog Karl nannte man ihn Heldenplatz. Die beiden Reiterstandbilder sind Werke von Anton Fernkorn. Auf dem Grün rund um den Heldenplatz treffen sich die Wiener im

Sommer gern zum Picknick mit Blick auf die Hofburg (► S. 100).Der Blick reicht dann freilich bei klarer Sicht viel weiter, nämlich zu Burgtheater und Rathaus beziehungsweise über die Doppeltürme der Votivkirche bis zu Kahlen- und Leopoldsberg, ja überhaupt die Abhänge des Wienerwaldes.

★ HOHER MARKT

Lage: 1. Bezirk | **U-Bahn:** U1, U3 (Stephansplatz), U1, U4 (Schwedenplatz) | **Bus:** 1A, 3A (Hoher Markt)

Wiens ältester Platz ist nicht mehr schön, aber historisch wertvoll. Hier entspannten römische Legionäre in Thermen und Tavernen, im Mittelalter sperrte man Unruhestifter in den Narrenkotter, und heute schart sich das Publikum Schlag 12 Uhr um die Ankeruhr.

1800 Jahre Stadtgeschichte

Zur Römerzeit stand hier der Palast des Festungskommandanten von Vindobona. Im Mittelalter lagen hier der Reuthof der Babenberger, ein Fischmarkt und der Handelsplatz der »Gewandkrämer« sowie die Richtstätte: vor Haus Nr. 15 befand sich der Pranger, an den Kuppler und Diebe gekettet und dem öffentlichen Gespött preisgegeben wurden. In den »Narrenkotter«, einen Käfig vor Haus Nr. 12, ließ die Obrigkeit Betrunkene, Dirnen und Unruhestifter sperren. Nach den Zerstörungen von 1945 sind viele der alten Häuser gesichtslosen Nachkriegsbauten gewichen. Mittelpunkt des Platzes ist der gewaltige **Josephs- oder Vermählungsbrunnen**, der die Hochzeit von Maria und Joseph darstellt. Johann Bernhard Fischer von Erlach hatte ihn ursprünglich aus Holz errichtet, 1792 wurde er von seinem Sohn in weißem Marmor neu ausgeführt.

★ Römermuseum

Olivenöl aus der Heimat
Unterm Haus Nr. 3 an der Südseite des Platzes gelang den Archäologen die wichtigste Entdeckung aus der Zeit des römischen Wien: die Wohnhäuser von zwei Stabsoffizieren des antiken Vindobona. Rekonstruktionen dieser sog. Tribunenhäuser und des Heerlagers zeigt das Römermuseum. Die Ausstellung konzentriert sich auf die Blütezeit dieser Epoche von ca. 190–235 n.Chr., als rund 30 000 Menschen im römischen **Vindobona** lebten. Die Stadt war eines von 30 Heerlagern des Imperium Romanum und hatte Roms Nordgrenze zu schützen; jenseits der Donau begann das freie Germanien. Die Ausstellung zeigt sehr anschaulich den Alltag der Legionäre. Weder sollten die Solda-

ten auf heimisches Olivenöl noch auf andere Annehmlichkeiten des römischen Lebens verzichten. Thermen, Theater und Bordelle vertrieben die Langeweile. Das Museum dokumentiert darüber hinaus, wie sich das Zusammenleben mit den Bewohnern der Vorstadt gestaltete, all den Handwerkern, Ladenbesitzern, Sklaven und Bauern, zu denen auch die assimilierte keltische Bevölkerung zählte. Zu sehen sind u. a. Alltags- und Kulturgegenstände, Spielzeug und Götterstatuen. 3D-Computeranimationen stellen dar, wie es hier vor rund 2000 Jahren ausgesehen haben könnte.
Di.–So., Fei. 9–18 Uhr | Eintritt: 8 € (jeden ersten So. im Monat frei)
www.wienmuseum.at

Ein zierlicher Ringelreihen
An der Ostseite des Hohen Marktes sticht die Kunstuhr der Anker-Versicherungsgesellschaft ins Auge. Die berühmte Jugendstiluhr (1914) von Franz von Matsch ziert den Verbindungsbogen zum Nachbarhaus. Sie lässt stündlich historische Berühmtheiten vor den Augen der Besucher paradieren, jede mit einem eigenen Musikstück. ★ Ankeruhr

Jede Stunde bietet die Ankeruhr ein nettes Spektakel, wenn sich Wiens berühmteste Persönlichkeiten zeigen.

Wenn Maria Theresia mit ihrem Gatten Kaiser Franz I. erscheint, ertönt ein Mozartmenuett. Die »Kaiserhymne« aus der »Schöpfung« untermalt Joseph Haydns Auftritt. Weitere Figuren sind u. a. Kaiser Marc Aurel, Kaiser Karl der Große, Walther von der Vogelweide und Prinz Eugen. Mittags um zwölf formieren sich alle Figuren zu einem Umzug mit Musik.

Hoher Markt 10–11 | Parade aller Figuren: 12 Uhr

Derbes Mittelalter

★ Neidhart-fresken

Ein kurzer Fußweg führt vom Hohen Markt zum Haus Tuchlauben 19. Dessen ehemaliger Besitzer, der vermögende Tuchhändler Michael Menschein, ließ um 1400 den Tanzsaal im ersten Stock des Hauses vollständig mit Darstellungen der Neidhartdichtung ausschmücken. Als um 1715 der seinerzeitige Eigentümer das gotische Haus im Stil des Barock umbauen ließ, zerstörten die Handwerker die Malerei zum Teil, der Rest verschwand unter einer dicken Schicht Mörtel. Durch Zufall stießen Bauarbeiter 1979 auf den mörtelgeschützten Wandschmuck. Mittlerweile sind die **ältesten profanen Wandmalereien Wiens** vorbildlich restauriert. Die Freskenreste werfen ein erstaunliches Schlaglicht auf die bäuerliche und bürgerliche Kultur im Mittelalter. Sie illustrieren Szenen aus den Minnegesängen Neidharts von Reuental (um 1180 – um 1240): vergnügliche Schneeballschlachten, Dorfschlägereien und legendäre Bubenstreiche, darun-

Die Neidhart-Fresken illustrieren die andere Seite der sittsam-zarten Minne. Offenbar neigten verschmähte Liebhaber mitunter zu Übergriffen.

ter der ziemlich derbe »Veilchenschwank«. Erstaunlich, was man im Mittelalter offenbar lustig fand. Auch der »Spiegelraub«, Symbol für den Verlust der Unschuld, wird in einer sehr eindeutigen Szene dargestellt, sowie der »Griff unter den Rock«.

Tuchlauben 19 | Di.-So., Fei. 10-13, 14-18 Uhr | Eintritt: 5 €
www.wienmuseum.at

JOSEFSPLATZ

Lage: 1. Bezirk | **U-Bahn:** U3 (Herrengasse) | **Bus:** 2A (Habsburgergasse)

Der spätbarocke Platz gilt Kennern als einer der schönsten von Wien. Fürs Publikum bildet er oft nicht mehr als den Zugang zur Nationalbibliothek und eine Durchgangsstation auf dem Weg zwischen Michaelerplatz und Albertina. Entsprechend hoch ist die Fußgängergeschwindigkeit. Doch ein Stopp lohnt!

In der Mitte des Platzes erinnert ein Denkmal an Joseph II. Als erster Sohn Maria Theresias durchlief der Thronfolger ein hartes Schulungsprogramm und wurde zum prinzipientreuen, nimmermüden Regent, hob die Leibeigenschaft auf, gründete die Kunstakademie, mehrere Kliniken und das Josephinum, setzte die Religionsfreiheit durch, gab bei Mozart Opern in Auftrag und hatte ein Faible für die Landwirtschaft. Bei einer Panne unterwegs nahm er der Legende nach einem verdutzten Bauern den Pflug aus der Hand und pflügte selber ein paar Runden, bis seine Kutsche wieder flottgemacht war.

Stopp beim Kaiserdenkmal

Ein Kaiser in Sandalen

Denkmal für Joseph II.

Das Denkmal soll diesen Monarchen als gütigen Herrscher verklären: Er trägt weder Schwert noch Stab noch sonstige Herrschaftsinsignien, sondern hält die flache Hand segnend über seine Völker. Die seitlichen Reliefs berichten über Josephs Verdienste um den österreichischen Handel und verweisen auf seine zahlreichen Auslandsreisen, die er unternommen hatte, »um seinen Völkern das Gute in der Welt mitteilen zu können«. Franz Anton Zauner schuf das Denkmal zwischen 1795 und 1806 und wurde ob der Glanzleistung vom Kaiser geadelt, bekam eine wertvolle Tabaksdose und eine stattliche lebenslange Pension. Als revolutionär galt auch die Technik – noch nie war der **Bronzeguss** eines so großen Objekts gelungen. Nicht wenige echauffierten sich allerdings über die Sandalen und die Decke, auf der die Kaiserfigur saß. Doch da Jospeh sich als römischen Herrscher abbilden ließ, hätten Sattel, Stiefel und Steigbügel grobe Geschichtsunkenntnis bewiesen. Und das wäre dem Antikenfreund und Romkenner Zauner nie und nimmer passiert. Beim benachbarten Palais Pallavicini hatte er ebenfalls die Hand im Spiel.

Schlichte Fassade unerwünscht

Palais Pallavicini

Moritz Reichsgraf von Fries, einer der reichsten Männer des Landes, ließ sich den ersten klassizistischen Bau der Stadt 1782 bis 1784 von Ferdinand von Hohenberg errichten. Eigentlich sollte die Fassade des Palais Pallavicini (Nr. 5) betont schlicht gehalten werden, doch das ausgerechnet gegenüber der barocken Hofburg? Ein handfester Architekturstreit folgte. Der Bauherr gab nach und ließ das Portal 1786 durch Franz Anton Zauner barock nachrüsten: Vier üppige Karyatiden, weibliche Pfeilerfiguren im griechisch-antiken Stil, beruhigten die Gemüter; am Stilmix nahm dann niemand mehr Anstoß. Im Filmklassiker **»Der dritte Mann«** (Baedeker Wissen ▶ S. 142) von 1949 wohnte die Hauptfigur Harry Lime, gespielt von Orson Welles, in diesem Palais. Heute dient es als Wohnhaus der Familie Pallavicini; die Prunkräume und der Festsaal werden für Empfänge, Hochzeiten und Veranstaltungen vermietet und können nicht besichtigt werden.

Den streng klassizistischen Stil ließ man beim Palais Pallavinici nicht durchgehen, barocke Figuren mussten her und sei es nur vor dem Portal.

Ziemlich schräge Bilder

Palais Pálffy

An der Stelle des Palais Pálffy stand im 15. Jh. die landesfürstliche Kanzlei, die im ausgehenden 16. Jh. zum Adelspalais ausgebaut wurde. Nach einem Großbrand im 18. Jh. wurden Teile des Gebäudes erneuert. Im »Figarosaal« stellte Mozart seinen »Figaro« 1786 erstmals im Freundeskreis vor.
Heute dient das Palais Pálffy mit seiner schönen Renaissancefassade und klassizistischem Portal , nachdem es von 1969 – 2020 das »Österreichische Kulturzentrum« und ein Museum mit Werken von Künstlern der Wiener Schule des Phantastischen Realismus, darunter Ernst Fuchs, Arik Brauer und Fritz Janschka, beherbergt hatte, ein Event- und Veranstaltungszentrum.

JOSEPHINUM

Lage: 9., Währinger Str. 25 | **U-Bahn:** U2 (Schottentor), Straßenbahn: 5, 33, 37, 38, 40, 41, 42 (Spitalgasse) | Mi.–Sa., Fei. 10–18, Do. bis 20 Uhr | **Eintritt:** 12 €, mit Führung 16 € | **Bibliothek zur Geschichte der Medizin:** Mo.–Do. 10–16, Fr. 9–12 Uhr
www.josephinum.ac.at

Wo einst Militärärzte ausgebildet wurden, zeigen die Sammlungen der Medizinischen Universität den Menschen mit all seinen Gebrechen. Auch bedeutenden »Halbgöttern in Weiß« kommt man hier näher, etwa dem »kühnsten Chirurgen seiner Zeit«, Theodor Billroth.

Blick ins Reich der Medizin

Heidelberg, Zürich, Rostock und Berlin buhlten um Theodor Billroth (1829–1894), doch er folgte dem Ruf nach Wien. Dort setzte der Mediziner Maßstäbe im Operationswesen, er wagte viele knifflige Eingriffe das erste Mal. In der medizinisch-historischen Abteilung wird sein Mikroskop gezeigt und in Ehren gehalten, denn nebenher entdeckte er noch die Streptokokken, die für Wundentzündungen mitverantwortlich sind. Außerdem spielte der Pfarrersohn aus Rügen exzellent Klavier, war mit Brahms befreundet, hat auf dem Zentralfriedhof ein Ehrengrab – und im Hof des Josephinums steht sein Denkmal.
Die Sammlung zeigt außerdem Präparierlupen von Carl Zeiss, alte Operationsbestecke, Briefe von Sigmund Freud und Erstausgaben der Bücher von Ignaz Philipp Semmelweis und Franz Anton Mesmer. Kernstück des Museums sind die über 100 anatomischen **Wachspräparate**, die Joseph II. von toskanischen Bildhauern als

Studienobjekte für seine Militärärzte herstellen ließ. Der unter Denkmalschutz stehenden Studienapotheke ist eine große Drogensammlung angeschlossen. Das schlossartige Josephinum, 1783 bis 1785 nach einem Entwurf von Isidore Caneval errichtet, erhielt 1854 den Status einer chirurgisch-medizinischen Militärakademie. Seit 1918 sind in dem Gebäude die Sammlungen der Medizinischen Universität Wien und das Pharmakoloogische Institut der Medizin untergebracht. Den Ehrenhof schmückt der sogenannte **Hygieiabrunnen** mit einer 1787 aufgestellten Bleistatue von Johann Martin Fischer.

Nichts für Zartbesaitete

Narrenturm

Das Alte Allgemeine Krankenhaus in der Spitalgasse, ein weitläufiger Komplex, ließ Joseph II. nach dem Vorbild des Pariser Hôtel Dieu erbauen. Heute ist er keine Klinik mehr, sondern gehört zum Unicampus. Seine Besonderheit ist der 1784 erbaute sogenannte Narrenturm, ein fünf Stockwerke hoher denkmalgeschützter Rundbau von Isidore Canevale. Bis 1866 betreute man hier Geisteskranke. Heute nutzt das Naturhistorische Museum die Räume für die älteste und größte pathologisch-anatomische Sammlung. Die ausgestellten Nachbildungen körperlicher Entstellungen und Verkrüppelungen, deformierter Föten und vom Nikotin zerfressener Lungen geben interessante Einblicke, sind aber nicht jedermanns Sache.

Spitalgasse 2 (Zugang: Van-Swieten-Gasse) | Mi. 10–18, Do., Fr. 10–15, Sa. 12–18 Uhr | Eintritt: 8 € | www.nhm-wien.ac.at

JUDENPLATZ

Lage: 1. Bezirk | **Bus:** 1A (Schwertgasse) | **U-Bahn:** U1, U4 (Schwedenplatz)

Umsäumt von Restaurants, Kneipen und Shops gehört auch der Judenplatz zu den vielen netten Orten in Wien. Einzig Lessing blickt streng von seinem Denkmalsockel herab. Das Monument gegenüber erinnert an die dunkelsten Zeiten der Stadtgeschichte.

Dunkle Geschichte

Der Judenplatz bildete seit dem Ende des 13. Jahrhunderts das Zentrum des Wiener Judenviertels. Hier standen das Haus des Rabbis, Spital, Schule und Synagoge, gingen jüdische Händler, Bankiers und Gelehrte ihrer Arbeit nach. In den Jahren 1420/1421 kam es zur »Wiener Geserah«, einer brutalen Judenverfolgung, bei der die 800 Bewohner des Viertels zwangsgetauft, vertrieben oder verbrannt und die Vermögen beschlagnahmt wurden. 210 Menschen brachten sich kollektiv selber um. An die Grausamkeiten des Pogroms erinnert das spätgotische Relief am Haus »Zum großen Jordan« (Nr. 2; 15. Jh.). Es zeigt die Taufe Christi und trägt eine berüchtigte, die Fakten verdrehende Inschrift: » (...) Im Jahr 1421 tobte Rachgier durch die Stadt, die furchtbaren Verbrechen der hebräischen Hunde zu sühnen. Die Welt wird einst durch die Sintflut gereinigt, doch diesmal wurde die Schuld in den Flammen gebüßt.« Im ausgehenden 16. Jh. entwickelte sich in Wien erneut eine jüdische Gemeinde, die 1624 von Ferdinand II. in die Leopoldstadt umgesiedelt wurde.

Unfassbare Zahlen

Holocaust-denkmal

Auschwitz, Bergen-Belsen, Treblinka, Dachau: die Namen aller Konzentrations- und Vernichtsungslager stehen auf den Bodenfriesen von Rachel Whitereads »Mahnmal für die rund 65 000 ermordeten österreichischen Juden«. Die Seitenflächen des Kubus sehen aus wie endlose Reihen nach außen gekehrter Bücher. Das 1999 geschaffene Kunstwerk symbolisiert die Auslöschung des »Volkes des Buches« durch die Nationalsozialisten.

Vom jüdischen Leben im Mittelalter

Museum Judenplatz

Im angrenzenden »Museum Judenplatz«, einer Dependance des Jüdischen Museums (▶ S. 81), sind u. a. die Reste der ersten Synagoge zu sehen, die bei den Bauarbeiten zum Holocaustdenkmal entdeckt wurden. Die Dauerausstellung erzählt vom jüdischen Leben im mittelalterlichen Wien.

Judenplatz 8 | So.–Do. 10–18, Fr. bis 14 Uhr | Führungen: jeden 1. So. im Monat 16.30 Uhr | Eintritt: 15 € (7-Tages-Ticket gilt auch für das Jüdische Museum ▶ S. 81) | www.jmw.at

Original im Krieg eingeschmolzen

Lessing-denkmal

Der Wiener Künstler Siegfried Charoux hat das Lessingdenkmal 1962 bis 1965 nach dem Original von 1935 reproduziert. Dieses war 1939 von den Nationalsozialisten beschlagnahmt und eingeschmolzen worden.

Aktenwälzen im Barockpalast

Böhmische Hofkanzlei

Im Gebäude der ehemaligen Böhmischen Hofkanzlei (Nr. 11) hat heute der Österreichische Verfassungs- und Verwaltungsgerichtshof seinen Sitz. Erbaut wurde die Hofkanzlei zwischen 1708 und 1714 im Stil eines Barockpalasts, für den Johann Bernhard Fischer von Erlach die Pläne zeichnete und Lorenzo Mattielli Plastiken lieferte. Die schweren Kriegsschäden machten bis 1951 umfangreiche Wiederaufbauarbeiten notwendig, 1948 wurde parallel zur Wipplingerstraße eine Fußgängerpassage in das Gebäude eingefügt.

★ KAHLENBERG

Lage: 19. Bezirk | **U-Bahn/Bus:** U4 (Heiligenstadt), dann Bus 38A (Kahlenberg) | **Straßenbahn/Bus:** D (12. Februar-Platz), dann Bus 38A (Kahlenberg)

Bei schönem Wetter zieht es viele Wiener auf ihren Hausberg, den 484 m hohen Kahlenberg im Nordosten der Stadt. Von dort überblicken sie das immer weiter ausgreifende Häusermeer, begeistern sich am blauen Band der Donau und den tief im Osten verschwimmenden Karpaten. Danach geht's auf einen »gemischten Satz« ins Heurigenlokal.

Tolle Aussicht

Dichter und Komponisten haben den Berg, der einst auch »Sauberg« hieß – wohl wegen der vielen Wildschweine in den dichten Eichenwäldern –, immer wieder besungen. So schrieb beispielsweise Franz Grillparzer: »Hast Du vom Kahlenberg das Land Dir rings besehen, so wirst Du, was ich schrieb und was ich bin, verstehen.«
Von der **Panoramaterrasse** des beliebten Naherholungsziels ge-

Gut, wenn der Tag ganz gemütlich und mit schöner Aussicht im Heurigen Sirbu auf dem Kahlenberg ausklingt.

nießt man bei gutem Wetter eine herrliche Sicht auf die Rebberge von ▶ Grinzing und Nußdorf, das Wiener Becken, die Hügel des Wienerwalds und das Donautal bis ins Marchfeld, zu den Kleinen Karpaten und ins Schneeberggebiet. Die Kahlenberghöhe ist durch einen 1974 errichteten, 165 m hohen Sendemast des ORF und die **Stephanie-Warte**, einen 1887 gebauten, 22 m hohen Aussichtsturm, markiert. Benannt nach Stephanie von Belgien, der Witwe des Kronprinzen Rudolf, wurde der Turm nach einem Entwurf der Ringstraßen- und Theaterarchitekten Ferdinand Fellner und Hermann Helmer gebaut.

Heuriger Sirbu: Kahlenberger Str. 210 | April–Okt. Di.–Fr. 16–23, Sa. 15–23 Uhr; So., Fei. Ruhetag | Tel. 1 320 59 28 | www.sirbu.at

Rettung in letzter Sekunde

Sobieskikapelle

Wien 1683, schon zum zweiten Mal belagern türkische Heere die Stadt. Vom Kahlenberg aus naht Rettung: Das Entsatzheer des polnischen Fürsten Sobieski kommt der Stadt zu Hilfe. Daran erinnert die Sobieskikapelle in der kleinen Barockkirche St. Josef.

★ KAISERGRUFT (KAPUZINERGRUFT)

Lage: 1., Neuer Markt, Tegetthoffstr. 2 | **U-Bahn:** U1, 3 (Stephansplatz) | tgl. 10–18 Uhr | **Eintritt:** 8 € | **www.kapuzinergruft.com**

Maria Theresia, Franz Joseph I., Sisi, all die berühmten Habsburger liegen hier, für die Ewigkeit konserviert in einem Sarkophag aus Zinn. Einen Hauch von Leben bringen die Rosen vor Sisis Sarg in diesen unterirdischen Friedhof.

Grablege der Habsburger

149 Mitglieder des habsburgischen Herrscherhauses, davon 12 Kaiser, 19 Kaiserinnen und Königinnen, haben seit 1633 in zum Teil sehr prunkvollen Särgen ihre letzte Ruhe gefunden. Kaiser Matthias († 1619) und Gemahlin Anna († 1618) wurden 1633 als erste Habsburger in die Kaisergruft überführt. Die insgesamt **neun Grüfte** sind chronologisch geordnet, sodass sich die Kunststile einzelner Epochen gut nachvollziehen lassen. Die von Korrosionsschäden (»Zinnpest«) bedrohten Zinnsarkophage des 17. und 18. Jh.s müssen aufwendig konserviert werden. In den Särgen liegen nur die einbalsamierten Körper, die Herzen befinden sich in der Augustinerkirche, während Eingeweide in den Katakomben von St. Stephan aufbewahrt werden.

15 Jahre Witwe

Maria-Theresien-Gruft

In dieser Gruft liegt Maria Theresia, die »erste Dame Europas«, mit 34 Jahren Kaiserin von Österreich, Reformerin und Kriegsherrin, in herzlicher Feindschaft vor allem Friedrich II. von Preußen verbunden, dazu Mutter von 16 Kindern, die sie, sofern sie das entsprechende Alter erlebten, nach politischem Kalkül verheiratete. Ihrem Mann Franz I. († 1765) war sie innig zugetan, trotz seiner außerehelichen Liebschaften; und sein Tod traf sie hart: »Ich verlor einen Gatten, einen Freund, den einzigen Gegenstand meiner Liebe«, klagte sie und trug nur noch schwarz. Wiedervereint im Tode – Maria Theresia starb 1780 – ruht das Kaiserpaar im aufwendigsten **Zinksarkophag** der ganzen Kapuzinergruft. Jean Nicolas Jadot de Ville Issey gestaltete den Kuppelraum. Der Sarkophag im Rokokostil ist als Prunkbett gestaltet, zu Häupten des halb aufgerichteten Kaiserpaars verkündet ein Ruhmesengel mit Posaune und Sternenkrone den Triumph des Glaubens.

Sisis Grab

Franz-Josephs-Gruft

Franz Joseph I. kam mit 18 Jahren auf den Kaiserthron und regierte 68 Jahre lang die Doppelmonarchie. Als Ehemann von Elisabeth in Bayern schrieb er sich in die Herzen der Sisi-Fans ein. 1889 nahm sich beider Sohn Kronprinz Rudolf im Jagdschloss Mayerling das Leben, 1898 fiel des Kaisers geliebte Sisi in Genf einem Attentat zum Opfer. Nur er selbst starb eines natürlichen Todes (1916). Alle drei liegen nebeneinander in der Franz-Josephs-Gruft.

BAEDEKER MAGISCHE MOMENTE

DER GROSSE SCHLAF

Die Kapuzinergruft ist ein stiller Ort, Friedhof der Habsburger, die in anthrazitfarbenen Sarkophagen schließlich ewigen Frieden gefunden haben. Nicht abgeschottet durch Grabplatten und Mausoleen, sondern nur eine Armlänge entfernt, getrennt durch ein wenig Metall, liegen all die Großen, deren Paläste und Museen Wienbesucher soeben noch besichtigten, Herrscher, deren Leben und Leistungen Epoche gemacht haben. Andere Städte und Kulturen verstecken den Tod; Wien geht auf Tuchfühlung mit ihm.

KAISERGRUFT

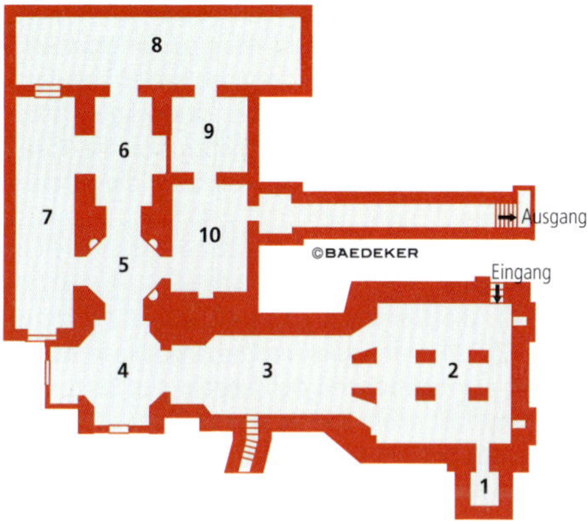

1 GRÜNDERGRUFT (1622/1633)
Kaiser Matthias († 1619),
Kaiserin Anna († 1618)
2 LEOPOLDSGRUFT (1657 und 1701)
16 Särge, davon 12 Kindersärge
3 KARLSGRUFT (1720)
4 MARIA-THERESIA-GRUFT (1754)
Kaiserin Maria Theresia († 1780),
Franz von Lothringen († 1765)
5 FRANZENSGRUFT (1824)
6 FERDINANDSGRUFT (1842)
7 TOSKANAGRUFT (1842)
8 NEUE GRUFT (1962)
9 FRANZ-JOSEPHS-GRUFT (1909)
Kaiser Franz Joseph I. († 1916),
Kaiserin Elisabeth († 1898)
10 GRUFTKAPELLE
Kaiserin Zita († 1989)
Otto von Habsburg († 2011)

Kaiserin ohne Reich

Jüngste Bestattungen

Zita, die letzte Kaiserin von Österreich, erlebte das Ende der Doppelmonarchie 1918 an der Seite ihres Mannes Kaiser Karl I., musste 1919 gemeinsam mit ihm in die Verbannung. Karl starb bereits 1922, Zita und ihre vier Kinder verbrachten den größten Teil ihres Lebens im Exil. 1982 ließ man Zita das erste Mal wieder nach Wien reisen und Hunderte Monarchisten jubelten ihrer 90-jährigen Ex-Kaiserin zu.
Ihr ältester Sohn **Otto von Habsburg**, geb. 1912, durfte im Alter von 54 Jahren nach langer Zeit wieder einen Fuß auf österreichischen Boden setzen, nachdem er auf alle Herrschaftsansprüche verzichtet hatte. Die Kapuzinergruft stand ihm trotz dem Verzicht auf Österreichs Thron noch offen; seine Bestattung 2011 war die letzte dort.
Interessant ist auch, wem das **Grab in der Kapuzinergruft verweigert** wurde, z. B. Thronfolger Franz Ferdinand, der beim Attentat von Sarajevo 1914 starb. Seine nicht standesgemäße Heirat mit Sophie von Hohenberg hat ihm der Hof nie verziehen.

Titel, Ruhm, Geld – am Ende Schall und Rauch

»Anklopfzeremonie«

Bei Otto von Habsburg wurde vor der Kapuzinerkirche die berühmte Anklopfszene zelebriert. Mit dieser Zeremonie, bei der um Einlass für einen »sterblichen, sündigen Menschen« in das Gotteshaus gebeten wird, soll die »nivellierende Macht des Todes« deutlich gemacht werden: Der Mensch soll nicht mit ererbten Titeln und Würden, auch nicht mit ihm zu Lebzeiten verliehenen Ehrungen und Auszeichnungen vor Gott treten. Vor Gott zählt **nur der Glaube**. Auf die Frage des Kapuzinerpaters: »Wer begehrt Einlass?«, trug der Zeremonienmeister die Herkunft des Verstorbenen vor, dann dessen Ehrungen und Auszeichnungen. Die zweimalige Antwort des Kapuzinerpaters lautete: »Wir kennen ihn nicht!« Und wieder fragt er: »Wer begehrt Einlass?« Nun antwortete der Zeremonienmeister demütig: »Otto, ein sterblicher, sündiger Mensch.« Erst dann öffneten sich die Tore der Kirche und der Sarg Ottos von Habsburg konnte in die Kirche getragen werden.

Ein bescheidenes Gotteshaus

Kapuzinerkirche

Kaiserin Anna (1585–1618), die Gemahlin Kaisers Matthias, stiftete 1618 die Kapuzinerkirche »Zur hl. Maria von den Engeln«. Diese, 1622 bis 1632 erbaute Kirche ist – entsprechend den Regeln des Bettelordens – bescheiden, nüchtern, fast schmucklos. Wertvollstes Stück ist eine Pietàgruppe am Altar des rechten Kreuzarms, die vom Gründer der Akademie der bildenden Künste, Peter von Strudel, stammt.

Neuer Markt

Haydns bekannteste Melodie

Marktplatz

Seit 1220 diente der »Neue Wiener Marktplatz« als Mehlmarkt, Krautmarkt und Turnierplatz, als Arena für den »Wiener Hanswurst« und als Schlittenplatz für Hof und Adel. Die ältesten erhaltenen Gebäude wie das »Herrenhuterhaus« (Nr. 27) stammen aus dem 18. Jahrhundert. Im ehemaligen Haus Nr. 2 wohnte Joseph Haydn 1795/1796 und schrieb dort im Auftrag von Kaiser Franz II. die österreichische **Kaiserhymne**, deren Melodie die deutsche Nationalhymne übernommen hat. Die Westseite des Platzes beherrscht die Kapuzinerkirche.

Zu viel nackte Haut

Donner-Brunnen

Im Auftrag der Stadt schuf Georg Raphael Donner 1737 bis 1739 den Providentia-Brunnen, in Wien besser als Donner-Brunnen bekannt. Die Stadtväter wünschten sich, die Zentralfigur der Providentia möge auf die »fürsorgliche und weise Regierung der Stadt« hindeuten. Donner zierte ihren Sockel mit vier anmutigen nackten Putten; die sinnlichen Figuren am Brunnenrand symbolisieren die Flüsse Enns (Greis), Traun (Jüngling), Ybbs und March (beide in Frauengestalt). Maria Theresia nahm an so viel Nacktheit Anstoß und ließ die Figuren abmontieren. Erst unter Franz II. durften sie 1801 ihren angestammten Platz wieder einnehmen. 1873 wurden die anfälligen Bleifiguren durch Bronzekopien ersetzt, die Originale werden im ▶ Belvedere gezeigt.

KARL-MARX-HOF

Lage: 19., Heiligenstädter Straße 82 | **U-Bahn:** U4 (Heiligenstadt) | **Straßenbahn:** D (Halteraugasse)

Saftige Steuern auf Champagner, Dienstmädchen und Autos, um sozialen Wohnungsbau zu finanzieren: Diese Politik praktizierte das »Rote Wien«, wie die Stadt 1919 bis 1934 wegen ihrer sozialdemokratisch regierten Verwaltung genannt wurde.

Wohnen im Roten Wien

Diese Steuermittel flossen zwischen den beiden Weltkriegen in den sozialen Wohnungsbau und halfen im Kampf um die gravierende Wohnungsnot. Im Ganzen waren es 64 000 Wohnungen, die zumeist in den äußeren Wiener Bezirken entstanden. Für die Bewohner der durchschnittlich 40 m^2 großen Wohneinheiten war die Miete erschwinglich, sie machte nur 5 bis 8 % vom Lohn aus. Niedrig waren auch die Gas- und Stromtarife. Hinzu kamen Gemeinschaftseinrichtungen wie Bäder und Waschküchen, Vortragssäle, Gaststätten, Ladengeschäfte und Bibliotheken sowie Kinderhorte und Freibäder, außerdem viele Grünflächen, die das Wohnen in den »Volkswohlpalästen« äußerst attraktiv machten.

Nest der Widerstandskämpfer

Karl-Marx-Hof

Der mehr als einen Kilometer lange Karl-Marx-Hof, von 1927 bis 1930 nach Plänen des Stadtbaumeisters Karl Ehn errichtet, umfasste 1382 Wohnungen, die um mehrere grüne Innenhöfe gruppiert sind – nur 18 % des Areals sind bebaut. Im Jahr 1934, als »rote« Arbeiter gegen Austrofaschisten kämpften, wurde der Karl-Marx-Hof ein **Zentrum des Widerstands** der Arbeiterschaft. Nachdem die Regierung die Beschießung des Hofs mit schwerer Artillerie angeordnet hatte, brach der Aufstand nach drei Tagen unter den Kanonenkugeln zusammen. Die heute unter Denkmalschutz stehende Anlage wurde in den 1990er-Jahren generalsaniert, wobei viele Wohnungen zusammengelegt wurden, sodass es nun 1272 Einheiten sind.

Lebenswelten der Sozialdemokratie

Waschsalon Nr. 2

Im Erdgeschoss drehen sich noch immer die Waschmaschinen. In den beiden Stockwerken darüber informiert im »Waschsalon Nr. 2« eine Dauerausstellung über das »Rote Wien« in der Zeit von 1919 bis 1934. Was damals angerissen wurde, gehört teils noch immer zum Diskussions-, manchmal auch Zündstoff der modernen Gesellschaft. Themenbereiche sind Geschichte, kommunaler Wohnbau, Bildung und Kultur der Wiener Arbeiterbewegung .

Halteraugasse 7 | Do. 13–18, So. 12–16 Uhr | Eintritt: 5 €
www.dasrotewien-waschsalon.at

★★ KARLSPLATZ

Lage: 1. Bezirk | **U-Bahn:** U1, U2, U4 (Karlsplatz) | **Bus:** 4A (Karlsplatz) | **Straßenbahn:** 62 (Karlsplatz)

Die Königin des Karlsplatzes ist die Karlskirche, ein Meisterwerk des Barock mit dem Beinamen »Hagia Sophia von Wien«. Ringsum tobt das urbane Leben, Trams bimmeln, der Verkehr rauscht, Terrassencafés locken, hippe Städter lassen Tomaten sprießen und Bienen fliegen.

Fotogene Ecke

Die wichtigsten Sehenswürdigkeiten des Karlsplatzes sind die Karlskirche, das Wien Museum links daneben in einem nüchternen 1950er-Jahre-Bau und gegenüber der Musikverein. Kaffee trinken und Einkehren im Otto-Wagner-Pavillon oder gleich neben Karls Garten bei Heuer, dort sogar bis 2 Uhr nachts.

★★ Karlskirche

Mo.–Sa. 9–18, So., Fei. 11–19 Uhr | **Eintritt:** 9,50 € (inkl. Panoramaterrasse, Schatzkammer und Orgelempore) | www.karlskirche.eu

Hamburg finanziert mit

Barockwunder

Der Anblick der Kirche ist äußerst spektakulär. Mit ihrem Bau erfüllte Kaiser Karl VI. ein Gelübde: Als 1713 die Pest wieder einmal in der Stadt grassierte, versprach er dem **Pestheiligen Karl Boromäus** eine würdige Kirche, sollte der die Epidemie besiegen. Die Pest verschwand, der Kaiser hielt Wort. Alle Kronländer mussten den Bau der »Hagia Sophia von Wien« mitfinanzieren, auch die Stadt Hamburg. Sie wurde zur Kasse gebeten, weil einige Rabauken die österreichische Gesandtschaftskapelle in der Hansestadt zerstört hatten. Vater und Sohn Fischer von Erlach gestalteten den bedeutendsten barocken Sakralbau Wiens. 1737 wurde er dem hl. Karl Borromäus geweiht.

Griechisch-römischer Stilmix

Die Kirche außen

Der Fassade ist eine Art griechischer Tempelportikus vorgeblendet; das Giebelrelief stellt das Ende der Pest dar – die verheerende Seuche hatte mehr als 8000 Opfer gefordert –, die lateinische Inschrift gemäß den Worten Kaiser Karls VI. lautet übersetzt: »Ich erfülle mein Gelübde im Angesicht derer, die Gott fürchten.« Die beiden 33 m hohen Triumphsäulen, die über den Laternen Adler und Kaiserkronen als herrschaftliche Zeichen tragen, wurden der Trajansäule in

Die Karlskirche wird auch »Hagia Sophia von Wien« genannt.

KARLSKIRCHE

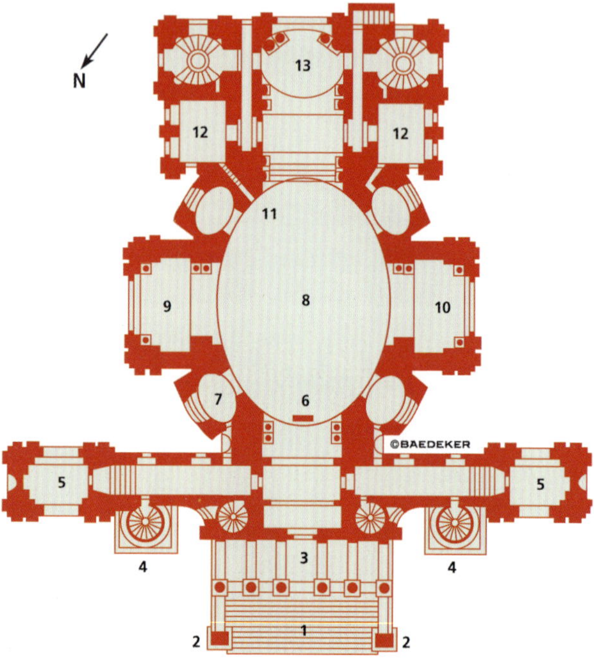

1 Freitreppe
2 Engel mit Bronzekreuzen
3 Vorhalle als griechischer Portikus mit Giebelrelief
4 Triumphsäulen mit spiralförmigem Reliefband
5 Glockentürme
6 Orgel
Deckenfresko über der Empore von J. M. Rottmayr (Hl. Cäcilie mit Engeln)
7 Taufkapelle mit Scheinkuppel
8 Kuppel mit Deckengemälde von J. M. Rottmayr (Glorie des hl. Karl Borromäus, 1725-30)
9 Altargemälde von Seb. Ricci (Himmelfahrt Mariens)
10 Altargemälde von Daniel Gran (Hl. Elisabeth von Thüringen, 1736/37)
11 Kanzel
12 Sakristeien
13 Hochaltar von L. Mattielli

Rom nachempfunden. Ihre spiralförmigen Reliefbänder zeigen Szenen aus dem Leben des heiligen Karl Borromäus.
Bekrönt wird der Bau von einer 72 m hohen **Kuppel**, mit der die Architekten bewusst Anleihen nahmen an der Hagia Sophia in Istanbul. Rechts und links flankieren zwei (vom Petersdom in Rom inspirierte) Glockentürme den Sakralbau.

Fackel an Luthers Bibel

Im Innern der Kuppel

Im lichten Kirchenraum dominieren Johann Michael Rottmayrs Kuppelfresken, die zwischen 1725 und 1730 entstanden. Sie stellen die Glorie des hl. Karl und die Fürbitte um Abwendung der Pest dar, die 1576 Mailand heimgesucht hatte. Links steckt ein Engel die zu Boden gefallene Bibel Luthers mit einer Fackel in Brand.
Ebenfalls von Rottmayr stammt das Fresko über der Orgelempore, das die hl. Cäcilie mit musizierenden Engeln zeigt. Thema des prachtvollen Hochaltars ist die Aufnahme des hl. Karl Borromäus in den Himmel. Die plastische Wolkendekoration hinter dem emporschwebenden Kirchenfürsten geht auf einen Entwurf Johann Bernhard Fischers von Erlach zurück, ausgeführt von Camesina. Die **Altarbilder** »Jesus mit dem römischen Hauptmann« und »Heilung eines Gichtbrüchigen« schuf Daniel Gran, die »Erweckung des Jünglings von Naim« stammt von Martin Altomonte, der »Heilige Lukas« von Jacob van Schuppen. Das Gemälde »Himmelfahrt Mariens« am großen Altar links lieferte Sebastiano Ricci, die »Hl. Elisabeth von Thüringen« rechts gegenüber ist ebenfalls ein Werk Grans.

Neue Ein- und Aussichten

Ganz oben

Seit Kurzem gelangt man als Besucher über die Orgelempore bis auf die Terrasse über dem Eingangsportal. Das mächtige Instrument aus nächster Nähe zu begutachten, offenbart, dass es aus zwei Teilen besteht: einer geschwungenen Barockorgel von 1739 im Zentrum, die von hundert Jahre später hinzugefügten Eckelementen, welche die Registerzahl von 18 auf 31 erhöhten, eingefasst wird. Grandios ist der Blick von der **Panoramaplattform** draußen über die Dächer der Stadt, erhellend das neu geschaffene Kirchenmodell. Im Maßstab 1:28 und 2,5 Meter hoch macht es das Bauwerk erfassbar.

★ Wien Museum Karlsplatz

Lage: Karlsplatz 8 |nach mehrjährigem Generalumbau Wiedereröffnung im Dez. 2023; bis dahin noch Themenausstellung im MUSA, Felderstr. 6–8 | Eintritt 8 € | **www.wienmuseum.at**

Wiens Geheimnisse – endlich enthüllt

»Mythos Wien«

Einstmals nannte sich das Haus »Historisches Museum der Stadt Wien« . Der seit 1888 währende Sammeleifer schlägt sich in den umfassenden Schausammlungen nieder, die von den kleinen und großen Geschichten, Befindlichkeiten und Geheimnissen der Stadt erzählen. Alltagsgegenstände, Kunstwerke und eine gekonnte Präsentation zeigen, wie sich im Lauf der Jahrhunderte aus einer Handvoll Steinzeithütten der »Mythos Wien« entwickelte, der die Stadt heute noch umgibt. Und was wäre ein Wiener Stadtmuseum, ohne dem Thema

Tod Raum zu geben? Etwa 280 **Totenmasken** herausragender Wiener Persönlichkeiten werden gezeigt, darunter die von Ludwig van Beethoven, Anton Bruckner, Gustav Mahler, Hans Makart und Gustav Klimt.

Weg mit der Stadtmauer

Das Werden einer Stadt

Unter all den Schätzen auf vier Stockwerken ragen einige heraus: Die tiergestaltigen Gefäße aus der Urnenfelderzeit sind archäologisch bedeutend. Aus dem Mittelalter stammen historische Darstellungen und Pläne zur stadtgeschichtlichen Entwicklung, darunter der Albertinische Plan von 1421/1422, der als älteste Stadtansicht Wiens gilt. Zwei hervorragende Stadtmodelle beleuchten, wie stark sich Wien durch den Wegfall der Stadtmauer ab 1858 und den Bau der Ringstraße 1865 verändert hat.

Aus dem **Stephansdom** stammen weitere Schätze: Figuren und Glasfenster, die bei Renovierungsarbeiten abgenommen wurden, darunter eine frühgotische Anna Selbdritt (um 1320), drei überlebensgroße Fürstenpaare (um 1360/1365), gotische Glasfenster aus der Herzogskapelle und Reste eines Schnitzaltars (14. Jh.).

Die **Türkenkriege** zählen zu den herausragenden Ereignissen der Wiener Stadtgeschichte. Ein fantastischer Holzschnitt zeigt das Kampfgeschehen im Jahr 1529, als Wien das erste Mal von den Tür-

Nur im Wien Museum lassen sich die Figuren aus dem Stephansdom ganz aus der Nähe betrachten. Hier waren in der Tat meisterhafte Bildhauer am Werk.

ken belagert wurde. Turbane, Fahnen und Pferdeschweife, die hohe Würdenträger besaßen, fielen als Beute den Wienern bei der zweiten Türkenbelagerung in die Hände. Berühmt ist auch Franz Geffels Darstellung der »Entsatzschlacht von 1683«.

Wien-Kitsch und Alltagsutensilien

Geheimnisse des Alltags

Zunfttruhen, alte Hauszeichen und Handwerksschilder, aber auch so interessante »Objekte« wie die komplette Einrichtung des Friseursalons »Marko« um 1900 dokumentieren den Alltag der Wiener. Der konnte durchaus nobel sein: Der im Empirestil in Gold und Weiß gehaltene »Pompejanische Salon«, den die Bankiersfamilie Geymüller im Palais Caprara einrichten ließ, dokumentiert die gehobene Wohnkultur des Adels um 1800. Das Wohnzimmer des Architekten Loos aus der Bösendorfer Straße 3 (1903) liefert ein markantes Beispiel der Wiener Innenarchitektur der »besseren Gesellschaft« zu Beginn des 20. Jahrhunderts. Sehr fein zeichnet die Schau das Werden der **Wiener Werkstätte** nach mit Silberobjekten, feinem Glas und Porzellan verschiedener Künstler. Das politische Wien ab 1848, mal rot, mal braun, mit all seinen Kämpfen spiegelt sich in der Sammlung von Karikaturen, Fotos und Postkarten wider. Nicht zu vergessen der Wiener Kitsch und Souvenirs, z. B. Topflappen mit aufgedruckten Wiener-Schnitzel-Rezepten aus den 1950er-Jahren.
Unter der Vielzahl von Gemälden sind alle Wiener Biedermeiermaler vertreten wie Fendi, Danhauser, Reiter, Waldmüller und Amerling. Zu den Jugendstilarbeiten zählen Bilder von Klimt und Schiele und Designs von Kolo Moser.

★ Musikvereinsgebäude

Lage: Musikvereinsplatz 1 | **Führungen:** Mo.–Sa. 13.45 Uhr | **Eintritt:** 10 € | www.musikverein.at (Programm u. Konzertkarten)

An Neujahr lauscht ein Millionenpublikum am Fernseher

Konzerthaus der Spitzenklasse

Die bescheidene Bezeichnung »Musikverein« führt völlig in die Irre, ganz besonders im titelverliebten Wien. Bietet doch die »Gesellschaft der Musikfreunde« seit 1812 den größten Meistern ihres Fachs eine angemessene Bühne – und das in Konzertsälen, die die reinsten Akustikwunder sind. Im prunkvollen **Goldenen Saal** finden die großen Konzerte der seit 1842 bestehenden Wiener Philharmoniker statt, auch das legendäre Neujahrskonzert, das ein Millionenpublikum am Fernseher verfolgt. Hier lehrten einst Gustav Mahler und Hugo Wolf, begeisterten illustre Dirigenten wie Furtwängler, Böhm, Karajan, Bernstein und Abbado ihr Publikum, auch die Wiener Sängerknaben treten regelmäßig auf. Der Raum fasst 2000 Besucher, bietet 400 Musikern Platz und zählt dank seines ausgezeichneten Resonanzkörpers zu den Konzertsälen mit der weltweit besten Akustik.

Auch der prunkvolle Brahms-Saal bietet 600 Zuhörern ausgezeichnete Akustik. In den vier 2004 eröffneten Sälen (»Glas, Metall, Stein und Holz«) treten Nachwuchskünstler auf.
1867 baute Theophil Hansen das Konzerthaus, der später auch das Parlament plante. Die Terrakottastatuen auf dem roten Neorenaissancegebäude stammen großteils von Franz Melnitzki. Den mit 36 goldenen Karyatiden geschmückten Goldenen Saal beherrscht eine an einer Stahlkonstruktion hängende prachtvolle Kassettendecke.

Was gibt es sonst noch am Karlsplatz?

Kunst und Kino

Künstlerhaus

Im Künstlerhaus an der Nordseite des Karlsplatzes finden bedeutende Ausstellungen, kulturelle Veranstaltungen und viel besuchte Künstlerfeste statt, darunter auch die berühmten »Gschnasfeste« im Fasching. Die im Jahr 1861 gegründete Gesellschaft der bildenden Künstler Wiens ließ den Neorenaissancebau 1865 bis 1868 von August Weber errichten, später kamen Seitenflügel hinzu, die heute vom Theater im Künstlerhaus und als Kinos genutzt werden. Die acht marmornen Standfiguren vor dem Eingang stellen Diego Velázquez, Raffaello Santi, Leonardo da Vinci, Michelangelo Buonarroti, Albrecht Dürer, Tizian, Bramante und Peter Paul Rubens dar.
In den 1980er-Jahren beherbergte das Haus mehrere spektakuläre Großausstellungen, darunter die später auch in New York und Tokyo gezeigte Jahrhundertwende-Schau »Traum und Wirklichkeit«. In den 2010er-Jahren lange und aufwändig generalrenoviert, wird sein Obergeschoss seither von der Künstlerhaus Vereinigung für Veranstaltungen zu Themen aktueller Kunstdiskurse genutzt.
Im Erdgeschoss öffnete 2020 die **Albertina Modern** ihre Pforten. Als Dependance des gleichnamigen Stammhauses neben der Oper (► 50) sind hier seither regelmäßig spannende Wechselausstellungen zur Klassischen Moderne und Gegenwartskunst zu sehen.

Karlsplatz 5 | www.k-haus.at
Albertina Modern: tgl. 10–18 Uhr | Eintritt: 12 € | www.albertina.at

Mittags Café, abends Club

Otto-Wagner-Pavillons

Echte Schmuckstücke sind die Jugendstil-Stadtbahnpavillons, von Otto Wagner 1898 mit Marmor und Goldauflage **kostbar ausgestattet**. Einer wird heute als Dependance des Wien Museums genutzt und befasst sich mit Leben und Werk des Künstlers. Sein baugleicher Zwilling gegenüber hat sich in ein nettes Café verwandelt, dessen Terrasse während der Sommermonate ein beliebter Treffpunkt ist; abends herrscht lockere Clubatmosphäre.

Ausstellung: April–Okt. Di.–So., Fei. 10–18 Uhr | Eintritt: 5 € | www.wienmuseum.at | **Café:** tgl. 9–4 Uhr, www.otto-wagner-pavillon.at

478 Stellen hinterm Komma

»Pi«

Wien ohne Wiener Schnitzel, nein, das wäre nicht möglich! Auch **Künstler** beschäftigen sich mit dem ca. 250 Gramm schweren Stück, z. B. in der Westpassage unter dem Karlsplatz. Die Medien-Installation »Pi« des Künstlers **Ken Lum** zeigt in LED-Zahlen an, wie viele Schnitzel seit Jahresbeginn aktuell gegessen wurden. Und jede Sekunde werden es mehr. Auch andere Themen schlagen sich hier in leuchtenden Zahlen nieder. Die Daten werden zu jedem Jahreswechsel aktualisiert und passen sich nach einem wissenschaftlich fundierten Algorithmus permanent an. Und das teils erschütternd schnell, etwa bei Rüstungsausgaben, Wachstum der Sahara und Zahl der unterernährten Kinder weltweit. »Pi« heißt das Projekt, weil auch die Kreiszahl π mit 478 Nachkommastellen künstlerisch dargestellt wird.

Noch mehr Kunst

Gartenanlagen

In den Gartenanlagen im südlichen Bereich des Karlsplatzes stehen Denkmäler für Johannes Brahms (1908), für den Erfinder der Schiffsschraube, Josef Ressel (1862), und für den Nähmaschinenkonstrukteur Josef Madersperger (1933). Das Untergeschoss des Platzes, die »Kulturpassage Karlsplatz«, ist freundlich gestaltet worden mit einer 70 m langen, aus Farbfeldern bestehenden Kunstinstallation des Tirolers Ernst Caramelle.

Mehrere Cafés und Restaurants säumen den Karlsplatz. Im Liegestuhl relaxend ist der Verkehrslärm schnell vergessen.

FILMREIFE UNTERWELT

Der im Wien der Nachkriegszeit angesiedelte, 1949 nach einem Drehbuch von Graham Greene gedrehte Krimi »Der dritte Mann« wurde zu einem oscarprämierten Welterfolg und ist ein Klassiker der Filmgeschichte. In einer Umfrage der Filmzeitschrift »Sight & Sound« wurde er 2012 zum besten britischen Film aller Zeiten gewählt.

Wien nach dem Zweiten Weltkrieg: Die Stadt ist durch Bombenangriffe teilweise stark zerstört, Hunger und Elend herrschen zwischen düsteren Ruinen am Donauufer. Jede der vier Siegermächte hat mehrere Stadtbezirke unter sich, nur der 1. Bezirk, das durch Ringstraße und Donaukanal begrenzte Herzstück der einst viel gepriesenen Walzerstadt, wird von den Alliierten gemeinsam verwaltet.

Die Story

Vor diesem Hintergrund spielt **Graham Greenes Kriminalroman** über den Schriftsteller Holly Martins, der seinen Freund Harry Lime besuchen will. Unfassbar für Martins, ist Lime, wie es scheint, das Opfer eines mysteriösen Unfalls geworden. Bei der Beerdigung erfährt Martins von einem britischen Polizeibeamten, dass Lime beschuldigt wurde, der Kopf einer Penicillin-Schieberbande zu sein. Martins glaubt weder den schwerwiegenden Verdacht noch daran, dass sein Freund bei einem Unfall ums Leben gekommen ist. Der einzige Zeuge wird einen Tag später ermordet, aber Martins erfährt von ihm noch, dass nicht zwei, sondern drei Männer am Tatort waren. Er sucht nun nach dem vermeintlichen Mörder seines Freundes, dem dritten Mann. Er findet ihn schließlich in Harry Lime selbst, der seinen Tod vorgetäuscht hat, um der Polizei zu entwischen.

In den Untergrund

Gedreht wurde u. a. im Hotel »Orient« am Tiefen Graben, das, filmerprobt, in jüngerer Zeit auch als Kulisse so mancher »Tatort«-Szene diente. Symbolträchtig endet die Freundschaft der beiden Männer in einer Gondel am höchsten Punkt des Riesenrads auf dem Prater. Danach geht es in jeder Hinsicht abwärts mit Lime und die Story taucht buchstäblich ab in die Wiener Unterwelt: in das weit verzweigte Netz der Kanalisation. Bei seinem verzweifelten Fluchtversuch springt Harry Lime in den Abwasserschacht unter dem Girardipark und kann seinen Verfolgern auch zunächst entkommen, doch unter einem Gullydeckel gegenüber dem »Café Museum« trifft ihn schließlich die tödliche Kugel.

Auf Harry Limes Spuren

Wer die berühmte Location dieser Verfolgungsjagd in Augenschein nehmen möchte, begibt sich am besten auf die **3. Mann Tour – Kanal**, die von Mai bis Oktober fast jeden Tag veranstaltet wird und etwa 45 Minuten dauert. Danach geht's ins einzigartige **Dritte Mann Museum** in der Preßgasse, ganz in der Nähe des Naschmarkts. Hier wird in 13 Räumen und mit über 2 000 Exponaten die Geschichte und der historische Hintergrund dieses Films erzählt, u. a. mit alten Filmplakaten, Drehbüchern und jener Zither, auf

Ziemlich ungewöhnliche Location: auf den Spuren des »Dritten Manns« in der Wiener Kanalisation. Daran wird man sich erinnern ...

der Anton Karas die einprägsame Filmmusik komponierte. Doch zuallererst sollte man sich den »Dritten Mann« (nochmals) ansehen. Der Film wird – in der englischen Originalversion – dienstags, freitags und sonntags im Burgkino am Opernring gezeigt.

KANAL-TOUR

Interessenten sollten die Tour unbedingt telefonisch oder online reservieren und gut 20 Min. vor Führungsbeginn am Treffpunkt sein; die Karten gibt es dann vor Ort.

3. Mann Tour – Kanal
Ticket-Hotline: Tel. 01 40 00 30 33
Mai–Okt. Do.–So. 10–20 Uhr
stündliche Führung
letzte Führung 19 Uhr
Treffpunkt:
Karlsplatz/Girardipark
Preis: 10 €
www.drittemanntour.at

MUSEUM

Dritte Mann Museum
4., Preßgasse 25
Tel. 0676 475 78 18
Ende März–Nov., Sa. 14–18 Uhr
Eintritt: 11 €
www.3mpc.net

FILM

Burgkino
1., Opernring 19
Tel. 01 587 84 06
Eintritt: ab 8 €
www.burgkino.at

KÄRNTNER STRASSE

Lage: 1. Bezirk | **U-Bahn:** U1, U3 (Stephansplatz) U 1, U2, U4 (Karlsplatz)

Wiens kommerzielle Hauptschlagader zieht sich vom Stephansplatz bis zum Karlsplatz. In der berühmten Fußgängerzone überwiegen heute die internationalen Ketten. Die k. u. k. Hoflieferanten, die den vornehmen Charakter der Kärtner Straße ausmachten, sind mittlerweile rar geworden, aber es gibt sie noch.

Berühmter Shopping-boulevard

Inhabergeführte Geschäfte, über Generationen hinweg in Familienhand – da tut sich so manches bei der Stabübergabe: Als die Gebrüder Lobmeyr 1855 die väterliche Glasproduktion übernahmen, zerstörten sie als erstes den gesamten Vorrat an geschliffenen Biedermeiergläsern des Seniors. Sie setzten auf modernes Design und die Zusammenarbeit mit renommierten Glaskünstlern, stiegen in die Produktion von Lüstern ein – und der Erfolg gab ihnen recht. Heute beleuchtet die **k. u. k. Hofglas-Manufaktur** J. & L. Lobmeyr erfolgreich die große Welt, ihre Kronleuchter glitzern und funkeln im Kreml, in der New Yorker Met, natürlich in der Wiener Staatsoper sowie in Schloss Schönbrunn. Auch das Stammhaus in der Kärtner Straße 26 tut sich mit einer eindrucksvoll gestalteten Fassade hervor, und da schönes Glas nie out und Kronleuchter längst wieder in sind, geht die Kundschaft ein und aus. Nur einen Steinwurf entfernt sitzt mit Svarowski ein weiterer österreichischer Player in der Welt des Glases, der mit üppigem Glitzer und Glamour sein Publikum anzieht (Haus Nr. 24). In Haus Nr. 6 haben die Wiener Werkstätten ihren Sitz, ebenfalls eine gute Adresse für Schönes und Zerbrechliches.

Kandierte Veilchen

Noch mehr Shops in der Kärntner

Mit dem »Steffl« hat die Kärtner auch ihre Shoppingmall (Nr. 19). Auf der rückwärtigen Seite des Konsumtempels Richtung Rauensteingasse stand einst Mozarts Sterbehaus, in dem er auch die »Zauberflöte« und das »Requiem« komponierte. Eine Gedenktafel erinnert daran. Seit 1847 produziert **k. u. k. Hofzuckerbäckerei** Gerstner (Nr. 51) feinste handgefertigte Pralinen und himmlisches Konfekt; Kaiserin Elisabeth orderte hier kandierte Veilchen. Designer wie Jil Sander, Dior oder Pierre Cardin sind entlang der Fußgängerzone vertreten, von bodenständiger Trachtenmode bis zu damenhaften Abendroben reicht das Angebot.

Im Gegensatz zu den umliegenden Seitengassen besitzt die Kärntner Straße nur wenige historische Gebäude, der Zweite Weltkrieg hat viel zerstört. Ältester Profanbau ist das 1698 errichtete Palais Esterházy (Nr. 41), das heute u. a. Wiens Spielkasino beherbergt.

Denkmal für den Großmeister

Malteserkirche

Die Mitte des 14. Jh.s errichtete, dem hl. Johannes dem Täufer geweihte Malteserkirche (Nr. 37) weist noch einige wenige Bauteile der Vorgängerkirche aus dem 13. Jh. auf; die klassizistische Fassade wurde 1806 gestaltet. Im Kirchenraum sind über 40 **Wappenschilder** bedeutender Malteserritter zu sehen sowie das 1806 in Stuck gefertigte Denkmal für den Großmeister Jean de la Valette, der 1565 Malta erfolgreich gegen die Türken verteidigte und Maltas Hauptstadt Valletta gründete.

★ KIRCHE AM STEINHOF

Lage: 14., Baumgartner Höhe 1 | **U-Bahn/Bus:** U4 (Unter St. Veit), dann Bus 47A bis Baumgartner Höhe; U3 (Ottakring), dann Bus 48A bis Baumgartner Höhe | Sa. 16–17, So. 12–16 Uhr | **Führungen:** Sa. 15, So. 16 Uhr und n. V. unter Tel. 01 91 06 01 10 07 | **Eintritt:** 5 €, Führungen 12 €

Otto Wagners berühmte Kirche ist ein Hauptwerk des Wiener Jugendstils. Ihre vergoldete Kuppel strahlt so kräftig, dass der gesamte Hügel den Namen »Lemoni-Berg« erhielt.

Überall Jugendstil

Auf dem höchsten Punkt des Lemoni-Bergs steht die von zwei Türmen flankierte »Kirche zum heiligen Leopold« – besser bekannt als Kirche am Steinhof oder auch **Otto-Wagner-Kirche**. Sie wurde von 1904 bis 1907 auf dem Gelände der damaligen »Niederösterreichischen Landesirrenanstalt« errichtet. Solch eine Kirche draußen bei der »Irrenanstalt«, das konnten skeptische Wiener gerade noch aushalten; in der Stadt selbst wollten sie ein solch modern-verrücktes Gotteshaus nicht haben. Die vergoldete Kuppel ließ sich trotzdem nicht übersehen, sie stach so goldgelb aus dem Stadtbild heraus, dass der ganze Berg den Namen »Lemoni-Berg« erhielt.

Licht und Luft

Kirchenausstattung

Schmale Engel zieren die Kirchenfront; auf dem Westturm der Kirche wacht der hl. Leopold, auf dem Ostturm der hl. Severin. Der Kirchenraum erweist sich als klar, hell und ziemlich kalt, Wände und Böden sind mit Platten belegt – entsprechend Wagners Forderung, »Hygiene«, d. h. Licht, Luft und klare Funktion auch im Sakralbau zu realisieren. Für die Fenstermotive lieferte Koloman Moser die Entwürfe. Er sollte ursprünglich auch das Mosaik im Altarraum gestalten, wurde aber wegen seiner Lebensführung – er trat nach seiner Heirat zum Protestantismus über – von der Kirchenleitung abgelehnt. So kam nach einigem Hin und Her schließlich Leopold Forstner zum Zug.

Die größte Nervenheilanstalt der Welt

Weiße Stadt

Die Kirche ist nur ein Element der von Otto Wagner gebauten »Weißen Stadt«, wie die damals größte Nervenheilanstalt der Welt genannt wurde. Bis 2018 hatte hier das Otto-Wagner-Spital seinen Sitz, das Gelände ist heute frei zugänglich. Es tobte ein Kampf um die Anlage, die zur Bebauung freigegeben wurde; den Ostteil haben Investoren bereits erhalten und mit Baumfällungen begonnen.
Der Weg auf den Lemoni-Berg lohnt, um die viele Jugendstildetails an den Häusern der Weißen Stadt aufzuspüren. Auf der Wiese vor dem ehemaligen Anstaltstheater erinnern **772 Licht-Stelen** an die 772 Kinder und Jugendlichen, die die Nationalsozialisten in der Euthanasie-Anstalt »Am Spiegelgrund« ermordeten. Im Pavillon 5 links am Aufweg zur Kirche befindet sich eine Gedenkstätte mit Informationen zur Euthanasie im Dritten Reich. Nördlich des Spitals dehnen sich die **Steinhofgründe** aus, ein Naherholungsgebiet.
Gedenkstätte Steinhof: Mi.–Fr. 10–17, Sa. 14–18 Uhr | Eintritt frei
www.gedenkstaettesteinhof.at

Schlanke Engel mit in sich gekehrtem Blick zieren den Haupteingang der Kirche. Seit der Sanierung leuchten ihre Flügel wieder himmlisch golden.

★ KUNST HAUS WIEN · MUSEUM HUNDERTWASSER

Lage: 3., Untere Weißgerberstr. 13 | **U-Bahn:** U1, U4 (Schwedenplatz) | **Straßenbahn:** 1 (Hetzgasse), O (Radetzkyplatz) | tgl. 10–18 Uhr | **Eintritt:** 12 € | **www.kunsthauswien.com**

Was kommt heraus, wenn ein Architekturrebell wie Friedensreich Hundertwasser freie Hand erhält? Das lässt sich am Kunst Haus Wien studieren.

Tanzende Fenster

»Fenster müssen tanzen können«, forderte Friedensreich Hundertwasser (▶ Interessante Menschen). Ihm grauste vor dem Anblick der »senkrechten, sterilen Häuserschluchten«, die »Agressivität und Tyrannei« verbreiten. Wie es auch anderes gehen kann, hat er beim Umbau der **ehemaligen Möbelfabrik** der Gebrüder Thonet gezeigt, wo lange Zeit die weltbekannten Bugholzmöbel produziert wurden. Gemeinsam mit Architekt Peter Pelikan gestaltete er die Fabrik zwischen 1989 bis 1991 radikal um und verwirklichte seine farben- und formenreichen Gestaltungsideen.

Schon von außen sticht die bunte, keramikgeschmückte Fassade mit ihrem organisch-geschwungenen Schachbrettmuster rund um die Fenster ins Auge. Im Inneren ist das Haus als Kunst Haus Wien nun Heimstätte für Hundertwassers umfangreiches künstlerisches Werk. Die wundersame Museumsreise in das Land der Kreativität führt über einen unebenen, der Natur nachempfundenen Fußboden, der den Menschen in Schwung bringen und ihn »erheben« will. Gezeigt werden auf zwei Etagen rund 300 Gemälde, Grafiken, Gobelins und Modelle ökologisch orientierter Architekturprojekte Hundertwassers. Zwei weitere Etagen sind wechselnden Ausstellungen international renommierter Künstler vorbehalten. Im **Museumscafé** mit schönem Garten kann man rund 100 verschiedene Thonetstühle ausprobieren.

Hundertwasser-Krawina-Haus

»Natur- und menschenfreundliches Haus«

Kunststoff-freier Bau

Unweit vom Kunst Haus Wien plante und gestaltete der Maler Friedensreich Hundertwasser in Zusammenarbeit mit dem Architekten Joseph Krawina das »natur- und menschenfreundliche Haus«. Die Stadtverwaltung ließ das Haus 1983 bis 1985 im Rahmen des sozialen Wohnungsbaus errichten, wenngleich die Mieten nicht unbedingt als

Kleine Kunstpause im Hundertwasserhaus

sozial zu bezeichnen sind. So wohnen in den kleinen Appartements denn auch in erster Linie Künstler und Intellektuelle, was Hundertwasser wiederum freute: »Wenn hier Privilegierte einziehen, dann ist das ein Beweis für mich, dass das Haus gut ist.« Mit Rücksicht auf die Bewohner der kunterbunten Architekturattraktion kann das Gebäude **nur von außen besichtigt** werden.
Den ökologischen Prinzipien des Künstlers folgend, wurde für den Komplex nur Ziegelstein und Holz, aber keinerlei Kunststoff verwendet. Es gibt 50 unterschiedlich große, ein- oder zweigeschossige Wohnungen, mit oder ohne Garten, mit Blick auf die Straße oder zum Hof; ein Terrassencafé, eine Arztpraxis und ein Bioladen sind organisch eingefügt. Generell verfolgte Hundertwasser die »Toleranz der Unregelmäßigkeiten«, sodass alle Ecken des Baus abgerundet und die Fenster verschieden groß, breit und hoch sind. Vorder- und Rückfront des Komplexes sind gestaltet wie bei den alten Patrizierbauten und venezianischen Palazzi am Canal Grande. Auch wurde in der Fassade ein Stück des alten Hauses nachgebildet, damit die

»Geister des alten Hauses in das neue übersiedeln« und es unter ihren Schutz stellen. Zwei goldene **Zwiebeltürme** erheben – laut Hundertwasser – »den Bewohner in den Status eines Königs«. Belebende Elemente sind die farbigen, teilweise schief stehenden Säulen, der Brunnen und der alten Originalen nachempfundene Figurenschmuck.
3., Kegelgasse 36–38 | **Kunst-Café**: Löwengasse 41–43 | tgl. 10–18 Uhr
www.hundertwasser.com

Der Philosoph plante mit

Haus Wittgenstein

In unmittelbarer Nähe zum bunt-verspielten Hundertwasser-Krawina-Haus steht eine Ikone der funktionalistischen Architektur der 1920er-Jahre: Das Wittgensteinhaus, ein **Avantgarde-Bau** von perfekter Schlichtheit, wurde vom berühmten Philosophen Ludwig Wittgenstein mitentworfen und 1926 für dessen Schwester Margarethe gebaut. Heute ist es Sitz des Bulgarischen Kulturinstituts, das Ausstellungen bulgarischer Künstler zeigt.
3., Parkgasse 18 | Mo.–Fr. nach Voranm., Tel. 01 713 31 64
www.haus-wittgenstein.at

Shoppen im Hundertwasser-Flair

Hundertwasser Village

Gegenüber vom Hundertwasser-Krawina-Haus in der Kegelgasse nahmen sich Pelikan und Hundertwasser 1990/1991 ein weiteres um die vorige Jahrhundertwende erbautes Haus vor und machten daraus eine verwinkelte Einkaufspassage mit dem typischen fantasievollen Design von Hundertwasser.
3., Kegelgasse 37–39

★★ KUNSTHISTORISCHES MUSEUM

Lage: 1., Maria-Theresien-Platz | **U-Bahn:** U2 (MuseumsQuartier), U3 (Volkstheater) | **Straßenbahn:** 1, 2, D (Burgring), 46, 49 (Dr.-Karl-Renner-Ring) | **Bus:** 2A (Heldenplatz), 57A (Burgring) | Di.–So. 10–18, Do. bis 21 Uhr, Juni–Aug. auch Mo. | **Führungen:** wechselndes Programm zu vielfältigen Themen, aktuell: s. online | **Eintritt:** 18 € | **www.khm.at**

Unter den Habsburgern befanden sich viele besessene Sammler. Was immer erlesen, einzigartig, luxuriös oder kurios war, verleibten sie ihren Schatzkammern ein. Aus diesem ungeheuren Fundus schöpft das Kunsthistorische Museum.

Museum total

Schon der erste Eindruck beim Betreten des Hauses ist überwältigend, der reich verzierte Kuppelsaal verströmt Pracht und Grandiosität. Allein für den Besuch der Kunstkammer sind mindestens zwei bis drei Stunden einzuplanen, kommen noch die weltgrößte Bruegel-Sammlung und die herausragende Caravaggio-Schau dazu, ist ein Tag im Nu verflogen und doch längst nicht alles gesehen.
Die Verpflegung ist sichergestellt: Im Kuppelsaal gibt es ein gutes **Café-Restaurant**. Kunst und Küche finden ebenfalls zusammen: Exquisite Dinner finden jeden Donnerstag statt, inklusive Führung durch die Gemäldegalerie. Merhmals jährlich veranstaltet das Museum dienstags **»Kunstschatzi-Abende«** mit Barbetrieb, Cocktails, DJ und beschwingtem Rundgang durch die Gemäldegalerie.
Seit 2014 stehen mehrere **Bienenvölker** auf dem Museumsdach; ihr Honig wird im Museumsshop verkauft, der u. a. auch eine interessante Auswahl an kunstvoll gestalteten Tüchern bietet.

Kunstschatzi-Tickets unter www.khm.at
Dinner im Museum: Do. 18–22 Uhr | ab 65 € pro Pers. ohne Getränke, nur nach Reservierung unter Tel. 050 876 10 01
www.genussimmuseum.at

50 Millionen Euro teures Salzfasserl

Der Raub der Saliera

Schock fürs Kunsthistorische Museum: Über ein Baugerüst drang 2003 ein Dieb in die Schauräume ein und stahl die »Saliera«. Das »teuerste Salzfasserl der Welt«, Schätzwert rund 50 Millionen Euro, blieb drei Jahre wie vom Erdboden verschwunden, konnte dann aber 2006 dank minutiöser Polizeiarbeit sichergestellt werden. Der Täter wurde gefasst. Der Medienrummel um den dreisten **Kunstdiebstahl** hatte auch sein Gutes, denn er erinnerte die Österreicher daran, welch eine Schatzkammer dieses Museum eigentlich ist. Es dokumentiert die ungeheure Sammelleidenschaft der Habsburger; für die Kunstsammlung der Monarchen wurde das Gebäude am Maria-Theresien-Platz überhaupt erst erbaut. Hier sind die Antikensammlung, die Gemäldegalerie und das Münzkabinett zu besichtigen sowie die Kunstkammer – die sollte beim Besuch an erster Stelle stehen. Nicht nur der Saliera in Raum 29 wegen.

★★ Kunstkammer

Kostbarste Werke

Museum im Museum

Die Kunstkammer, nach Sanierung und Neugestaltung 2013 wiedereröffnet, ist die bedeutendste ihrer Art weltweit. Sie begeistert mit etwa 2200 Skulpturen, Goldschmiede- und Elfenbeinarbeiten, Kleinbronzen, Tapisserien und Kuriositäten. Ein Rausch an Gold und edlen Steinen, an Farben und Formen, ein Hort der Handwerkskunst, der das Können der besten Meister abbildet.

KUNSTHISTORISCHES MUSEUM

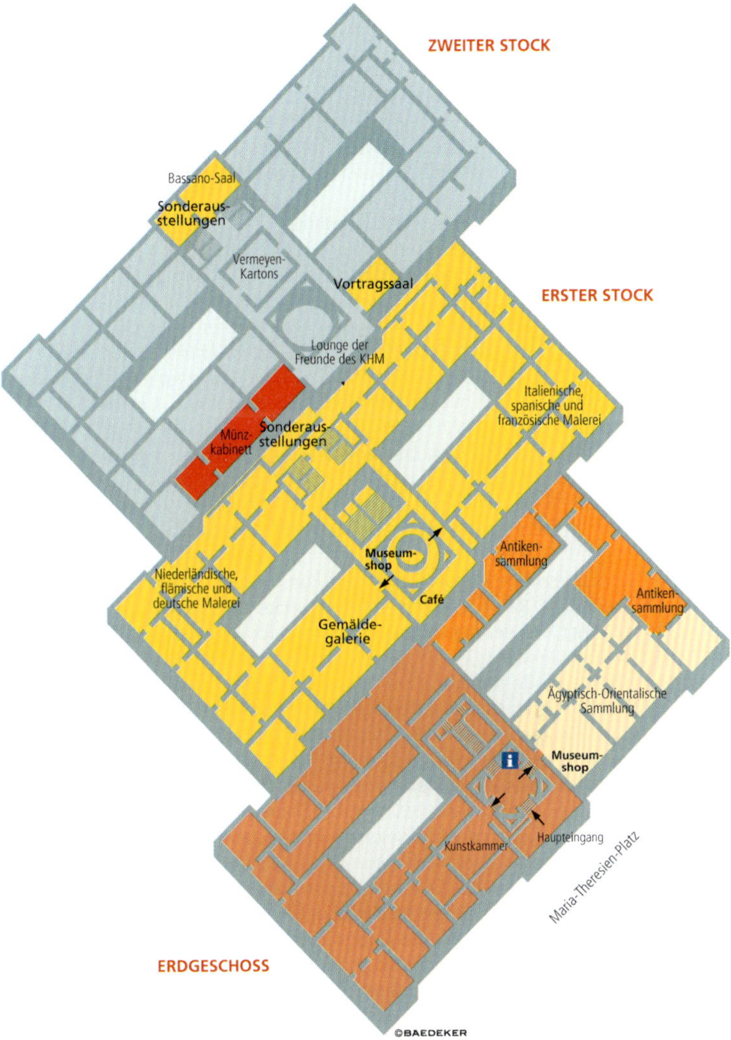

Die insgesamt 20 Räume teilen sich in drei Sektoren auf. Im ersten Teil bildet die Sammlungskultur, ausgehend vom Mittelalter bis hin zur Renaissancezeit, den Mittelpunkt. Im Mittelteil wird gezeigt, was die wichtigsten habsburgischen Erzherzöge und Kaiser des 16. und 17. Jahrhunderts an Gemälden und Büsten zusammengetragen haben. Mit der Kunstkammer Kaiser Rudolfs II. und der Aufstellung des großartigen Exotica-Komplexes bietet dieser Bereich außergewöhnliche Schaustücke. Die dritte Sektion zeigt das Repräsentationsstreben der habsburgischen Monarchen auch als Kunstsammler.

Madonnen, Drachen und Automaten

Herausragende Exponate

Die um 1900 im südböhmischen Krumau entdeckte Kalksandsteinskulptur der **Krumauer Madonna** (um 1400, Raum 36) ist ein Musterbeispiel der »Schönen Madonna«. Dabei erscheint Maria mit dem Kind als Himmelskönigin und glückliche Mutter zugleich. Typische Merkmale höfischer Verfeinerung wie etwa die faltenreichen Gewänder, die Idealisierung der Gesichtszüge oder die Vergoldung der Haare, verbinden sich mit genauer Naturbeobachtung, z. B. in der Gestalt des Säuglings.
Das berühmte Salzfass, die **Saliera** (1540/1543, Raum 29) aus Gold, Ebenholz und Elfenbein, ist die einzige bekannte Goldschmiedearbeit des Renaissancekünstlers Benvenuto Cellini, ein Geschenk König Karls IX. von Frankreich an den Erzherzog Ferdinand II. von Tirol im Jahr 1570. Rubine, Smaragde, Perlen und Lapislazuli – diese Kostbarkeiten vereinte Gasparo Miseroni kunstvoll in der **Drachenschale** (um 1570, Raum 28); ein wunderschönes Beispiel der Steinschneidekunst, von der die Kunstkammer eine der weltweit größten Sammlungen verwahrt. Ein weiteres bezauberndes Ausstellungsobjekt ist der fliegende **Merkur** (um 1585, Raum 27), eine Bronzefigur von Giambologna. Nahezu schwerelos balanciert der Götterbote auf den Zehen seines linken Fußes, mit denen er kaum den Boden zu berühren scheint. Diese Komposition ist die wohl bekannteste Schöpfung Giambolognas, die später immer wieder kopiert wurde.
Mit einer imposanten, 1603 geschaffenen **Büste** verherrlichte der Bildhauer Adrian de Vries seinen Auftraggeber: **Kaiser Rudolf II**. Gestützt wird der Herrscher durch einen Adler, Symbol des Kaisertums, von Jupiter, der für die Allmacht des Kaisers steht, von Merkur, der die kaiserliche Weisheit versinnbildlicht, und von einem Steinbock, dem Tierkreiszeichen, das Rudolf in Anlehnung an Kaiser Augustus führte. Rudolf II., der unbedingt die Geheimnisse der Welt ergründen wollte, führte in seiner Residenz in Prag Alchemisten, Wissenschaftler und Künstler aus ganz Europa zusammen. Ein wesentlicher Teil der Kunstkammer geht auf die unermesslich reichen Bestände dieses bedeutendsten Sammlers aus dem Hause Habsburg zurück.
Nicht nur schön, sondern auch lustig sind die **Tischautomaten**. Diese stehen zwar stumm und unbeweglich hinter Glas, doch auf den

OBEN: Vom Ambiente her kann es wohl kein Museumscafé mit dem unter der Kuppel des Kunsthistorischen Museums aufnehmen.

UNTEN: Die berühmte »Saliera«, erst gestohlen, dann wieder aufgefunden, nun hinter Panzerglas.

bereitliegen Tabletts zeigen Videofilme die beweglichen Kunstwerke in Aktion. Und es ist leicht nachzuvollziehen, in welches Entzücken eine ganze Tischgesellschaft verfiel, wenn das vergoldete Segelschiff (1585, Raum 27) wie von Zauberhand gezogen über den Tisch fuhr und auch noch Kanonen abschoss. Der »Tischautomat mit Diana auf dem Kentauren« (um 1602/1606) konnte ebenfalls über den Tisch fahren; die Hunde und Diana bewegen die Köpfe und schließlich schießt der Kentaur einen Pfeil ab – der Gast, bei dem er am nächsten landete, musste sein Glas in einem Zug austrinken.

Ägyptisch-Orientalische Sammlung

Totenkult am Nil

Reise ins Reich der Pharaonen

Mit mehr als 12 000 Exponaten, darunter auch Mumien, wird in der Ägyptisch-Orientalischen Sammlung ein Zeitraum von 4500 Jahren präsentiert, von der ägyptischen Vor- und Frühzeit bis in die frühchristliche Epoche. Aus der Frühzeit Ägyptens zählt die reich ausgestattete **Kultkammer des Ka-ni-nisut** aus dem Alten Reich (5. Dynastie, um 2400 v. Chr.) zu den Höhepunkten. Ein Blickfang sind die Doppelsitzstatue von König Haremhab, der falkenköpfige Horus (18. Dynastie, ca. 1320 v. Chr.) und der lebensgroße Porträtkopf des Sesostris III. (12. Dynastie, um 1850 v. Chr.). Zu den besonderen Raritäten zählt das berühmte kleine Nilpferd, eine Grabbeigabe (11./12. Dynastie, 2000 v. Chr.) in blau glasierter Fayence. Einst war die Nilpferdjagd ein vom König verliehenes Privileg für Privatpersonen. Ein männlicher Porträtkopf aus Kalkstein aus der Zeit um 2550 v. Chr. (Altes Reich, 2635–2155 v. Chr.), ein sogenannter »Ersatzkopf«, repräsentiert einen Verstorbenen zu einer Zeit, als die Technik der Mumifizierung noch unvollkommen war.

Antikensammlung

Götter, Denker und Cäsaren

Kunst aus mehr als 3000 Jahren

Die Antikensammlung umspannt den gewaltigen Zeitraum von ca. 3000 v. Chr. bis ca. 1000 n. Chr. und fasst Kunst der Römer, Griechen und das Spätmittelalter zusammen. Unter den bronzezeitlichen Funden ragt eine handgeformte Deckelbüchse mit Ritztechnik hervor (2000–1800 v. Chr.). Die griechisch-römische Skulpturensammlung präsentiert die Bronzefigur des Jünglings vom Magdalensberg nach einem verschollenen römischen Original des 1. Jh.s v. Chr. Wie Artistoteles ausgesehen hat, zeigt ein marmorner Porträtkopf des Philosophen. Weltbedeutend ist die **Kameensammlung** von der einfachen Adler- und Löwenkamee aus Onyx bis zur faszinierenden Gemma Augustea (nach 10 n. Chr.) mit dem in Zeusmanier thronenden Augustus. Einmalig ist der Schnitt der Gemma Claudia (um 49 n. Chr.) aus fünfschichtigem Onyx mit den aus Füllhörnern sprießenden Porträts von Kaiser Claudius und seiner Gemahlin Agrippina d. J.

Gemäldegalerie

Im Universum der europäischen Malerei

Überblick

Die Sammlung von Gemälden des 15. bis 18. Jh.s nimmt das gesamte, von der zentralen Kuppelhalle dominierte Hauptgeschoss ein. Die Gemäldegalerie besitzt die **weltgrößte Sammlung von Werken Pieter Bruegels d. Ä.**, wichtige Zeugnisse der Kunst Albrecht Dürers, eine Vielfalt an Beispielen flämischer und holländischer Barockmalerei, etwa von Rubens, van Dyck, Vermeer und Rembrandt. In der zweiten Hälfte der Räume dominiert die italienische Malerei: Tizian, Veronese und Tintoretto – die großen Köpfe des venezianischen Cinquecento, aber auch Werke von Individualisten wie Parmigianino. Caravaggio, einer der Wegbereiter barocker Ästhetik, und schließlich Bernardo Bellotto mit seinen verblüffend präzisen Stadtansichten ergänzen dieses Ensemble.

Weltgrößte Sammlung von Bruegel

Altniederländische und flämische Malerei

Die altniederländische Malerei ist bereits im 15. Jh. von krassem Realismus geprägt, wie er im Porträt des altersgezeichneten Kardinals »Nicolo Albergati« (um 1435) von Jan van Eyck über die vom Schmerz erschütterten Körper am Fuß des Kreuzes (Kreuzigungstriptychon, um 1440) von Rogier van der Weyden bis zu den hassverzerrten Gesichtern der Volksmenge bei der »Kreuztragung« (1480 bis 1490) von Hieronymus Bosch zum Ausdruck kommt.

Die feierlich-kontemplative Inszenierung der Madonna mit Stifter im Beisein von Johannes dem Täufer und Johannes dem Evangelisten in Hans Memlings »Johannesaltärchen« (um 1490–1494) setzt sich fort vor einer Architektur- und Landschaftskulisse im »Flügelaltar« (um 1530) von Joos van Cleve mit heiliger Familie und den die Bildstifter der Muttergottes empfehlenden Heiligen Georg und Katharina. Die weltweit größte Sammlung von Gemälden des Flamen Pieter Bruegel d. Ä. (um 1525–1569) schließt die vielfigurige »**Bauernhochzeit**« (um 1568) ebenso ein wie den fröhlichen »Bauerntanz« und den hintergründig-unterhaltsamen »Kampf zwischen Fasching und Fasten«. »Jäger im Schnee« mit großer Raumtiefe und eisklirrender Atmosphäre zeigt eine ähnlich eindrucksvolle Landschaft wie der »Düstere Tag« mit den typisch bäuerlichen Tätigkeiten wie Holzsammeln und Weidenrutenschneiden. Der »Turmbau von Babel« wird dagegen zu einem Sinnbild des Scheiterns rationalen Denkens, denn das Bauwerk wird von Bruegel als widersprüchliche, instabile Konstruktion ins Bild gesetzt.

Sehen lernen, Kunst am Beispiel der großen Meister erfahren, das bietet das Kunsthistorische Museum schon für Kindergartenkinder.

Dürer und seine deutschen Zeitgenossen

Altdeutsche Malerei

Höhepunkt der **Albrecht-Dürer-Sammlung**, die das reizvolle »Porträt einer jungen Venezianerin« (1505), das zwielichtige Antlitz des »Johann Kleberger« (1526), das Bildnis von »Kaiser Maximilian« (1519) mit Granatapfel als Symbol von Macht und Reichtum, die kraftvolle »Madonna mit der Birnenschnitte« und die dramatische »Marter der 10 000 Christen« (1508) umfasst, ist das 1511 datierte »Allerheiligenbild«. Das vom Nürnberger Patrizier Landauer für das Zwölfbrüderhaus, ein Handwerkerasyl, gestiftete Bild gründet auf der Vorstellung des hl. Augustinus vom Gottesstaat nach dem Jüngsten Gericht, wenn sich die irdische Christengemeinschaft mit Päpsten, Kaisern und Stiftern des Altars mit der himmlischen, von Maria und Johannes dem Täufer angeführten Gemeinschaft in der Anbetung der Trinität versammelt hat, während sich Dürer selbst auf der bloßen Erde im Sonnenaufgang einer neuen Zeit darstellt.
Die »Hirschjagd« (1529) von **Lucas Cranach d. Ä.** ist ein Erinnerungsbild an gemeinsame Jagderlebnisse des Kurfürsten Friedrichs des Weisen von Sachsen mit Kaiser Maximilian I., während »Judith

mit dem Haupt des Holofernes« (um 1530) das Bildnis einer vornehmen Dame des sächsischen Hofs mit der alttestamentlichen Heldin verbindet.

Frau Fourment zeigt ihre Reize

Niederländische Malerei

Noble Haltung, Farbenschmelz und Einfühlungsvermögen zeichnen die Bildnisse von Anthonis van Dyck (1599–1641) aus: der junge Feldherr im Prunkharnisch, Prinz Ruprecht von der Pfalz mit Hund und der englische Hofmusikmeister Nicholas Lanier.
Von höchstem Rang ist die Sammlung der Gemälde von **Peter Paul Rubens**. Unter den religiösen Bildern ist neben der »Himmelfahrt Mariens« (1611–1614) in Kreis- und Dreieckskomposition und der »Beweinung Christi« (1614) in einer Verbindung von Idealität und Illusion greifbarer Wirklichkeit der »Ildefonso-Flügelaltar« (1630 bis 1632) für die gleichnamige Bruderschaft in Brüssel ein Meisterwerk, in dem sich atmosphärische Farbkunst zwischen kontemplativer Stille und rauschender Visionsdramatik bewegt. Das »Venusfest« (um 1636/1637) inszeniert die Allmacht der Liebe vor antikisierender Landschaftskulisse in einem bewegt-orgiastischen Figurenspiel, während die »Gewitterlandschaft mit Philemon und Baucis« (1620 bis 1625) die elementare Naturkatastrophe zum Thema macht. Rubens Selbstbildnis (1638–1640) zeigt ihn in stolzer Pose und vornehmer Kleidung, während seine Frau Helene Fourment in »Das Pelzchen« (1635–1640) mit erotischen Reizen aufwartet.

Noch mehr große Niederländer

Porträtkunst

In der niederländischen Malerei des 17. Jh.s erlebt die Porträtkunst eine Blütezeit mit den hintergründigen, die jeweiligen Seinszustände ausforschenden Selbstporträts von **Rembrandt** und den lebensnahen Konterfeis von **Frans Hals**, der seine Mitbürger in lockerem Pinselstrich in einer Augenblickssituation erfasst. Der Figurenmaler **Jan Vermeer** schuf mit der »Malkunst« (1654–1666) für die Delfter Malergilde ein koloristisches Meisterwerk, in dem Klio, die Muse der Geschichte, den Maler inspiriert und der Ruhm der Malkunst in den Niederlanden mit Verweis auf die große Landkarte der 17 historischen Provinzen verewigt wird.

Tizian, Raffael und die Madonna im Grünen

Italienische Renaissance

Raffaels Dreieckskomposition der »Madonna im Grünen« (1505/1506) mit Johannes- und Christusknaben vor einer beschaulichen Landschaft vertritt in einem stimmungsvollen Farb-Licht-Raum die Hochrenaissance. Den malerischen Werdegang Tizians kann der Betrachter von den kraftvollen Farbakkorden der »Zigeunermadonna« (um 1510) als Frühwerk über das halb nackte »Mädchen im Pelz« (1535) mit überhöhenden **Hell-Dunkel-Kontrasten** bis zum Bühnenprospekt mit vielfiguriger Gruppenregie in der Ecce-Homo-Darstellung (1543) verfolgen, die zudem römerzeitliche Ereignisse mit Gegenwartsbezügen verbindet, worauf der große Schild mit habsburgischem Doppeladler hindeutet. Veronese, eigentlich Paolo Caliari, wartet mit der »Erweckung des Jünglings zu Naim« (um 1565 bis 1570) auf. Intimer und sinnlich-dekorativ sind dagegen »Lukretia« (um 1580–1583) und »Judith mit dem Haupt des Holofernes« (1583–1585) dargestellt. Tintoretto, eigentlich Jacopo Robusti, liefert äußerste Nähe und weiteste Ferne des Landschaftsraums im Bild der »Susanna im Bade« (um 1555), deren sinnliche Schönheit von zwei hässlichen Männern lustvoll beäugt wird.

Mehr von Caravaggio gibt's nur in Italien

Italienischer Barock

Michelangelo Merisi da Caravaggio leitet die Barockzeit ein. Die in scharfen Hell-Dunkel-Kontrasten erzielte starke physische Präsenz der Figuren und Gegenstände zeigt sich in seiner »Rosenkranzmadonna« (1606/1607), in der die thronende Muttergottes den hl. Dominikus anweist, Rosenkränze an das ihn bedrängende Volk auszuteilen. Die Gemäldegalerie besitzt den umfangreichsten und wertvollsten Bestand dieses Meisters und seiner Nachfolger außerhalb Italiens. Der Bologneser Il Guercino inszeniert das Gleichnis von der »Heimkehr des verlorenen Sohnes« (um 1619) in wechselvollem Licht-Schatten-Spiel mit sich überschneidenden Figurenbewegungen in dunkeltonigem Kolorit. Guido Renis »Hl. Hieronymus« (um 1635) ist eine beachtliche Diagonalkomposition in raffiniert gesetzter Farbgebung. Der Neapolitaner Luca Giordano lässt in einer dramatischen Aktion den »Hl. Michael« die abtrünnigen Engel in die Tiefe stürzen (um 1655). Der Landschaft in Form der **Vedute** mit topografisch exakter Stadtansicht hatte sich Bernardo Bellotto verschrieben: »Wien, vom Belvedere aus gesehen« sowie »Freyung in Wien, Ansicht von Südosten« (beide 1758–1761) sind hervorragende Beispiele dafür.

Münzkabinett

Schnöder Mammon?

Geschichte des Geldes

Das Münzkabinett stellt mit mehr als 700 000 Exponaten die Geschichte des Geldes vor und bietet einen abwechslungsreichen Blick auf einen künstlerischen Zweig, der auf kleinstem Raum adäquate Lösungen finden musste. Dokumentiert wird die Entwicklung des Geldwesens von seinen Ursprüngen im Naturgeld bis zur Gegenwart. Zu sehen sind die verschiedensten Arten des Naturgelds aus Asien, Afrika und Amerika, Steingeld von der Pazifikinsel Yap, Ringgeld, Barrengeld, alte Münzen und Papiergeld. Besondere Beachtung gebührt der Präsentation der Geschichte der Medaille von römischer Zeit bis heute.

BAEDEKER ÜBERRASCHENDES

6x ORIGINAL

Oft gesehen, jetzt im Original

1. KUSS

Klimt, der zeitlebens bei Muttern wohnte, hat dennoch viel von Frauen und der Liebe verstanden. Sein berühmtestes Werk, **»Der Kuss«**, ausgestellt im Oberen Belvedere, beweist es. (► **S. 70**)

2. HÖLLE

Hieronymus Bosch bildet auf seinem **»Weltgerichtstriptychon«** in allen Farben ab, was arme Sünder erwartet. Das Werk hängt in der Akademie der bildenden Künste. (► **S. 48**)

3. HASE

Albrecht Dürers **»Feldhase«** sitzt nun schon seit 1502 still auf seiner Leinwand und begeistert durch seine Naturnähe. Das Original wird nur stundenweise gezeigt. Da passt die Albertina doch sehr auf ihr bekanntestes Werk auf. (► **S. 54**)

4. HIMMEL

Mit der so überirdisch gütig blickenden **»Madonna im Grünen«**, die im Kunsthistorischen Museum hängt, erweist sich Raffael ein weiteres Mal als einer der bedeutendsten Renaissancemaler. (► **S. 157**)

5. BLUMEN

Ein Klassiker, Claude Monets Seerosen. Das Motiv malte er viele Male. Gleich einen ganzen **»Seerosenteich«** zeigt die Albertina. (► **S. 54**)

6. WAHN

Die menschliche Selbstüberschätzung hat eine lange Tradition. Pieter Bruegel d. Ä. hat ein Beispiel im **»Turmbau zu Babel«** meisterhaft dargestellt. Anzuschauen im Kunsthistorischen Museum. (► **S. 155**)

Gegenüber der Hofburg liegt der Maria-Theresien-Platz: zwei Museen, dazwischen eine Statue der Kaiserin, drum herum Büsche, in denen Vögel nisten und singen.

Das Gebäude

Keine Kosten gescheut

Architektur

Gottfried Semper und Carl von Hasenauer errichteten das Kunsthistorische Museum unter Kaiser Franz Joseph I. zwischen 1871 und 1891. Im Zuge der Ringstraßenbebauung sollte zusammen mit dem Naturhistorischen Museum auf der gegenüberliegenden Seite des Maria-Theresien-Platzes und der Neuen Burg ein später allerdings nicht vollendetes Kaiserforum entstehen. Die Planer mussten – trotz gerade erst überstandenem Staatsbankrott – nicht sparen, sie konnten **kostbare Materialien** verwenden und **bedeutende Künstler** mit der Innenausstattung betrauen. Das Ergebnis ist atemberaubend. So dominiert heute im Vestibül Canovas Marmorgruppe »Theseus im Kampf mit dem Kentauren«. Das Deckengemälde »Apotheose der Kunst« schuf der Ungar Michael Munkácsy, die benachbarten Lünettenbilder und Zwickelallegorien lieferten Hans Makart, die Brüder Ernst und Gustav Klimt und Franz Matsch.

★ Maria-Theresien-Platz

Eine Kaiserin und ihre Männer

Denkmal

Rund 44 Tonnen wiegt das Denkmal für Maria Theresia. Es ist eines der monumentalsten in Wien, überragt mit knapp 20 m Höhe mächtig die kunstvoll zurechtgestutzten Buchsbaumbüsche des Barockgartens und liegt exakt mittig zwischen Kunst- und ▶ Naturhistorischem Museum. Franz Joseph I. gab das 1887 enthüllte Denkmal bei **Kaspar von Zumbusch** in Auftrag, der die Monarchin auf ihrem Thron darstellte, in der linken Hand die Pragmatische Sanktion von 1713 haltend. Umgeben ist die Herrscherin von den bedeutendsten Männern ihrer Zeit: Die stehenden Figuren stellen Staatskanzler Kaunitz, Fürst Liechtenstein, Graf Haugwitz und Leibarzt van Swieten dar, zu Pferde sitzen die Feldherren Daun, Laudon, Traun und Khevenhüller. Die Hochreliefs in den Bogenfeldern zeigen illustre Persönlichkeiten aus Politik, Wirtschaft und Kunst, darunter Haydn, Gluck und Mozart. An der Südwestseite der Grünanlage leitet der Museumsplatz zum ▶ MuseumsQuartier über.

Für Wintergäste

Weihnachtsdorf

Adventszauber versprüht das Weihnachtsdorf auf dem Maria-Theresien-Platz mit festlich dekorierten Ständen zwischen dem Kunst- und Naturhistorischen Museum. Neben Kunsthandwerk und kulinarischen Köstlichkeiten sorgen Gospelchöre und österreichische Blasmusik für Weihnachtsstimmung. Ab 27.12. bis Silvester um 18 Uhr gastiert hier das Silvesterdorf.

Mitte Nov.–26. Dez. | www.weihnachtsdorf.at

★ MICHAELERPLATZ

Lage: 1. Bezirk | **U-Bahn:** U3 (Herrengasse)

Der nicht sehr große Michaelerplatz gleicht einem touristischen Durchgangsbahnhof. Es herrscht ein ständiges Kommen und Gehen. Fiaker suchen Kundschaft, Besucher den Eingang in die Hofburg, Sisi-Fans den Traualtar der Kaiserin – dies allerdings vergeblich.

Kirchen-Verwirrung

Verwirrspiel für Sisi-Fans: Laut »Sissi«-Filmstory fand die Heirat des Traumpaares im Stephansdom statt, aber gedreht wurden die Hochzeitsszenen in der Michaelerkirche, weil der Dom in den 1950er-Jahren noch Baustelle war. Historisch korrekt sind beide Kirchen nicht, denn geheiratet hat das Haus Habsburg in der Augustinerkirche.

Mumiengrusel in der Gruft

Michaelerkirche

Manche besuchen die Salvatorianerkirche St. Michael auf der Ostseite des Platzes heute allein der Gruft wegen, die von ca. 1550 bis 1784 als Grablege genutzt wurde. Ein makaberes Vergnügen: Hier sind rund 4000 Menschen bestattet, rund 250 Särge und mumifizierte Leichen sind sichtbar. Mit einem schnellen Blick in die Gruft wird man dieser Kirche freilich nicht gerecht, die zu den ältesten und bedeutendsten der Stadt zählt. Sie ist die ehemalige Hofpfarrkirche des Kaiserhauses, gleichzeitig die Grabeskirche bedeutender Österreicher und heute auch ein kulturelles Zentrum. Die dreischiffige spätromanische Pfeilerbasilika entstand in der ersten Hälfte des 13. Jh.s,

Monumentales Meisterwerk: Eine mächtige Bronzekuppel krönt die …

zeitgleich mit der Alten Burg – ihre Baumeister gehörten der Bauhütte von St. Stephan an. Im 14. Jh. wurde die Basilika erweitert, im 16. Jh. gotisierend erneuert, die barocke Portalvorhalle 1724 und 1725 angefügt. 1792 entstanden das Westportal mit dem Engelssturz von Lorenzo Mattielli und die klassizistische Fassade.
Zu den ältesten Schätzen der Kirche zählen die Reste der einst berühmten spätromanischen Fresken in der Turmkapelle sowie der

... geschwungene Schaufassade des Michaelertrakts der Hofburg.

Schmerzensmann (1430) in der Taufkapelle und die Steinfiguren (1350) in der Nikolauskapelle. Den spätbarocken Hochaltar entwarf 1781 Jean Baptiste d'Avrange. Die Nikolauskapelle rechts im Nebenchor stiftete ein herzoglicher Küchenmeister um 1350 als Dank für den Freispruch in einem Giftmischerprozess.

tgl. 7–22, So., Fei. ab 8 Uhr | Gruftführungen: Do.–Sa. 11, 13 Uhr; nicht an kirchlichen Feiertagen | www.michaelerkirche.at

Haus ohne Augenbrauen

Loos-Haus

Begonnen wurde der Michaelerplatz 1729 nach Plänen Johann Bernhard Fischers von Erlach, 1889 baute Ferdinand Kirschner weiter. Den letzten Akt zelebrierte ein weiterer Stararchitekt: An der Westseite des Platzes steht ein Stück »skandalöser« Wiener Architekturgeschichte, das sechsgeschossige Loos-Haus, in dem heute eine Bank ihren Sitz hat. Adolf Loos entwarf den geradlinigen Zweckbau 1909 für die Herrenschneiderei Goldmann & Salatsch und erregte damit das Missfallen Kaiser Franz Josephs, der das »Haus ohne Augenbrauen« – die Fenster hatten keine Verdachung – als wahre »Scheußlichkeit« empfand. Loos protestierte mit seinem schmucklosen Kontrapunkt neben dem Michaelertrakt gegen den pompösen Ringstraßenstil der Hofburg. Schlichte Eleganz zeigt sich im wohlproportionierten Marmor an der Fassade des unteren Doppelgeschosses, das Interieur zieren kostbares Mahagoni und eine sich endlos spiegelnde Messinguhr.

Treffpunkt der Literaten

Café Griensteidl

Das Griensteidl gehört zu den Symbolen Altwiener Kaffeehauskultur. 1847 bis 1897 betrieb hier der ehemalige Apotheker Heinrich Griensteidl ein von Literaten und Künstlern gern besuchtes Kaffeehaus (Baedeker Wissen ▶ S. 311). Im Zuge der Neugestaltung des Michaelerplatzes Ende des 19. Jh.s musste 1897 das Palais Dietrichstein samt Café dem **Palais Herbertstein** weichen, woraufhin Karl Kraus dem Kaffeehaus in seiner satirischen Streitschrift »Die demolirte Litteratur« einen Ehrenplatz in der Literaturgeschichte sicherte. Von 1990 bis 2017 residierte das Café wieder an seinem angestammten Ort. Heute beherbergen die Räume einen Supermarkt.

Konkubinen in der Vorstadt

Archäologisches Feld

Bei archäologischen Grabungen kamen Fundamente der römischen Lagervorstadt ans Licht. Sie lag an der Kreuzung der Bernsteinstraße, die von Aquae (Baden bei Wien) kommend hier die Limesstraße kreuzte, die der Donau folgte. In der Vorstadt lebten vor allem die Frauen und Kinder der Legionäre, die offiziell nicht verheiratet sein durften, aber offensichtlich doch Familie schätzten. Auch Bordelle befanden sich hier. Offensichtlich genoss man den Vorzug von Fußbodenheizungen, wie die vier dokumentierten Häuser zeigen.
Der Wiener Architekt und Designer Hans Hollein versah die Ausgra-

bungen 1991 »als Schaufenster in Wiens Geschichte« rundum mit einer steinernen Fassung – diese schützt nun zwar die historischen Überreste, hat dem Platz aber auch etwas von seiner ehemaligen Eleganz genommen.

★★ MUSEUM FÜR ANGEWANDTE KUNST

Lage: 1., Stubenring 5 | **U-Bahn:** U3 (Stubentor), U4 (Landstraße)
Bus: 1A (Stubentor)| **Straßenbahn:** 2 (Stubentor) | Di. 10–21, Mi.–So. 10–18 Uhr | **Eintritt:** 15 €, Di. ab 18 Uhr 7 € | **www.mak.at**

Die berühmten Wiener Kaffeehaus-Stühle von Thonet zeigt das MAK ebenso wie die Arbeiten der Wiener Werkstätte, aber auch Manga-Comics, Orientteppiche, venezianisches Glas und feinst geklöppelte Spitzen. Künstler von heute hatten ebenfalls ihre Hand im Spiel.

Fest in Künstlerhand

Eine originelle Idee: Jeden Raum des Museums gestaltete ein anderer namhafter Künstler. Dem Minimal-Art-Vertreter Donald Judd etwa hat man die Sammlung Barock, Rokoko, Klassizismus anvertraut. Er bekannte später: » Ich hatte Zweifel an der Idee, Künstler Installationen aus Objekten früherer Zeiten machen zu lassen.« Zudem empfand er das Prunkstück »seiner« Schau, das Porzellanzimmer aus dem Palais Dubsky, als »kleines, unbehagliches Zimmer«. Doch er wie auch seine Kolleginnen und Kollegen setzten ihre Sammlungsstücke auf spannende Weise in Szene. Das erhöht den Reiz dieses Museums. Im zweiten Stock sind ihre eigenen Werke zu sehen.

Museum mit gehobener Küche

Museumsbesuch

Das »k. k. Österreichisches Museum für Kunst und Industrie«, 1863 gegründet, sollte als Mustersammlung dienen, um durch das Studium alter Kunstwerke die aktuelle kunstgewerbliche Entwicklung zu fördern. Heute sieht das Haus, das zu den bedeutendsten Kunstgewerbemuseen Europas zählt, seine Hauptaufgabe in der historischen Dokumentation von angewandter Kunst und Design. Seine schönsten Stücke werden in der Schausammlung entweder nach einer bestimmten Stilepoche oder einzelnen Regionen der Welt sortiert gezeigt. Beheimatet ist das Museum in einem ausladenden, 1871 von **Heinrich Ferstel** im Stil der italienischen Renaissance konzipierten Bau am Stubenring. Dieser bietet auch Platz für den MAK Design

Shop mit einem breiten Angebot an ausgefallenem Design zum Mitnehmen. Kulinarisch verwöhnt das Restaurant »Österreicher im MAK«.

Zwischen Mangas und fliegenden Teppichen

Asien, Orient

Im Erdgeschoss zeigt die Abteilung »Asien. China – Japan – Korea« die bedeutendsten Stücke ais ihrer Sammlung, u. a. Kangxiporzellan aus der Sammlung Augusts des Starken, chinesisches Porzellan des 14. Jh.s und Grabbeigaben der Späten Han-Dynastie (25–220 n. Chr.). Auch Manga-Comics sind Thema; das Museum geht auf diese in Japan beliebten Comics ein.
Die Teppichsammlung des Orients hat ihren Schwerpunkt bei Knüpfteppichen des 16. und 17. Jahrhunderts. Die Freude an Farben und Ornamenten, gekoppelt mit handwerklicher Meisterschaft, kommt hier recht augenfällig zur Geltung. Da einige Stücke wie fliegende Teppiche aufgespannt sind, rückt die Welt aus Tausendundeiner Nacht ganz nah.

Feinste Handwerkskunst

Barock, Rokoko, Klassizismus

In der Mitte des Raums »Barock, Rokoko, Klassizismus« ist ein um 1740 möbliertes Zimmer aus dem Palais Dubsky in Brünn wiedererstanden. Donald Judd, der den Raum gestaltete, fand es allerdings »unbehaglich«. Der aus 60 Porzellanfigurengruppen und -vasen bestehende **Wiener Tafelaufsatz** wurde 1768 für das Goldene Professjubiläum des Abts Rayner I. vom Stift Zwettl bestellt – anlässlich des Fests komponierte Josef Haydn seinen »Applausus«, dessen weibliche Singstimmen als allegorische Figuren auf dem Tafelaufsatz zu sehen sind. Üppige **Näh- und Klöppelspitzendekorationen** aus Venedig und Brüssel sowie wunderschöne böhmische und venezianische Gläser präsentieren im anschließenden Raum kunsthandwerkliche Techniken des 16. bis 18. Jahrhunderts.

Wiens berühmtestes Möbelstück

Thonet-Möbel

Die Industrielle Revolution und ihre Auswirkungen kennzeichnen in der ersten Hälfte des 19. Jh.s die zunehmende Vielfalt der Gebrauchsgegenstände, die vom Luxusprodukt bis zur erschwinglichen Massenware reichen. Im Bereich »Historismus, Jugendstil« stehen die ästhetischen, in ihrer ökonomischen Herstellung innovativen Holzarbeiten des deutschen Möbeldesigners **Michael Thonet** für das späte 19. Jahrhundert. Die Buchenholzmöbel der Gebrüder Thonet gewannen internationale Preise und wurden zum Charakteristikum vieler Wiener Kaffeehäuser. Bis nach Südamerika verschickte die Firma den sog. Kaffeehausstuhl, ein seit 1876 produziertes Modell und Stilikone, das so ziemlich jeder kennt. Thonet unterhält in Wien einen Showroom in der Alten Post (1., Dominikanerbastei 11).

MUSEUM FÜR ANGEWANDTE KUNST (MAK)

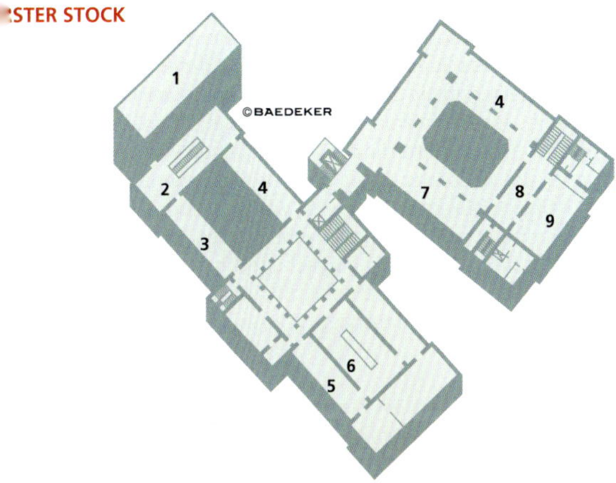

ERSTER STOCK

1 Gegenwartskunst (im 2. Stock, Zugang über Raum 2)
2-4 Wien 1900
5 Kunstblättersaal
6 Lesesaal
7 Ausstellungshalle (Wechselausstellungen)
8 Foyer
9 Vortragssaal

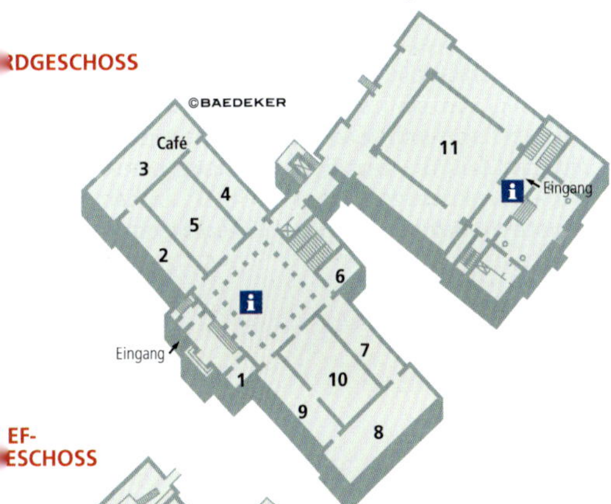

ERDGESCHOSS

1 Design Space
2 Design-Shop
3 Café
4 Asien
5 Barock, Rokoko, Klassizismus
6 Medienraum
7 Renaissance, Barock, Rokoko
8 Empire, Biedermeier
9 Historismus, Jugendstil
10 Teppiche
11 Ausstellungshalle (Wechselausstellungen)

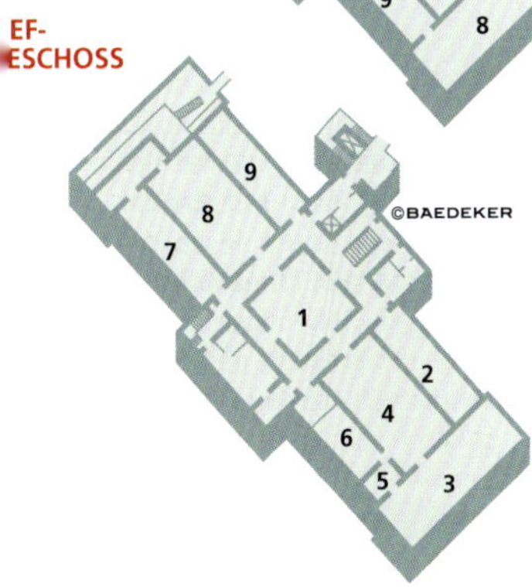

TIEFGESCHOSS

1 MAK Design Labor
2 MAK Forum
3 Glas
4 Keramik
5 Frankfurter Küche
6 Möbel im Blickpunkt
7 Metall
8 Textil
9 MAK-Galerie

Mal streng, mal verspielt

Wien 1900

Die Ausstellung »Wien 1900« widmet sich dem Wiener Kunstgewerbe zwischen 1890 und 1938. Sehr anschaulich wird der Weg hin zu einem eigenen österreichischen Stil aufgezeigt und wie sich dieser im Zeichen des beginnenden Nationalsozialismus weiter entwickelte. Glanzstücke sind Objekte des Jugendstils, Art déco und der Wiener Werkstätte. Zu bewundern sind ein Schreibtisch von Koloman Moser, dekorative Vasen von Josef Hoffmann und die blattvergoldeten Werkzeichnungen von Gustav Klimt für die Ausführungen eines Frieses im Speisezimmer des Brüsseler Palais Stoclet. Die Exponate aus dem Nachlass der **Wiener Werkstätte** zeigen, wie Gebrauchsgegenstände gemäß den veränderten Ansprüchen einer neuen Zeit funktional wie dekorativ gestaltet wurden. Anfänglich streng geometrisch, spielt die ornamentale Fantasie bei den produzierten Möbeln, Vasen und Service zunehmend eine größere Rolle.

Schöner kochen

Weitere Bereiche

Im Tiefgeschoss präsentiert das **MAK Design Labor** über 2000 Exponate aus verschiedenen Lebensbereichen wie Essen und Trinken, Sitzen und Kochen, Schmücken und Kommunizieren. Glas und Porzellan vermitteln spannende Einblicke in die Kunstgeschichte von Hohlglas und Glasmalerei vom Mittelalter bis heute. Den Schwerpunkt beim europäischen Porzellan bildet die Wiener Porzellanmanufaktur. **Helmut Lang**, einer der einflussreichsten Modedesigner der letzten 30 Jahre, verteilte sein Archiv auf 18 Museen weltweit, bedeutende Teile erhielt das MAK. Die **Textiliensammlung** widmet sich der Textilproduktion des Habsburgerreiches um 1850, als neue Maschinen wie der Jacquard-Webstuhl völlig neue Möglichkeiten eröffneten.

Stadtpark

Lage: 1., Parkring | **U-Bahn:** U3 (Stubentor), U4 (Stadtpark) | **Straßenbahn:** 2 (Stubentor)

Selfie mit Johann Strauss

Grüne Oase

Gleich neben dem MAK liegt der Stadtpark, dessen zwei Teile durch Brücken über den Wienfluss miteinander verbunden sind. Er ist eine überaus beliebte grüne Oase mitten in der Stadt. Und mit Bänken wurde nicht gespart, sodass die, die auf dem Rasen sitzen, lesen und sonnen, dies freiwillig tun. Der Park ist **übersät mit Denkmälern**, auch das berühmteste, wohl am häufigsten in ganz Wien fotografierte steht hier: der vergoldete Walzerkönig Johann Strauss, der so anmutig Geige spielt und fast tänzerisch-schwungvoll seinem Publikum entgegentritt. Bei der Enthüllung 1921 spielten die Wiener Philharmoniker den von ihm komponierten Walzer »An der schönen blauen

Die Leichtigkeit eines Walzers vermittelt auch die goldene Johann-Strauss-Figur.

Donau«. Repliken des Denkmals stehen in Osaka, Kunming (China), Havanna und eine mehrere Meter hohe Variante in Shanghai. Weitere mit einem Denkmal im Stadtpark geehrte Größen sind die Maler Hans Canon, Emil Schindler, Hans Makart und Friedrich von Amerling sowie die Komponisten Franz Lehár, Franz Schubert, Anton Bruckner und Robert Stolz. Erste Figur im Park war der »Donauweibchenbrunnen«, aufgestellt 1865. Jetzt steht hier eine Kopie – das Original ist im Wien Museum Karlsplatz (▶ S. 137) zu sehen.

Walzerklänge live

Ein prächtiger Garten

Der Park ist rund 65 000 m² groß und erstreckt sich vom Parkring im 1. Bezirk bis zum Heumarkt im 3. Bezirk. Franz Joseph I. regte 1857 an, im Bereich des ehemaligen Wasserglacis einen Garten zu schaffen, »welcher der Residenz zur Zierde gereicht«. Landschaftsgärtner Rudolf Siebeck setzte die Skizzen des Landschaftsmalers Josef Szelleny in die Wirklichkeit um. Im Sommer 1862 eröffnete der Garten, 1867 der Kursalon, in dem nun Walzerkonzerte stattfinden. Ideal: Einkehr in der **Meierei** (▶ S. 299) auf einen frischen Strudel.

OBEN: Der Kreislauf des Lebens, beobachtet vom Sensenmann. »Tod und Leben« von Gustav Klimt hängt im Leopold Museum.

UNTEN: Die flotten Sitzmöbel im Innenhof sind ein Markenzeichen des MuseumsQuartiers.

MUSEUMS-QUARTIER (MQ)

Lage: 7., Museumsplatz 1 | **U-Bahn:** U2 (MuseumsQuartier) | **Bus:** 48A (Volkstheater), 2A (MuseumsQuartier) | **Straßenbahn:** 49 (Volkstheater) | **Eintritt:** Kombiticket ab 20,50 € | **www.mqw.at**

Die ehemaligen Stallungen der kaiserlichen Pferde sind heute Österreichs größtes Kulturareal: Museen, Kunstinitiativen, das Tanzquartier, ein breites Angebot für Kinder, zahlreiche Shops und eine quicklebendige Lokal-Szene machen das MQ zu Musentempel und angesagtem Treff. An Sommertagen und in lauen Nächten auch gern unter freiem Himmel im Innenhof.

Pferdestall wird Museum

Wien glich zur Zeit Karls VI., Vater Maria Theresias, einer Großbaustelle: Prinz Eugen ließ sich das Belvedere errichten, der Kaiser gab die Karlskirche in Auftrag und die Winterreitschule, veranlasste Umbauten an der Hofburg und in Schloss Schönbrunn. **Johann Bernhard Fischer von Erlach** und sein Sohn, die nebenan gerade die Karlskirche planten, erhielten auch den Auftrag für die neuen **kaiserlichen Hofstallungen**. Es galt, 600 Pferde unterzubringen mit allem Pflege- und Fütterungszubehör, dazu Zaumzeug, Sättel, Kutschen und Wagen. Entsprechend raumgreifend fielen diese Stallungen aus, allein 360 m Länge misst das von 1723 bis 1725 errichtete Hauptgebäude, hinter dem sich ein großer Hof anschließt.
Als das Zeitalter der Pferde endete, nutzte eine Weile die Wiener Messe die Baulichkeiten, dann aber dämmerten die Hofstallungen dem Verfall entgegen. Doch seit den 1980er-Jahren stand fest: Dieses Areal ist genau richtig für Kunst und Kultur. Bis aber 2001 das Museumsquartier (MQ) eröffnete, brauchte es viele Arbeitskreise, Kommissionen, Entwürfe und Gegenentwürfe – ein Bürgerprotest setzte etwa das Aus für den geplanten 60 m hohen Bibliotheksturm durch.

Alt und neu

Zwei große Museen und viel mehr

Heute erntet das Architekturbüro Ortner & Ortner viel Beifall für die Kombination aus alten Trakten und neuen Elementen, darunter das graue Basaltgehäuse des »mumok« und der weiße Quader des Museum Ludwig. Markenzeichen des MQ sind witzig-bunte **Sitzmöbel** im Innenhof, auf denen vom Frühling bis in den Herbst das Publikum diskutiert, kreative Pläne schmiedet und bisweilen kulturgesättigt ausruht. Im Frühjahr 2020 eröffneten auf dem Dach des Leopold Museums der gläsern-transparente Veranstaltungsraum **MQ Libelle** und die **MQ Terrasse** – eine für alle frei zugängliche Aussichtsterrasse mit Blick über die Dächer Wiens.

MUSEUMSQUARTIER

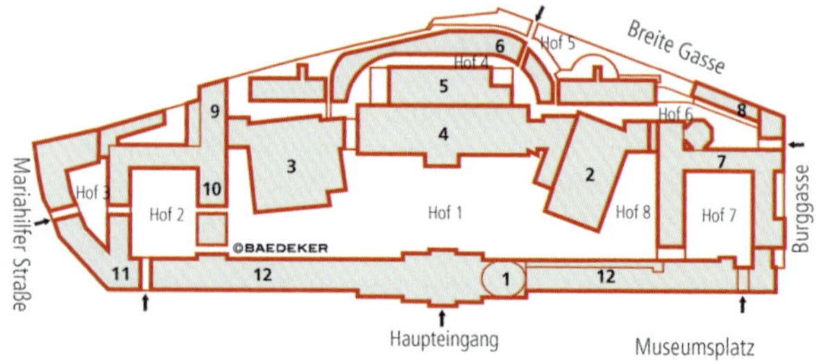

1 Besucher- und Informationszentrum
2 Museum Moderner Kunst Stiftung Ludwig Wien
3 Leopold Museum
4 Veranstaltungshallen, Tanzquartier Wien (Bühne)
5 Kunsthalle Wien
6 quartier 21
7 Architekturzentrum Wien
8 Kindergarten
9 Tanzquartier Wien (Studio)
10 ZOOM Kindermuseum
11 Dschungel Wien
12 quartier 21

Picasso, Richter, Fluxus

★★ Museum Moderner Kunst Stiftung Wien (mumok)

Passend zur Aufgabe, die jüngeren Kunstströmungen aufzugreifen, ist das Gebäude des Museum Moderner Kunst Stiftung Ludwig Wien mit anthrazitfarbiger Basaltlava verkleidet, einem sehr jungen Stein. Das Museum besitzt mit fast 9 000 Werken eine der größten europäischen Sammlungen zu moderner und zeitgenössischer Kunst. Auf **acht Ebenen** werden ausgewählte Werke der Sammlung in Wechselausstellungen präsentiert. Schwerpunkte sind die klassische Moderne, Kunst der 1960er- und 1970er-Jahre, Fluxusobjekte, Wiener Aktionismus, Pop Art, Nouveau Realisme, Installations- und Objektkunst sowie mediale Gegenwartskunst. Wichtige Künstler sind Ernst Ludwig Kirchner, Oskar Kokoschka, Pablo Picasso, Andy Warhol, Georg Baselitz und Gerhard Richter. Als bedeutender Vertreter der Medienkunst ist Nam June Paik zu sehen.

Di.–So., Fei. 10–18 Uhr | Eintritt: 15 € | www.mumok.at

Die größte Schiele-Sammlung der Welt

★★ Leopold Museum

Ein besonderer Blickfang im Innenhof ist das weiße, würfelförmige Kalksteingebäude, Heimat der **ehemals privaten Kunstkollektion** des Sammler-Ehepaars Rudolf und Elisabeth Leopold. Die bedeutendste und größte Egon-Schiele-Sammlung der Welt umfasst 41 Gemälde des Frühexpressionisten und 188 seiner Arbeiten auf Papier (▶ Interessante Menschen). Darüber hinaus sind hier Gemälde von Oskar Kokoschka, Ernst Ludwig Kirchner und Lovis Corinth ausgestellt. Breiten Raum nehmen Secessionsgründer Gustav Klimt (▶ Interessante Menschen) und seine Zeit ein sowie die Wiener Werkstät-

te. Zu sehen sind Hauptwerke von Klimt, darunter »Tod und Leben« (1910/1915). Arbeiten von Oskar Kokoschka und Richard Gerstl sind mit Möbeln und Designobjekten von Koloman Moser, Otto Wagner und Josef Hoffmann kombiniert.
Die Meisterwerke der österreichischen Moderne stammen aus dem 19. Jh. und der ersten Hälfte des 20. Jahrhunderts; gezeigt werden Werke von Ferdinand G. Waldmüller, Anton Romako, Emil Jakob Schindler und Carl Schuch. Außerdem ist hier außereuropäische Kunst aus Schwarzafrika, Ozeanien, China und Japan ausgestellt. Die japanischen Farbholzschnitte sollen die Verbindung der modernen europäischen Kunst zur sog. primitiven Kunst verdeutlichen.
Mi.–Mo. u. Fei. 10–18 Uhr, Juni–Aug. auch Mo. | Eintritt: 15 €
www.leopoldmuseum.org

Platz für große Installationen

Kunsthalle Wien

Die Kunsthalle Wien präsentiert in Wechselausstellungen aktuelle Strömungen der Gegenwartskunst und stellt sie in einen kunsthistorischen Zusammenhang. Schwerpunkte sind Fotografie, Video, Film, Installationen und Medien. Der zinnoberrote Neubau vermittelt den Eindruck einer überdimensionalen Werkstatt, was das Ziel der Kunsthalle, zeitgenössische experimentelle Kunst zu zeigen, verdeutlicht.
Di.–So. 11–19, Do. bis 21 Uhr | Eintritt: 8 € | www.kunsthallewien.at

Museum für Kinder

ZOOM Kindermuseum

Im Kindermuseum darf nach Lust und Laune gefragt, berührt, geforscht, gefühlt und gespielt werden. Zum Angebot gehören ein Spiel- und Erlebnisbereich mit Wassergrotte, Spiegeltunnel und Korallenriff, kreative Workshops und Multimedialabor. Im Trickfilmstudio schlüpfen Kinder und Jugendliche in die Rolle von Drehbuchschreibern, Regisseuren und Kameraleuten.
Vis-à-vis widmet sich das Theaterhaus **Dschungel Wien** mit Theater, Oper und Tanz dem jungen Publikum. Im Dschungel Café gibt es Bagels, Spezialtoasts und Waffeln, eine Spielecke und Kuschelsofas.
ZOOM Kindermuseum: Di.–Fr. 8.30–16.45, Sa., So., Fei. und Schulferien 9–17.15 Uhr | Eintritt: 5 €, Kinder gratis, Atelier: Kinder 7 €, pro Kind 1 Erw. frei | www.kindermuseum.at
Dschungel Wien: Tel. 01 522 07 20 19 | www.dschungelwien.at

Noch mehr Kunst

Weitere Einrichtungen

Das **Architekturzentrum** zeigt eine Schau zur österreichischen Architektur des 20. und 21. Jh.s und widmet sich in Wechselausstellungen nationaler und internationaler Architektur, veranstaltet Seminare, Symposien und Kongresse und besitzt eine Spezialbibliothek.
Das **Tanzquartier** verfügt über Studios zum Trainieren und ein Informationszentrum mit themenspezifischer Bibliothek und Videothek. Ein laufend wechselndes Bühnenprogramm macht mit zeitgenössi-

schem Tanz und Performance bekannt.
Mehr als 50 kleine und mittelgroße Kulturinitiativen beschäftigen sich im **quartier 21** mit digitaler Kultur, Mode und Design. Die Bandbreite reicht von Klangkunst über elektronische Musik bis hin zu Street Art, Medien- und Videokunst, Fotografie und Literatur. Im »Freiraum« beim Eingang Mariahilferstraße werden Wechselausstellungen gezeigt; auch gibt es Mikromuseen im öffentlichen Bereich und es werden Backstage-Touren offeriert. .

Architekturzentrum: tgl. 10–19 Uhr | Eintritt: 9 € | www.azw.at
Tanzquartier: Mo.–Fr. 9–19.30, Sa. ab 10 | www.tqw.at
Komische Künste: Di.–So. 11–18 Uhr | www.komischekuenste.com

★ NASCHMARKT

Lage: 6. Bezirk | **U-Bahn:** U1, U2, U4 (Karlsplatz) | **Flohmarkt:** U4 (Kettenbrückengasse)

Wiens berühmtester Markt ist ein kulinarischer Meltingpot, wo sich Kürbisse mannshoch auftürmen, Obst und Gewürze aus aller Herren Länder duften, wo Hausfrauen und Flaneure um Sauerkrautfässer zusammenstehen und Hungrige in die Imbissbuden drängen.

Der Bauch von Wien

Auf diesem Markt ging es schon immer lebhaft zu. Legendär sind Naschmarktweiber wie Krawall-Minerl und Maschanzker-Kadl, die hier mit markigen Sprüchen ihren Mann standen. Der Naschmarkt sei ein »Matriarchat archaischer Strenge« gewesen, wird berichtet, Männer bestenfalls Lastenträger. Das hat sich geändert. Heute sind es die Multikulti-Standler, die lautstark Waren anpreisen und potenziellen Kundinnen Komplimente nachfliegen lassen. Um Kunden und Gäste wetteifern außerdem Würstelbuden, Palatschinkenkuchln, Fischlokale und Falafel-Stände. Die ehemaligen Standlerfamilien gehen im Gewühl fast unter; Gurken-Leo (Stand 246) und Essig-Gegenbauer (Stand 111) zählen mit zu den letzten Traditionsbetrieben. Der 2015 sanierte Naschmarkt steht zum Teil unter Denkmalschutz; die meisten der **grünbedachten Stände** wurden zwischen 1910 und 1916 gebaut. 1905 erhielt der vormalige Kärntnertormarkt den heute geläufigen Namen. Dessen Herkunft ist ungeklärt, von »naschen« kommt er aber sicher nicht.

Marktzeiten: maximal Mo.–Fr. 6–21, Sa. bis 18 Uhr
Gastronomie: maximal Mo.–Sa. 6–23 Uhr
www.wien.gv.at

Allein schon durch den Naschmarkt zu bummeln, ist ein Genuss.

Stöbern im Krempel

Flohmarkt

Auf dem Parkplatz westlich des Naschmarkts bei der U-Bahn-Station Kettenbrückengasse lädt jeden Samstag Wiens größter Flohmarkt zum Stöbern ein. Historische Marktstände zeigt im Sommer samstags das kleine **Naschmarktmuseum**.

Flohmarkt: Sa. 6.30–15 Uhr

Naschmarktmuseum: auf der Rückseite der Felberbäckerei (Standnummer 290) | Sa. 12–14 Uhr | www.wienernaschmarkt.eu

Häuser im Jugendstil

Linke Wienzeile

In der angrenzenden Linken Wienzeile stehen zwei Jugendstilbauten Otto Wagners. Am Haus Nr. 38 schuf Koloman Moser die zwischen die Fenster gesetzten Medaillons, das Haustor in der Köstlergasse entwarf Josef Plecnik. Die Fassade am **Majolikahaus** (Nr. 40) wurde 1899 von Otto Wagner mit witterungsfesten Majolikaplatten verkleidet, auf denen kunstvolle Pflanzenmotive zu sehen sind; plastischer Außenschmuck sind bronzene Löwenköpfe in der Frieszone.

Berühmte Bretter

Theater an der Wien

Das 1801 eröffnete Theater an der Wien wurde mehrfach umgebaut. Sein »Papagenotor« in der Millöckergasse zeigt den ersten Theaterdirektor und Textdichter der »Zauberflöte«, Emanuel Schikaneder, in der Rolle des Papageno. In diesem Theater wurden Beethovens

»Fidelio« (1805), Stücke von Grillparzer, Nestroy und Raimund sowie zahlreiche Operetten von Strauß, Lehár und Franz von Suppé uraufgeführt. In den 1990ern erfolgreiche Musical-Bühne, wird das Theater seit 2007 wieder als Opernhaus genutzt.
6., Linke Wienzeile 6 | www.theater-wien.at | Achtung: wegen Generalrenovierung noch vermutlich bis Herbst 2024 im Ausweichquartier, der Halle E im Museumsquartier!

★★ NATURHISTORISCHES MUSEUM

Lage: 1., Maria-Theresien-Platz | **U-Bahn:** U2 (MuseumsQuartier), U3 (Volkstheater)| **Straßenbahn:** 1, 2, D (Burgring), 46, 49 (Dr.-Karl-Renner-Ring) | **Bus:** 2A (Heldenplatz), 57A (Burgring) | tgl. außer Di.. 9–18, Mi. bis 20 Uhr | **Eintritt:** 16 €, Fulldome-Planetairum zus. 5 € | **www.nhm-wien.ac.at**

Das bedeutendste Sammlungsobjekt des ganzen Hauses ist nur elf Zentimeter groß: die rund 30 000 Jahre alte »Venus von Willendorf«. Die Mini-Statue einer ziemlich beleibten, vollbusigen Frau ruht in einer Panzerglasvitrine und weigert sich beharrlich, ihre Bedeutung preiszugeben.

Kabinett der Venus

Die **Venus von Willendorf** kam 1908 bei Grabungen in Willendorf an der Donau ans Licht – eine archäologische Sensation, denn solche weiblichen Statuen aus der Altsteinzeit sind äußerst selten. Bislang galten sie als ein Symbol der weiblichen Fruchtbarkeit. Mittlerweile befassen sich Archäologen weltweit mit diesen Frauenfiguren, die an verschiedenen Orten zwischen Frankreich und Russland gefunden wurden. Doch den Schleier der Venus konnten sie noch immer nicht lüften. »Welche Gedanken, Wünsche und Vorstellungen einst mit den Venusstatuetten verbunden waren, wissen wir nicht«, bekennt die Fachabteilung des Naturhistorischen Museums. Die bedeutende Figur wird separat im »Venuskabinett« gezeigt. Es ist in dunkles Rot getaucht, was die Farbe des Rötels, mit dem die Statue einst angemalt war, symbolisieren soll, aber auch ein wenig mystisch wirkt. Begleitet wird sie von einem zweiten Figürchen aus dem Jungpaläolithikum, der ca. 7 cm großen **Fanny vom Galgenberg**. Räumlich gesehen lag sie nur 25 km entfernt im Boden, aber sie ist rund 6 000 Jahre älter. Und sie ist rank und schlank – ihr Beiname erinnert an die Tänzerin Fanny Elßler.

Die ganze Welt in einem Haus

Geschichte

Die Urgeschichte umfasst nur eine Abteilung dieses umfassenden Museums, das gern auch von Schulklassen besucht wird. Der Prachtbau wurde wie der Zwillingsbau des ▶Kunsthistorischen Museums gegenüber 1872 von Gottfried Semper und Carl von Hasenauer für die kaiserlichen Sammlungen entworfen und bis 1881 fertiggestellt. Die seit 1889 in 39 Schausälen und einer Kuppelhalle untergebrachten Bestände gründete Kaiser Franz I. als Naturalienkabinett. Für Besucher unzugänglich, reicht der Komplex noch vier weitere Stockwerke in die Tiefe, 30 Millionen Objekte lagern hier. Die Sammlungen umfassen **vier Milliarden Jahre Erdgeschichte** mit allem, was da krabbelt, fliegt, kreucht und fleucht, noch lebt oder schon ausgestorben ist. Unter den Schausammlungen ragen neben der Urgeschichte (mit »Venus« und Goldkabinett) die Schau zur Entwicklung des Menschen, die welt-

ZU DEN MÜTTERN

30 000 Jahre – eine unvorstellbar lange Zeit. So lange hat die Venus von Willendorf im Boden geschützt überdauert. Ein absoluter Glücksfall. Wer hat sie geschaffen? Und wozu? Welche Gedanken gingen dem künstlerisch begabten Rentierjäger durch den Kopf, während er (oder sie?) den Stein mühsam bearbeitete? Wer saß Modell? Das Relikt aus den Anfängen der Menschheitsgeschichte berührt und stimmt nachdenklich.

größte Meteoritensammlung und der Sauriersaal heraus. Wer Kristalle mag, wird hier sein Dorado finden. Eine Fülle von Mulitmediaangeboten und Mitmachstationen vertiefen das Wissen weiter.

Edles für den Gatten, Steine vom Himmel

Mineralogie

Allein schon der 115 kg schwere Morion, ein mächtiger Rauchquarz aus einem Schweizer Gletscher, ist den Gang in die Mineralogie wert, nicht nur für Esoteriker. Die umfangreiche Mineraliensammlung besitzt auch einen 1 m langen Bergkristall aus Madagaskar. Maria Theresia wusste, was ihr Mann Franz I. liebte und überreichte ihm als eine »kleine Namenstagsüberraschung« einen Edelsteinstrauß aus 2102 Diamanten und 761 farbigen Edelsteinen.
Highlights der **Meteoritenkollektion** sind ein 900 kg schwerer Eisenmeteorit aus Australien und der Marsmeteorit Tissint. Kaum war der Meteorit Hraschina 1761 bei Zagreb »mit Gekrach« auf die Erde gefallen, ließ der Pfarrer den unförmigen Eisenklops ausgraben und zu Kaiser Franz I. bringen. Seinerzeit stritten die Gelehrten noch darüber, ob aus dem Himmel tatsächlich Steine fallen können. Daher befasste sich in Zagreb eine Untersuchungskommision mit dem Ereignis und sammelte akribisch sämtliche Augenzeugenprotokolle. Offenbar überzeugte Hraschina, denn er bildete den Grundstein der Meteoritenkollektion.

Tiere XXL

Im Reich der Saurier

Kinder zieht es vor allem in den Sauriersaal (Saal 10) mit fossilen Skeletten und lebensgroßen Modellen der Riesenechsen. Ausgestellt sind u. a. ein Skelettabguss eines 150 Mio. Jahre alten Allosaurus, ein exaktes Modell eines Flugsauriers mit rund 7 m Flügelspannweite und ein lebensgroßes Modell eines gefiederten Deinonychus.

Gold der frühen Kelten

Urgeschichte

Vom Venuskabinett war schon die Rede. Österreichs Vorgeschichte bietet aber noch weitere Highlights: Das **Goldkabinett** zeigt sämtliche Goldfunde des Museums aus der Vorgeschichte, darunter den Schatzfund vom Arikogel am Hallstätter See. Der eisenzeitlichen Hallstattkultur ist zudem ein eigener Saal gewidmet. Hallstatt, das namengebende berühmte Bergwerk mit seinen einzigartigen archäologischen Funden, liegt im österreichischen Salzkammergut.

Bei den Riesenseespinnen

Zoologische Sammlung

In der umfangreichen Zoologischen Sammlung können Vogel- und Schmetterlingsfreunde ihre Artenkenntnisse auffrischen und erweitern. Seltene Kostbarkeiten des Museums sind die fantastischen gläsernen Hohltiere, Polypen und Medusen. Zu sehen sind auch Quastenflosser und die Schalenhälften der Riesenmuschel »Tridacna gigas«

mit nachgebildetem Weichkörper. Die beiden japanischen Riesenseespinnen gehören zu den stets dicht umlagerten Publikumslieblingen.

Und jetzt alles nochmal in 3D

Multimedia-Shows

Das **Fulldome-Planetarium** nimmt die Zuschauer auf eine Reise quer durch Raum und Zeit durch die Galaxien bis zum Urknall mit – keine Science-Fiction, sondern auf dem neuesten Stand der Wissenschaft. Weitere Filme widmen sich Dinosauriern, dem Geheimnis der Bäume und dem Sternenhimmel über Wien. 3D-Projektoren, Publikumsmikroskope und das sogenannte **Mikrotheater** entführen in Saal 16 im ersten Stock in die verborgene Welt des Mikrokosmos.

★ PARLAMENT

Lage: 1., Dr.-Karl-Renner-Ring 3 | **U-Bahn:** U2, U3 (Volkstheater) | **Straßenbahn:** 1, D (Stadiongasse/Parlament) | **Bus:** 48A (Dr.-Karl-Renner-Ring) | Mo., Di., Mi., Fr. 8–18, Do. und Sitzungstage bis 21, Sa. 9–17 Uhr | Eintritt und Führungen kostenfrei, Letztere zur Architektur des Hauses: Mo.–Fr. 10.45–14.45, Sa. 15.45 (55 Min.) sowie Mo.–Fr. 15.45, Sa. 10.45–14.45 (85 Min.) | **www.parlament.gv.at**

Architekt Theodor Hansen gestaltete das marmorweiß schimmernde Parlamentsgebäude wie einen griechischen Tempel, um an das Mutterland der Demokratie zu erinnern. Im Figurenschmuck brachte er diverse feine Anspielungen unter.

Zentrale der Demokratie

»Bekämpft Eure politischen Leidenschaften!«, signalisieren die »Rossebändiger« den Parlamentariern. Diese beiden von Josef Lax gestalteten Jünglingsstatuen, die wilde Pferde im Zaum halten, stehen beiderseits der Auffahrtsrampen zum Haupteingang; an ihnen muss jeder Politiker vorbei. Dazwischen steht der Pallas-Athene-Brunnen: Die goldbehelmte und lanzenbewehrte Göttin steht sowohl für Weisheit als auch für Krieg, in diesem Fall ist an Wehrhaftigkeit gedacht. Sie wird umgeben von Liegefiguren, die die Flüsse der einstigen Doppelmonarchie darstellen, Donau, Inn, Elbe und Moldau. Im reich ausgeschmückten **Giebelfries** über dem Portikus ist die Verleihung der Verfassung an die 17 Völker Österreichs durch Kaiser Franz Joseph I. dargestellt. Der Kaiser, gewandet in eine römische Toga, wird im Volksmund flapsig »Kaiser im Nachthemd« genannt. Er schätzte den Parlamentarismus nie, sondern verstand sich stets als absolutistischen Regenten, worauf die Darstellung als römischer Imperator hinweisen mag. Doch den Zerfall der Monarchie, der schon zu seinen Lebzeiten einsetzte, konnte er nicht aufhalten.

Ein monumentaler Auftritt im antiken Gewand: Parlament an der Ringstraße

Führende Köpfe

Sitz von National- und Bundesrat

Theodor Hansen erbaute das Parlamentsgebäude 1874 bis 1883 für die gemäß dem Februarpatent 1861 neu geschaffenen Reichs- und Landesvertretungen, den Reichsrat. Bis zur Ausrufung der Ersten Republik am 12. November 1918 tagten dort die Abgeordneten der »im Reichsrat vertretenen Königreiche und Länder« der österreichischen Hälfte der Doppelmonarchie Österreich-Ungarn. Sie reichte zu jener Zeit noch von Galizien bis nach Dalmatien an der kroatischen Adriaküste. Seit 1918 tagen hier der National- und Bundesrat.
Links neben dem Gebäude erinnern ein Denkmal an Dr. Karl Renner, den Mitbegründer der beide Republiken und ersten Präsidenten der Zweiten, sowie das **Denkmal der Republik** an die Sozialdemokraten Jakob Reumann, von 1919 bis 1923 Bürgermeister von Wien, an Viktor Adler, 1918 Mitbegründer und erster Außenminister der Ersten Republik, und an Ferdinand Hanusch, Sozialminister von 1918 bis 1920. Anfang 2023 wurde das Parlamentsgebäude, nachdem es über mehrere Jahre von Grund auf saniert und auch modernisiert worden war, wieder eröffnet. Baulich glanzvoll auferstanden, stehen seine Tore heute weiter denn je allen an grandioser neoklassizistischer Architektur sowie am demokratischen Fundament und Geschehen der Alpenrepublik interessierten Besuchern offen (siehe Infos).

★ PETERSKIRCHE

Lage: 1., Petersplatz | **U-Bahn:** U1, U3 (Stephansplatz) | Mo.–Fr. 8–19 Sa., So., Fei. 9–19 Uhr | **Orgelkonzerte:** Mo.–Fr. 15 Uhr
www.peterskirche.at

Augen auf: Wer nicht aufpasst, läuft vorbei. Eine der schönsten Barockkirchen der Stadt liegt ziemlich eingekeilt im Häusermeer der City. Und Ohren auf: Täglich findet ein Gratis-Orgelkonzert statt, manchmal wird sogar in der Krypta musiziert.

Barocke Pracht

Stand an dieser Stelle einst ein heidnischer Tempel? Eine spätrömische Basilika? Hat Karl der Große die Peterskirche 792 gegründet? Das alles wird gern behauptet, doch hieb- und stichfest nachweisen lässt sich ein Sakralbau erst ab 1137. Ebenfalls sicher: Diese Nachahmung der Peterskirche in Rom ist schwer zu finden, denn die umliegenden Gebäude verdecken sie fast völlig. Nur vom Graben aus gerät die **mächtige grüne Kuppel** ins Blickfeld. Bekannt ist die Kirche vor allem für ihren herausragend gestalteten barocken Innenraum, die Orgelkonzerte und für ihre Weihnachtskrippenausstellung im Dezember.

Kraftvolle Bildsprache

Vorbild Petersdom

Die heutige Kirche wurde zu Beginn des 18. Jh.s von Gabriel Montani begonnen und wohl von Johann Lucas von Hildebrandt vollendet. Der Zentralbau über einem ovalen Grundriss wird von einer mächtigen Kuppel mit einem Fresko von Johann Michael Rottmayr überwölbt. Bei einer Besichtigung (im Uhrzeigersinn) gelangt man durch den prachtvollen Portalvorbau zuerst zur Barbarakapelle, die ein Gemälde von Franz Karl Remp (»Enthauptung der hl. Barbara«) birgt. Der linke Seitenaltar ist mit einem Altarblatt von Anton Schoonjans (»Martyrium des hl. Sebastian«) geschmückt, in der Kapelle der Hl. Familie hängt ein Gemälde von Martino Altomonte. An der überreich geschnitzten Barockkanzel vorbei gelangt man zum Chor. Unter der Scheinkuppel von Antonio Bibiena steht der Hochaltar, ein Werk von Santino Bussi. Im Chor befindet sich der Eingang zur **Krypta**, in der die Krippenausstellung stattfindet und besonders stimmungsvolle Konzerte gegeben werden.
Die rechte Kirchenseite zeigt den Johann-von-Nepomuk-Altar mit einer »Madonna in der Glorie«, die Matthias Steinl zugeschrieben wird. Die Michaelskapelle ist mit einem »Engelssturz« von Altomonte geschmückt, im Glassarg ruht der Katakombenheilige Benedikt. Das Altarblatt des rechten Seitenaltars stammt ebenfalls von Rottmayr, die Antoniuskapelle weist weitere Arbeiten von Altomonte (»Hl. Antonius vor der Madonna«) und Kupelwieser (»Herz Maria«) auf.

★ PRATER

Lage: 2. Bezirk | **U-Bahn:** U1, U2 (Praterstern) | **Straßenbahn:** 1 (Prater Hauptallee), 5, O (Praterstern) | **Bus:** 80A (Praterstern)
Mitte März–Okt. 10–23 Uhr | **www.prater.at**

Der Prater, das ist der Rummelplatz mit dem berühmten Riesenrad. Und er ist gleichzeitig eine grüne Oase der Erholung. Am schönsten ist's, wenn die Kastanien blühen. Oder wenn James Bond auftaucht.

Fun und Action

Mit einer seiner Gespielinnen gönnte sich 007 eine Fahrt im Riesenrad in Wagen Nr. 10 (»Der Hauch des Todes« mit Timothy Dalton als Bond, 1987). Ethan Hawke und Julie Delpy schauten sich 1994 in einer der roten Gondeln sehr verliebt »Before sunrise« in die Augen. »Der dritte Mann« traf 1949 im Riesenrad auf seinen Verfolger; im Hintergrund tat sich der Blick auf den zerbombten Prater auf – und das war keine Kulisse. Auch besungen wird der Prater vielfach. »Im Prater blüh'n wieder die Bäume ...«, heißt es im Lied von Robert Stolz. Wenn die vielen Hundert Rosskastanien entlang der Praterhauptallee im Mai schneeweiß blühen und Millionen Bienen in den Blüten summen, kündigt dies den Sommer zuverlässig an.

Vergnügungspark Wurstelprater

Sprung aus 4000 Meter Höhe

Herrrein-spaziert!

An der Nordwestspitze des Praters liegt zwischen Donau und Donaukanal der **Volksprater**, der große Vergnügungspark, den alle Wiener »Wurstelprater« nennen. Wurstel leitet sich nicht von Wurst ab, obwohl das durchaus seine Berechtigung hätte, denn diese Praterecke ist gespickt mit Beisln und Gaststätten. Wurstel bezieht sich vielmehr auf die Figur des Hanswurst/Kasperl, der auch in Wien eine lange Jahrmarkttradition hat.

Zu den rund **250 Attraktionen** gehören viele historische wie die Geisterbahn und das Ponykarussell. Ein echter Oldie ist auch der hölzerne Rutschturm Toboggan, an den sich Kindheitserinnerungen vieler Wiener knüpfen. Er steht seit 1913, wurde nach dem Zweiten Weltkrieg wieder aufgebaut und mittlerweile bunt angemalt.

Unter den modernen Fahrgeschäften aller Art ragt der 117 m hohe Praterturm heraus, eines der weltgrößten Kettenkarussells. Wer sich traut, besucht die Achterbahn im Dunkeln und Europas größten Windkanal, den Wind-O-Bona-Skydiver, der einen Sprung aus 4000 m Höhe erlebbar macht. Traditionsbewusste Pratergänger treffen sich im Schweizerhaus zu Schweinsstelzen mit Budweiser Bier.

Fährt auch mit Sekt

★ Riesenrad

Glanzpunkt des Wurstelpraters und eines der bekanntesten Wiener Wahrzeichen war und ist das gewaltige und gleichzeitig filigran wirkende Riesenrad (▶ Baedeker Wissen S. 184). Bei einer Fahrt in luftige Höhen kann man sich einen Überblick über die Donaustadt verschaffen. Initiator und Bauherr des Rads war Gabor Steiner, der mit seiner 1895 gegründeten **Theater- und Vergnügungsstadt »Venedig in Wien«** zu einem der ideenreichsten Veranstalter des Unterhaltungstheaters der vorigen Jahrhundertwende avancierte. Die Konstruktion für das Riesenrad lieferte der Engländer Walter Basset, der ähnliche Entwürfe auch in London und Paris vorlegte. In der Rekordzeit von acht Monaten wurde die monumentale Eisenkonstruktion errichtet und 1897 in Betrieb genommen. Zum 100. Geburtstag 1997 wurde das Riesenrad mit 4 t Farbe aufgefrischt. Nach Kriegszerstörung und Wiederaufbau dreht es sich seit 1946 ohne Unterbrechung, wenn auch mit weniger Waggons bestückt.
Sonderfahrten mit Sekt, Kaffee und Kuchen stehen neben Einzelfahrten auf dem Programm: Luxuswaggons bieten bis zu 15 Personen Platz. Wer das Besondere sucht, bucht ein »Romantic Dinner for two« im eigens von Swarovski gestylten Glitzer-Waggon.

Ende Jan.–Feb., Nov. 10–20, März, April, Okt., Dez., Anf. Jan. 10–21.45, Mai–Aug. 9–23.45, Sept. 9–22.45, Silvester 10–2 Uhr | Fahrpreis: 13,50 €; Dinner for two ab 408 € | www.wienerriesenrad.com

Sterne, Jäger, Watschenmänner

Planetarium und Pratermuseum

Das benachbarte Planetarium, 1927 von der Firma Zeiss gestiftet, gehört zu den ersten seiner Art in Europa. Die Entwicklung vom kaiserlichen Jagdrevier zum Vergnügungspark dokumentiert das Pratermuseum im Planetarium. Schwerpunkt der Schau ist die Geschichte des Wurstelpraters, die große Zeit von Kasperltheater, Bauchrednern, Watschenmännern und den legendären Praterfesten, die seit jeher ein gesellschaftliches Ereignis und Spaß für jedermann sind.

Oswald-Thomas-Platz 1
Planetarium: Di.–So. | Eintritt: 10 € | www.planetarium-wien.at
Pratermuseum: Fr.–So., Fei. (außer Mo.) 10–13, 14–18 Uhr | Eintritt: 5 € | www.wienmuseum.at

Posing mit Jonny Depp

Madame Tussauds

Johnny Depp, Nicole Kidman, Conchita Wurst, Gustav Klimt, Kaiserin Sisi und Angela Merkel gehören zu den mehr als 60 zeitgenössischen und historischen Persönlichkeiten, die im **Wachsfigurenkabinett** der Madame Tussaud am Riesenradplatz zu bewundern sind. Spaß bieten auch die interaktiven Kulissen, in denen man einen Intelligenztest gegen Albert Einstein gewinnen kann.

tgl. 10–18 Uhr | Eintritt: 24 €, Online-Ticket 21,60 €
www.madametussauds.com/wien

RIESIGE RÄDER

Das weltberühmte Riesenrad auf dem Prater, entworfen von den englischen Ingenieuren Walter B. Basset und Harry Hitchins, war bei seiner Eröffnung 1897 eines der größten der Welt. Die Faszination dieser Konstruktionen ist ungebrochen: Bis in die heutige Zeit haben sich viele weitere Städte ein solches Wahrzeichen geleistet.

▶ **Kinder hatten die Idee**
Die Idee, ein Riesenrad zu bauen, stammt aus Bulgarien. Sie geht auf eine Beobachtung spielender Kinder zurück, die an einem großen Rad kleine Sitze befestigten und sich damit drehten.

▶ **Das Ferris Wheel**
George Washington Gale Ferris (1859 – 1896), Brückenbauer aus Pittsburgh, konstruierte anlässlich der Weltausstellung 1893 in Chicago das weltweit erste moderne Riesenrad. In der englischen Sprache ist noch heute der Begriff »Ferris Wheel« für ein Riesenrad gebräuchlich.

Standorte

1893 Chicago, Illinois

1895 Chicago nahe Lincoln Park

1904 St. Louis, Missouri

1906 endgültig abgebaut

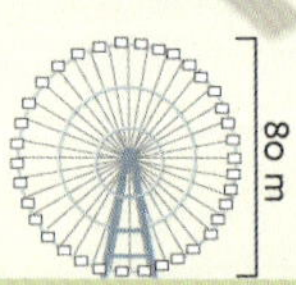

▶ **Riesenräder im Vergleich**

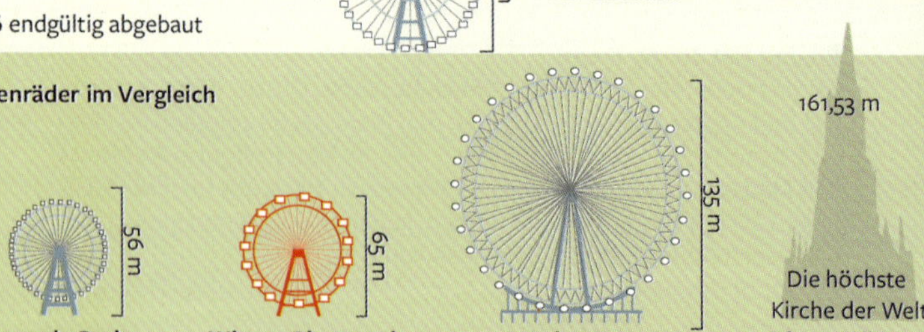

Roue de Paris 2000

Wiener Riesenrad 1897

London Eye 2000

Ulmer Münster (Zum Vergleich)

Das Riesenrad auf dem Prater	
Gewicht des Rads	244.85 t
Gesamtgewicht	430,05 t
Gesamtdurchmesser	60,94 m
Geschwindigkeit	2,7 km/h
Eine Umdrehung in	255 s
Waggons	15

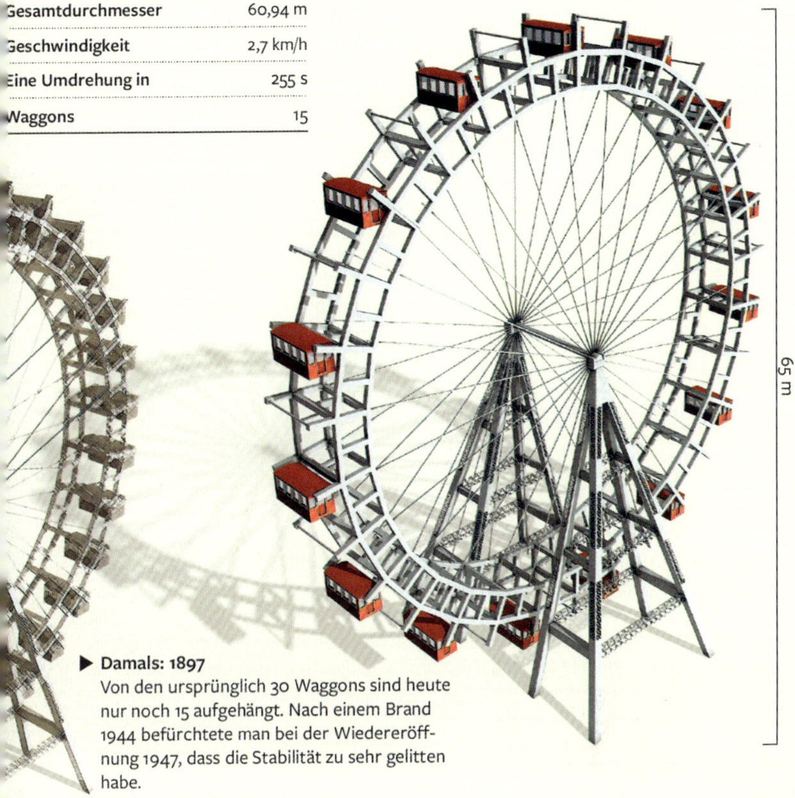

▶ **Damals: 1897**
Von den ursprünglich 30 Waggons sind heute nur noch 15 aufgehängt. Nach einem Brand 1944 befürchtete man bei der Wiedereröffnung 1947, dass die Stabilität zu sehr gelitten habe.

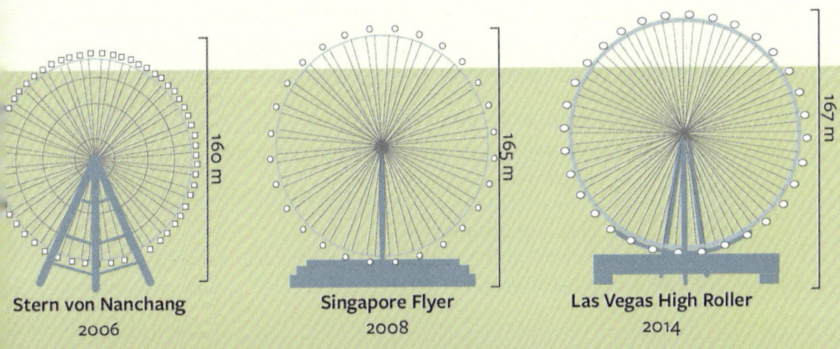

Auf der Wiener Wiesn

Weitere Attraktionen

Von Mitte März bis Mitte Oktober startet neben dem Riesenrad die **Liliputbahn**, eine dieselbetriebene Mini-Eisenbahn, die im Augebiet parallel zur Hauptallee verkehrt. An den Wochenenden wird eine über 80 Jahre alte historische Mini-Dampflok eingesetzt. Das **Café-Restaurant** am Ende der Hauptallee war vor 400 Jahren ein Lusthaus im Grünen. Kaiser Joseph II. ließ den zweistöckigen Pavillon 1783 von Isidore Canevale umbauen. Den größten Andrang erlebte das Lusthaus 1814 während des Wiener Kongresses, als die alliierten Monarchen nebst Generälen hier den Jahrestag der Völkerschlacht bei Leipzig feierten. An ringsum aufgestellten Tischen wurden 18 000 Soldaten bewirtet. In seiner östlichen Nachbarschaft: die Galopprennbahn Freudenau und der Golf-Club, Wiens elitärster und teuerster Verein dieser Art; etwas weiter, direkt an der Donau, die buddhistische Friedenspagode. Näher zur Stadt hin erhebt sich das nach Ernst Happel benannte Wiener Stadion.

Liliputbahn: www.liliputbahn.com | Mitte März–Okt. tgl. ab 10 Uhr Eintritt 5 € | **Café-Restaurant Lusthaus Wien:** Freudenau 254 www.lusthaus-wien.at | Tel. 01 728 95 65

Grüner Prater

Biber, Kicker, Partylöwen

Auenlandschaft

Die 4 km lange, kastaniengesäumte Hauptallee ist die zentrale Achse des rund 600 ha großen Grünen Praters. Dieser erstreckt sich rund 10 km weit zwischen Praterstern und Praterspitz. Die grüne Lunge Wiens ist ein Rest der alten, flachen Auenlandschaft an der Donau. Vermutlich leitet sich der Name von lateinisch pratum, »Wiese«, ab. An dieser Wiese wird aktiv geknabbert, denn durch Überbauung schrumpft das Gelände beständig. Über den einst ruhigsten Teil haben die Verkehrsplaner die A 23 gespannt, Österreichs meistbefahrene Autobahn. Die Gelsen hat das nicht vertrieben, berühmt-berüchtigte Stechmücken, die im Sommer lustvoll abendliche Besucher piesaken. Auch andere Tiere tummeln sich zu später Stunde: Füchse gehen auf Patrouille, Biber können mit Glück am Wasser beobachtet werden. Besonders urwaldartig: das **Krebsenwasser** westlich vom Lusthaus. Partygänger ziehen zu mitternächtlicher Stunde auf dem Weg in die Riesendisco Praterdome vorbei oder statten der Pratersauna einen Besuch ab. Im Ernst-Happel-Stadion, Österreichs bekanntester und mit 50 865 Zuschauerplätzen größte Sportarena, treffen sich Fußballfans.

Wo Mozart gern entspannte

Des Kaisers Jagdrevier

Erwähnt wird der Prater erstmals 1403. Kaiser Maximilian II. zäunte das Gebiet im 16. Jh. ein, um es als persönliches Jagdrevier zu nutzen. Erst 1766 wurde von Kaiser Joseph II. »das Entree in dem Bratter jedermänniglich erlaubet«, außerdem solle niemandem verwehrt werden, »sich daselbst mit Ballonschlagen, Kegelscheibn, und anderen erlaubten Unterhaltungen eigenen Gefallens zu divertieren«. Die Wiener nahmen ihn sofort beim Wort. Bereits 1767 standen erste Wurstelpraterbuden und Cafés, 1771 illuminierten die ersten Kunstfeuerwerke den Nachthimmel, Mozart entspannte sich sehr gern im Park, 1791 stieg Blanchards erster Montgolfièreballon in den Himmel und 1840 nahm Basilio Calafati (▶ Interessante Menschen) das erste große Praterringelspiel (Karussell) in Betrieb.

★ RATHAUS

Lage: 1., Rathausplatz | **U-Bahn:** U2 (Rathaus) | **Straßenbahn:** 1, D (Rathausplatz), 2 (Rathaus) | **Führungen:** Mo., Mi., Fr. 13 Uhr (außer an Sitzungstagen) | **Eintritt:** frei | **Treffpunkt:** Stadtinfo im Rathaus, Eingang Friedrich-Schmidt-Platz 1 | **www.wien.gv.at**

Fast 100 Meter hoch ist der Rathausturm und überragt sogar Hofburg und Parlament. An Selbstbewusstsein hat es den Wiener Bürgern schließlich nie gefehlt. Die Sozialisten halten die Rathausschlüssel fest in der Hand.

Wien ist politisch rot, und das seit 1945. Die SPÖ scheint abonniert zu sein auf den Wahlsieg und Bürgermeister Michael Häupl regierte von 1994 an, sein Nachfolger, Michael Ludwig, amtiert auch schon seit 2018. Ludwig steht als Bürgermeister und Landeshauptmann von Wien an der Spitze eines Viertels aller Einwohner Österreichs. Seit der letzten Gemeinderatswahl (Okt. 2020) sitzen die Liberalen der Partei NEOS mit am Tisch und regieren gemeinsam offenbar gut. Die Mieten sind erschwinglich, die ÖPNV-Ticketpreise günstig, die Kriminalitätsrate niedrig, die Straßen sauber und Wien wird regelmäßig zur Stadt mit der höchsten **Lebensqualität** gekürt.

Selbstbewusst und stattlich

Und wie stattlich das Rathaus dasteht! Fast stiehlt es dem benachbarten Parlament die Schau. Mit seinen offenen Arkaden, Spitzbogenfenstern, Loggien und Schmuckelementen ist das Rathaus ein typischer Bau der Neogotik. Der monumentale Gebäudekomplex wurde von 1872 bis 1883 unter Franz Joseph I. vom Kölner Dombaumeister Friedrich von Schmidt errichtet. Er scheute vor Korrekturen nicht zurück. Weil im die Mansardendächer doch nicht gefielen, ließ er sie auf eigene Kosten tauschen.
Hier haben das Wiener Stadt- und Landesparlament ihren Sitz, es ist zugleich Hauptverwaltungsgebäude der Stadtgemeinde. Vom 98 m

hohen Turm grüßt der **»Eiserne Rathausmann«**. Der mit Standarte 6 m hohe Bannerträger wurde von Alexander Nehr geschaffen, von Schlossermeisters Wilhelm Ludwig der Stadt geschenkt und dient auch als Blitzableiter. Im Arkadenhof, mit 81 × 35 m größter der insgesamt sieben Höfe und einst als Versammlungsort konzipiert, finden im Sommer Konzerte statt. Im Winter wird vor dem Rathaus der »Wiener Eistraum« aufgebaut, eine gigantische Schlittschuhbahn mit Gastronomie. Vom Regieren ruhen die Politiker gerne im Café Landtmann aus. Das liegt genau gegenüber.

Regieren im Palast

Innenräume

Die Führung durch das Rathaus beginnt in der Schmidthalle, dem ehemaligen »Gemeindevestibül«. Bis hierher konnten früher die Equipagen vorfahren, heute beherbergt es das Auskunftsbüro der Stadtinformation. Über die beiden weit ausladenden Feststiegen erreicht man die denkmalgeschützten Repräsentationsräume: den 71 Meter langen, prunkvollen Festsaal mit Fußböden aus Mooreiche, opulenten Lüstern und feinsten bunten Glasfenstern; zwei Wappensäle, den Stadtsenatssaal, den **»Roten Salon«** und den Empfangsraum des Bürgermeisters. Über zwei Etagen erstreckt sich der Sitzungssaal des Wiener Gemeinderats und Landtags, denn seit Wien 1922 als österreichische Bundeshauptstadt den Status eines eigenen

Der gotische Touch des Rathaus soll an die mittelalterliche Ständegesellschaft erinnern. Im Dezember gehört der Rathauspark dem Weihnachtsmarkt.

Bundeslandes erhielt, ist der Gemeinderat gleichzeitig auch der Wiener Landtag. Prunkstücke der Ausstattung sind die herrliche blattvergoldete Edelholzkassettendecke und der unvergesslich schöne, rund 3200 Kilo schwere Jugendstil-Kronleuchter, ebenfalls nach einem Entwurf Friedrich von Schmidts geschaffen.

Rund um das Rathaus

Auf der Jagd nach Vampiren

Universität

Seit 1884 spielt sich hier ein guter Teil des akademischen Geschehens ab. Das Hauptgebäude der Universität fußt auf Plänen von Heinrich Ferstel, der den ausladenden Bau nicht ohne Grund im Stil der italienischen Renaissance errichten ließ. Interessant, wer alles an der »Alma Mater Rudolfina« lehrte und in den Arkaden ein Denkmal erhielt: Anton Bruckner, Philipp Semmelweis, Sigmund Freud, Theodor von Billroth und Marie von Ebner-Eschenbach sowie Gerhard van Swieten. Er hat sich auf vielen Gebieten hervorgetan und lieferte dem Romanautor Bram Stoker die Vorlage für den Vampirjäger Van Helsing in »Dracula«. Van Swieten war Maria Theresias Leibarzt und wurde von ihr 1755 nach Mähren entsandt, wo Vampire die Bevölkerung in Panik versetzten. Der nüchterne Wissenschaftler entdeckte allerdings keine Spur vom Fürsten der Finsternis, sondern konnte die rätselhaften Todesfälle auf natürliche Ursachen zurückführen.

1., Universitätsring 1 | www.univie.ac.at

Traumhafte Deckenfresken

Piaristenkirche

Wenige Minuten Fußweg vom Rathaus Richtung Westen liegt in der Josefstadt die Piaristenkirche Maria Treu. Als die Piaristen Ende des 17. Jh.s nach Wien kamen, bauten sie zunächst eine kleine Kapelle. 1716 wurde mit dem heutigen Kirchenbau nach Entwürfen von Johann Lucas von Hildebrandt begonnen. Die Piaristenkirche ist zugleich Pfarr- und Ordenskirche der Patres Scholarum Piarum. Nach verändertem Plan wurde die Kirche bis zur Mitte des 18. Jh.s weitergeführt; die Türme wurden erst von 1858 bis 1860 ausgebaut. Der Innenraum ist mit besonders schönen Deckenfresken von Franz Anton Maulbertsch ausgestattet, dem ersten großen Freskenwerk des Meisters von 1752/1753, das auch als sein Hauptwerk gilt. Älteste der acht Kapellen ist die **Schmerzenskapelle**, die eigentliche Gründerkapelle von 1699, mit einem historischen Gnadenbild »St. Maria da Malta« aus der ersten Hälfte des 15. Jahrhunderts. Unter den übrigen Kapellen nimmt die Kreuzkapelle links vom Chor eine herausragende Stellung ein; ihr Gemälde »Christus am Kreuz« (1772) stammt ebenfalls von Maulbertsch. Nur eine Kopie ist das Gnadenbild »Maria Treu« am Hochaltar, das Original hängt in Rom.

8., Jodok-Fink-Platz | U-Bahn: U2 (Rathaus) | www.mariatreu.at

★★ SCHLOSS SCHÖNBRUNN

Lage: 13., Schönbrunner Schloßstraße 47 | **U-Bahn:** U4 (Schönbrunn) | **Bus:** 10A (Schloss Schönbrunn) | **Straßenbahn:** 60 (Schloss Schönbrunn) | **Schloss:** April–Juni, Sept., Okt. 8–17.30, Juli und Aug. bis 18.30, Nov.–März bis 17 Uhr | **Schlosspark:** tgl. 6.30 Uhr bis Abenddämmerung | **Führungen:** 10, 12, 14, 16 Uhr | **Eintritt:** Imperial Tour 22 €, Grand Tour ohne Führung 26 €, mit Führung 30 €, Schlosspark: Eintritt frei | **www.schoenbrunn.at** (Online-Tickets und Audioguide-App)

Schönbrunn, allein der Name verheißt Schönheit, Glanz und Sommerfrische. Das größte Schloss Österreichs verspricht mit seinen Prunkräumen, der raffinierten Parkanlage mit Irrgarten, Palmenhaus und dem ersten Zoo der Welt einen perfekten Tag. Die Sommerresidenz der Habsburger war die bevorzugte Wohnstatt von Maria Theresia, später von Kaiser Franz und Sisi.

Habsburger privat

Schönbrunn ist so riesig, dass das Zählen der Gemächer offenbar gar nicht so einfach ist und die unterschiedlichsten Angaben kursierten. Wissenschaftler haben nachgezählt: 307 Räume hatte das Schloss zur Zeit Kaiser Franz Josephs; davon sind heute 45 öffentlich zugänglich.

Rund um den Besuch

Imperial oder Grand Tour?

Touren

Besucher mit wenig Zeit und großem Interesse an Sisi und Kaiser Franz Joseph wählen die »Imperial Tour« und spazieren in einer guten halben Stunde durch 22 Räume anhand von Tourbeschreibung oder Audioguide, aber ohne Führung. Die geführte »Grand Tour« umfasst 40 Räume und dauert ca. 50 Minuten. Online-Tickets ersparen lange Wartezeiten an den Kassen.

Wer backt den besten Strudel?

Gastronomie und Events

In der Orangerie finden täglich um 20.30 Uhr **Schlosskonzerte** statt. Musiker, Opernsänger und Balletttänzer präsentieren ein abwechslungsreiches Programm mit den schönsten Melodien von Mozart und Johann Strauss. Auf dem Gelände verteilen sich mehrere Einkehrmöglichkeiten. Der schönste Ort für eine Pause ist das Café in der Gloriette mit seiner herrlichen Aussicht über die gesamte Anlage. Schon Franz Joseph ließ sich hier sein Frühstück servieren. Angenehm ruhig ist es in Landtmanns Jausencafé. Nur wer am **Strudel-**

OBEN: Die Große Galerie bildet das Zentrum der Prunkräume. In der 40 m langen Halle tanzte die höfische Gesellschaft.

UNTEN: In der Gloriette beliebte Kaiser Franz Joseph I. sein Frühstück einzunehmen. Heute trinken die Parkbesucher hier gern einen Kaffee.

Seminar (Dauer ca. 2 Std.) im Schloss-Café Residenz teilnimmt, darf sich echter »Wiener Apfelstrudelbäcker« nennen. Das fertige Produkt wird gleich in der Backstube probiert.

Konzerte in der Orangerie: Tel. 01 812 50 04 | www.imagevienna.com | **Café Residenz:** Kavalierstrakt 52 | Tel. 01 24 10 03 00 | www.cafe-residenz.at | **Café Gloriette:** tgl. ab 9 Uhr, Sa., So. mit Musik Tel. 01 879 13 11 | **Landtmanns Jausencafé:** Kronprinzgarten Tel. 01 24 10 03 80 | www.landtmann-jausenstation.at

Bequeme Sache

Parkbahn

Ideal für Familien mit kleineren Kindern und eine bequeme Variante des Parkbesuchs ist die knapp **einstündige Rundfahrt** mit der Panoramabahn. Neun Stationen werden angefahren, darunter auch der Tierpark. Zur vollen und zur halben Stunde halten die Züge bei der Gloriette und am Schloss.

Mitte März–Okt. tgl. 10–18 Uhr | Tageskarte: Erw. 9 €, Kinder 4 € www.zoovienna.at

Muntere Kaiserkinder

Kindermuseum

»Schloss Schönbrunn erleben«, heißt das Motto des Kindermuseums im Westflügel des Schlosses. Hier erfahren große und kleine Kinder Interessantes und Wissenswertes über das kaiserliche Leben vor etwa 250 Jahren, z. B. wie sich die kaiserliche Familie kleidete oder mit welchem Spielzeug sich der Nachwuchs beschäftigte.

Im **Marionettentheater** Schönbrunn steht auch eine Bearbeitung von Mozarts »Zauberflöte« mit verkürzter Spieldauer auf dem Spielplan, die für Kinder ab 3 Jahren geeignet ist.

Kindermuseum: Hofratstrakt | Tel. 01 8 17 32 47 | tgl. 10–17 Uhr Führungen: Sa., So., Fei. 10.30, 13.30 und 15 Uhr | Eintritt: 8 € www.kaiserkinder.at

Marionettentheater: 13., Schönbrunner Schlossstraße, Hofratstrakt 34 | www.marionettentheater.at

Ein wenig Schlossgeschichte

Aufstieg aus den Trümmern

Sommerfrische mit Zoo

Im Jahr 1559 erwarb Kaiser Maximilian II. das aus einer Mühle umgebaute Lustschlösschen. Aus der Zweiten Türkenbelagerung ging die Anlage trümmerreif hervor. Nach dem Sieg über die Türken 1683 beauftragte Kaiser Leopold I. den begehrtesten Baumeister der damaligen Zeit, Johann Bernhard Fischer von Erlach, mit dem Entwurf für ein kaiserliches Lustschloss. Das Barockschloss Schönbrunn entstand ab 1696. Eigentlich sollte es sogar Versailles übertreffen, doch erst wurde im Spanischen Erbfolgekrieg 1701 das Geld knapp, dann starb 1711 mit Joseph I. der damalige Bauherr. Die heutige Anlage geht weitgehend auf Maria Theresia zurück. 1743 bis 1749 baute Nikolaus Pacassi Schönbrunn in ihrem Auftrag zur Sommerresidenz um. Ihr Mann Kaiser Franz I. ergänzte das Ensemble 1752 um einen Tiergarten – den ältesten Zoo der Welt (► S. 204).

Krachender Granathagel

Napoleons Besuch

Maria Theresia liebte das Barockschloss und machte ihre Sommerresidenz zum strahlenden Treffpunkt der High Society Europas. Auch Napoleon kam. Aber in feindlicher Absicht: Im Österreichisch-Französischen Krieg überzog er Wien 1809 mit einem beispiellosen Granathagel. Den greisen Haydn ließ das kalt, Beethoven drückte sich Kissen auf die Ohren, um nur nicht länger die krachenden Einschläge zu hören. Unterm Dauerfeuer brach die österreichische Verteidigung zusammen. Napoleon zog siegreich in der Hauptstadt ein und installierte sich mitsamt seinem Offizierstross in Schönbrunn. Die weitläufigen Anlagen boten sogar für die **umfangreichen Paraden** Platz, die Napoleon jeden Morgen höchstpersönlich abnahm. Die Wiener strömten in Scharen herbei, nur um einen Blick auf den großen Franzosen zu werfen. Der hatte sich in den ehemaligen Gemächern von Maria Theresia niedergelassen, nicht ahnend, dass sein eigener Sohn 33 Jahre später genau in diesen Räumen sterben würde. Auch seinen 40. Geburtstag feierte Napoleon am 15. August 1809 mit viel Pomp auf Schönbrunn, schloss Frieden mit Kaiser Franz I. von Österreich – und zog wieder ab.

Was fürs Herz

Franz und Sisi

Die nächsten Promis im Schloss: Kaiser Franz Joseph und seine Gemahlin Elisabeth. Auf Schönbrunn wurde Franz geboren, hier starb er, hier verbrachten er und Sisi mit ihren Kindern die ersten – vermutlich nicht nur im Film glücklichen – Ehejahre. Und auf ihren Spuren wandeln heute die meisten Besucher der Sommerresidenz der Habsburger. Die Prunkräume vom Festsaal bis zum Schlafgemach geben teils auch sehr privaten Einblick ins Leben der beliebtesten Habsburger.

Das Ende der Monarchie

Schauplatz der Geschichte

Nach Maria Theresia und Napoleon erlebte das Schloss seine Glanzzeit während des Wiener Kongresses, der 1814/1815 in der Großen Galerie tagte. Im Zuge der Renovierungen Mitte des 19. Jh. erhielten die Fassaden ihr berühmtes »Schönbrunnergelb«. 1918 verzichtete Karl I. hier auf die Regentschaft: damit endete in Österreich die Monarchie. 1945 – Wien war unter den vier Allierten aufgeteilt – schlug der englische Hochkommissar im Schloss sein Hauptquartier auf. Der Wiederaufbau nach den schweren Schäden des Zweiten Weltkriegs war 1952 abgeschlossen. Seit 1996 ist Schönbrunn **UNESCO-Weltkulturerbe.**

SCHLOSS UND PARK SCHÖNBRUNN

Das Schloss mit zwei langen Seitenflügeln, einem weiten Ehrenhof und einer Freitreppe zum Garten wurde unter Maria Theresia zum strahlenden Mittelpunkt des Hofes. Im Schlossgarten liegen die Palmenhäuser und Wiens Tiergarten.

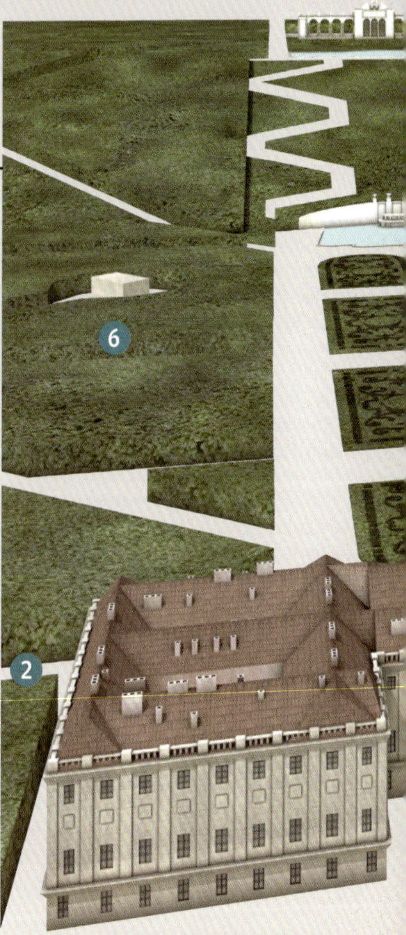

❶ Ehrenhof
Zwei Brunnen zieren die dem Park abgewandte Hauptfront. Hier befindet sich der Hauptzugang für die heutigen Schlossbesucher.

❷ Kronprinzengarten
1865 eröffnete der Kronprinzengarten an der Ostfassade des Schlosses. Im Sommer fühlen sich in diesem windgeschützten Garten die wertvollsten Zitronenbäume aus der Sammlung der Bundesgärten wie zu Hause.

❸ Großes Parterre
Rückgrat des Gartens ist das Große Parterre, das mit den streng symmetrischen Beeten den hohen Ansprüchen der barocken Gartenkunst entspricht.

❹ Irrgarten und Labyrinth
Der 1700 m² große Irrgarten wurde nach historischem Vorbild von 1720 wiederhergestellt. Im Zentrum befinden sich eine Aussichtsplattform und zwei Feng-Shui-Harmoniesteine. Im Labyrinth gibt es lustige Spiele für Groß und Klein auszuprobieren.

❺ Neptunbrunnen
Der Neptunbrunnen bildet die südliche Begrenzung des Gartenparterres. Um 1780 gestaltete Zauner die Dekoration, für die er Steinskulpturen nach Motiven aus der griechischen Mythologie lieferte.

❻ Schöner Brunnen
Die alte Quelle, das »Kaiserbrünnl«, gab dem Schloss seinen Namen. Kaiser Matthias (1557–1619) entdeckte sie während der Jagd. 1799 erhielt sie einen grottenartigen Pavillon, in dem die Nymphe Egeria, geschaffen von Johann Christian Beyer, das Wasser spendet.

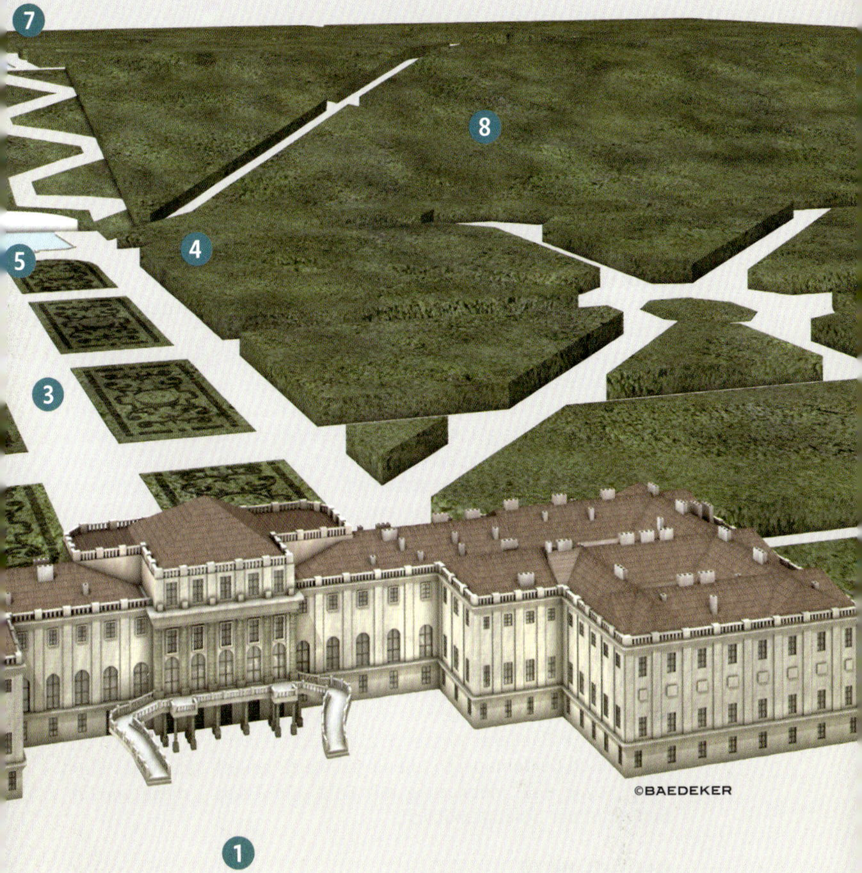

❼ Gloriette
Serpentinenwege führen hinter dem Neptunbrunnen den Hügel hinauf zur klassizistischen Säulenhalle der Gloriette, die Hetzendorf 1775 dort als krönenden Abschluss der Parkanlage aufstellen ließ. Zwischen 1993 und 1997 wurde die Gloriette restauriert, wobei der Mitteltrakt seine einstige Verglasung zurückerhielt. Das ehemalige Sommerspeisezimmer des Kaisers ist von einer prachtvollen Kuppeldecke gekrönt.

❽ Tierpark
Der älteste Tiergarten der Welt liegt im westlichen Teil des Parks. Hier lösen Pandas und Eisbären die Kaiser als Stars ab.

Die kaiserlichen Prunkräume

Hier geht's rein

Zugang

Von der Haltestelle »Schönbrunn« sind es noch einige Schritte bis zum Eingang. Hier befindet sich die Kasse für Tagesbesucher und Gruppen. Das schmiedeeiserne Haupttor zum **Ehrenhof** der barocken Anlage wird von zwei Obelisken flankiert. Der Zugang zu den Schauräumen befindet sich im Ostflügel.

Blick ins kaiserliche Schlafzimmer

Kaiserliche Wohn- und Arbeitsräume

Das Arbeitszimmer **Franz Josephs** (Raum 4) steht durch seine schlichte Ausstattung im Gegensatz zum prächtigen Dekor des Audienzzimmers. Hier begann der Kaiser bereits um 5 Uhr morgens seinen Arbeitstag. Zahlreiche Bilder, darunter viele von seiner Gemahlin, geben Zeugnis von der Wohnkultur des Kaisers. Eines der beiden großen Porträts zeigt ihn im Alter von 33 Jahren, das andere Kaiserin Elisabeth. In dem einfachen Eisenbett des sich anschließenden Schlafzimmers (Raum 5) starb er am 21. November 1916 nach einer Regierungszeit von fast 68 Jahren.
Das Stiegenkabinett (Raum 7) benutzte **Kaiserin Elisabeth** als Schreibzimmer. Von hier führte eine Wendeltreppe in ihr privates »Gartenappartement«. Im Toilettezimmer (Raum 8) widmete die figurbewusste Sisi dem Sport viel Zeit – und der Schönheitspflege: Allein die Pflege ihrer prachtvollen Haare nahm mehrere Stunden in Anspruch. Das Gemeinsame Schlafzimmer (Raum 9) wurde vom kaiserlichen Paar, das 1854 geheiratet hatte, nur in den ersten Ehejahren benutzt. Elisabeth lehnte von Anfang an das strenge höfische Leben ab (► Baedeker Wissen S. 276). Interessant sind hier auch die blauweißen Seidentapeten, die Betstühle zu beiden Seiten des Ehebetts sowie eine Möblierung mit Sofa und Tisch – diese war im Schlafzimmer bislang unüblich.

Hochzeit mit 15

Salons der Kaiserin

An den Wänden des im Stil des Neorokoko ausgestatteten Salons der Kaiserin (Raum 10), des Empfangssalons, hängen Pastellporträts, die der Genfer Maler Jean-Étienne Liotard von den Kindern Maria Theresias anfertigte. Ein Bild zeigt **Marie Antoinette im Jagdkostüm**. Sie wurde als Fünfzehnjährige mit dem späteren König Ludwig XVI. verheiratet und starb wie er 1793 bei der Französischen Revolution auf dem Schafott. Die Uhr vor dem Spiegel an der Fensterseite besitzt ein spiegelverkehrtes Zifferblatt auf der Rückseite, sodass sich die Uhrzeit auch im Spiegelbild ablesen lässt. Das Marie-Antoinette-Zimmer (Raum 11) diente zur Zeit Elisabeths als **Familienspeisezimmer**; hier ist eine original gedeckte Familientafel aufgebaut. Sobald der Kaiser, der sehr schnell aß, gegessen hatte, wurde die Tafel aufgehoben. Das sogenannte **Kinderzimmer** (Raum 12) mit einer

SCHLOSS SCHÖNBRUNN

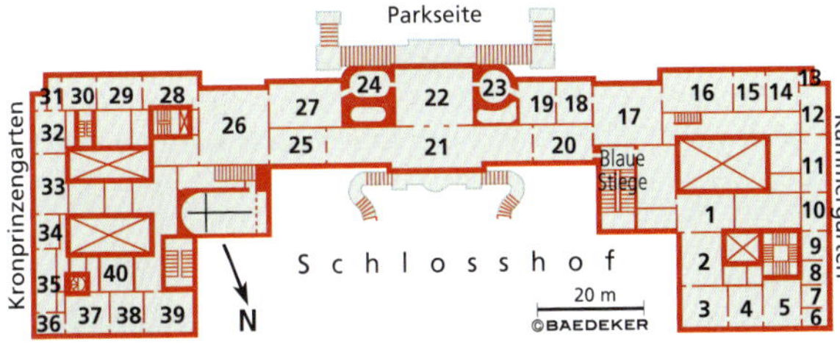

1 Gardezimmer
2 Billardzimmer
3 Nussholzzimmer
4 Arbeitszimmer von Kaiser Franz Joseph I.
5 Schlafzimmer von Kaiser Franz Joseph I.
6 Westterrassenkabinett
7 Stiegenkabinett
8 Toilettezimmer
9 Gemeinsames Schlafzimmer von Kaiser Franz Joseph I. und Kaiserin Elisabeth
10 Salon der Kaiserin
11 Marie-Antoinette-Zimmer
12 Kinderzimmer
13 Frühstückskabinett
14 Gelber Salon
15 Balkonzimmer
16 Spiegelsaal
17 Großes Rosa-Zimmer
18 Erstes kleines Rosa-Zimmer
19 Zweites kleines Rosa-Zimmer
20 Laternenzimmer
21 Große Galerie
22 Kleine Galerie
23 Chinesisches Rundkabinett
24 Chinesisches Ovalkabinett
25 Karussellzimmer
26 Zeremoniensaal
27 Rösselzimmer
28 Blauer Chinesischer Salon
29 Vieux-Laque-Zimmer
30 Napoleonzimmer
31 Porzellanzimmer
32 Millionenzimmer
33 Gobelinsalon
34 Schreibzimmer der Erzherzogin Sophie
35 Roter Salon
36 Ostterrassenkabinett
37 Reiches Zimmer
38 Schreibzimmer von Erzherzog Franz Karl
39 Salon von Erzherzog Franz Karl
40 Jagdzimmer

Weißgold-Wandvertäfelung ist mit Porträts der Töchter Maria Theresias geschmückt. Von diesem Raum blickt man in das Badezimmer, das 1917 für Kaiserin Zita eingebaut wurde. Die eigentlichen Kinderzimmer lagen in den oberen Etagen des Schlosses.

Ein Wunderkind tritt auf

Im Spiegelsaal (Raum 16), der mit Kristallspiegeln in vergoldeten Rokokorahmen verkleidet ist, wurden die Minister vereidigt. **Mozart** musizierte hier 1762 als sechsjähriges »Wunderkind«. Nach dem Vorspielen vor Maria Theresia – so schrieb der stolze Vater – ist »Wolferl Ihrer Majestät auf den Schoß gesprungen und hat sie an den Hals bekommen und rechtschaffen abgeküsst«.

Spiegelsaal

Der Rokoko-Ballsaal

Im Zentrum des Schlosses liegen die Große und die Kleine Galerie (Raum 21, 22). Die rund 40 m lange Große Galerie mit dem beidseitigen Kristallspiegel, den üppigen Weißgolddekorationen und den

Große und Kleine Galerie

Deckenfresken, die den Ruhm und Vielvölkerstaat thematisieren, ist einer der prächtigsten Rokoko-Festsäle überhaupt und bildete den idealen Rahmen für glanzvolle Bälle, Empfänge und Festbankette; sie wird noch heute u. a. für Konzerte genutzt. Die Kleine Galerie eröffnet einen wunderschönen Blick auf das Blumenparterre des Parks; hier fanden die kleinen Diners des Kaiserhauses statt. Das Deckenfresko, 1761 von Gregorio Guglielmi gemalt, hat die Verherrlichung des Hauses Habsburg und seiner Regentschaft zum Thema.

Geheime Treppe

Chinesisches Rundkabinett

Inmitten ostasiatischer Lackparaventtafeln unter der fein ornamentierten Stuckdekorkuppel richtete Maria Theresia ihre »konspirative« Tafelstube im Chinesischen Rundkabinett (Raum 23) ein, zu der ihr Staatskanzler Kaunitz über eine Geheimtreppe jederzeit Zutritt hatte. Im 18. Jh. hat die chinesische Kunst die fürstliche Wohnkultur Europas geprägt.

Abdankung im Blauen Salon

Zeremoniensaal

Große Familienfeste, etwa Taufen oder Geburtstagsfeiern, fanden im Zeremoniensaal (Raum 26) statt. Die monumentalen goldgerahmten Gemälde aus der Werkstatt van Meytens dokumentieren die Vermählung Josephs II. mit Isabella von Bourbon-Parma im Jahr 1760. Für Besucher der Imperial Tour endet der Rundgang hier, die Grand Tour geht nun im Ostflügel weiter. Sie führt in die Gemächer von Kaiser Franz Stephan und Maria Theresia.
Handbedruckte fernöstliche Tapeten, blau-weiße japanische Vasen und hellblaue Seide bildeten den noblen Rahmen für das Ende der Monarchie: Im **Blauen Chinesischen Salon** (Raum 28) unterzeichnete Karl I. 1918 die Verzichtserklärung auf die Regierungsgeschäfte und Österreich wurde Republik.

Eine arrangierte Ehe

Privatgemächer

Im **Vieux-Laque-Zimmer** (Raum 29), dem luxuriösen Privatgemach Maria Theresias, ist ostasiatische Kunst mit Wiener Rokoko vereint. Nach dem Tod ihres geliebten Gatten Franz Stephan – Maria Theresia legte ihre Witwentracht nie mehr ab – wurde das Zimmer als Gedächtnisraum gestaltet.
Im ehemaligen Schlafzimmer Maria Theresias (Raum 30, **Napoleonzimmer**), das 1873 mit kostbaren Brüsseler Tapisserien ausgeschmückt wurde, wohnte 1805 und 1809 Kaiser Napoleon I.; 1832 starb hier im Alter von 21 Jahren sein Sohn Napoleon Franz an Tuberkulose. Er war in Schönbrunn aufgewachsen. Wie das? Seinem berühmten Vater war von Kaiser Franz dessen Tochter Marie Louise zur Frau gegeben worden. Eine rein politische Liaison. Napoleon hingegen lag auch an einem Thronerben. Von seiner geliebten Josephine hatte er sich wegen Kinderlosigkeit scheiden lassen. Nach seiner Ab-

dankung floh Marie Louise mit dem gemeinsamen Sohn zurück nach Hause. **Maria Theresias Privatsalon** ist mit kostbarem Rosenholz getäfelt und mit vergoldeten Schnitzornamenten überzogen – daher der Name **Millionenzimmer** (Raum 32). In die Täfelung eingelassen sind zahlreiche indo-persische Miniaturen unter Glas, die Mitte des 18. Jh.s über die Niederlande an den Wiener Hof gelangten. Die Miniaturen wurden von der kaiserlichen Familie zerschnitten und zu neuen Bildern zusammengesetzt.

Kaiserliches Prunkbett

Gobelinsalon, Reiches Zimmer

Die Wände des Gobelinsalons (Raum 33) zieren Brüsseler Tapisserien v. a. mit Hafen- und Marktszenen aus dem 18. Jahrhundert. Im **Roten Salon** (Raum 35) ist u. a. Friedrich von Amerlings berühmtes Gemälde »Kaiser Franz I. im Toisonornat mit dem Orden vom Goldenen Vlies« zu sehen. Das im einstigen Geburtszimmer Kaiser Franz Josephs (Reiches Zimmer, Raum 37) stehende Prunkbett aus rotem Samt und kostbarer Gold-Silber-Stickerei befand sich ursprünglich in den Räumen Maria Theresias in der Hofburg; es ist das einzig erhaltene seiner Art des Wiener Hofs.

Weitere Schlossräume

Schlosstheater

Wiens einziges noch bestehendes Barocktheater wurde 1747 von Maria Theresias Lieblingsarchitekten Nikolaus Pacassi eingerichtet und 1767 vom nachfolgenden Hofarchitekten Ferdinand Hetzendorf von Hohenberg umgebaut und neu ausgestattet. Im »Haustheater der Habsburger« spielte die Regentin selbst in einigen Stücken mit. Seit 1929 nutzt das Max-Reinhardt-Seminar die 2010 restaurierte Bühne und bespielt sie von Oktober bis Juni zusammen mit der Opernabteilung der Universität für Musik und darstellende Kunst.
www.schoenbrunn.at | www.mdw.ac.at/maxreinhardtseminar

Mobilität der Royals

Kaiserliche Wagenburg

Repräsentieren, den eigenen Status zur Schau stellen, Eindruck schinden: das taten Adel, Herrscher und Aufsteiger viele Jahrhunderte lang mit Hilfe von Pferden und prunkvollen Wagen. In der Wagenburg, ehemals Winterreitschule, sind rund 170 historische Staatskarossen, Schlitten und Reisesänften sowie Schabracken und Livreen des Hofs aus der Zeit von 1690 bis 1918 ausgestellt. Prunkstück der Sammlung ist der 4 t schwere, reich geschmückte Imperialwagen, der, von acht Schimmeln gezogen, seit 1745 bei Hochzeiten und Krönungen eingesetzt wurde. Den lackschwarzen Trauerwagen zogen acht Rappen, wenn die letzte Fahrt eines Habsburgers zur Kaisergruft anstand. Auch 1898 spannte man sie für die sog. **»Große Hoftrauer«** an, um Elisabeth von Österreich ein letztes Mal zu fahren. Zu

sehen sind ferner Napoleons Pariser Wagen für die Krönung in Mailand, der Staatswagen Kaiser Franz Josephs und die schlichte Kutsche der Kaiserin Zita. Auf dem **Sisi-Pfad** werden neben den Kutschen der Kaiserin auch der einzige erhaltene Sattel der begnadeten und leidenschaftlichen Reiterin gezeigt, Portraits von Sisis Lieblingspferden sowie einige ihrer prächtigen Kleider.
Mitte März–Nov. tgl. 9–17, Dez.–Mitte März tgl. 10–16 Uhr
Eintritt: 12 € | www.kaiserliche-wagenburg.at

★ Schlosspark

tgl. 6.30 Uhr–Abenddämmerung | Eintritt: frei

Alles streng nach Plan

Barockgarten

Der fast 2 km² große Schlosspark gehört zu den bedeutendsten Barockgärten im französischen Stil. Hier wird nichts dem Zufall überlassen, 120 Gärtner wachen streng über alles, was ins Kraut schießen will und trimmen insgesamt rund 50 km Hecke in Form. Moderne Gartengeräte und -maschinen helfen – unter Maria Theresia werkelten noch 1000 Gärtner. Jean Trehet legte den Park 1705 nach einem Entwurf Johann Bernhard Fischer von Erlachs an, zwischen 1765 und 1780 verliehen Adrian von Steckhoven und Johann Ferdinand Hetzendorf ihm sein heutiges Aussehen mit naturbelassenen Elementen zwischen geometrischen Blumenparterren und reizvollen architektonischen Akzenten.

Im Reiche Neptuns

Großes Parterre

Der Rundgang durch den barocken Garten beginnt in der **Lichten Allee** vor der Gartenfassade des Schlosses. Von hier aus bietet sich die schönste Aussicht auf die symmetrisch angelegten Blumenbeete des Großen Parterres. Zu beiden Seiten des Blumenparterres stehen in den Seitenalleen mythologische Marmorskulpturen aus der Zeit um 1773.

Den Abschluss dieses zentralen Parkteils bildet der pompöse **Neptunbrunnen** (1776–1780). Die auf einer Felsenlandschaft thronende Figurengruppe aus Sterzinger-Marmor von dem Bildhauer und Gartenarchitekten Wilhelm Beyer (1725–1796) zeigt Neptun mit seinem Dreizack und die Meeresgöttin Thetis. Tritonen mit Muscheltrompeten lenken die stürmischen Meerespferde. Neptun galt zu dieser Zeit als Synonym für den Fürsten, der sein Volk zu führen wusste. Die halbmondförmige Baumzeile dahinter wurde im 19. Jahrhundert gepflanzt.

Im Großen Parterre, im Irrgarten und an der Gloriette tummeln sich die meisten Besucher, jenseits davon wird es schon deutlich ruhiger. Unter den 700 Parkbänken findet sich auch immer eine, die frei ist.

Des Kaisers Frühstückszimmer

Gloriette

Über den Neptunbrunnen hinweg geht der Blick zur herrschaftlichen Gloriette am Schönbrunner Berg, die Kaiserin Maria Theresia 1775 mit einem 20 m hohen, über eine Wendeltreppe zu erreichenden Aussichtsplatz errichten ließ. Hier nahm Kaiser Franz Joseph I. das Frühstück zu sich. Den Panoramablick genießen heute die Gäste des »Café Gloriette«.

April–Juni, Sept. tgl. 9–18, Juli u. Aug. bis 19, Okt. bis 17 Uhr
Eintritt für Zutritt auf das Dach: 5 €

Komplizierte Gartenkunst

Kronprinzengarten

An der Ostfassade des Schlosses liegt der Kronprinzengarten, eine in vier Felder eingeteilte Anlage, die bis 1918 Privatgarten des Kaiserhauses war. Während der Sommermonate kann hier die Sammlung unterschiedlichster Zitruspflanzen der Bundesgärten bewundert werden. Der anschließende Garten **»Am Keller«** zählt zu den ältesten Parkteilen des Schlosses und wurde um 1700 über dem Keller der Hofküche angelegt. Seine drei Felder sind mit Buchs und Beetpflanzen so kunstvoll arrangiert, dass sie an ein kompliziertes Stickmuster erinnern.

April–Juni, Sept., Okt. 9.30–17, Juli u. Aug. bis 18 Uhr | Eintritt: 4 €

Der schöne Brunnen

Östlich vom Großen Parterre

Die Taubenhausallee und der Weg am Meidlinger Lindenwäldchen führen zum Schnittpunkt des Alleesterns östlich des Großen Parterres, in dessen Mitte das Rundbassin mit Najadengruppen aus Marmor steht. Diese Figuren aus der griechischen Mythologie wachen über Quellen, Flüsse und Seen. Gleich dahinter stößt man auf den um 1777 errichteten Engelsbrunnen sowie auf das Brunnenhaus **Schöner Brunnen** von 1771, den Namensgeber von Schloss und Park. Im Mittelpunkt des quadratischen Pavillons mit einer Tropfsteinhöhle nachempfundenen Innenwänden räkelt sich lasziv die Figur Egeria, geschaffen von Wilhelm Beyer.

Bröckelnde Säulen und Ganselkröpfer

Römische Ruine

Die kurze Ruinenallee führt zur Römischen Ruine. Die romantische Ruinenanlage wurde zu Füßen des bewaldeten Schönbrunner Bergs errichtet. Diese Gartenkulisse eines halb versunkenen Palasts mit korinthischen Kapitellen und Figurenfries stammt von 1778. Ferdinand Hetzendorf von Hohenberg wollte mit dem Untergang des griechischen die Kraft des römischen Reichs symbolisieren.

In der Nähe der Römischen Ruine finden sich das **Taubenhaus** (1750/1776), eine dekorative runde Drahtgitter-Voliere. Hier leben zum Entzücken von Taubenfreunden wieder die alten Rassen, die schon Maria Theresia erfreute: der Tümmler Kiebitz, der Österreichische Ganselkröpfer und das Wiener Flugganselt, allesamt bestens be-

treut durch den Tierpark Schönbrunn. Am Ende der östlichen Diagonalachse steht der **Obeliskbrunnen** (1777), der ebenfalls von Ferdinand Hetzendorf von Hohenberg errichtet wurde. Die den Obelisk tragenden Schildkröten waren ehemals vergoldet, die eingemeißelten Szenen stellen in Form von Hieroglyphen die Familiengeschichte der Habsburger dar.
Vom Obeliskbrunnen bergan versteckt sich nahe dem Maria-Theresia-Tor im Wald die **Kleine Gloriette**, ein hübscher, zweigeschossiger Pavillon aus dem Jahr 1775 mit reizender Rokoko-Innenbemalung, der vermutlich als Aussichtsturm diente.

Alpin-gemütlicher Touch

Tiroler Garten

Vorbei an der Großen Gloriette führt der Weg schnurgerade in den westlichen Teil des Schlossparks zum am Rand des Tiergartens gelegenen sog. **Tiroler Garten**. Erzherzog Johann, der Bruder von Kaiser Franz I., brachte 1802 eine alpine Note in den Schönbrunner Park und ließ einen Bauernhof im Tiroler Stil einrichten. In dem Bauernhaus ist ein Café-Restaurant untergebracht.

Nur nicht mit Steinen werfen

Palmenhaus, Wüstenhaus

Ein romantischer schmaler Weg führt zum einstigen Botanischen Garten, der, in einen Landschaftsgarten umgestaltet, im Sommer von den Wienern gerne als Erholungsoase genutzt wird. Dort erhebt sich das imposante **Große Palmenhaus**, das größte Glashaus Europas (Bild rechts). 1882 im Auftrag von Kaiser Franz Joseph I. von dessen Hofarchitekt Franz Xaver Segenschmid errichtet, besitzt es 45 000 Glasscheiben, eine Grundfläche von 2500 m² und 25 m Höhe. Es zeigt in drei unterschiedlich klimatisierten Abteilungen exotische Pflanzen aus aller Welt, u. a. ist hier die größte Seerose der Welt zu sehen.
Vis-à-vis dem Palmenhaus steht das **Wüstenhaus**. Das ehemalige Sonnenuhrhaus, ein im Jugendstil erbautes prachtvolles Gewächshaus, entstand 1904 unter Kaiser Franz Joseph I. Die historische Sonnenuhr davor erinnert noch an diese Zeit. Heute wandern die Besucher auf einem Erlebnispfad durch authentische Wüstenlandschaften von Mittelamerika bis Madagaskar, vorbei an beeindruckend geformten Kakteen und anderen Sukkulenten, argwöhnisch beäugt von Echsen, Kleinsäugern wie den sehr seltenen Nacktmullen, Vögeln, Fischen und Schildkröten.

Großes Palmenhaus: Mai.–Sept. tgl. 10–18, Okt.–April bis 17 Uhr
Eintritt: 7 € | www.bundesgaerten.at
Wüstenhaus: Mai.-Sept. tgl. 9–18, Okt.–April bis 17 Uhr | Eintritt: 8 € | www.zoovienna.at

Wo bin ich?

Irrgarten

Der 1714 m² große Irrgarten, gleich westlich vom Neptunbrunnen, wurde zwischen 1698 und 1740 angelegt. Nebenan laden Rätsel,

Denkaufgaben und lustige Spiele zu einem vergnüglichen Besuch des nach historischen Plänen errichteten **Labyrinths** ein. So kann man beispielsweise in einem Riesenkaleidoskop seine eigene Figur unterschiedlich verzerrt begutachten oder ein nicht ganz einfaches Mathematikrätsel lösen. Der **Labyrinthikon-Spielplatz** bietet nicht nur kleinen Kindern Gelegenheiten zum Experimentieren und Spielen.
April–Juni, Sept. 9–18, Juli, Aug. bis 19, Okt. bis 17, Anf. Nov. bis 16 Uhr | Eintritt: 4,50 €

BAEDEKER MAGISCHE MOMENTE

ORT DER SCHÖNHEIT

Obwohl Schönbrunn eine der meistbesuchten Sehenswürdigkeiten Wiens ist, findet sich in dem riesigen Park an vielen Stellen ein ruhiger Platz, genau richtig, um auf einem Bänkchen zu sitzen und innezuhalten. Eine schöne Ecke ist der Bereich rund ums Palmenhaus mit vielen alten Bäumen, gepflegten Rabatten, erlesenem Blumenschmuck und Vogelgesang aus dem Gebüsch.

★★ Tiergarten Schönbrunn

Eingang: Hietzinger Tor | tgl. ab 9 Uhr, April–Sept. bis 18.30 Uhr, Winter frühere Schließzeit | **Eintritt:** 26 € | **www.zoovienna.at** (Online-Tickets)

Ältester Zoo der Welt

Pandas!

1752 eröffnete die Menagerie von Franz I. – damit ist Schönbrunns Tierpark der älteste Zoo der Welt. Hier wird mehr getan, als exotische Tiere zu halten: Der Zoo ist seit über 100 Jahren berühmt für seine **Pionierarbeit bei Artenschutz und Nachzucht**. 1906 wurde hier der erste Elefant in einem Zoo geboren; die Geburt eines Pandabären 2007 war die erste natürliche außerhalb Chinas. Weltweit ist diese Tierart vom Aussterben bedroht, es gibt nicht einmal mehr 2000 Exemplare in freier Wildbahn. Die knuddeligen Pandas sind die Publikumslieblinge. Europaweit gelingt es nur fünf Zoos, die schwarz-weißen Bambusbären zu halten. Die Nachzucht der Batagur Flussschildkröte, die rund 80 Jahre alt werden kann, und des nur 3,5 cm großen Winkerfroschs hat Schönbrunn ebenfalls Hochachtung der Fachwelt eingebracht. Beide befinden sich im **Regenwaldhaus**.

Kleine Welt der Zootiere

Umweltnahe Tiergehege

Den besonderen Charme des Schönbrunner Tierparks macht die Mischung aus historischen, **denkmalgeschützten Anlagen und zeitgemäßen Gehegen** aus. Die heute rund 9000 Tiere (734 Tierarten) werden in ihrer natürlichen Umwelt nachempfundenen Anlagen gehalten, etwa in der Südamerika-Anlage, im Regenwaldhaus oder im Polarium, wo man durch eine Glaswand Robben unter Wasser schwimmen sieht. Im Aquarien-Terrarien-Haus lassen sich in einem Unterwassertunnel Fische aus nächster Nähe beobachten.

Die altehrwürdige Architektur ist neuen Zwecken angepasst worden: Das im 19. Jh. gebaute Palmenhaus bietet nun als **ORANG.erie** den Orang-Utans ein Zuhause. Der Kaiserpavillon (1759), von dem aus die Kaiserfamilie einst die Raubtierkäfige beobachten konnte, ist heute ein Café-Restaurant.

Futter für die Bären

Eisbärenwelt

Seit 2014 lockt die Eisbärenwelt »Franz Josef Land«. Hauptattraktion ist das große Sichtfenster, durch das man die mächtigen Tiere beim Tauchen beobachten kann. Im **Polardom** informiert eine Ausstellung über den Schutz dieser bedrohten Tiere. Besonders spannend sind die Fütterungen der Zootiere, bei denen die Tierpfleger über die Lebensweise ihrer Schützlinge berichten.

Täglich um 14 Uhr ist Eisbärenfütterung, um 14.30 Uhr sind die Pandas an der Reihe. Weitere Fütterungszeiten auf der Website.

BAEDEKER ÜBERRASCHENDES

6x DURCHATMEN

Wien von grün bis blumenbunt

1. STADTPARK

Nahezu das ganze Jahr über blühen Blumen im Stadtpark, dem ältesten öffentlichen Park Wiens. Ruhige Ecken, viele **Bänke**, dazu die frischen Strudel in der Meierei. (▶ **S. 168**)

2. KREBSENWASSER

Was treiben die **Biber** gerade so im Prater? Welche seltenen Vögel brüten? Der dschungelartige Rest der alten Donau ist genau die richtige Abwechslung zum Besichtigungsmarathon. (▶ **S. 186**)

3. LAINZER TIERGARTEN

Das ehemalige Jagdgebiet des Kaisers zählt zu den letzten Resten des Wienerwalds am Großstadtrand. Wer gern ein wenig laufen will: **Wanderschuhe** und Vesperbrot mitnehmen. (▶ **S. 45**)

4. SIGMUND-FREUD-PARK

Mit bestem Blick auf die Votivkirche eine Runde in der Sonne dösen und den Lärm der Stadt ausblenden. Die Stadt Wien stellt im Sommer **Liegestühle** auf, gratis. (▶ **S. 233**)

5. STEINHOFGRÜNDE

Oberhalb der Otto-Wagner-Kirche dehnen sich die Steinhofgründe aus. Perfekt, um mit **Blick auf Wien** eine kleine Runde zu gehen. Wem das nicht reicht: Richtung Norden Wald, Wald, Wald. (▶ **S.146**)

6. BOTANISCHER GARTEN

Abseits vom Trubel des Belvedere genüsslich Zeitung lesen und, vielleicht, Pflanzenstudien betreiben. Besonders interessant: die **Hosta-Beete**. (▶ **S. 71**)

SCHÖNLATERNGASSE

Lage: 1. Bezirk | **U-Bahn:** U3 (Stubentor), U1, U4 (Schwedenplatz)
Straßenbahn: 1, 2 (Schwedenplatz)

Sich treiben lassen in der Wiener Altstadt, abseits der Einkaufsmeilen auf Entdeckungsreise gehen. So findet man sich wie von selbst in der Schönlaterngasse wieder, die sich zwischen dem Heiligenkreuzerhof und der Postgasse versteckt.

Krumme Gasse

Das 1680 erbaute Haus »Zur schönen Laterne« gab dem krummen Gässchen im ältesten Viertel der Innenstadt seinen Namen. Das Original der »Schönen Laterne« ist im Wien Museum (▶ Karlsplatz) ausgestellt, 1971 wurde am Haus Nr. 6 eine Kopie angebracht.

Mutiger Bäckergeselle

Basiliskenhaus

Seit 1212 lässt sich das Basiliskenhaus (Nr. 7), früher auch »Haus zum rothen Kreuz« genannt, urkundlich nachweisen. Nach 1945 wurde es im Stil des 16. Jh.s wiederhergestellt. Ein Wandbild und eine Sandsteinfigur in der Fassadennische des zweiten Stockwerks stellen einen Basilisk dar. Wie die **Sage** erzählt, ein furchterregendes Fabeltier halb Hahn, halb Kröte, das hier im Hausbrunnen hauste und viele Menschen mit seinem giftigen Atem krank machte oder durch böse Blicke tötete. Eines Tages fasste sich ein Bäckergeselle aus Liebe zu einer hübschen Bäckerstochter ein Herz und hielt dem Monster wagemutig einen Spiegel vor, worauf der Basilisk vor Entsetzen über sein Aussehen versteinerte.

Vom Handwerk zur Kunst

Alte Schmiede

Die Alte Schmiede (Nr. 9) war bis 1970 die Werkstatt des Kunstschmieds Otto Schmirler. Denkmalgeschützt und museal aufbereitet, gibt sie heute einen umfassenden Einblick in das Schmiedehandwerk. Daneben betreibt der **Alte Schmiede Kunstverein Wien** eine Musikwerkstatt, die jungen Musikern ein Forum bietet, eine Galerie der Literaturzeitschriften, in der knapp 100 Literatur- und Kulturzeitschriften ausliegen, ein Café und das Literarischen Quartier, das Lesungen und Vorträge organisiert.

Alte Schmiede: Schönlaterngasse 9 | mehrmals wöchentlich Abendveranstaltungen | www.alte-schmiede.at

Galerie der Literaturzeitschriften: Schönlaterngasse 7a | Mo.–Fr. 14–18 Uhr | Tel. 01 5 12 83 29 | www.alte-schmiede.at

Hier wird geheiratet

Heiligenkreuzerhof

Der heutige Komplex aus Stiftshof, Prälatur, Kapelle und Zinshaus liegt zwischen Schönlaterngasse und Graßhofgasse. Der Heiligenkreuzerhof wurde zwischen 1659 und 1676 errichtet. Ihr heutiges Aussehen erhielt die Anlage durch Umbau Mitte des 18. Jh.s; 1754 kam das **Zinshaus** hinzu. Der Barockmaler Martino Altomonte (1657–1745) verbrachte hier seinen Lebensabend. Von ihm stammt das Hochaltarbild (um 1730) in der neben der Prälatur gelegenen St.-Bernhards-Kapelle, die 1660 geweiht wurde. Die im Barockstil ausgeschmückte Kapelle wird heute gern für Hochzeiten genutzt.

★ SECESSION

Lage: 1., Friedrichstraße 12 | **U-Bahn:** U1, U2, U4 (Karlsplatz) | Di.–So. 10–18 Uhr | **Führungen:** Sa. 11 (engl.), 14 Uhr (dt.)
Eintritt: 12 € | **www.secession.at**

Die jungen Wilden der Wiener Kunstszene gingen ab 1897 ihre eigenen Wege und gründeten die »Secession«. Auf ihrem Jugendstil-Kunsthaus steht in goldenen Lettern: »Der Zeit ihre Kunst. Der Kunst ihre Freiheit«. So ist das Haus bis heute auch ein Ort der künstlerischen Experimente.

Das kleine Secessionsgebäude würde mit seinem funktional-weißen Korpus optisch in der Großstadtkulisse untergehen, wäre da nicht seine ungewöhnliche Kuppel, ein filigranes Geflecht aus zahllosen vergoldeten Lorbeerblättern. Sie verkörpern die Weihe an Apoll, schließlich erhoffte sich die junge Künstlergeneration reiche Inspiration vom Gott der Musen. Der Volksmund gab der Kuppel jedoch bald den Namen »goldenes Krauthappel« (Abb. ►S. 239).

Das Krauthappel

Das von **Josef Maria Olbrich** 1898 fertiggestellte Gebäude war der erste und epochemachende Bau des Wiener Jugendstils, des »Secessionsstils«. Der Bau wurde notwendig, als sich 1892 die Vereinigung junger Künstler unter Führung des Malers **Gustav Klimt** vom konservativen Verband des Künstlerhauses abtrennte, 1897 die noch heute bestehende Künstlervereinigung »Secession« ins Leben rief und den gleichnamigen Kunststil kreierte. An der Ostseite fällt die bronzene Marc-Anton-Gruppe von Arthur Strasser auf; der von Löwen gezogene Wagen des Imperators wurde 1900 bei der Pariser Weltausstellung gezeigt.

Was ersehnt der Mensch? Glück.

Beethovenfries

Heute kann man in der Secession – außer wechselnden Kunstausstellungen – den »Höhepunkt im Werk Gustav Klimts« bewundern, wie Egon Schiele den gewaltigen, 34 m langen und 2 m hohen Beethovenfries bezeichnete. Der Beethovenfries symbolisiert die Sehnsucht des Menschen nach Glück. Klimt schuf die fast 70 m² große Wandmalerei zum Thema der neunten Symphonie von Ludwig van Beethoven 1902 für die XIV. Ausstellung der Wiener Secession. 1986 wurde es in einem neu geschaffenen Raum im Untergeschoss der Secession neu montiert.

BAEDEKER ✦ MAGISCHE MOMENTE

RUHEPOL KAFFEEHAUS

Von der Secession aus sind es keine drei Minuten bis zum Café Sperl. Eine bekannte Adresse, aber noch nicht vom Publikumserfolg ruiniert. Eine große Auswahl an Zeitungen, ringsum Gäste, die genau dasselbe tun und wollen wie man selbst: Eine Melange trinken, die erste Zeitung studieren, eine zweite, vielleicht einen Topfenstrudel bestellen. Niemand stört, niemand verbreitet Hektik, Handys bleiben aus (Gumpendorfer Str. 11, www.cafesperl.at).

SPITTELBERG

Lage: 7., Spittelberggasse und Umgebung | **U-Bahn:** U2, U3 (Volkstheater) | **Bus:** 2A (Kirchengasse)| **Straßenbahn:** 49 (Siebensterngasse)

Mit seinen als »Tanzstuben« getarnten Bordellen und zwielichten Wirtshäusern mit Glückspielbetrieb stand der Spittelberg bei braven Bürgern lange in denkbar schlechtem Ruf. Heute wirken die vorbildlich sanierten Biedermeierhäuschen und blitzsauberen Plätze fast ein bisschen zu aufgeräumt. Egal: die Beisln sind gemütlich, die Gastgärten romantisch, Shops und Ateliers sorgen für das gewisse Etwas.

Vom Spittelberg aus richteten schon die Türken 1693 die Kanonen auf die Innere Stadt, 1809 stellten Napoleons Generäle ihre Haubitzen hier auf, die kleine Anhöhe war für Kriegszwecke einfach ideal. In der Barockzeit entstand hier ein dicht bebautes, architektonisch reizvolles Viertel. Im Laufe der Zeit verfiel es und wurde zu einem lebhaften Wohnviertel der unteren sozialen Schichten. Der Spittelberg war nicht nur das Quartier des »Lieben Augustins« Markus Augustin (1643–1685), der mit seinem Dudelsack umherzog, sondern auch das vieler Volkskünstler, kleiner Schauspieltruppen, Bänkelsänger und Musiker, Schöpfer der frivolen »Spittelberg-Lieder«, von denen einige erhalten sind.

(K)eine gute Adresse

1973 sollte das heruntergekommene Viertel modernen Wohnblocks weichen. Bürgerproteste verhinderten dies. Das Ziel, den Spittelberg als Gebiet mit billigem Wohnraum für Geringverdiener zu erhalten, ging allerdings schief. In den schick sanierten Häusern lebt eine oft hippe, meist gut verdienende Klientel.

Vom Hippie zum Hipster

Amerlinghaus

Letztes Relikt aus den wilden Tagen der Hausbesetzungen von 1973 ist das Kulturzenturm Spittelberg im Amerlinghaus, wo der Maler Friedrich von Amerling 1803 geboren wurde. Es ist Basislager vieler ökologisch-sozial-friedensbewegter Initiativen und stellt trotz sinkender Fördermittel Jahr für Jahr ein buntes Kulturprogramm auf die Beine. Unbedingt anschauen: den Innenhof mit seinem 200 Jahre alten Weinstock.

Den Hof nutzt auch das **Amerlingbeisl,** das täglich bis nach Mitternacht seine Gäste verköstigt. Ein opulentes Bio-Frühstück mit Mango-Lassi und Birchermüsli macht bis 15 Uhr selbst Nachteulen wieder munter.

7., Stiftgasse 8 | **Amerlinghaus:** www.amerlinghaus.at
Amerlingbeisl: Tel. 01 526 16 60 | www.amerlingbeisl.at

Alle Jahre wieder

Kulturverein

Der Kulturverein Forum Spittelberg in der Spittelberggasse organisiert ein kommunales Kulturprogramm, nebenan spielt das Theater am Spittelberg seit 2003. Rings um die Stiftgasse beleben Alternativläden, Boutiquen, Lokale und Galerien die renovierten Häuser. Über 100 Stände offerieren in der Adventszeit auf dem stimmungsvollen Christkindlmarkt Kunsthandwerk aus Österreich, After-Work-Punsch im Winter-Schanigarten, Puppentheater, Märchenstunde und Keksbacken für Kinder.

Kulturverein: Spittelberggasse 20/1 | Tel. 01 522 46 78 | www.spittelberg.at | **Theater am Spittelberg:** Spittelberggasse 10 Tel. 01 526 13 85 | www.theateramspittelberg.at

★★ STAATSOPER

Lage: 1., Opernring 2 | **U-Bahn:** U1, U2, U4 (Karlsplatz) | **Straßenbahn:** 1, 2, 62, D (Kärntner Ring/Oper) | **Führungen:** tgl. (meist 14 und 15 Uhr), 13 € | **www.wiener-staatsoper.at**

Der wuchtige Bau an der Ringstraße mag bei Tag zwar nicht besonders elegant wirken. Sobald aber die Abenddämmerung einsetzt, bringt ein ausgeklügeltes Lichtkonzept seine Schönheit brillant zur Geltung. Jetzt strömt das vornehm gekleidete Publikum herbei, um Anna Netrebko, Placido Domingo und anderen Größen der Opernwelt zu huldigen.

Erste Adresse

Die Wiener Staatsoper gehört zu den größten und prächtigsten Musiktheatern der Welt und ist Bühne für prominente Komponisten und Dirigenten, internationale Solisten und Tänzer. Nach Franz Schalk, dem ersten Operndirektor, haben mehr als 30 Direktoren, unter ihnen Gustav Mahler, Richard Strauss, Herbert von Karajan und Karl Böhm, am Haus der Musen inszeniert (▶ S. 18 ff.). An 300 Abenden im Jahr steht immer eine andere Oper oder ein anderes Ballett auf dem Programm.

Hörgenuss unter freiem Himmel

Ope(r)n-Air

Im April, Mai, Juni und Sept. sowie um Silvester können Fans auf dem Herbert-von-Karajan-Platz vor der Staatsoper unter freiem Himmel kostenlos Opern und Ballette live auf einer 50 m² großen **LED-Videowall** genießen. 180 Stühle werden für die Live-Übertragung aufgestellt. 30 Minuten vor Beginn der Vorstellung gibt es auf der Videowall Informationen zum Werk und zur Besetzung.

Leidenschaftliche Opernfans

Wien und die Musik

Die Musikbesessenheit der Wiener wurzelt tief in der habsburgischen Geschichte. In Wien wurden seit 1668 zahlreiche Opern zunächst in einem prachtvollen Holztheater am Platz der heutigen Österreichischen Nationalbibliothek aufgeführt, später in den Redoutensälen und im alten Burgtheater am Michaelerplatz. Ihre Premiere erlebten hier Mozarts »Entführung aus dem Serail«, »Figaros Hochzeit« und »Così fan tutte«. Im Kärntnertortheater feierten die führenden Komponisten ab 1710 Triumphe; Maria Theresias Theaterreform öffnete die Hofbühnen endgültig für das Volk. Hier fand die Erstaufführung von Carl Maria von Webers Musikdrama »Euryanthe« statt, 1814 startete Beethovens »Fidelio« seinen Siegeszug und wenige Jahre später wurde mit den Wiener Erstaufführungen von Rossini und Verdi die italienische Oper euphorisch gefeiert. 1869 übersiedelte die »Hofoper« in ihren neuen Spielplatz an der Ringstraße, wurde 1918 Staatsbetrieb und hieß fortan »Staatsoper«.

Eine der ersten Opernadressen der Welt: Was in der Staatsoper aufgeführt wird, ist der Wiener Kulturbeflissenen liebstes Thema.

Wer sitzt in der Kaiserloge?

Ein herrliches Haus

Der klar gegliederte mächtige Bau des Opernhauses in historisierenden Formen der Renaissance entstand ab 1861 nach Plänen von August von Siccardsburg und Eduard van der Nüll. Im Jahr 1869 wurde das neue Hofoperntheater mit Mozarts »Don Giovanni« eröffnet. 1945 wurde das Haus von Bomben getroffen und brannte zum größten Teil aus. Der originalgetreue Wiederaufbau als traditionelles Logentheater dauerte bis 1955. Die Hauptfassade des Bühnenhauses öffnet sich mit einer zweigeschossigen Halle zur Ringstraße. Innen führt eine prunkvolle Feststiege in das erste Stockwerk. Unmittelbar gegenüber liegt das **»Schwind-Foyer«**, benannt nach den Opernszenen des Malers Moritz von Schwind. Stiege, Foyer und der mit wertvollen Tapisserien ausgestaltete »Teesalon« waren die einzigen Gebäudeteile, die 1945 unversehrt erhalten blieben.
Die ehemalige Kaiserloge nutzt heute der österreichische Bundespräsident, die gegenüberliegende Erzherzogsloge dient dem Bundeskanzler zu Repräsentationszwecken. Die Staatsoper fasst 2 211 Zuschauer und bietet 110 Musikern der **Wiener Philharmoniker** – seit 1842 das Hausorchester – Platz. Rund 1 000 Mitarbeiter halten das Mammuttheater am Laufen und im Spiel. Dazu kommen noch die vielen Statisten, Garderobieren und braun livrierten »Billeteure«, die wie die »Stehplatzler« bei keiner Aufführung fehlen.

★★ STEPHANSDOM

Lage: 1., Stephansplatz | **U-Bahn:** U1, U3 (Stephansplatz)
Dom: tgl. 6–22, So., Fei. ab 7 Uhr, Eintritt: frei, Hauptschiff: (mit Audioguide) 6 € | **Nordturm/Pummerin:** tgl. 9–17.30 Uhr, Eintritt: 6 €
Südturm: tgl. 9–17.30 Uhr, Eintritt: 5,50 € | **Westempore:** (nur mit Führung) Mo.–Sa. 10.30 u. 15.30, So., Fei. 15.30 Uhr; 6 € | **Katakomben:** Mo.–Sa. 10–11.30, 13.30–16.30, So., Fei. 13.30–16.30 Uhr; 6 €
Führungen: Dom tgl. 15 Uhr; 6 €, Abendführung mit Dachbodenrundgang: Juli–Sept. Sa. 19 Uhr; 12 € | **All inclusive-Ticket:** 20 €
www.stephanskirche.at

Hier schlägt das spirituelle Herz der Stadt. Täglich schieben sich rund 14 000 Menschen über die Schwelle des Stephansdoms. Die einen kommen, um zu beten, die anderen wollen die Kunstwerke und den besonderen Zauber der gotischen Kathedrale genießen. Der entfaltet sich vor allem früh am Morgen oder wenn hohe Festgottesdienste zelebriert werden und die Pummerin feierlich läutet.

Der Stephansdom: An irgendeiner Fassadenecke wird immer gebaut. Das tut der Schönheit des rund 900 Jahre alten Wahrzeichen Wiens aber keinen Abbruch.

Das bekannteste Wiener Wahrzeichen und bedeutendste gotische Bauwerk Österreichs beherrscht das Altstadtpanorama. Über 900 Jahre bauten die Wiener an ihrem Dom. Beim Eintreten durch das **Riesentor** durchschreiten die Besucher den ältesten erhaltenen Teil. Dieses romanische Tor stammt wie auch die flankierenden Heidentürme noch aus dem 13. Jh. Dann öffnet sich schon der Blick hinein in die gotische Kathedrale des 14. Jh.s mit ihren himmelwärts strebenden Säulen und dem wundersamen Spiel aus Licht und Schatten. Für Architekt Adolf Loos war sie der »weihevollste Kirchenraum der Welt«.

Wiens Mitte

Beste Künstler am Werk

Die Zeit der großen Kathedralen

Generationen von Baumeistern haben seit dem 12. Jh. an dem Sakralbau mitgewirkt. Der gotische Dom ist zwei Habsburger Herrschern zu verdanken: Herzog Rudolf IV., des Kirchenbaus wegen »der Stifter« genannt, und Kaiser Friedrich III. Zwar initiierte der Herzog den Umbau, wurde aber nur 26 Jahre alt. Doch sein Großneffe Friedrich III. (1415–1493) setzte das Werk mit derselben Hingabe fort – und ihm war ausreichend Zeit vergönnt. Während seines 78-jährigen Lebens stellte er das über 100 Meter messende Langhaus und den

136,5 Meter hohen Südturm fertig und legte 1450 den Grundstein für den Nordturm. Mit 48 Jahren gab er den Bau seines Grabmals in Auftrag: **Niclas Gerhaert van Leyden** sollte es gestalten, der beste Künstler nördlich der Alpen. Der Kaiser setzte all seine Überredungskünste ein, um Niclas aus Straßburg nach Wien zu locken. Und hatte Erfolg. Außer Friedrichs Hochgrab in der Seitenkapelle rechts vom Hauptaltar schuf Niclas eines der bedeutendsten Kunstwerke des Stephansdoms: die **Kanzel**. Zu Recht vertiefen sich viele Besucher lange in die vollkommene Schönheit dieses Meisterwerkes. Die ausdrucksstarken Gesichtszüge der Figuren, die verschlungenen Ranken und zarten Verzierungen, das alles beweist höchste Könnerschaft im Umgang mit Stein und eine herausragende künstlerische Ader.

Nie richtig vollendet und fast ein Raub der Flammen

Eine ewige Baustelle

Friedrich starb, nachdem ihm ein Bein amputiert werden musste – ein Eingriff, der in die Geschichte der Medizin einging, auch wenn der Patient zehn Wochen später tot war. In den Jahrzehnten nach des Kaisers Tod stockten die Arbeiten. Amerika wurde entdeckt, der globale Handel verlagerte sich nach Westeuropa, 1517 veröffentlichte Martin Luther seine Thesen, das Zeitalter der Reformation und Reformationskriege begann; die Herrscher hatten andere Sorgen. Der Nordturm wurde im 16. Jh. auf 68,3 m Höhe eingedeckt und blieb unvollendet. Vom 17. bis 19. Jh. erfolgten nur kleinere Verbesserungs- und Ergänzungsbauten. Arbeit brachten erst wieder die Kriege. Der **Zerstörungswut feindlicher Armeen** war Wien oft ausgesetzt: türkische Kanonenkugeln, Napoleons Granaten, die Bomben der Allierten. Dass aber die Vernichtung des halben Stephansdoms auf das Konto von Wienern gehen sollte, weisen manche bis heute von sich. Einheimische Plünderer zogen in den letzten Kriegstagen 1945 durch die angrenzenden Häuser und legten, um ihre Spuren zu verwischen, Feuer, worauf Funkenflug das Domdach entzündete. Das Dach wurde ein Raub der Flammen, die Gewölbe von Mittelchor und rechtem Seitenchor stürzten ein, die Türme brannten aus, die Pummerin zerschellte beim Sturz aus dem lodernden Glockenstuhl (▶ S. 24). Den Wiederaufbau des Stephansdoms von 1948 bis 1962 stemmte ganz Österreich gemeinsam: Die **neue Pummerin** spendete Oberösterreich, den Kirchenboden Niederösterreich, die Bänke Vorarlberg, die Fenster Tirol, die Kronleuchter Kärnten, die Kommunionsbank das Burgenland, den Tabernakel Salzburg, das Dach Wien und das Portal die Steiermark.

Der Dom bleibt eine ewige Baustelle, immer wieder verschwinden Teile hinter einem Baugerüst. Speziell geschulte Steinmetze und Bildhauer restaurieren dort die vielen Verzierungen und Skulpturen an der Fassade. Weil Luftschadstoffe am Stein nagen, wird der Dom auch regelmäßig mit weichen Wurzelbürsten und reinem Wasser abgeschrubbt.

Türme und Tore

Streitschlichter aus Eisen

Romanisches Erbe

Haupteingang in den Dom ist das um 1230 entstandene spätromanische **Riesentor**. Seine ungemein reiche Ornamentik zeigt Drachen, Vögel, Löwen, Mönche und dämonische Wesen. Links der Vorhalle, noch an der Außenmauer, sind zwei eiserne Maßstäbe eingelassen: der kürzere stellt die Wiener Tuchelle (776 mm) dar, der längere die Wiener Leinenelle (896 mm). Gab es Streit zwischen Tuchhändlern und deren Kundenschaft um die rechte Bemessung, dienten diese Ellen als verbindliche Norm. Rechts neben dem Riesentor ist das Zeichen **O5** eingraviert; Symbol für den österreichischen Wiederstand zur Zeit der Nazi-Diktatur. Auch die zwei **Heidentürme** zu beiden Seiten des Riesentors zählen noch zum romanischen Kirchenbau, der 1295 erstmals urkundlich erwähnt ist. Ihr Name geht auf ein heidnisches Heiligtum zurück, das an ihrem Platz gestanden haben dürfte. Die beiden rund 66 m hohen Türme wechseln nach dem dritten Geschoss vom quadratischen Grundriss ins Achteck.

Unterm Schutz der Kirche

Gotische Tore

Das **Bischofstor** war der Eingang für die weiblichen Dombesucher. Seine figurale Plastik entstand in der Hochgotik um 1370. Neben Wappenträgern sieht man die Gestalten Herzog Albrechts III. und seiner Gemahlin. Sein Gegenstück auf der anderen Domseite, das **Singertor**, diente den Männern als Eingang. Es zeigt auf seinem überaus kunstvoll gestalteten Tympanonfeld (um 1360) Szenen aus dem Leben des hl. Paulus; die Gewändefiguren zeigen Rudolf IV. und seine Frau Katharina – sie halten ein Modell des Doms in der Hand.

Als Erbauer des **Adlertors,** dem Zugang über den Nordturm, gilt der Baumeister Hans Puchsbaum (um 1390 – um 1455). In der oberen Reihe der im 19. Jahrhundert angebrachten Baldachinfiguren sieht man Friedrich III., Maximilian I., Franz Joseph I. mit Elisabeth und Maria von Burgund. Die eiserne Rolle am linken Pfeiler ist möglicherweise ein mittelalterlicher Asylgriff – Übeltäter, die ihn ergriffen, standen unter dem Schutz der Kirche. Ihm gegenüber liegt unter dem Südturm das **Primglöckleintor**.

Pakt mit dem Teufel

Nordturm

Der auch als **»Adlerturm«** bezeichnete Nordturm blieb unvollendet, weil, wie die Sage berichtet, sein Erbauer Hans Puchsbaum für die rasche Fertigstellung des Turms einen Pakt mit dem Teufel schloss und von diesem wegen Aussprechens eines heiligen Namens in den Abgrund gestoßen wurde. Seit 1957 hängt im Nordturm die neue »Pummerin« (▶ S. 22 ff.). Mit einem winzigen Aufzug kann man zur **berühmtesten Glocke der Nation** hinauffahren.

Aufzug zur Pummerin: tgl. 9–17.30 Uhr | Eintritt: 6 €

STEPHANSDOM

Die Entstehungsgeschichte des Stephansdoms reicht bis ins 12. Jh. zurück, aus dem 13. Jh. stammen das Riesentor und die Heidentürme. Herzog Rudolf IV. von Habsburg initiierte den Umbau zur gotischen Kirche mit Stern- und Netzrippengewölbe sowie den Südturm. Der unvollendete Nordturm erhielt 1557 einen Helm im Stil der Renaissance.

Öffnungszeiten
Dom: tgl. 6–22, So. ab 7 Uhr
Katakomben: Mo.–Sa. 10–11.30, 13.30–16.30, So., Fei. 13.30–16.30 Uhr (Führungen stündlich)

1 Südturm
Der 137 m hohe Südturm kann bis zur Türmerstube über 343 Stufen erklommen werden. Er hat einen quadratischen Grundriss, der durch ein raffiniertes Arrangement von Giebeln allmählich in ein Achteck übergeht. Die Kreuzblume der Spitze trägt eine Bronzekugel mit Doppeladler.

2 Dienstbotenmadonna
Wohl das bedeutendste Werk der mittelalterlichen Wiener Plastik ist die auf 1320 datierte Steinstatue der Muttergottes. Die Sage berichtet von einer gräflichen Magd, die sich, als man sie des Diebstahls verdächtigte, an die Madonna um Hilfe wandte. Der wahre Täter wurde gefunden, und die gräfliche Hausfrau stiftete diese Figur.

3 Katakomben
In den Katakomben ruhen die sterblichen Überreste von 15 Habsburgern sowie die Eingeweide der Habsburger Monarchen, die in der Kaisergruft bestattet sind

4 Kanzel
Auf dem Kanzelkorb sind die Porträts der vier Kirchenväter zu sehen: Augustinus, Ambrosius, Gregorius und Hieronymus, die gleichzeitig die vier Temperamente und die vier Lebensalter symbolisieren. Das Meisterwerk spätgotischer Bildhauerei stammt aus der Werkstatt von Niclas Gerhaert van Leyden. Am Kanzelfuß hat sich wohl der Baumeister Anton Pilgram (um 1460–1515), der an der Ausführung der Kanzel mitgearbeitet hatte, in der Figur eines »Fensterguckers« selbst dargestellt. Auch am prächtigen Orgelfuß (1513) hat der Künstler sich verewigt.

5 Hochgrab Friedrichs III.
Die Arbeit an dem Marmorsarkophag zog sich über zwei Generationen hin. Der Gesamtentwurf stammt von Niclas Gerhaert van Leyden.

6 Singertor
Das Singertor, eines der beiden Fürstentore, gehört zu den ältesten Bauteilen des Langhauses. Das Hochrelief des Türsturzes mit Darstellungen der Pauluslegende entstand um 1360.

7 Riesentor
Haupteingang in den Dom, oft dicht umlagert von Konzertkartenverkäufern und Bettlern. Das um 1230 geschaffene Portal ist grandios mit seiner Fülle an Figuren.

8 Ziegel und Zahlen
Rund 230 000 bunte Ziegel zieren das Dach des Doms. Er ist 107,2 m lang und 34,2 m breit, die Höhe des Mittelschiffs beträgt 28 m. Der Stephansdom besitzt vier Türme.

9 Adlertor
Seiteneingang, vor dem viele Fiaker »parken«. Adlerturm nannte man einst den unvollendet gebliebenen Nordturm, in dem heute die Pummerin hängt.

9

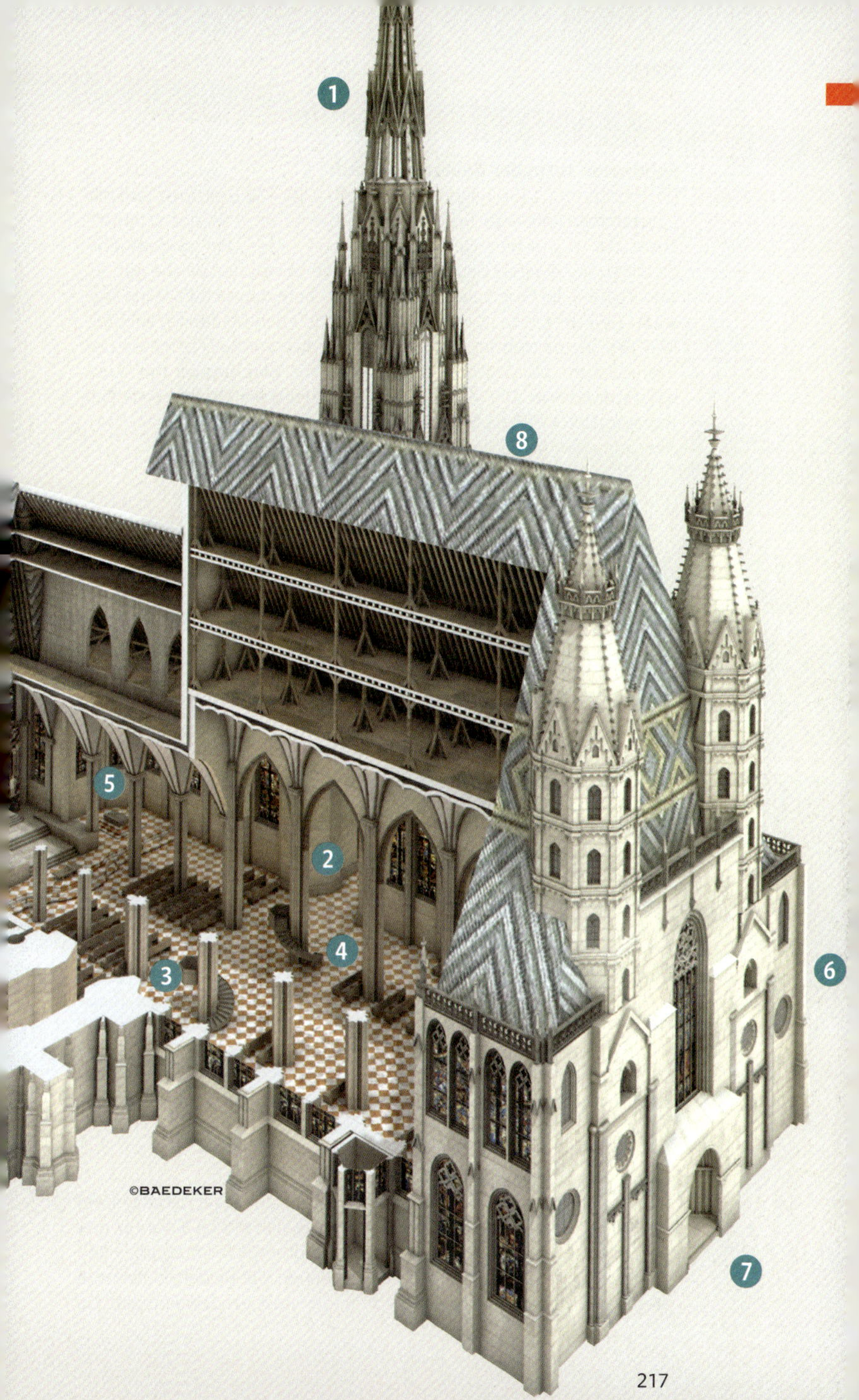
1
8
5
2
4
3
6
7
©BAEDEKER

Schönster Turm der deutschen Gotik

Südturm

Der berühmte, 1356 begonnene »Steffl«, ist 136,5 m hoch und gilt – zusammen mit dem Freiburger Münsterturm – als der schönste Turm der deutschen Gotik. Die Statuen unter den reichen Baldachinen im zweiten Geschoss stellen die Stifter der Kirche dar. Es sind Kopien, die Originale aus dem 14. Jh. befinden sich im Wien Museum (▶ Karlsplatz). Die Vorhalle zwischen den beiden Strebepfeilern des Turms stammt aus dem 14. Jh., ebenso die Sitzfiguren der Evangelisten. 343 Stufen führen hinauf zur **Wachstube mit Aussichtsplattform**. Die Mühe des Aufstiegs wird mit einem herrlichen Panoramablick auf die Stadt belohnt.

Aussichtsplattform: tgl. 9–17.30 Uhr | Eintritt: 5,50 €

Ein Gang durch den Dom

Die Dienstbotenmadonna

Langhaus

An jedem Wochentag werden sieben, an jedem Sonntag zehn Gottesdienste gefeiert. Während dieser Zeit ist das Mittelschiff nur für Gottesdienstbesucher geöffnet. Der dreischiffige Hallenraum wird durch Bündelpfeiler gegliedert, die das **Netz- und Sternrippengewölbe** tragen. Die wertvollste unter den lebensgroßen Statuen an den Pfeilern ist die des hl. Christophorus am linken Chorpfeiler (1470), vermutlich eine Stiftung Kaiser Friedrichs III. Berühmt ist auch die »Dienstbotenmadonna« (um 1320) beim Kanzelpfeiler, vor der einst die Hausangestellten gerne beteten.

Der Künstler verewigte sich selbst

Nördliche Langhausseite

Die **Tirnakapelle** (um 1359) ist die Grabkapelle des Prinzen Eugen – eine im Boden eingelassene Grabplatte erinnert an den Türkenbezwinger (▶ Interessante Menschen). Das Kruzifix über dem Altar stammt aus dem 15. Jh.: Jesus trägt einen Bart aus natürlichem Haar, und die Legende lässt diesen immer weiter wachsen. 1434 schuf Hans Puchsbaum den gotischen Altar-Baldachin des **Herz-Jesu-Altars**, der nach seiner Stifterin Elisabeth von Puchheim benannt wurde. Das Herz-Jesu-Bild stammt aus dem 18. Jahrhundert.

Die 1510 bis 1515 von Niclas Gerhaert van Leyden aus Sandstein geschaffene spätgotische **Kanzel** gehört zu den bedeutendsten Kunstwerken des Doms (▶ Baedeker Wissen S. 216).

Grabstätte für Tausende

Katakomben

Von der nördlichen Turmhalle aus gelangt man in die Katakomben, die nur mit Führung zu besichtigen sind. Sie ziehen sich bis unter den Stephansplatz und bergen in mehreren öffentlich unzugänglichen Stockwerken die Gebeine Tausender Wiener. Die Bestattungsanlage steht in Verbindung mit dem Friedhof, der einst den Dom umgab. Da

STEPHANSDOM

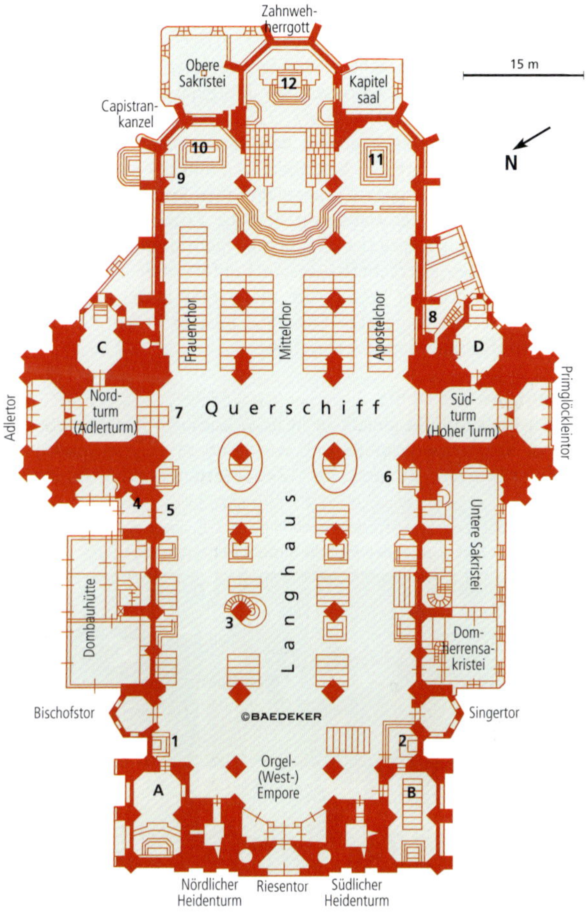

A Tirnakapelle (Kreuzkapelle; Grabkapelle des Prinzen Eugen, † 1736); darüber die Reliquienkapelle
B Eligiuskapelle, darüber die Bartholomäuskapelle
C Barbarakapelle
D Katharinenkapelle (Taufkapelle)

1 Herz-Jesu-Altar mit Puchheim-Baldachin
2 Maria-Pötsch-Altar mit Südwestbaldachin
3 Domkanzel (mit dem »Fenstergucker«); am Kanzelpfeiler die »Dienstbotenmadonna«
4 Aufzug zur »Pummerin«
5 Orgelfuß (mit Pilgrams Selbstbildnis)
6 Leopold-Altar
7 Zugang zu den Katakomben
8 Aufgang zum Südturm
9 Stiftergrabmal
10 Wiener-Neustädter-Altar (»Friedrichsaltar«)
11 Grabmal Kaiser Friedrichs III.
12 Hochaltar

die Toten dort in sehr nachlässiger Weise beerdigt wurden – oftmals waren die Grüfte schlecht geschlossen, die Gräber nicht tief genug ausgehoben – und man sie häufig viel zu früh exhumierte, weil Platz für neue Beisetzungen benötigt wurde, breitete sich Fäulnisgeruch aus. So fiel 1470 der Beschluss zum Bau eines neuen Beinhauses. Damit entstanden die Katakomben, die ihre größte Ausdehnung nach Auflassung des Stephansfriedhofs 1735 erreichten. Bis 1783, als Kaiser Joseph II. die Bestattung in den Katakomben verbot, wurden noch über 10 000 Tote hier begraben. Den Mittelpunkt der Katakomben bildet die **Herzogsgruft**, angelegt unter Rudolf IV. 1363 für die Mitglieder des Hauses Habsburg. Seit der Eröffnung der ▶ Kaisergruft in der Kapuzinerkirche pflegte man hier nur die Eingeweide von Mitgliedern des Herrscherhauses in Kupferurnen aufzubewahren. Die Leiber sind in der Kaisergruft, die Herzen in der Herzgruft der Augustinerkirche beigesetzt. Seit 1953 besteht in den Katakomben eine Gruft für die Wiener Erzbischöfe.

Im Zentrum des Doms

Querschiff und Chor

Die **Barbarakapelle** gleicht in ihrer Grundform der gegenüberliegenden **Katharinenkapelle** und wurde ebenfalls von Hans Puchsbaum entworfen. Zu den vor 1340 entstandenen frühgotischen

Ein zartes Rankenwerk, meisterhaft in Stein gemeißelt, überzieht die spätgotische Kanzel. Berühmteste unter den Figuren ist der »Fenstergucker«.

Steinfiguren gehören ein schöner Verkündigungsengel und die Schutzmantelmadonna, die den sogenannten **Frauenchor** zieren. Zu den bedeutendsten Gräbern zählt das leere **Stiftergrab** für Rudolf IV. Betritt man den Dom durch das Riesentor, fällt der Blick direkt auf den **Hochaltar**. Tobias und Johann Jakob Pock fertigten ihn im Auftrag des Wiener Bischofs Philipp Friedrich Graf Breuner von 1641 bis 1647 aus schwarzem Marmor. Das Altarbild zeigt »die Steinigung des hl. Stephanus«, des Kirchenpatrons. Die Statuen neben dem Altarbild stellen die Landespatrone Leopold und Florian und die Pestheiligen Rochus und Sebastian dar. Rechts und links hinter dem Hochaltar sind gotische Glasgemälde erhalten geblieben.
Den **Apostelchor** beherrscht das monumentale **Marmorgrabmal für Kaiser Friedrich III.** (1415–1493), der 1452 nach Rom zog, um sich vom Papst krönen zu lassen. Die Erzdiözese Wien verdankt ihm ihre Existenz. Die Gestalt des Kaisers ist nach Osten gewandt, der aufgehenden Sonne entgegen, den Tag der Auferstehung erwartend. Der Entwurf stammt von dem niederländischen Künstler Niclas Gerhaert van Leyden (um 1430 – 1473), der auch die zentrale Grabplatte schuf. Die Arbeiten an dem Grabmal begannen bereits 1468, wurden nach Niclas' Tod von Max Valmet und Michael Trichter weitergeführt und dauerten bis 1513; erst am 12. November d. J. konnte Friedrich III. dort feierlich beigesetzt werden.

Wunderbare Pötscher Madonna

Südliche Seite des Langhaus

Der marmorne Taufstein der **Katharinenkapelle** entstand 1481, die Reliefs des 14-eckigen Beckens zeigen Darstellungen Christi, Johannes des Täufers und der zwölf Apostel. Am Fuß des Taufsteins sind die vier Evangelisten zu sehen. Besonders schön ist der holzgeschnitzte Taufsteinaufsatz. Der neugotische **Leopold-Altar**, dem Schutzheiligen Österreichs gewidmet, wurde 1903 von dem in München geborenen Bildhauer Ludwig Linzinger geschaffen. Der spätgotische Altarbaldachin, 1448 von der Wiener Bürgerin Agnes Füchsel gestiftet, ist vermutlich eine Arbeit von Hans Puchsbaum.
Besonders viele Kerzen brennen am **Maria-Pötsch-Altar**, vor dem immer Gläubige tief ins Gebet versunken knien. Seit dem Sieg des Prinzen Eugen über die Osmanen in der Schlacht bei Zenta 1697 wird die »Pötscher Madonna« unter dem spätgotischen Altarbaldachin in Österreich und Ungarn hochverehrt. Der Legende nach sollen aus den Augen der Madonna während der Schlacht zwei Wochen lang Tränen geflossen sein sollen. Dies wurde als entscheidende Hilfe der Gottesmutter gedeutet. Das Gnadenbild »Mária Pócs«, benannt nach seinem Herkunftsort Pócs in Ungarn, wurde 1676 von Stephan Papp gemalt. Man nennt die **Eligiuskapelle** auch Herzogenkapelle. Ihre Statuen zählen zu den bedeutendsten Plastiken der zweiten Hälfte des 14. Jahrhunderts. Die sogenannte Hausmuttergottes stammt aus dem ehemaligen Himmelpfortkloster und hatte eine kaiserliche

Verehrerin: Maria Theresia. Die Runde durch den Dom endet beim Aufgang zur Westempore. Dort sind eine Präsentation zum **Domschatz** sowie einige Domschatz-Objekte zu sehen. Der Hauptteil des Schatzes befindet sich im Dom Museum Wien (▶ Stephansplatz).

★ STEPHANSPLATZ

Lage: 1. Bezirk | **U-Bahn:** U2, U3 (Stephansplatz)

Gibt's hier was umsonst? Nein, der Trubel ist völlig normal. Vor dem Stephansdom kreuzen sich die Wege der Shopper und Kirchenbesucher, Eilige hasten zum U-Bahn-Abgang, Straßenverkäufer bieten Konzertkarten und Krimskrams an, Fiaker warten, man trifft sich auf eine Mélange zum Plaudern und Schauen.

immer was los

Am größten ist das Gedränge in der Silvesternacht, wenn Tausende Wiener und Zugereiste das neue Jahr begrüßen, aber auch an warmen Tagen und lauen Sommerabenden trifft sich hier alles – der Stephansplatz ist ohne Zweifel **der belebteste Platz Wien**s. Den besten Blick von oben auf das Geschehen bieten die Aussichtsplattformen des Doms und die Lounge im 6. Stock des Haas-Haus (▶S. 224). Daran, dass der Stephansplatz bis 1732 ein Friedhof war, erinnern an den Außenwänden des Doms eingemauerte Grabsteine sowie die spätgotische Lichtsäule, in der das ewige Licht für die Toten brannte. Die Kopie steht am Westende der Domsüdwand.

Schatztruhe des Stephansdoms

★ Dom Museum Wien

Das Dom Museum Wien zeigt eine interessante Mischung aus historischer Sakralkunst und Werken der klassischen Moderne, der Avantgarde und der zeitgenössischen Kunst. Ein echter Hingucker ist der gläserne Aufzug, den eine freischwebende Wendeltreppe umfasst. In den neuen Schauräumen werden kostbarste sakrale und historische Objekte ausgestellt, darunter die mittelalterlichen Schätze des Wiener Stephansdoms. Highlights sind das **Bildnis des Habsburgers Rudolf IV.**, das als ältestes Dreiviertelansicht-Porträt des Abendlandes gilt, sowie sein goldseidenes Grabtuch. Als wertvollste Skulpturen des 15. und 16. Jh.s, von denen das Museum einen reichen Fundus besitzt, gelten die Skulpturengruppe der Anna Selbdritt (um 1505) von Veit Stoß und die Schreinmadonna (Anfang 15. Jh.). Diese Madonna verwandelt sich im geöffneten Zustand in eine **Schutzmantelmadonna**. Nur 45 dieser aufklappbaren Madonnen sind europaweit erhalten. Im krisengeschüttelten Spätmittelalter versprach

die Flucht unter den Mantel der Gottesmutter Schutz vor Krankheit, Krieg und Verfolgung. Eine sehr berührende Figur ist die Maria Magdalena von 1670, einen Totenkopf in der Hand haltend und in ein grobes Büßergewand gekleidet. Wertvolle Monstranzen und Kelche, über 1000 Jahre alte, reich verzierte Handschriften und Gewänder von der Gotik bis zum Jugendstil, ergänzen die Sammlung.
Stephansplatz 6 (Durchgang Wollzeile) | Mi.-So. 10-18, Do. bis 20 Uhr | Eintritt: 8 € | www.dommuseum.at

Überraschung beim U-Bahn-Bau

★ Virgilkapelle

Neben dem Stephansdom ist mit Farbsteinen der Grundriss der **Kapelle Maria Magdalena** markiert. Sie diente einst für Einsegnungen und Totenmessen. Die 1378 erstmals erwähnte Friedhofskapelle brannte 1781 aus und wurde abgetragen. Bei der Errichtung der U-Bahn-Station Stephansplatz legte man ihre Fundamente frei und machte dabei eine Entdeckung: Unterhalb des als Karner (lat. carnarium = Fleischkammer) verwendeten Untergeschosses der Kapelle stieß man auf ein weiteres Gewölbe: die Virgilkapelle. Dieses außergewöhnliche Zeugnis mittelalterlicher Stadtgeschichte liegt genau unter der Maria-Magdalena-Kapelle. Erbaut um 1220, diente sie einer reichen Wiener Familie als unterirdischer Andachtsraum. Der bedeutendste der Altäre war dem **heiligen Virgil** geweiht. Ein Zwischengeschoss diente zeitweilig als Beinhaus. In die Wände sind Nischen eingelassen, die teils mit Radkreuzen verziert wurden. Der Zugang erfolgte wahrscheinlich durch eine Falltür im Boden der oberirdischen Kapelle. Als man 1781 die Kapelle abtrug, gab man das unterirdische Gewölbe auf und entdeckte es erst wieder 1973 beim Bau der U-Bahn. Inmitten des imposanten Gemäuers gibt eine Ausstellung Auskunft über das mittelalterliche Wien; eine 3D-Animation zeigt die Bebauung des Stephansplatzes inklusive Dom und Kapelle über die Jahrhunderte hinweg im Zeitraffer.
Zugang von der U-Bahnpassage Stephansplatz | Di.-So., Fei. 10-18 Uhr | Eintritt: 5 €, jeden 1. So. im Monat frei | www.wienmuseum.at

Mozart war glücklich

★ Mozarthaus

Ein Muss für Freunde klassischer Musik ist ein Besuch im »Mozarthaus Vienna mit Mozartwohnung« an der vom Stephansplatz ausgehenden Schulerstraße (Eingang Domgasse 5). Im ersten Stock dieses typischen Alt-Wiener Hauses lebte Wolfgang Amadeus Mozart (▶ Interessante Menschen) von 1784 bis 1787 mit Frau und Sohn und verbrachte dort angeblich seine glücklichsten Jahre; es ist zugleich die einzige erhaltene Wiener Wohnung des Musikgenies. Hier komponierte er seine Oper »Die Hochzeit des Figaro«, hier gab er Beethoven Unterricht und hier erhielt er die Ernennung zum kaiserlichen Kammerkomponisten. Die Wohnung ist als Erinnerungsstätte eingerichtet und stets bestens besucht. Im Arbeitszimmer sind Bilder

und Figurinen, die Originalpartitur des »Ave verum« und das erste deutsche Textbuch zur »Hochzeit des Figaro« ausgestellt. Das Sterbehaus des Komponisten in der Rauhensteingasse Nr. 8 besteht nicht mehr. Mozart wurde auf dem Friedhof St. Marx beerdigt; wo genau sich sein Grab befindet, kann aber nicht mehr angegeben werden.
1., Domgasse 5 | Di.–So. 10–18 Uhr | Eintritt: 12 € (Kombi-Tickets mit Dom Museum und Haus der Musik) | Führungen: So. 11 Uhr
www.mozarthausvienna.at

Alter Brauch, jetzt unter Glas

Stock-im-Eisen-Platz

Der nahtlos vom Stephansplatz in die Kärntner Straße übergehende Stock-im-Eisen-Platz erhielt seinen Namen nach einem dicht an dicht mit Nägeln beschlagenen Baumstamm in den Nischen des Hauses 3/4 (Ecke Graben/Kärntner Straße), der seit 1533 urkundlich belegt ist. Die Fichte selbst wurde 1440 gefällt, erste Nägel hat man schon zu ihren Lebzeiten eingeschlagen. Den später kopfüber aufgestellten Baumstrunk umschließt mittig ein Eisenband – daher der Name »Stock im Eisen«. Der Sage nach musste jeder wandernde Schlossergeselle, der auf der Walz durch Wien kam, einen Nagel in sein Holz schlagen. Heute schützt eine Glasverkleidung den braunen Stamm; wandernde Gesellen erreichen ihn dadurch nicht mehr.

Spiegel für den Dom

Haas-Haus

Gegenüber dem Westportal von St. Stephan umhüllt die spiegelnde Fassade des Wiener Stararchitekten Hans Hollein eine Shoppingmall amerikanischen Zuschnitts. Hinter den eleganten, grünlich schimmernden Quarzit- und Marmorfassaden des Haas-Hauses befinden sich Hotel und Restaurant »Do & Co« und eine Modekette.

★ TECHNISCHES MUSEUM

Lage: 14., Mariahilfer Straße 212 | **Straßenbahn:** 52, 60 (Penzinger Straße)| **Bus:** 10A (Johnstraße), 57A (Anschützgasse) | Mo.–Fr. 9–18, Sa., So., Fei. 10–18 Uhr | **Eintritt:** 16 €, bis 19 Jahre frei
www.technischesmuseum.at

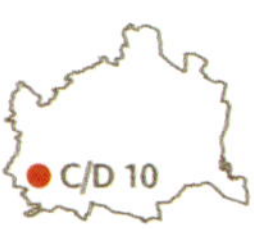

Ganz in der Nähe vom romantischen Schönbrunn widmet sich das Technische Museum der Welt von Kohle, Stahl und Motoren, kühnen Pionieren und Erfindungen made in Österreich. Viele Mitmachstationen wecken den Forscherdrang.

Die Exponate reichen von der astronomischen Inserus-Uhr von 1560 über die 1872 gebaute Prick'sche Dampfmaschine bis zum riesigen LD-Schmelztiegel für Stahlerzeugung. Wer wissen möchte, wie vor 100 Jahren in Österreich Kohle abgebaut wurde, kann ein Bergwerk besichtigen. Bei Hochspannungsvorführungen erleben Sie, wie man Lampen ohne Stromkabel zum Leuchten bringt und meterlange, grelle Blitze erzeugen kann. Zu den besonderen Highlights zählen auch der Hofsalonwagen der Kaiserin Elisabeth, ein Mercedes-Silberpfeil und einer der letzten fünf erhaltenen Gleiterfliegern des deutschen Luftfahrtpioniers Otto Lilienthal.

Nicht nur für Technikfreaks

Das Museum zeigt darüber hinaus eine **Musikinstrumentensammlung**: Vor allem im 19. Jh. war Wien eine Hochburg der Klavierherstellung. 380 Klavier- und Orgelbauer produzierten hier. Führender Kopf: Ludwig Bösendorfer, der den Klavierbetrieb des Vaters zu Weltruhm führte. Da das Museum sich auch als »Gewerbemuseum« versteht, wird auch dieser Wirtschaftszweig hier ausgestellt.

Höchst interessant sind ebenso die gezeigten Musikautomaten, die bei Führungen »in Gang gesetzt« werden, sowie die elektronischen Musikinstrumente. Synthesizern ist sogar ein spezieller Ausstellungsteil gewidmet.

Krabbeln, fahren, fliegen, laufen

Ausstellung Mobiliät

Dinge, die uns bewegen, stehen im Mittelpunkt der Dauerausstellung »Vom Verkehr zur Mobilität«. Autos, Fahrräder und Hubschrauber, Ballonkörbe und Transportpaletten, Lilienthal-Gleiter und eine Boeing 737, Antriebe vom Verbrennungs- bis zum Elektromotor erzählen spannende Geschichten über unsere Mobilität und die aktuellen Tendenzen. Vom ersten Krabbeln als Kind bis zum Flug um die Welt lädt die Mitmachausstellung »In Bewegung« vor allem Kinder und Jugendliche zwischen 8 und 14 Jahren ein, spielerisch das Phänomen Mobilität zu erforschen. Sehen, hören, fühlen, tasten können Kinder von 2 bis 6 Jahren im Erlebnisort **»das mini«**.

Wenig innovativer Bauherr

Gebäude

Von Innovationsgeist künden die Vorgänge um den Bau des Museums nicht. Eigentlich hatte Otto Wagner (▶ Interessante Menschen) beim Architektenwettbewerb den 1. Preis erhalten. Doch Thronfolger Franz Ferdinand, der moderne Kunst ablehnte, verhinderte die Auftragsvergabe an Wagner. Stattdessen kam Baurat Hans Schneider zum Zug mit einer sehr konservativen Planung.

Kaiser Franz Joseph I. legte 1909 den Grundstein für das dreistöckige Museum, das jedoch erst nach seinem Tod im Jahr 1918 eröffnet wurde. Aus dem **kaiserlich-physikalischen Kabinett** ging die umfangreiche Sammlung über die Entwicklung von Technik, Gewerbe und Industrie – unter Berücksichtigung österreichischer Leistungen – hervor.

★ THEATERMUSEUM

Lage: 1., Lobkowitzplatz 2 | **U-Bahn:** U1, U3 (Stephansplatz)
Straßenbahn: 1, 2, D (Opernring) | tgl. außer Di. 10–18 Uhr
Führungen: n. V. unter Tel. 01 525 24 27 29 | **Eintritt:** 12 €
www.theatermuseum.at

Was bleibt übrig, wenn der Vorhang fällt? So einiges, wie das größte Theatermuseum der Welt zeigt. Kostüme und Requisiten, Fotos und Modelle sowie die unvergesslichen Stabpuppen des Jugendstilkünstlers Richard Teschner.

Buntes Theaterleben

Das Theatermuseum ist der Schauplatz für ausgezeichnete Wechselausstellungen zur Theatergeschichte und Retrospektiven bedeutender Theaterpersönlichkeiten. Die Exponate stammen aus dem reichen Museumsfundus, der sowohl auf der ehemaligen Sammlung des **Staatsopernmuseums** als auch auf der **Theatersammlung der Österreichischen Nationalbibliothek** gründet, die bis ins Barock zurückreicht. Neben Tausenden Zeichnungen, Fotos und Grafiken gehören die über 1000 Bühnenbildmodelle zu den größten Schätzen. Was fürs Auge und fürs Herz sind die **Stabpuppen des Jugendstilkünstlers Richard Teschner**, zartgliedrige Schönheiten, die an javanische Stabpuppen erinnern und in kostbare Gewänder gekleidet sind.
Unter den 600 Kostümen und Requisiten der Sammlung befinden sich Kostüme der Tänzerin Fanny Elßler und der Schauspielerin Hedwig Bleibtreu, die 1895 in ihrer Rolle als Elisabeth in »Maria Stuart« ein Kleid von Kaiserin Elisabeth trug. Das Museum besitzt Handschriften von Ludwig van Beethoven, Richard Strauss, Gustav Mahler, Max Reinhardt u. a. Ein kostbarer Teil der Autografen stammt von dem Schriftsteller Stefan Zweig, der vor seiner Flucht vor den Nationalsozialisten 1938 seine Sammlung von Dichterhandschriften der Nationalbibliothek überließ. Auch Kurioses fand einen Platz, etwa der Schuhabsatz des Dramatikers Gerhart Hauptmann, den er im Burgtheater verlor. Natürlich wird nie alles gezeigt, sondern immer nur eine **thematische Auswahl**.

Beethoven dirigiert

Palais Lobkowitz

Heimat des Theatermuseums ist das monumentale Palais Lobkowitz (1685–1687). 1709–1711 fügte Johann Bernhard Fischer von Erlach Portal und Attika im Stil des Hochbarock hinzu. Im festlichen »Eroicasaal« mit schönen Deckenfresken des niederländischen Malers Jacob van Schuppen dirigierte Beethoven 1804 die Uraufführung seiner dritten und drei Jahre später die seiner vierten Symphonie. Der Komponist war regelmäßig Gast von Fürst Lobkowitz.

UNO-CITY · DONAU CITY

Lage: 22., Wagramer Straße 5 | **U-Bahn:** U1 (Kaisermühlen/Vienna International City) | **Bus:** 90A, 91A, 92A (Kaisermühlen/Vienna International City)

In zehn Minuten katapultiert die U-Bahn ihre Fahrgäste vom Stephansplatz in eine nüchterne Welt aus Hochhäusern, Glas, Stahl und Beton, die UNO-City. Der 22. Bezirk, im Volksmund Transdanubien genannt, bewahrt gleichzeitig mit dem Donaupark ein besonderes Stück Stadtnatur.

Nach der zweiten Donauregulierung in den 1970er-Jahren wurde an dem der Altstadt gegenüberliegenden Brückenkopf die **UNO-City** und ein internationales Konferenzzentrum, das **Austria Center Vienna**, platziert. Das Vienna International Centre, auch UNO-City genannt, ist einer der vier Amtssitze der Vereinten Nationen. Hier sind die Organisation der Vereinten Nationen für Industrielle Entwicklung (UNIDO), für internationales Handelsrecht (UNCITRAL), die Internationale Atomenergie-Organisation (IAEA) und das Büro

Viel Beton, viel Glas

Wien jenseits der Donau zeigt sich im Gewand des 21. Jahrhunderts mit einem schlanken Skyscraper, dem DC Tower. Rundum gruppiert sich die UNO-City.

Blick vom DC Tower: Die Donau strömt von Westen her in die Stadt und wird von der spindeldürren Donauinsel zweigeteilt.

des Hohen Kommissars für Flüchtlinge (UNHCR) untergebracht. Die eigenwillig geschwungenen, 54–120 m hohen Hochhaustürme, 1973 bis 1976 nach Plänen von Johann Staber entstanden, setzten im ansonsten unansehnlichen **»Transdanubien«** einen ersten architektonischen Akzent, blieben aber eine reine Bürohaussiedlung. Am Architekturschmuck und an der künstlerischen Ausgestaltung der Innenräume arbeiteten namhafte österreichische Künstler; auf der UNO Plaza sieht man den Bronzeguss »Polis« von Joannis Avramidis, im Inneren u. a. Bilder von Peter Pongratz und Friedensreich Hundertwasser sowie Reliefs von Alfred Hrdlicka und Giselbert Hocke. Führungen informieren über die vielseitigen Aufgaben der hier tätigen UN-Behörden. Seit 1979 hat die UNO-City einen exterritorialen Status, daher muss man beim Besuch einen **Ausweis** dabeihaben.
Führungen: Mo.–Fr. 11, 14, 15.30, Juli, Aug. zusätzlich 12.30 Uhr | Preis: 15,90 € (Personalausweis erforderlich) | www.unvienna.org

Wiens Techno-Schmiede

Tech Gate und DC Tower

Nachbar der UNO-City ist die **Donau City**. Architektonische Akzente setzen monumentale Hochhäuser. Als erstes Gebäude wurde 1998 der 113 m hohe Andromeda Tower von Wilhelm Holzbauer fertiggestellt, heute Sitz in- und ausländischer Unternehmen sowie der japanischen Botschaft. Im darauffolgenden Jahr entstand der 202 m hohe **Millennium Tower** am Handelskai nach Entwürfen der Architektengemeinschaft Peichl/Weber. Mit dem Technologiepark **Tech Gate Vienna** und anderen Forschungseinrichtungen ist die Donau City der wichtigste Technologiestandort Wiens. Weithin sichtbares Symbol für das neue Wien als innovativer Standort für Business und Forschung ist der **DC Tower 1,** 2014 eröffnet und mit 250 m derzeit

BAEDEKER MAGISCHE MOMENTE

GANZ OBEN

DC Tower, das höchste Gebäude Österreichs: Ins oberste Stockwerk fahren mit dem Expresslift, dann in der Lounge ans Fenster treten – das ist der ganz große Gänsehautmoment, wenn sich die Donau in ihrer unvergleichlichen Majestät zeigt, die gesamte Stadt zu Füßen liegt, Schnee auf fernen Alpengipfeln zu erahnen ist, die untergehende Sonne vom Leuchten der Großstadt abgelöst wird.

das höchste Gebäude Österreichs. Der schwarze Turm mit dem markanten »Knick« in der Fassade wurde von dem französischen Stararchitekten Dominique Perrault entworfen. Ein schon länger geplanter DC Tower 2 soll bis 2025 gebaut sein. Seit 2019 bringt die **Copa Beach** (▶S. 29), die am Donauufer zu Füßen des DC Towers liegt, im Sommer mit Sandstrand und Bars zuverlässig Leben, Farbe und Urlaubsfeeling in die graue Ödnis der Donau City.

www.viennadc.at, www.copabeach.at

★ Donaupark

Donauparkbahn: Ende März–Anf. Okt. tgl. 10–18 Uhr | Ticket: 4 €
www.liliputbahn.com | **Korea Kulturhaus:** www.koreakulturhaus.at

Wiens zweitgrößter Park

Rosarium und Bahn

Erst Sumpfgelände, dann Mülldeponie; statt Museen, Hofburg und Habsburgern nun die kühle Skyline der Donau City – auf den ersten Blick spricht nicht viel für den 22. Bezirk. Wären da nicht das Gänsehäufel, die Alte Donau (▶S. 26) und der Donaupark. Diese fast 80 000 m² umfassende Grünanlage grenzt nördlich an die UNO-City und ist nach Schönbrunn der **zweitgrößte Park Wiens**. Angelegt wurde er 1964 zur Wiener Internationalen Gartenschau. Im Frühjahr und Sommer tuckert die kleine Donauparkbahn täglich durch das Gelände mit dem künstlichen Iris-See.

Die knapp 20-minütige Rundfahrt führt auch am 10 000 m² großen **Rosarium** vorbei, das mit über 35 000 Rosen lockt. Das denkmalgeschützte ehemalige See-Restaurant am Iris-See wird als **Korea Kulturhaus** genutzt.

Wer ist höher?

Donauturm

Auf dem Gelände erhebt sich der 1962 bis 1964 von dem Wiener Architekten Hannes Lintl errichtete Donauturm (252 m), eröffnet anlässlich der Gartenschau. Er war seinerzeit das erste Bauwerk, das den Stephansdom überragte. Heute wird der Donauturm in erster Linie als Aussichtsturm genutzt sowie als Mess-Station für meteorologische Daten und als Hörfunksender. Die **Aussichtsterrasse** liegt in 150 m Höhe, Café und Drehrestaurant befinden sich auf 170 m Höhe. Das Bauwerk selbst misst vom Fuß bis zur Spitze 252 m, ist also genau genommen das höchste »Bauwerk« Österreichs. Das höchste »Gebäude« des Landes zu sein, reklamiert allerdings der DC Tower für sich mit 250 m Höhe. Außerdem, vom gewachsenen Boden aus messe der DC Tower ja 260 m, sagen die Bauherren. Touché.

Aussichtsterrasse und Café: Mi.–So. 10–23, Mo., Di. bis 22
Restaurant: Mi.–So., Fei. 11.30–22.45 Uhr
Aufzug inkl. Eintritt: 18 € | www.donauturm.at

VOTIVKIRCHE

Lage: 9., Rooseveltplatz | **U-Bahn:** U2 (Schottentor) | **Straßenbahn:** 37, 38, 40, 41, 42 (Schwarzspanierstraße), 43, 44 (Landesgerichtsstraße) | **Kirche:** Di.–Fr. 11–17, Sa. 11–19, So. 9–13 Uhr | **Eintritt:** frei | **Museum:** Di.–Fr. 15–17, Sa. 14–17 Uhr | Tel. 01 406 11 92
Eintritt: 8 € | **www.votivkirche.at**

Kühn und hell erhebt sich die Votivkirche am Schottentor. Der neogotische Bau, der auch »Ringstraßendom« genannt wird, ist eine Dankesgabe des Kaisers dafür, dass ein Anschlag auf ihn missglückte.

Ein Kaiser sagt Danke

Das Jahr 1853 sollte eines der wichtigsten im Leben Franz Joseph I. werden. Am 18. Februar verübte ein ungarischer Schneidergeselle, bewaffnet mit einem Küchenmesser, einen Mordanschlag auf ihn. Der Adjudant des jungen Kaisers und ein zufällig vorbeispazierender Fleischhauer stürzten sich auf den Attentäter und verhinderten das Schlimmste. Die **Schnittwunde am Kopf** hielt Franz Joseph nicht davon ab, im Sommer auf Brautschau zu gehen. Er lernte »Sisi« kennen und heiratete sie 1854. Der Attentäter war schon im Februar gehenkt worden, die mutigen Retter wurden auf dem Heldenberg verewigt, der Fleischhauer in den Adelsstand erhoben und durfte sich fortan Josef Christian Ritter von Ettenreich nennen. Dem nicht genug: »Zum Dank für die Errettung Seiner Majestät« rief der Bruder von Franz Joseph, Ferdinand Maximilian, zu Spenden auf, um den Bau einer Kirche zu finanzieren. Rund 300 000 Menschen beteiligten sich und jeder wurde in der Wiener Zeitung namentlich genannt. Der damals erst 26 Jahre alte Wiener Architekt Heinrich von Ferstel errichtete ab 1856 die Votivkirche im neugotischen Stil, eines der gelungensten Beispiele historisierender Architektur in der Nachahmung französischer Kathedralgotik. Ihre Weihe 1879 fiel mit der Silberhochzeit des Kaiserpaars zusammen.

Neue Kirche, alte Kunst

Zweithöchste Kirche Wiens

Die mit 99 m zweithöchste Kirche Wiens besitzt bedeutende Kunstwerke, z. B. in der Taufkapelle am südlichen Querschiff das Renaissancehochgrab des Grafen Niklas Salm, Befehlshaber während der ersten Türkenbelagerung 1529, und zwölf meisterhaften Reliefs an den Seiten (1530–1533) aus der Werkstatt des Loy Hering in Antwerpen. In der Nische des nördlichen Querschiffs erinnert eine Kopie der Madonna von Guadelupe an Kaiser Maximilian von Mexiko, eben jenen Bruder von Kaiser Franz Joseph, der den Bau der Kirche initiiert hatte. Im ehemaligen **Hoforatorium** ist ein kleines Museum eingerichtet worden, in dem u. a. ein Modell der Votivkirche ausgestellt ist. Das wertvollste Stück des Museums ist der **Antwerpener Altar**, ein um 1460 geschaffener Schnitzaltar mit Passionsszenen. Er ist einer der beiden letzten erhaltenen Altäre aus der Gotik mit Bemalung. Der andere, der Znaimer Altar, steht im Unteren Belvedere (►S. 70). Besonders interessant ist auch der Blick durch die Museumsfenster ins Kircheninnere: Hauptschiff und Apsis lassen sich von hier oben aus bestens betrachten. Den Blick genoss einst nur der Kaiser. Heute hat neben der internationalen Gemeinde auch die Tourismusseelsorge ihren Sitz in der Votivkirche. Alle Touristen und in der Tourismusbranche Beschäftigten finden hier einen Seelsorger. Vor der Kirche dehnt sich der **Sigmund-Freund-Park** aus, wo sich im frischen Grün zahlreiche Wiener auf den Liegestühlen entspannen.

★★ ZENTRAL-FRIEDHOF

Lage: 11., Simmeringer Hauptstraße 234 | **Straßenbahn:** 6, 71 (Zentralfriedhof) | März u. Okt. 7–18, April u. Sept. bis 19, Mai–Aug. bis 20, Nov.–Febr. 8–17 Uhr | **Führungen:** April–Okt. Sa. 14 Uhr, Treffpunkt Tor 2, Dauer 1,5–2 Std., Preis: 19 € | **Fahrten durch den Friedhof:** Bus tgl. 9–15.30, Sa. bis 16.30, Fiaker ab Tor 2, April–Okt. Do.–So. 10–17 Uhr, 50–80 € | **www.friedhoefewien.at**

Der »Zentral«, wie ihn die Wiener nennen, ist weit mehr als ein riesiger Friedhof. Er erlaubt einen Blick in die Seele Wiens, in der die Begräbniskultur einen besonderen Stellenwert hat. Viele Berühmtheiten sind hier bestattet. Stets bestens besucht sind die Gräber von Rockstar Falco und Sänger Udo Jürgens.

Die letzten Dinge

»In Wien musst du erst sterben, bevor sie dich hochleben lassen. Aber dann lebst du lange.« Sagte Kabarettist Helmut Qualtinger, der ein Ehrengrab auf dem »Zentral« erhielt. Die Erinnerung stützen Denkmäler, die teils ausgesprochene Kunstwerke sind, teils enorm auffallen: Eine sechs Tonnen schwere, weiße Marmorskulptur in Form eines verhüllten Konzertflügels verwahrt Udo Jürgens' Urne. Der 1934 geborener Komponist und Sänger ist 2014 gestorben. Die umstrittene, weil zu öbszön für einen Friedhof erscheinende Skulptur »Liebesakt mit dem Tod« zeigt an, wo Bildhauer Alfred Hrdlicka (1928–2009) bestattet ist. Besonders an Allerheiligen (1. November), wenn Wien seiner Toten gedenkt, ist der Andrang groß und viele Gräber festlich geschmückt.

Beethoven

A scheene Leich

Wien und der Tod

»Der Tod, das muss ein Wiener sein ...«, sang der 2011 verstorbene Wiener Musiker und Kabarettist Georg Kreisler. Wiens insgesamt über 50 Friedhöfe veranschaulichen mit einzigartigen prunkvollen Grabmälern den herausragenden Stellenwert des endgültigen Abschiednehmens für die Wiener. Die in Form und Größe **unterschiedlichsten Erinnerungs- und Gedenkstätten** symbolisieren den verklärenden Kult um den Tod, sind Ausdruck von Frömmigkeit und Melancholie und zeigen doch bei aller Trauer auch eine unzerstörbare Lebenslust. Daher bezieht sich auch der heute noch übliche Wiener Begriff »A scheene Leich'« keineswegs auf den Verstorbenen, sondern auf ein theatralisch-dramatisch perfekt inszeniertes Beerdigungsspektakel – Anerkennung für die Lebenden.

Im Untergeschoss der historischen Aufbahrungshalle des Zentralfriedhofs, neben dem Haupteingang/Tor 2, widmet sich das **Bestattungsmuseum** dem besonderen Verhältnis der Wiener zum Tod (Baedeker Wissen ▶ S. 326).

Gewöhnliche Sterbliche und besondere

Zweitgrößter Friedhof Europas

Der 1874 eröffnete Zentralfriedhof ist mit einer Fläche von 2,5 km^2 und mehr als 330 000 Grabstellen der zweitgrößte Friedhof Europas. Die monumentale Toranlage des Haupteingangs (Tor 2) wurde 1905 nach Plänen von Max Hegele (1873–1945) errichtet. Max Hegele baute 1908 bis 1911 auch die **Dr.-Karl-Lueger-Gedächtniskirche**, die **größte Jugendstilkirche Wiens** und Mittelpunkt der Friedhofsanlage. Die Dekorationen aus quadratischen Plattenelementen des von Otto Wagners ▶ Kirche am Steinhof inspirierten Gotteshauses weisen Hegele als Jugendstilarchitekten aus.

Auf dem Zentralfriedhof befinden sich etwa 1000 **Ehrengräber** und ehrenhalber gewidmete Gräber berühmter Persönlichkeiten, die Präsidentengruft, in der die Bundespräsidenten Österreichs beigesetzt werden, Soldatenfriedhöfe und Gedenkstätten sowie einen Abschnitt mit Kindergräbern. Auch gibt es auf dem interkonfessionell ausgelegten, in erster Linie mit katholischen Gräbern belegten Friedhof einen evangelischen Friedhof, einen alten und einen neuen jüdischen Friedhof, Abteilungen der verschiedenen orthodoxen Kirchen, islamische Abteilungen und einen buddhistischen Friedhof. Ein detaillierter Plan des Friedhofs und seiner Ehrengräber ist beim Haupteingang erhältlich. Eine App lotst durch den Friedhof.

Ehrengräber: www.friedhoefewien.at

Linie 106

Themenführungen

Wer den Zentralfriedhof ausführlicher kennenlernen möchte, sollte sich einer der drei Themenführungen anschließen. Die erste Führung

Zentralfriedhof: Gedenkstein für Mozart und Beethovens Grab

ist ein Spaziergang zu den Ehrengräbern, die zweite stellt den Friedhof als Naturrefugium und Heimat vieler Religionen vor und die dritte beschäftigt sich mit der Karl-Lueger-Kirche.
Eine weitere Möglichkeit, die nach dem Hamburger Friedhof Ohlsdorf größte Friedhofsanlage Europas zu erkunden, bietet auch eine Fahrt mit der friedhofseigenen Buslinie (Nr. 106) mit ihren knapp 20 Stationen. Die Busse starten direkt am Haupteingang im Halbstundentakt zu ihrer etwa 30-minütigen Rundtour.

Wen Wien ehrt

Einige berühmte Gräber

Vom Tor 2 führt eine Allee an den Ehrengräbern vorbei zur »Präsidentengruft« für Staatsoberhäupter und zur Karl-Lueger-Kirche. Die Liste der Ehrengräber liest sich wie ein **Who's who der europäischen Kultur-, Geistes- und Wissenschaftsgeschichte**, so viele Größen sind hier bestattet: die Komponisten Ludwig van Beethoven, Johannes Brahms, Christoph Willibald Gluck, Wolfgang Amadeus Mozart (Erinnerungsgrab; beerdigt wurde er auf dem Friedhof St. Marx), Franz Schubert, der Schriftsteller Franz Werfel und der Komödiendichter Johann Nestroy. Auf dem alten jüdischen Friedhof beim Tor 1 haben u. a. die Schriftsteller Arthur Schnitzler und Friedrich Torberg ihre letzte Ruhestätte gefunden. Dem Rebell vom Gänsehäufel Florian Berndl (▶ S. 26) hat Wien letztlich auch ein ehrenhalber gewidmetes Grab gegeben (Grab 21, Gruppe 43c). Viele Fans pilgern zum Grab 64 in Gruppe 40, wo Falco (Johann Hölzel), Österreichs bekanntester Popstar, 1998 seine letzte Ruhe fand.
Ein Ehrengrab für den österreichischen Formel-1-Rennfahrer Niki Lauda (1949–2019), angeboten von der Stadt Wien, lehnte seine Familie ab.

Eigenwillige Architektur

Krematorium

Gegenüber dem Haupteingang steht das Krematorium, 1922 von dem Tiroler Architekten Clemens Holzmeister in sehr eigenwilliger Architektur auf dem Areal von Schloss Neugebäude, des ehemaligen Lustschlosses von Kaiser Maximilian, errichtet. Drei Viertel des früheren kaiserlichen »Lustgartens« bedeckt heute der Urnenfriedhof des Krematoriums.

Eine grüne Oase

Park der Ruhe und Kraft

Der Friedhof ist mit seinen alten Bäumen und den vielen stillen Winkeln ein guter Ort, um in sich zu gehen. Dies unterstützt der »Park der Ruhe und Kraft«. Er liegt unweit von Tor 3 und ist nach geomantischen Gesichtspunkten angelegt. Um einen riesigen Feldahorn herum wurde ein Steinkreis errichtet, ein spezieller Platz kann für Räucherzeremonien genutzt werden. Wer längere Zeit verweilt, kann Eichhörnchen und Rehe beobachten. Der Friedhof ist auch ein herrlicher Ort mit viel Natur.

ZENTRALFRIEDHOF

- **A** Ehrengräber (s. unten)
- **B** Präsidentengruft
- **C** Buddhistische Gruppe
- **D** Mahnmal für die Opfer des Faschismus 1934–1945
- **E** Ehrenhain
- **F** Opfer 1938–1945

Ehrengräber (Auswahl)

KOMPONISTEN
1 L. v. Beethoven († 1827)
2 J. Brahms († 1897)
3 Ch. W. Gluck († 1787)
4 J. Lanner († 1843)
5 K. Millöker († 1899)
6 W. A. Mozart († 1791)
7 H. Pfitzner († 1949)
8 A. Schönberg († 1951)
9 F. Schubert († 1828)
10 R. Stolz († 1975)
11 J. Strauß, Vater († 1849)
12 J. Strauß, Sohn († 1899)
13 F. v. Suppé († 1895)
14 H. Wolf († 1903)
15 C. M. Ziehrer († 1922)
16 K. Czerny († 1857)
17 A. Salieri († 1825)

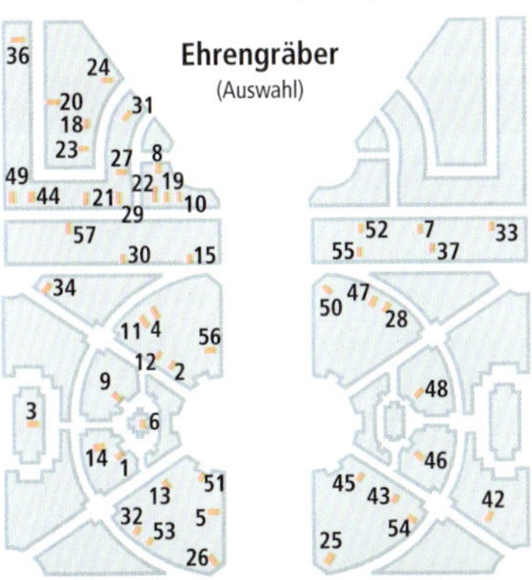

SCHAUSPIELER
18 P. Hörbiger († 1981)
19 W. Krauss († 1959)
20 Th. Lingen († 1978)
21 H. Moser († 1964)
22 A. Skoda († 1961)
23 R. Albach-Retty († 1980)
24 C. Jürgens († 1982)

SCHRIFTSTELLER
25 L. Anzengruber († 1889)
26 E. v. Bauernfeld († 1890)
27 F. Th. Csokor († 1975)
28 E. v. Feuchtersleben († 1849)
29 F. K. Ginskey († 1963)
30 R. Hawel († 1923)
31 M. Mell († 1971)
32 J. Nestroy († 1862)
33 K. Schönherr († 1943)
34 J. Schreyvogel († 1832)
35 B. Viertel († 1953)
36 F. Werfel († 1945)
37 A. Wildgans († 1932)
38 K. Kraus († 1936)
39 F. v. Dingelstedt († 1881)

Alter jüd. Friedhof
40 A. Schnitzler († 1931)
41 F. Torberg († 1979)

MALER
42 R. Alt († 1905)
43 F. v. Amerling († 1887)
44 H. Boeckl († 1966)
45 H. Makart († 1884)
46 A. v. Pettenkofen († 1889)

BILDHAUER
47 A. D. v. Fernkorn († 1878)
48 V. Tilgner († 1896)
49 F. Wotruba († 1975)

ARCHITEKTEN
50 Th. E. v. Hansen († 1891)
51 C. v. Hasenauer († 1894)
52 J. Hoffmann († 1956)
53 E. van der Nüll († 1868)

WISSENSCHAFTLER
54 Th. Billroth, Arzt († 1894)
55 L. Boltzmann, Physiker († 1906)
56 A. Negrelli, Techniker († 1858)
57 J. Wagner-Jauregg, Psychiater und Nobelpreisträger († 1940)

SÄNGER
58 Falco († 1998)
59 Udo Jürgens († 2014)

H

HINTER-GRUND

Direkt, erstaunlich, fundiert

Unsere Hintergrundinformationen beantworten (fast) alle Ihre Fragen zu Wien.

Die Secession, ein beinahe heiliger Ort des Jugendstils ▶

DER·ZEIT·IHRE·KVNST·
DER·KVNST·IHRE·FREIHEIT·

DIE STADT UND IHRE MENSCHEN

Wien präsentiert sich weltoffen, facettenreich und mondän, begeistert mit Vielfalt und Charme und schafft spielend die Balance zwischen imperialer Kaiserstadt und moderner Metropole. Als kleinstes, aber am dichtesten besiedeltes Bundesland ist die Donaustadt trotz peripherer Lage das politische, wirtschaftliche und kulturelle Zentrum des Landes.

Hauptstadt und Bundesland

Wien ist Hauptstadt und zugleich eines der neun Bundesländer der Republik Österreich. Es ist Sitz von Bundespräsident und Bundesregierung, der Bundesverwaltung und der Landesregierung von Wien, der obersten Gerichtshöfe und eines katholischen Erzbischofs. Zugleich Gemeinde und Bundesland, nimmt Wien auch in der administrativen Gliederung eine **Doppelfunktion** ein. Der für fünf Jahre gewählte Gemeinderat – er besteht aus 100 Mitgliedern – ist zugleich Landtag, der aus der Mitte der Gemeinderäte gewählte **Bürgermeister** bekleidet gleichzeitig das Amt des Landeshauptmanns. 1994 – 2018 übte Michael Häupl von der SPÖ (Sozialdemokratische Partei Österreichs) diese beiden Ämter aus. Bei der Landtags- und Gemeinderatswahl im Oktober 2020 wurde Michael Ludwig zu seinem Nachfolger gewählt. Der regierende Stadtsenat setzt sich aus dem Bürgermeister, zwei Vizebürgermeistern und neun bis 15 amtsführenden Stadträten zusammen. Den 23 Stadtbezirken stehen Bezirksvertretungen vor, die aus ihrer Mitte den Bezirksvorsteher wählen.

Stadtbezirke

Die Stadt Wien gliedert sich in **23 Bezirke,** die sich fast spiralförmig aneinander reihen. Der **1. Bezirk,** die Innere Stadt, entspricht der Altstadt. Als »Innenbezirke« werden die Bezirke 2 bis 9 bezeichnet, die sich aus den ehemaligen Vorstädten entwickelt haben, als »Außenbezirke« die Bezirke 10 bis 20 außerhalb des Gürtels, die aus den ehemaligen Vororten entstanden. Im weiteren Sinn gehören auch noch die Randbezirke 21 bis 23 zu den Außenbezirken. Der kleinste Bezirk (Josefstadt) umfasst nur 1,8 km², der größte (Donaustadt) hat eine Fläche von 102 km². Mit rund 17 000 Einwohnern ist die Innere Stadt der bevölkerungsärmste Bezirk, der bevölkerungsreichste ist Favoriten mit 175 200 Einwohnern.

Jeder Bezirk hat seine Eigenheiten

Die Bezirksnummern befinden sich auf jedem Straßenschild vor dem Straßennamen – z. B. »17., Pezzlgasse« – und bilden auch die zweite und dritte Stelle der Postleitzahl – 1010 steht für den 1. Bezirk, 1230 für den 23. Bezirk. Der 3. Bezirk (Landstraße) gilt als Diplomatenviertel, der 4. (Wieden) zusammen mit der Inneren Stadt als nobels-

STADTBEZIRKE

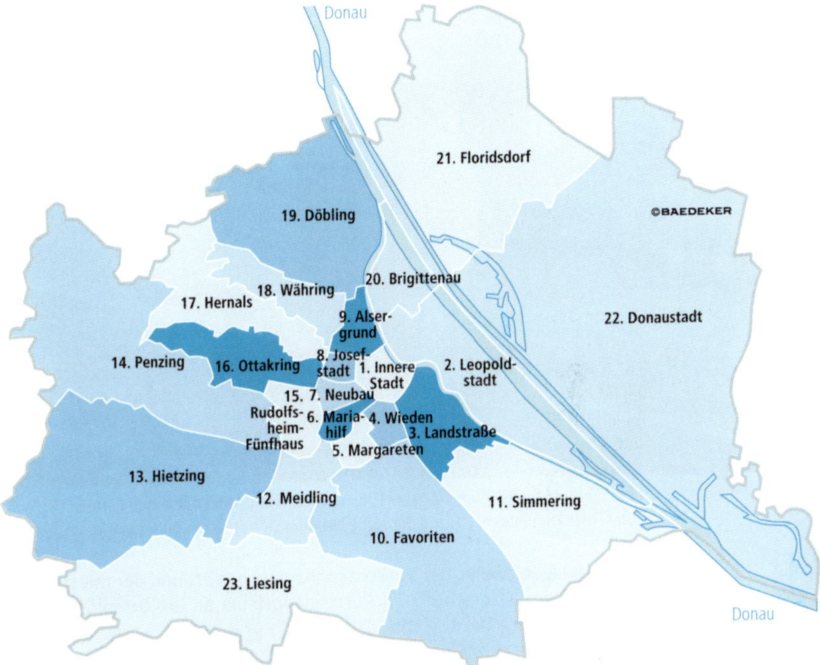

ter. Der 5. (Margareten), 6. (Mariahilf) und 7. (Neubau) zeugen vom Aufschwung des Bürgertums um 1900, als Handel und Gewerbe Fuß fassten, Fabriken errichtet und Arbeiterwohnungen neben Großbürgerbauten gesetzt wurden. Durch Mariahilf führt heute die größte Einkaufsstraße Wiens, im 7. Bezirk wurde das nostalgische Spittelbergviertel im Rahmen der Stadterneuerung saniert.
Der ruhige 8. Bezirk (Josefstadt) wird seit jeher von Beamten favorisiert, der 9. (Alsergrund) ist Wiens Akademikerviertel mit einer Vielzahl von Arztpraxen, Krankenhäusern und Sanatorien. 10. (Favoriten), 11. (Simmering), 12. (Meidling) und 15. (Rudolfsheim-Fünfhaus) sind das Zuhause der Arbeiter, Kleinrentner und Mietskasernenbewohner, hier ist Wien am dichtesten besiedelt. Der 16. (Ottakring) und 17. (Hernals), schon zum Wienerwald hin gelegen, sind diesen Nachbarvierteln ähnlich, aber auch Ottakring wird saniert. Beliebt als Wohnbezirk ist der 18. (Währing), zu dem eine der schönsten

Das angesagte Freihausviertel gehört zum 4. Bezirk und lockt mit vielen netten Shops, hier Flo Vintage. Ganz in der Nähe befindet sich auch der Naschmarkt.

Gartenanlagen Wiens, der Türkenschanzpark, gehört und der mit seinen Ausläufern Gersthof und Pötzleinsdorf bis an die bewaldeten Hügel der Stadtgrenze reicht.
Um den Titel »schönster Wiener Vorort« streiten sich der 13. (Hietzing) und der 19. (Döbling). In Hietzing prägen vornehme Villen den Umkreis von Schloss Schönbrunn, selbst die Gemeindebauten strahlen eine gewisse Würde aus. Döbling dagegen hat alte Weindörfer mit Buschenschanken zusammengefasst und den neuen Reichtum angezogen. Der an Hietzing grenzende 23. Bezirk (Liesing) ist ein Zusammenschluss verträumter Dörfer inmitten sanfter Hügel. Hierzu gehört auch Rodaun, einst Wohnsitz von Hugo von Hofmannsthal.
Jenseits des Donaukanals liegt der 2. Bezirk (Leopoldstadt), früher das Zuhause der Balkanhändler und Juden, heute der Bezirk, wo sich Prater, Messegelände, Sportstadion und Trabrennbahn befinden. Am linken Ufer des Donaukanals ragen Bürohochhäuser mit Konzernzentralen in den Himmel. Daneben bestimmen im 20. Bezirk (Brigittenau) trostlose Mietskasernen und festungsartige Gemeindebauten das Bild. Im Gebiet jenseits der Donau – insgesamt etwas abschätzig »Transdanubien« genannt – folgen dann der 21. Bezirk (Floridsdorf), ein Arbeiterbezirk, wo unter Fabrikschloten Schrebergärten heimisch sind, und der 22. Bezirk (Donaustadt). Hier entstand eine moderne Stadtlandschaft, dominiert von UNO-City und Donau City.

Bevölkerung

Bevölkerungsentwicklung

Bereits im Mittelalter zählte Wien mit 20 000 Einwohnern zu den größten Städten im deutschen Sprachraum. Den gewaltigsten Zustrom erlebte die Stadt während der »Gründerzeit«: Zwischen den Jahren 1880 und 1905 stieg die Einwohnerzahl von 592 000 auf zwei Millionen. Die Neusiedler kamen aus allen Teilen des Vielvölkerstaates – vorwiegend aus Böhmen, Mähren, Ungarn und Galizien. Mit mehr als 60 % fremdsprachiger Zuwanderer galt Wien um 1900 als riesiger **Schmelztiegel ethnischer und religiöser Gruppen**.
Nach dem Zweiten Weltkrieg kamen hauptsächlich politische Flüchtlinge aus Ungarn und der Tschechoslowakei nach Wien. Die meisten haben mittlerweile die österreichische Staatsbürgerschaft erhalten. Zwischen 1963 und 1989 wollten in erster Linie Arbeiter aus Jugoslawien, aber auch aus der Türkei in Wien sesshaft werden.
Nach Fall des Eisernen Vorhangs 1989 wurde Wien für viele Bewohner Südpolens, Ungarns, der Tschechischen Republik und der Slowakei zum Tor in den »goldenen Westen«. Hinzu kam eine verstärkte Zuwanderung aus den von wirtschaftlicher Not, Bürgerkrieg und Vertreibung erschütterten Ländern des ehemaligen Jugoslawien. Nach einer Phase des Bevölkerungsrückgangs zieht die Stadt heute immer mehr Menschen an. Mittlerweile leben rund 1,9 Mio. Menschen in Wien und die Zwei-Millionen-Marke rückt rasch näher.

Ausländische Einwohner

Derzeit sind in Wien etwa 550 000 Menschen ohne österreichische Staatsbürgerschaft registriert, darunter vor allem Bürger aus dem ehemaligen Jugoslawien, der Türkei, Deutschland, Polen, Ungarn, aus Syrien und Afghanistan.

Wirtschaft

Drehscheibe Ost-West

Die Wandlung zur kleinen Republik nach dem Zerfall der Monarchie 1918 und die territoriale Randlage im Ost-West-Konflikt seit 1945 bedeuteten für Wien den Verlust weltwirtschaftlicher Machtpositionen. Nach 1989 entwickelte sich Wien schnell wieder zur Drehscheibe im Ost-West-Handel. Schon Jahre vor der EU-Osterweiterung erkannten internationale Firmen ihre Chancen und nutzten die Stadt als strategischen Ausgangspunkt ihrer Aktivitäten.

Im globalen Netz

Wien stellt nach wie vor den Dreh- und Angelpunkt der österreichischen Wirtschaft dar. Namhafte Industrieunternehmen produzieren in der Stadt, so unterhält Opel hier seit 1982 sein größtes Motoren- und Getriebewerk weltweit. An einigen Stellen zeigen sich jedoch Erosionserscheinungen: Konzerne, die bislang von Wien aus ihre Ge-

Hauptstadt Österreichs
und gleichzeitig Bundesland
23 Stadtbezirke
Höchster Punkt:
542 m (Hermannskogel)
Tiefster Punkt:
151 m (Lobau)

Fläche:
415 km²
Land: 395,6 km²
Gewässer: 19,4 km²

Einwohner: **1,98 Mio.**
Im Vergleich:
Berlin: 3,67 Mio.
Budapest: 1,70 Mio.
Österreich: 8,98 Mio.

Bevölkerungsdichte:
4656 Einwohner pro km²

▶ Erster Bezirk: Innere Stadt

Fläche:
2,87 km²

Einwohner:
15 700

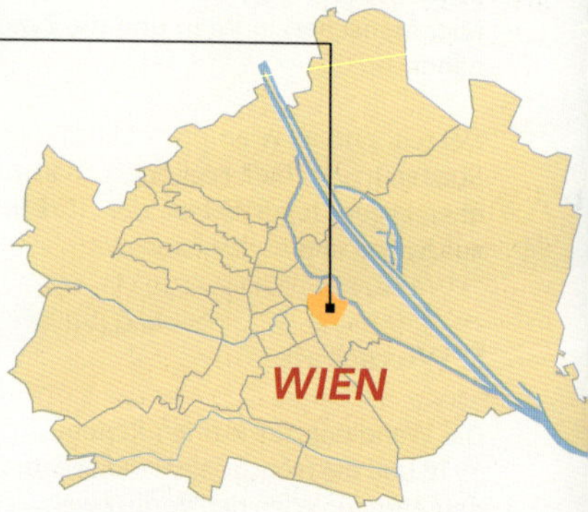

▶ Religion

(Angaben in %)

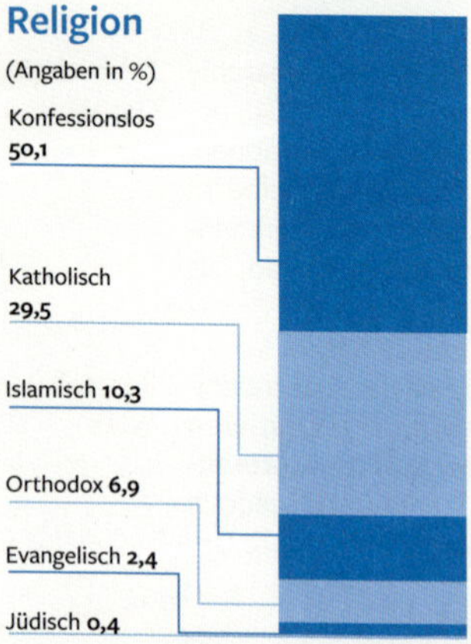

▶ Tourismus

5,59 Mio. Gästeankünfte im Jahr 2022
davon 1,03 Mio. aus Deutschland

▶ Verkehr

Flughafen: Wien-Schwechat,
ca. 27 Mio. Passagiere/Jahr
Öffentliche Verkehrsmittel:
Straßenbahn 29 Linien/177 km Streckenlänge
U-Bahn: 5 Linien/80 km Streckenlänge
Lokalbahn 30 km Streckenlänge

Wirtschaft

BIP pro Kopf:
50000 €

BIP nach Sektoren:
Landwirtschaft 0,3 %
Produktion: 14,7 %
Dienstleistungen: 85,2 %

Arbeitslosigkeit: 11,7 %

Politik

Verwaltungschef:
Bürgermeister (gleichzeitig Landeshauptmann des Bundeslands)

Sitz der OPEC, der Internationalen Atombehörde IAEO und vierte **UNO-Stadt** (neben New York, Genf und Nairobi)

Innenstadt zählt zum **Weltkulturerbe** der UNESCO

Das Wetter

Durchschnittstemperaturen

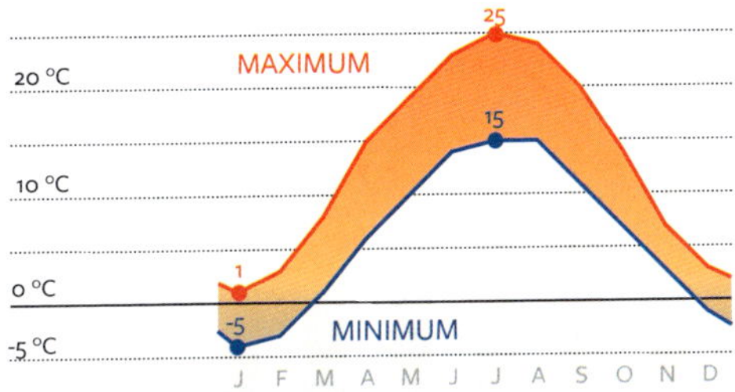

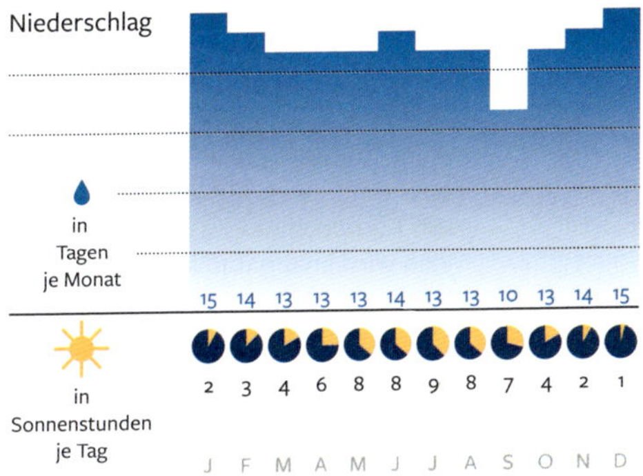

Fiaker

Seit ca. 1670 fahren die Fiaker durch Wien. Damit wird aber nicht nur die Kutsche, sondern auch der Kutscher selbst bezeichnet.
(Grafik: Anzahl der Fiakergespanne)

Standorte Innenstadt:
Stephansplatz
Burgtheater
Michaelerplatz
Heldenplatz
Petersplatz
Albertina

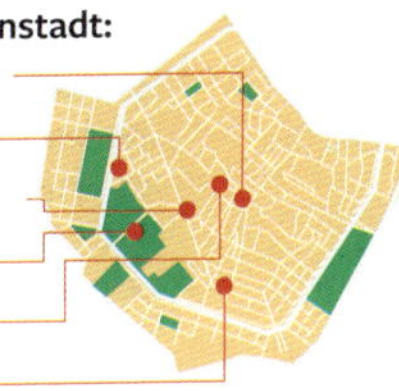

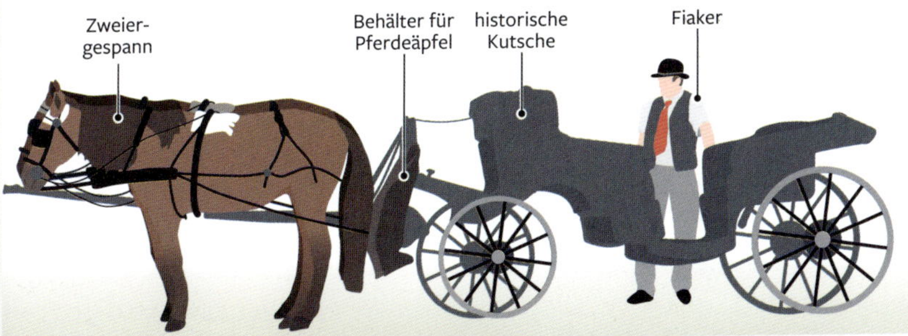

schäfte in Osteuropa steuerten, wie Nespresso, Nokia und Heineken, zogen diese Standorte aus der Hauptstadt ab. Unsicherheiten und Krisen in Südost- und Osteuropa erwecken Besorgnis, denn dort liegen wichtige Handelspartner und Märkte.
Deutlich zeigt sich auch ein Abwanderungstrend in der Produktion: fast 30 % der Industrieflächen gingen am drittgrößten Produktionsstandort Österreichs in den vergangenen zehn Jahren bereits verloren, zahlreiche Arbeitsplätze eingeschlossen, meldet die Wirtschaftskammer Wien. Insofern ein Problem, weil in der Produktion auch Geringqualifizierte gefragt sind, für die jetzt Beschäftigungsmöglichkeiten wegbrechen.
Konkurrenz droht nicht nur global, sondern auch vor der eigenen Haustür. Offenbar entfaltet Nachbarbundesland Niederösterreich eine steigende Sogkraft und forcierte die Gewerbeansiedlungen mit besten Konditionen – mit Erfolg: 17 % der Betriebe sind bereits ins Umland abgewandert. Entsprechend mehren sich die Stimmen, die rasche Änderungen in der Wirtschaftspolitik fordern, um Betriebe zu halten und ihnen Expansionsmöglichkeiten aufzuzeigen. Doch an einem Kernproblem wird niemand etwas ändern können: der Platz in Wien wird knapp und lässt sich nicht vermehren.

Stadt des Wissens

Der stagnierenden Wirtschaftsentwicklung will die Wiener Politik mit neuen Konzepten entgegentreten. Mit seinen mehr als 1400 Forschungseinrichtungen ist Wien das Zentrum der Forschung in Österreich. Vor allem Zukunftstechnologien rund um den gesamten Computer- und IT-Sektor, Life Science und Kreativwirtschaft sollen in der »Stadt des Wissens« deutlich mehr gestützt werden. Forschung und Entwicklung will die Stadt Wien explizit fördern, um kluge Köpfe nicht nur auszubilden, sondern auch zu behalten. Und sie investiert gezielt in die berufliche Weiterentwicklung, um Unternehmen mit dem Verweis auf gut qualifizierte Fachkräfte vor Ort eine Ansiedlung in Wien (oder das Hierbleiben) schmackhaft zu machen, auch wenn die Lohnkosten hoch sind.
Attraktiv bleibt Wien für Arbeitnehmer allemal: da wären die hohe Lebensqualität dieser schönen Stadt, das breite Bildungs- und Kulturangebot, eine nachhaltige Stadtplanung als Grundsatz der **»Smart City«** und nicht zuletzt der Faktor Sicherheit.

Tourismus

Die Wiener Tourismuswirtschaft verzeichnet seit Jahren kontinuierlich Zuwächse. Bis 2019 stieg die Zahl der Übernachtungen auf über 17,5 Millionen. Und nach Ende der Corona-Epidemie nähert sie sich nun rasch erneut der alten Höchstmarke. Mehr als 85 % der Gäste kommen aus dem Ausland. Den größten Anteil an der Gesamtbesucherzahl haben ausländische Urlauber aus Deutschland, gefolgt von den USA, Italien, Großbritannien, Spanien, China, Frankreich und der Schweiz.

STADTGESCHICHTE

Mit den ersten Siedlungen im Wiener Becken wurde der Grundstein zu einer Stadt gelegt, die heute zu den schönsten und meistbesuchten Orten der Welt zählt.

Das älteste Haus Wiens

Wien ist seit 7500 Jahren ein begehrter Siedlungsplatz und in Wien wird viel gebaut. Kaum graben Bagger in der Innenstadt, ist daher die Wahrscheinlichkeit hoch, dass auch die Archäologen Arbeit bekommen. So 2015 am **Rochusmarkt**: Hier legten sie das bislang älteste nachweisbare Haus der Stadt frei. Es datiert in die Jungsteinzeit um 5500 v. Chr. und gehört der Bandkeramischen Kultur an. Kelten, die um 400 v. Chr. auf dem Leopoldsberg siedelten, lebten mindestens ab 50 v. Chr. in Wien.

Römerzeit

Eine sprunghaften Zuwachs an Siedlern bringt die Römerzeit. Sie errichten um 50 n. Chr. an diesem verkehrsgünstigen und dank Donau geschützten Platz das **befestigte Militärlager Vindobona** (von keltisch Vedunia = Wildbach). 6000 Mann leben hier zum Schutz des Imperiums gegen die Germanen. Ab dem 1. Jh. entsteht eine römische Zivilstadt mit rund 20 000 Einwohnern, deren unterirdische Spuren sich in der gesamten Altstadt bis an die Hänge des Belvedere

Wie lebten die Römer in Wien? Das Römermuseum am Hohen Markt zeigt es.

finden. Um 170 wird die Siedlung in den Markomannenkriegen zerstört, danach unter Kaiser **Mark Aurel** jedoch wieder aufgebaut; dieser stirbt vermutlich 180 hier.
Im Jahr 213 erhält Vindobona Stadtrecht, 280 werden die ersten Weinhänge angelegt. Um 400 zerstören die Goten die Zivilstadt; 487 n. Chr. räumen die römischen Truppen das Donaugebiet. Doch sicher wird der günstige Siedlungsplatz nicht menschenleer geblieben sein. Drei Jahrhunderte lang liegt der Raum im Schauplatz von Kriegen zwischen verschiedenen heidnischen Stämmen (Lanogbarden, Awaren, Slawen).

Erste Kirchen

Um 800 werden die ersten christlichen Kirchen gegründet: Ruprechtskirche, Peterskirche und Maria am Gestade. Urkundlich als Wenia in den Salzburger Annalen von 881 erwähnt, entwickelt sich Wien dank seines Flusshafens von einem Dorf zur burggesicherten Kaufmannsstadt.

Die Babenberger

Nach seinem Sieg über die Ungarn 955 errichtet Kaiser Otto I. die Ostmark (Ostarrichi, Österreich) als Grenzmark des Reichs wieder. Die vermutlich aus Franken stammenden Babenberger steigen 976 zu Markgrafen der Ostmark auf, im 12. Jh. zu Herzögen. 1137 wird Wien das erste Mal urkundlich als Stadt erwähnt. Herzog Heinrich II. »Jasomirgott« verlegt seine Residenz von Klosterneuburg nach Wien. Zu selben Zeit lassen sich Kaufleute aus dem oberen Donauraum und den Rheinlanden sowie flandrische Tuchmacher in der Stadt nieder. Unter Herzog Leopold VI. (1198–1204), dem Glorreichen, erfährt Wien einen **wirtschaftlichen und kulturellen Aufschwung**. Der Deutsche Ritterorden wird nach Wien berufen, bei Hof verkehren berühmte Minnesänger wie Walther von der Vogelweide. Die Stadt erhält einen neuen Mauerring mit der Errichtung des Herzogssitzes am Platz der heutigen Stallburg. Als sie 1221 das **Stadt- und Stapelrecht** erhält, blüht die Stadt als wichtiger Umschlagplatz des Süd- und Osthandels auf. Unter der Herrschaft des böhmischen Königs Ottokar II. Přemysl (1251–1278) bleibt zwar Wiens wirtschaftliche Stellung gewahrt, es verliert aber politisch an Bedeutung zugunsten Prags.

Habsburgerherrschaft

Wien wird Residenz

Als **Rudolf I.** von Habsburg zum deutschen König 1273 gewählt wird, verweigert Ottokar II. Přemysl die Lehnsfolge. Das bezahlt er 1278 mit dem Tod. Rudolf I. betraut seine beiden Söhne mit der Herrschaft über Österreich. Um 1320 hat Wien rund 40 000 Einwohner mit einem selbstbewussten Bürgertum aus Kaufleuten, Handwerkern und Ackerbürgern. 1365 wird die Universität gegründet, die zweite im

EPOCHEN

DIE ANFÄNGE DER STADT

um 5500–5000 v. Chr	Jungsteinzeitliche Besiedlung
um 50 n. Chr.	Die Römer errichten das Lager »Vindobona«.
487	Ende der römischen Herrschaft
976	Beginn der Herrschaft der Babenberger
1137	Erste Erwähnung Wiens als Stadt

HABSBURGERHERRSCHAFT

1273	Rudolf I. wird erster Habsburgerkönig.
1365	Gründung der Universität
1485–1490	Ungarn halten Wien besetzt.
1529	Die Stadt wird von den Türken belagert.
1679	Die Pest fordert ca. 30 000 Tote.
1683	Zweite Belagerung durch die Türken

AUFSTIEG ZUR METROPOLE

1740	Maria Theresia besteigt den Thron.
1783	Einsetzung eines selbstständigen Magistrats
1814/1815	Wiener Kongress

INDUSTRIALISIERUNG

1848	Franz Joseph I. besteigt den Thron.
1873	Weltausstellung in Wien

ERSTER UND ZWEITER WELTKRIEG

1918	Ausrufung der Republik
1927	Unruhen und Generalstreik
1938	Einmarsch deutscher Truppen
1945	Die Rote Armee nimmt Wien ein.

NEUE SOUVERÄNITÄT

1955	Österreich wird wieder souverän.
1969	Beginn des U-Bahn-Baus
2001	Die Innenstadt wird UNESCO-Weltkulturerbe.
2011	Otto von Habsburg wird in der Kaisergruft beigesetzt.
2014	Der DC Tower 1 wird eröffnet, das höchste Gebäude Österreichs.
2018	100-Jahr-Jubiläum der Republik, Eröffnung des »Haus der Geschichte Österreich« in der Neuen Burg
2018	Nach dem Rücktritt von Michael Häupl (SPÖ) wird Michael Ludwig (SPÖ) Wiener Bürgermeister.
2023	Wien zählt über 1,9 Mio. Einwohner; 2 Mio. werden es voraussichtlich ab 2027 sein

1683 wird es brisant: Rund 200 000 türkische Soldaten stehen vor Wien.

damaligen deutschen Sprachraum nach Prag. Die Bürgermeister- und Ratswahlordnung von 1396 verschafft den Händlern und Handwerkern Mitwirkungsmöglichkeiten im Stadtrat. 1421 steht im Zeichen eines furchtbaren Pogroms (»Wiener Geserah«). Sämtliche jüdischen Gemeinden in ganz Österreich werden unter Albrecht V. planmäßig vernichtet, in Wien die Mitglieder der Gemeinde im Getto um den Judenplatz ermordet. Als **Friedrich III.** (1415–1493) 1452 den römisch-deutschen Kaiserthron besteigt, vollzieht sich Wiens Umwandlung zur imperialen **Residenzstadt.**
Während die Hofburg zur Residenz ausgebaut wird, erhält das Stephansmünster 1469 den Rang einer Bischofskirche. Zwischen 1485 und 1490 nimmt der ungarische König **Matthias I. Corvinus** Wien in Besitz. Doch Kaiser **Maximilian I.** (reg. 1493 bis 1519) vertreibt die Ungarn wieder aus der Stadt und erweitert seine Machtbefugnisse durch politisch günstige Eheschließungen mit Spanien, Böhmen und Ungarn. Die Doppelhochzeit zwischen den Kindern des Böhmenkönigs Wladislaw und den Enkeln Maximilians I. legt 1515 den Grundstein zur künftigen Donaumonarchie.

Belagerung Wiens durch die Türken

Zu Beginn der Renaissance wird Wien im frühen 16. Jh. zur Hochburg des **Humanismus und der Reformation**. Während der Religionsstreitigkeiten schließt sich Wien dem evangelischen Glauben an. 1525 vernichtet ein **Stadtbrand** über 400 Häuser, 1526 beseitigt

eine neue Stadtordnung die bürgerliche Selbstverwaltung. Einen weiteren Schicksalsschlag erfährt Wien durch die **Türkenbelagerung** von 1529, die zwar abgewehrt wird, aber die eben erst entstandenen Vorstädte in Schutt und Asche legt. Durch das Vordringen der Türken in den Donauraum wird Wien als Fernhandelszentrum entwertet, sein Bürgertum verarmt. Der Adel und die Beamtenschaft gewinnen gegenüber dem bürgerlich-kaufmännischen Lager die Oberhand. Besonders die Innere Stadt im Umkreis der Residenz wird zum Wohnort des Adels. Das Bürgertum wandert in die Vorstädte ab. Die Gegenreformation gewinnt seit dem Einzug der Jesuiten 1551 an Bedeutung, 1577 verbietet Kaiser Rudolf II. den protestantischen Gottesdienst. Die Türkengefahr führt zum Auf- und Ausbau eines gewaltigen Verteidigungsrings. Unter Rudolf II. wird Prag ab 1583 vorübergehend Residenzstadt, bis Kaiser Matthias 1612 nach Wien zurückkehrt.
In der Leopoldstadt wird zwischen 1625 und 1670 wieder ein **jüdisches Getto** eingerichtet. Der **Dreißigjährige Krieg** (1618–1648) geht ohne Zerstörungen in der Stadt vorüber. Dafür wird Wien 1679 von der **Pest** heimgesucht, die 30 000 Todesopfer fordert.
1683 steht Großwesir Kara Mustafa mit 200 000 Mann vor den Toren Wiens, was als **zweite Türkenbelagerung** in die Geschichte eingeht. Knapp 20 000 Wiener verteidigen sich unter Führung des Grafen Rüdiger von Starhemberg gegen die Übermacht der Türken, die erst durch das kaiserliche Entsatzheer (60 000 Mann) und das Reiterheer (ca. 20 000) des Polenkönigs Johann III. Sobieski in die Flucht geschlagen werden können.

Aufstieg zur Metropole

Epoche des Absolutismus

Nach der Abwehr der zweiten Türkenbelagerung beginnt sich das Habsburgerreich weit nach Südosten auszudehnen. Wien steigt zur glanzvollen Residenz eines europäischen Großreichs auf. Hof, Adel und Geistlichkeit wohnen innerhalb der Wehrmauern, die bürgerlichen Vorstädte liegen zwischen Glacis und sogenanntem Linienwall – einer 1704 vollendeten zweiten Stadtbefestigung an der Stelle des heutigen Gürtels. Dritter Teil der Stadtlandschaft ist ein Kranz von ländlichen Vororten, v. a. im Westen und Süden, in dem auch Sommerpaläste des Adels und des Herrscherhauses (Schloss Schönbrunn) angelegt werden. Der enorme Waren- und Kapitalbedarf in der Kaiserresidenzstadt macht Wien zu einem **Großhandels- und Finanzplatz** von europäischer Bedeutung und führt zu einem nie zuvor erlebten **Bauboom** im Stil des Hochbarock.

Ära Maria Theresia

Als Maria Theresia 1740 den Thron besteigt, leben etwa 160 000 Menschen innerhalb des Linienwalls. Sie führt die **allgemeine Schulpflicht** ein und strafft die zentralistische Verwaltung. Joseph II. reformiert zwischen 1780 und 1790 große Bereiche des öffentlichen Lebens im Sinn des aufgeklärten Absolutismus, erlässt ein **Toleranzedikt**, das auch den Juden mehr Entfaltungsmöglichkeiten erlaubt, schafft Leibeigenschaft, Folter und Zunftzwang ab und bereitet Wien auf das Industriezeitalter vor.

Napoleon, Wiener Kongress Der Loslösungsprozess Österreichs vom Deutschen Reich ist am Ende des 18. Jh.s bereits so weit fortgeschritten, dass der römisch-deutsche Kaiser Franz II. 1804 ein eigenes, alle Erblande umfassendes österreichisches Kaiserreich proklamiert, das er als Kaiser Franz I. regiert. Nach Gründung des Rheinbundes legt er schließlich unter dem Druck Napoleons 1806 den römisch-deutschen Kaisertitel ab. Wien muss zweimal den Einzug Napoleons über sich ergehen lassen – er logiert in Schloss Schönbrunn –, verbunden mit erheblichen Besatzungskosten, die den Finanzhaushalt ruinieren.

Nach dem Fall Napoleons wird auf dem Wiener Kongress (1814/1815) die **Neuordnung Europas** verhandelt. Beteiligte Staatsmänner waren u. a. Zar Alexander I., der preußische Staatskanzler Hardenberg und Frankreichs Außenminister Talleyrand, den Vorsitz führte der österreichische Staatskanzler Fürst Metternich. In Wien wird die alte Fürstenherrlichkeit restauriert, die Pressezensur verschärft und das Spitzelwesen eingeführt. Ein ängstlicher Rückzug ins Private folgt, wie es die sogenannte Biedermeierzeit – eine ironische Wortschöpfung aus Joseph Victor von Scheffels kauzigen Typen Biedermann und Bummelmeier – zum Ausdruck bringt.

Industrialisierung

1848: Märzrevolution Die Bevölkerungszahl Wiens steigt 1829 auf 318 000 an. 1842 werden die **Wiener Philharmoniker** gegründet, 1843 erhält die Stadt Gasbeleuchtung. Bahnhöfe werden gebaut. Die Textilwirtschaft, der Lebensmittelsektor und der Maschinenbau ziehen immer mehr Arbeiter an. Deshalb wird es in den Vorstädten immer enger und die sozialen Konflikte nehmen zu.

Aufgewiegelt durch die Pariser Februarrevolution, gehen auch die Bürger Wiens auf die Straße und fordern mehr Freiheiten und die Teilnahme an Gesetzgebung und Verwaltung. Dies eskaliert in der Märzrevolution 1848 gegen das Regime des Fürsten Metternich. Metternich tritt zurück; Kaiser Ferdinand I. dankt ab.

Ära Franz Joseph I. Der erst 18-jährige Franz Joseph I. besteigt 1848 den Kaiserthron. 1866 geht Preußen als Sieger aus dem Deutschen Krieg mit Österreich hervor. 1867 begründet Franz Joseph die **österreichisch-ungarische Doppelmonarchie**. Wien entwickelt sich während seiner Herrschaft von einer Halbmillionenstadt zur modernen Donaumet-

Das Rathaus ist allein durch seinen Turm der auffallendste Bau an der Ringstraße.

ropole mit 2 Mio. Einwohnern im Jahr 1905. Als Haupt- und Residenzstadt eines europäischen Großstaates und als dessen Wirtschaftszentrum in einer Zeit stürmischer Industrialisierung wird Wien das Ziel von Zuwanderern aus allen Teilen des Reichs, vor allem aus Böhmen, Mähren und Galizien.

Die Stadtmauer fällt

Die Stadt verändert sich: Viele prächtige Barockbauten weichen billigen Mietshäusern, die angesichts der Bevölkerungsexplosion dringend nötig sind. 1856 lässt Franz Joseph die Stadtmauer niederreißen und die großzügige **Ringstraße** um den mittelalterlichen Stadtkern anlegen. Sie ist nicht nur von repräsentativen Verwaltungs- und Kulturbauten – Parlament, Rathaus, Oper, Burgtheater, Museen und Universität – im »Ringstraßenstil« flankiert, sondern soll auch Wohnort von Adel und Großbürgertum sein. Das Sammelsurium an Baustilen von griechischem Tempel (Parlament) über Neorenaissance (Kunst- und Naturhistorisches Museum) bis neogotischer Dom (Votivkirche) erregt auch Kritik: »Eine Musterkarte von Stilkopien, eine lächerlicher als die andere«, schimpft Stadtplaner Otto Wagner. Die feierliche Eröffnung der 5,2 km langen und 57 m breiten Straße erfolgt 1865. Ihren glanzvollsten Moment erlebt sie, als der Maler Hans Makart 1879 mit 10 000 Mitwirkenden den Huldigungsfestzug zur Silberhochzeit von Kaiser Franz Joseph I. und Kaiserin Elisabeth ausrichtet.

Stolz kann der liberale Bürgermeister Cajetan Felder die prachtvolle Kaiserstadt Wien 1873 während der Weltausstellung der internationalen Öffentlichkeit präsentieren. Dem »Municipalsozialismus« des christlich-sozialen Bürgermeisters Karl Lueger von 1897 bis 1910 verdankt die Stadt den Ausbau der Infrastruktur. Hochquellen-Wasserleitungen aus den Alpen, die »Stadtbahn« als erstes innerstädtisches Schnellverkehrsmittel, Schulen und Spitäler, Parks, Wald- und Wiesengürtel werden angelegt. Dank der ersten **Donauregulierung** von 1870 bis 1874 (Baedeker Wissen ▶ S. 78) kann sich die Stadt auch auf weitere Gebiete links der Donau ausdehnen.

Erster und Zweiter Weltkrieg

Hauptstadt der Ersten Republik

Am 28. Juni 1914 werden Thronfolger Franz Ferdinand und dessen Gemahlin Sophie in Sarajevo ermordet, Österreich erklärt Serbien den Krieg, der **Erste Weltkrieg** beginnt. Er endet 1918 mit dem Zerfall der Doppelmonarchie und der Abdankung des letzten österreichischen Kaisers Karl I., der seit dem Tod Franz Josephs 1916 regiert. Am 12. November 1918 wird die **Erste Republik** ausgerufen mit Wien als Bundeshauptstadt, in der 2,3 Mio. Menschen leben. Die Residenzstadt eines 50-Millionen-Reichs mit zwölf Nationalitäten wird über Nacht zur Hauptstadt eines Kleinstaats mit nur noch knapp 6,6 Mio. Einwohnern. Diesen Schrumpfungsprozess begleiten große innenpolitische Probleme, die die 1919 gewählte sozialistische Stadtregierung im nunmehr »roten Wien« lösen muss. 1922 erhält Wien als österreichische Bundeshauptstadt den Status eines eigenen Bundeslandes, sodass der Gemeinderat auch gleichzeitig Wiener Landtag ist. Doch die Spannungen zwischen Sozialdemokraten und Klerikal-Konservativen sind immens und gipfeln 1927 in Demonstrationen und bürgerkriegsähnlichen Unruhen mit Generalstreik.

Austro-Faschismus und Zweiter Weltkrieg

1933 spitzen sich die innenpolitischen Konflikte zu, als Bundeskanzler Engelbert Dollfuß durch einen **Staatsstreich** die parlamentarische Verfassung ausschaltet und die Sozialdemokraten zum bewaffneten Widerstand dagegen aufrufen. Massive Armee-Einsätze schlagen den Aufstand blutig nieder und stärken das autoritäre Dollfuß-Regime austrofaschistischer Prägung, das die Sozialdemokratische Partei sowie die Gewerkschaften verbieten lässt.

Nach der Ermordung von Dollfuß 1934 übernimmt Kurt Schuschnigg (Christlich-soziale Partei) die Regierung, der dem zunehmenden Druck von Nationalsozialisten ausgesetzt ist. Nach Unruhen und Ultimatum tritt Schuschnigg zurück und macht den Weg frei für den **Einmarsch deutscher Truppen** am 12. März 1938 und den »Anschluss« Österreichs an Hitler-Deutschland. Wien wird durch Eingemeindung von 97 Nachbargemeinden zum »Reichsgau Groß-Wien« und zur

Hauptstadt der »Ostmark«. Der nationalsozialistischen Machtübernahme folgt die systematische Vertreibung, Inhaftierung und Ermordung zahlloser politischer Gegner und der jüdischen Bürger Wiens.

Zweiter Weltkrieg

Der Zweite Weltkrieg fordert das Leben von mehr als 200 000 Wienern als Soldaten und Zivilopfer, in den Konzentrationslagern der Nationalsozialisten werden über 40 000 Wiener Juden Opfer des Holocaust. Ab Herbst 1944 wird Wien **Ziel von schweren Luftangriffen**. 1945 sind mehr als 21 000 Häuser zerstört, etwa 86 000 Wohnungen unbenutzbar, 120 Brücken gesprengt und fast 3700 Gas- und Wasserleitungen unterbrochen.

Zweite Republik

Mitte April 1945 wird die Stadt von der Roten Armee eingenommen. Wien wird unter den Alliierten – UdSSR, USA, Großbritannien und Frankreich – in **vier Besatzungssektoren** aufgeteilt. Aus den allgemeinen Wahlen im November 1945 gehen Karl Renner als Bundespräsident und Leopold Figl als Bundeskanzler hervor; beide Institutionen haben ihren Sitz in Wien. Geld aus dem Marshallplan beschleunigt ab 1947 den Wiederaufbau.

Neue Souveränität

Staatsvertrag

Mit der Ratifizierung des Staatsvertrags zwischen Österreich und den Siegermächten am 15. Mai 1955 im Schloss Belvedere erhält Österreich seine volle Souveränität zurück, und das Parlament erlässt am 26. Oktober, nach Abzug der letzten alliierten Truppen aus Wien, das Verfassungsgesetz über die immer währende Neutralität.

Beliebteste Stadt der Welt

1979 eröffnet in Wien die **UNO-City** – nach New York und Genf – dritter UNO-Hauptsitz. Ab 1990 rückt Wien durch die Öffnung des Eisernen Vorhangs wieder ins Zentrum von Mitteleuropa, dadurch werden wirtschaftliche, kulturelle und politische Kontakte vor allem mit Osteuropa neu belebt. 1994 beginnen die Bauarbeiten für die Donau City. 2001 wird die Innenstadt zum **UNESCO-Weltkulturerbe** erklärt. Die Gemeinderatswahl 2015 gewinnt die Sozialdemokratische Partei (SPÖ) und setzt ihre Koalition mit den Grünen fort. Bürgermeister, zugleich Landeshauptmann, war seit 1994 Dr. Michael Häupl (SPÖ). Nach dessen Rücktritt 2018 folgte ihm im Mai Michael Ludwig (SPÖ) im Amt nach. Er wird 2020 bei erneuten Wahlen im Amt bestätigt.
2014 eröffnet der von Frankreichs Stararchitekt Dominique Perrault entworfene DC Tower 1, mit 250 m Höhe das höchste Gebäude Österreichs. Der geplante DC Tower 2 soll 2023 fertig gestellt sein. 2022 wird Wien zum inzwischen elften Mal zur **lebenswertesten Stadt der Welt** gekürt.

KUNSTGESCHICHTE

Barockarchitekten und Jugendstilmaler, das Musikgenie Mozart, aber auch Schubert, die Familie Strauß und etliche andere fallen einem bei Wien zum Thema Kunst und Kultur ein. Doch eigentlich ist die Stadt selbst ein Gesamtkunstwerk mit ihren barocken Bauten und den vielen Fassaden im Jugendstil. Selbst U-Bahn-Stationen sind hier Kunstwerke.

Romanik

Kirchenkunst

Mit der ersten urkundlichen Erwähnung Wiens im Jahr 881 als Wenia und der allmählichen städtischen Entwicklung erlebte Wien ab dem 12. Jahrhundert eine **kulturelle Blüte** in der Epoche der Romanik. Die **Stephanskirche** als größtes Bauvorhaben wurde in der ersten Hälfte des 12. Jahrhunderts begonnen. Romanischen Ursprungs an der heutigen Kathedrale sind das Westwerk, die Heidentürme und das große Rundbogenportal erhalten.
Über einem Vorgängerbau wurde zwischen 1130 und 1170 die **Ruprechtskirche** errichtet. Im mittleren Chorfenster sind die einzigen romanischen Glasmalereien Wiens zu sehen, die eine Kreuzigungsgruppe und eine thronende Muttergottes zeigen. Im Innenraum der **Schottenkirche** (Baubeginn ca. 1160) erinnern Pfeilersockel und Halbsäulen sowie Gurt- und Scheidbögen an die erste Bauperiode.

Gotik

Architektur

Im Jahr 1304 wurde mit dem **gotischen Neubau der Stephanskirche** begonnen: mit weiträumigem Langhaus unter einem einheitlichen hohen Dach mit bunt glasierten Ziegeln und dem zum Wahrzeichen der Stadt gewordenen Südturm, in dessen Unterbau eine Kapelle eingefügt ist. Filigranes Maßwerk ziert die Giebel des Langhauses und des Turms. Zwischen 1304 und 1340 entstand der als dreischiffige Halle gestaltete Chor. Ab 1359 wurden die Seitenwände des Langhauses hochgezogen; 1446 waren die letzten Gewölbe vollendet. Im Stephansdom befinden sich auch drei bedeutende gotische Skulpturen: Zweimal verewigt sich wohl der Steinmetz Anton Pilgram im Stephansdom. Am Orgelfuß (1513) – das Instrument ist seit 1720 an anderer Stelle – scheint er die ganze Last der Pfeifen zu tragen. An der Kanzel (1515) blickt er aus einem Fenster, den Zirkel in der Rechten haltend. Die beiden Selbstporträts sind sehr lebendig und mit individuellen Gesichtszügen gebildet. Das Grabmal Friedrich III. (1415–1493) hat Nicolaus Gerhaert von Leyden geschaffen.

Weitere gotische Sakralbauten sind die **Augustinerkirche** (1330 bis 1339), die **Minoritenkirche** (Neubau ab 1339), deren dreiteiliges Tympanonrelief des 1350 entstandenen Hauptportales französischen Einfluss aufweist. Eine der schönsten Wiener Kirchen fällt durch ihren filigranen Steinhelm als Turmbekrönung auf: die **Kirche Maria am Gestade**, 1330 bis 1414 errichtet.

Malerei

In Wien ist das **älteste Porträt der deutschen Kunst** entstanden. Es zeigt Herzog Rudolf IV. (heute im Dom- und Diözesanmuseum), der nicht nur den Ausbau von St. Stephan unterstützte, sondern auch als Gegenpol zu Prag kurz vor seinem Tod 1365 die Universität in Wien gründete. Der unbekannte Künstler entstammte der böhmischen Kunstlandschaft.
Zu den herausragenden Werken der Tafelmalerei im 15. Jahrhundert gehört der 1469 geschaffene »Schottenaltar«, der Hauptaltar der Wiener Schottenkirche. Zwei der 21 Tafeln zeigen, wie Wien um 1470 ausgesehen hat – dies sind **die ältesten Darstellungen der Stadt**. Die beiden Tafeln sowie 17 weitere sind im Museum im Schottenstift (▶ Freyung) ausgestellt, zwei im ▶ Belvedere.

Renaissance

Architektur

Die Bautätigkeit in dieser Zeit war bescheiden und konzentrierte sich auf die ▶ **Hofburg**: Bei Umbauten der mittelalterlichen Burg (1543 bis 1557) wurden die Türme abgetragen, die Fassade vereinheitlicht, der Hof, die Portale sowie die Torhalle plastisch verziert; dadurch erhielt die Burg ein schlossartiges Aussehen. Die Stallburg (1558 bis 1564) mit ihrem prachtvollen Arkadenhof und die Amalienburg (1575–1611) mit den schlichten Fassaden sind als Vierflügelanlagen mit Innenhof errichtet worden. Ab 1569 ließ sich Kaiser Maximilian II. im heutigen 11. Bezirk (Simmering) südöstlich von Wien **Schloss Neugebäude** errichten. Dieses verfiel nach seinem Tode und ist erst in jüngster Zeit restauriert worden.

Plastik

Zu den wichtigsten Aufgaben für die Bildhauer des 16. Jh.s gehörte die Gestaltung von Epitaphien. In der Deutschordenskirche hängt das **Epitaph für Jobst Truchseß** von Wetzhausen (1524) von Loy Hering. Dem wachsenden Ruhm- und Geltungsbedürfnis kamen auch die aufwendig ausgeschmückten Sarkophage entgegen: In der Michaelerkirche (▶ Michaelerplatz) wurde 1590 ein **Grabmal für Freiherr Johann Trautson** errichtet, und in der ▶ Votivkirche steht das **Hochgrab von Niklas Graf Salm**, ebenfalls von Loy Hering; auf der Deckplatte kniet der Verstorbene vor dem Kreuz, die Flachreliefs erinnern an die Schlachten gegen die Türken, die Salm als Stadtkommandant leitete.

Barock und Rokoko

Baukunst

Während der Türkenbelagerungen (1529 und 1683) konzentrierte sich die Bautätigkeit auf die Festungsanlagen, die immer wieder verstärkt und modernisiert werden mussten. Nach dem Sieg über die Türken 1683 initiierten vor allem die Geistlichkeit und der Kaiser einen ungeheuren **Bauboom**. Zwei bedeutende Antipoden bestimmten mit ihrer eigenständigen Architektur die Wiener Baukunst dieser Zeit: Johann Bernhard Fischer von Erlach und Johann Lucas von Hildebrandt. Fischers Arbeiten sind von seinen Studien bei Bernini in Rom stark beeinflusst. Das ursprüngliche Aussehen des ▶ **Schlosses Schönbrunn** ist allerdings durch spätere Eingriffe verschleiert worden. Zu den Spätwerken Fischers gehört die **Hofbibliothek** (1723 bis 1735; ▶ Hofburg), an der die strengen Formen des französischen Frühklassizismus abzulesen sind. Fischers Architektur zeichnet sich durch geometrische Gliederung aus, die einzelnen Bauteile sind voluminös und erkennbar gestaltet. Dies zeigt deutlich ein zweites Spätwerk, die ▶ **Karlskirche** (1716–1739). Ganz anderes entwarf der Rivale Hildebrandt, der ab 1700 in Wien tätig wurde. Seine Architektur lebt von einer Fülle von Bauornamenten, die die Wand überziehen und durch das Spiel von Licht und Schatten das Gebäude optisch aufzulockern suchen. Beim Bau des **Oberen** ▶ **Belvedere** (1717–1723) machte auch er sich französische Ideen zu eigen: Der auf Fernsicht konzipierte Architekturprospekt besteht aus gestaffelten Pavillons von großer Breitenwirkung.

Gartenkunst

Im Bereich der Gartenkunst entwickelte sich im Anschluss an den französischen Gartenbau zwischen 1690 und 1740 ein **Wiener Gartenstil** mit eigenen Zügen, der gleichzeitig offen war für italienische Elemente. Wichtige Auftraggeber waren der Kaiser, der Adel und wohlhabende Bürger. Die Gartenanlage des ▶ **Schlosses Schönbrunn** knüpft an das große Vorbild Versailles an, übernimmt dessen Sonnensymbolik und nutzt die Herkulesthematik zur ideenreichen Gartenplastik. Eine künstlerisch sehr aufwendige Anlage zeigt der Garten des ▶ **Gartenpalais Liechtenstein** (1691–1711). Er war neben dem Belvederegarten die bedeutendste barocke Gartenanlage in Wien. 2004 wurde das Palais saniert und der Garten zu neuem Leben erweckt. Ein besonderer Hingucker: Im Frühjahr lassen die Blüten des Blausterns für kurze Zeit die Umrisse des Barockgartens erkennen. Zwischen 1716 und 1721 entstand die berühmteste Gartenanlage Wiens: Sie erstreckt sich zwischen Oberem und Unterem ▶ **Belvedere** auf drei Terrassen und zählt zusammen mit den Schlössern zum UNESCO Welterbe. Eine durch Reichtum der Arten im damaligen Europa unübertroffene, längst aufgegebene Tiersammlung komplettierte einst den Prunk. Die Anlage zählte lange Zeit zu den aufwendigsten der Welt.

Malerei

Daniel Grans Auftrag, 1724 den **Schwarzenberg'schen Sommerpalast** auszumalen, brach die Vorherrschaft italienischer Künstler in Wien. Ab 1730 führte Gran die Ausmalung der **kaiserlichen Bibliothek** durch, wofür ein umfangreiches Programm ausgearbeitet wurde, das Karl VI. als Förderer von Kunst und Wissenschaft verherrlicht. Weil vor allem der Adel Aufträge erteilte, waren Genre-, Porträt-, Landschafts- und Stilllebenmalerei besonders gefragt.

Plastik

Die Profanarchitektur und v. a. der Gartenbau ermöglichten ein breites Betätigungsfeld für Bildhauer. Viele Plätze sind mit Brunnenanlagen ausgestattet worden. 1679 gelobte Leopold I., die **Pestsäule** am Graben errichten zu lassen im Gedenken an das Ende der Pest, die über ein Jahr lang in der Stadt wütete. An der Säulenkonzeption wirkten wichtige Künstler wie Matthias Rauchmiller, Johann Bernhard Fischer von Erlach, Paul von Strudel und Johann Frühwirth mit. Über dem der Dreifaltigkeit gewidmeten Sockel erhebt sich eine Wolkenpyramide mit Engelsfiguren, die Embleme der Macht und des Herrschertums tragen. Da sich der Bau immer wieder verzögerte, u. a. wegen mehrerer Änderungen der Entwürfe und der großen Anzahl der ausführenden Künstler, wurde die rund 18 m hohe Pestsäule erst 1693 geweiht und schließlich im Jahr darauf fertiggestellt.

Klassizismus

Architektur

Der Klassizismus in Wien wurde wieder vornehmlich von auswärtigen Künstlern bestimmt. Louis Montoyer baute das prunkvolle **Palais** des russischen Botschafters **Rasumofsky** (1805–1811). Obwohl Teile des Palais 1814 bei einem Brand zu Schaden kamen, zählt es zu den prunkvollsten klassizistischen Bauten Wiens.

Plastik

Zu den herausragenden plastischen Werken des Klassizismus gehört das **Grabmal für die Erzherzogin Maria Christine** (1742–1798) in der Augustinerkirche, das von Antonio Canova entworfen wurde. Es ist als Wandpyramide gestaltet, in deren illusionistisches Grabtor ein Trauerzug mit allegorischen Figuren der Tugend und Caritas schreitet; rechts ist ein Genius mit Löwe, oben die Glückseligkeit mit einem Bildnismedaillon der Erzherzogin platziert.

Historismus

Architektur

Das größte Bauprojekt Wiens im 19. Jh. war die 4 km lange, 1865 mit einem Festakt eingeweihte **Ringstraße**, für deren Bebauung gemäß der Grundkonzeption von Ludwig Forster zahlreiche Architekten herangezogen wurden, die sie in historischen Stilen gestalten sollten.

Neben Kultur und Verwaltung sollten auch Handel, Geldwesen, einzelne Industriezweige und vornehme Wohnviertel Platz finden. Ringstraßenbauten sind: die neugotische doppeltürmige Votivkirche von Heinrich Ferstel (1879), die Staatsoper im Neurenaissancestil von August von Siccardsburg und Eduard van der Nüll; in historisierenden Formen folgten zwischen 1872 und 1883 Rathaus, Parlament, Universität, Burgtheater, die beiden Museen und das Börsenviertel; als Letztes erfolgte der Ausbau der Hofburg. Drei Merkmale zeichnen das Ringstraßenprojekt aus: Die wichtigsten Monumentalgebäude stehen frei, meistens von Gartenanlagen umgeben, in denen Denkmäler aufgestellt wurden. Die Großbauten sollten Größe und Macht ausstrahlen. Außerdem war der jeweils gewählte historische Stil für die einzelnen Bauten programmatisch. Für das Parlament wurden neugriechische Formen gewählt in Erinnerung an Griechenland als das Mutterland der Demokratie; für die mittelalterliche Stadtherrlichkeit des Rathaus steht der neogotische Stil.

Malerei

Schon zu Lebzeiten überschwängliche Huldigung erfuhr **Hans Makart** für seine formenreichen allegorischen Gemälde mit dekorativer Grundhaltung. Ab 1878 übernahm er die Spezialschule für Historienmalerei, die zu opernhaft inszenierten Kompositionen neigte. Außerdem gestaltete er den Festzug zur Silberhochzeit des österreichischen Kaiserpaars 1879 mit einer Reihe von Prunkwagen, bei denen die Bauten der Ringstraße bewusst in die festliche Inszenierung einbezogen wurden. Den größten Auftrag erhielt er 1881 für die Ausmalung des Treppenhauses im Kunsthistorischen Museum.

Jugendstil

Architektur

Als Abspaltung vom traditionellen Kunstbetrieb entstand die **Wiener Secession** (▶ Baedeker Wissen S. 262). Hier setzte der Architekt **Otto Wagner** Zeichen: 1901 entstanden die mit Marmor und Goldauflage versehenen Stadtbahnpavillons am Karlsplatz, zwischen 1904 und 1906 errichtete er das Postsparkassenamt, ein mit Granit- und Marmorplatten verkleideter Bau mit einer Kassenhalle aus Glas und Stahl fast ohne Ornament. Die goldene Kuppel der Kirche am Steinhof (1904–1907) leuchtet schon von weitem in der Sonne. Die Stadtbahnbögen entlang dem Gürtel kamen im Lauf der Jahrzehnte etwas herunter. Heute hat sich der Bereich zwischen Thalia- und Alser Straße in eine schicke Kultur- und Gastro-Zone verwandelt. **Josef Hoffmann** entwarf für die **Wiener Werkstätte** (▶ Baedeker Wissen S. 263) kunstgewerbliche Luxusgegenstände, plante in Wien aber auch einige wichtige Gebäude wie das Sanatorium Purkersdorf

Das Michaelertor an der Hofburg: Blickfang für Kohlmarkt-Flaneure

FRANCISCVS · IOSEPHVS · I
PERFECIT · A · D · MDCCCXCIII
GUCCI
GABBANA
HILFIGER
BDO
JUWELEN-ANTIKSCHMUCK

AUFBRUCH DER KUNST

BAEDEKER WISSEN

1897 ist das Gründungsjahr der Künstlervereinigung der Secessionisten, die sich gegen den traditionellen Kunstbetrieb wandten. Diese Strömung umfasst neben den klassischen Kunstgattungen – und das ist neu – auch die gesamte angewandte Kunst.

Wien im Jahr 1897. Eine Gruppe von jungen Künstlern um den Maler Gustav Klimt trennt sich von der traditionellen Künstlervereinigung und gründet die **»Vereinigung bildender Künstler Secession«**. Empörung aufseiten des Establishments, das den Austritt als Kampfansage versteht und um seine Machtposition fürchtet; idealistischer Eifer aufseiten der Secessionisten, die der miefigen Wiener Kulturpolitik ein Ende und den modernen europäischen Kunstströmungen den Weg bereiten wollen.

Maler und Architekten

Diese Strömungen, die wir heute unter dem Sammelbegriff **»Jugendstil«** kennen, umfassen beinahe alle Bereiche der klassischen Kunstgattungen sowie – und das ist ein Novum – das Kunstgewerbe, die Gebrauchsgrafik, die Typografie, kurzum die gesamte angewandte Kunst. Unter der Maßgabe, dass alle Bereiche des täglichen Lebens ästhetischen Ansprüchen genügen sollen, gewinnt die angewandte Kunst, auf die die hohe Kunst bisher verächtlich herabgeschaut hat, eine völlig neue Bedeutung. So befinden sich unter den Gründungsmitgliedern der Secession nicht nur Maler wie Gustav Klimt und Architekten wie Josef Hoffmann, sondern z. B. auch der Kunsthandwerker Kolo Moser.

Im März 1898 debütiert die Secession mit ihrer ersten Ausstellung, die einen großen Zuspruch findet und dem Wiener Publikum sowohl Werke der europäischen Avantgardekunst als auch Arbeiten der Secessionisten präsentiert.

Abkehr vom Historismus

Eine Absage an den überbordenden Dekor des späten Historismus ist auch das im selben Jahr eingeweihte **Ausstellungsgebäude der Secession**, ein wuchtiger, blockhafter Kubus mit einer Kuppel aus vergoldeten Lorbeerblättern, die ihm bei den Wienern den Spitznamen **»Krauthappel«** (»Krautkopf«) eingetragen hat. Der Entwurf der Secession stammt von Joseph Maria Olbrich, der sich mit diesem Projekt auch sogleich wieder von Wien verabschiedet – er wird von Großherzog Ernst Ludwig nach Darmstadt in die Künstlerkolonie berufen.
Olbrich hat sein Handwerk bei Otto Wagner gelernt, der als Akademielehrer die Künstlergeneration der Secessionisten nachhaltig beeinflusste. Dessen berühmtester Beitrag zum österreichischen Jugendstil ist die von 1904 bis 1906 entstandene Postsparkasse in Wien. Konstruktionsdetails an diesem Gebäude wie die Metallnieten, die die Granit- und Marmorplatten an der Fassade halten, oder die Warmluftausbläser in der Kassenhalle werden nicht mehr hinter einer Verkleidung versteckt, sondern als dekorative Elemente in die Gestaltung einbezogen. Wie die meisten seiner Kollegen entwirft Wagner auch die Einrichtung selbst – Gebäude und Ausstattung verschmel-

Gustav Klimts Beethovenfries von 1902 in der Secession zeigt Paradiesengel.

zen zu einem Gesamtkunstwerk. Für die Umsetzung der Entwürfe ist die Zusammenarbeit mit Handwerksbetrieben nötig, doch nur wenige Handwerker finden sich dazu bereit.

Handwerk für die Masse

In anderen europäischen Jugendstilzentren, deren Werke das Wiener Publikum auf der achten Secessionsausstellung im November 1900 erstmals zu sehen bekommt, hat man das Problem durch die Gründung eigener Werkstätten gelöst. Der Architekt und Professor an der Kunstgewerbeschule Josef Hoffmann gründet 1903 zusammen mit Koloman Moser und dem Fabrikanten Fritz Wärmdorfer die **Wiener Werkstätte**. 1905 beschäftigt das Unternehmen 100 Handwerker und Meister. Zum Zeichen der Gleichberechtigung von Künstlern und Handwerkern trägt jede Arbeit das Kürzel des Entwerfenden wie des Ausführenden.

Doch bereits nach wenigen Jahren klafft ein Graben zwischen dem Anspruch der Secessionisten und der Wirklichkeit. Die ursprüngliche Idee, handwerklich gediegene und künstlerisch anspruchsvoll gestaltete Gebrauchsgegenstände für die breite Masse herzustellen, muss schon bald den Gesetzen des Marktes weichen. Der Preis für das Überleben – die Wiener Werkstätte existierte bis 1932 – ist die Exklusivität der Produkte, die aufgrund ihrer hohen Herstellungskosten nur für eine kleine Bevölkerungsschicht erschwinglich sind.
Auch in stilistischer Hinsicht vollzieht sich ein Wandel unter den Arbeitern hin zu mehr Dekorationsfreude und formalen Spielereien. Die romantische Rückkehr zu den Produktionsbedingungen der vorindustriellen Zeit bleibt somit zwangsläufig nur ein Zwischenspiel – wenn auch ein durchaus interessantes und für die Designgeschichte äußerst fruchtbares.

(1903–1905), die Siedlung Wien Kaasgraben (1913) und Reihenhäuser für die Internationale Werkbundausstellung (1932). Mit seiner programmatischen Schrift »Ornament und Verbrechen« (1907) wollte **Adolf Loos** mit dem Historismus und den Vertretern der Secession brechen. Beim Geschäftshaus am Michaelerplatz (1910/1911) und der Werkbundsiedlung (1932) ließ er sich von der Kompaktheit des Quaders als Baukörper leiten.

Malerei

Aktives Gründungsmitglied der Secession und bis 1905 ihr Präsident war **Gustav Klimt** (▶ Interessante Menschen). Mit seinen frühen Auftragsarbeiten – Burgtheater und Kunsthistorisches Museum – gewann er erste offizielle Anerkennung, die dann nach 1900 mit seinen secessionistischen Arbeiten vorerst endete. 1902 entstand der Beethovenfries im Pavillon der Secession; weitere Aufträge folgten. Befreundet war Klimt mit **Egon Schiele** (▶ Interessante Menschen), der, den Secessionsstil hinter sich lassend, auch einige Skandalbilder schuf. Von den Secessionisten beeinflusst war **Oskar Kokoschka**, der seine Ausbildung in Wien absolvierte. Stark leuchtende Farben kennzeichnen seine expressionistischen Wurzeln.

Kunst im 20. und 21. Jahrhundert

Architektur

Nach dem Zweiten Weltkrieg mussten sich alle Kräfte auf den Wiederaufbau der teilweise stark zerstörten Stadt konzentrieren. Im Bereich des Wohnungsbaus – z. B. die Siedlungen der 1960er-Jahre am nordöstlichen und südlichen Stadtrand – sind keine spektakulären Projekte entstanden, alle ähneln sie den zeitgleichen Anlagen in anderen Großstädten. Die Kirche Zur Heiligen Dreifaltigkeit (1965–1976) von **Fritz Wotruba** im Stadtteil Mauer (Ottillingerplatz 1) ist aus rohen, ineinander geschobenen, längs- und hochrechteckigen Betonkörpern skulpturartig zusammengefügt.

Erst in den 1970er- und 1980er-Jahren wurden in Wien Bauwerke international renommierter Architekten errichtet. **Hans Hollein** führte gegenüber dem Stephansdom 1990 das Haas-Haus aus, ein Geschäfts- und Bürohaus mit Gaststätten. In Fortsetzung der Wiener Jugendstilformen mit ornamental-verschlungenen Linien und Spiralen in knallbunten Farben sowie meist abgerundeten oder geschwungenen Baukörpern gestaltete der Maler **Friedensreich Hundertwasser** das Kunst Haus Wien und zusammen mit dem Architekten **Joseph Krawina** das Wohn- und Geschäftshaus an der Ecke Kegel-/Löwengasse (1983–1985).

Eine imposante Stadt-Turm-Landschaft entstand entlang der Wagramer Straße in klassischer Mischnutzung mit einem markanten Turmtrio, an dem **Coop Himmelb(l)au**, NFOG sowie Peichl/Weber planerisch beteiligt waren.

Umstritten sind die sogenannten revitalisierten Großanlagen wie die vier **historischen Gasometer** (1896–1899) in Simmering, die von Coop Himmelb(l)au, Wilhelm Holzbauer, Jean Nouvel und Manfred Wehdorn zu Wohn- und Geschäftszwecken umgewandelt wurden. Keinem Architekten ist es gelungen, eine überzeugende Lösung zu schaffen, entstanden ist eine lieblose Einkaufsschleuse und wohnen möchte man hier lieber nicht.
Spektakulärstes Bauprojekt Wiens ist die **Donau City**: Vor dem Gelände der UNO-City entstand als Entlastung des Zentrums eine zweite City als Global Village für eine gemischte Nutzung mit mehreren Tausend Wohnungen, mit Büros, Geschäften, Hotels, Freizeit- und Kultureinrichtungen. Hans Hollein entwarf die Volksschule und das Kindertagesheim, Wilhelm Holzbauer errichtete den Wissenschafts- und Technologiepark Tech Gate Vienna und das über 100 m hohe ovale Bürohochhaus Andromeda Tower. 2014 eröffnete das höchste Gebäude Österreichs, der 220 m hohe DC Tower 1, geplant vom französischen Architekten Dominique Perrault. DC Tower 2 ist in Planung.

Malerei

In Auseinandersetzung mit dem Surrealismus hat sich in Wien seit dem Ende des Zweiten Weltkriegs die sogenannte **Wiener Schule des Phantastischen Realismus** entwickelt. Seine wichtigsten Vertreter sind Ernst Fuchs, Rudolf Hausner, Helmut Leherb, Wolfgang Hutter und Arik Brauer sowie der Begründer Albert Paris Gütersloh.

Plastik

Zu den bedeutendsten österreichischen Bildhauern des 20. Jh.s zählen **Fritz Wotruba** und dessen Schüler Alfred Hrdlicka. Frühe Arbeiten Wotrubas sind Figuren und Torsi in strengen geschlossenen Formen, die der Bildhauer nach dem Krieg mehr und mehr zu reduzieren begann. Seine Figuren setzen sich aus zyklopenhaft wirkenden Steinen zusammen, die dadurch einen Zug zum Tektonischen gewinnen. **Alfred Hrdlicka** propagierte das Fleisch als »verkörperten Ideenträger«. So sind seine Skulpturen von drastischem expressivem Ausdruck; sie haben häufig Gewaltprobleme zum Thema. Von 1988 bis 1991 schuf Hrdlicka das zunächst sehr umstrittene vierteilige Mahnmal gegen Krieg und Faschismus am Albertinaplatz. **Franz West** kreierte Möbelskulpturen in einer Mischung aus Kunstwerk und Gebrauchsgegenstand wie bei der eigenartigen Bestuhlung der Halle der »documenta X« in Kassel. Eine rosafarbene, wurstartige Skulptur betont das Ehrengrab des 2012 verstorbenen Künstlers auf dem Zentralfriedhof (Gruppe 33 G, Nr. 45). **Heimo Zobernig** erarbeitet mit Gemälden, Skulpturen und Videos Konzepte gesellschaftlicher und künstlerischer Interaktion. Seit 2000 lehrt er an der Wiener Akademie der Bildenden Künste. Werke von West und Zobernig stellt das ▶ Museum für Angewandte Kunst aus, das wie auch das ▶ MuseumsQuartier erste Adresse ist für die Kunst der Gegenwart.

STADT DER MUSIK

Keine andere Stadt der Welt steht so sehr für Musik wie Wien. Staatsoper und Wiener Klassik, die Wiener Philharmoniker und die Wiener Sängerknaben, Operette und Walzer, Wienerlieder und Schrammelmusik sind nur einige der Stichwörter, die einem zur »Welthauptstadt der Musik« einfallen.

Wiener Klassik

Was wäre die klassische Musik ohne **Haydn, Mozart** und **Beethoven**? Dieses Dreigestirn lebte zeitgleich in Wien und schuf hier eine Fülle ihrer herausragendsten Kompositionen, darunter »Zauberflöte«, »Große Messe in c-Moll«, »Eine kleine Nachtmusik«, »Requiem« (Mozart), »Die Schöpfung«, »Kaiserquartett« (Haydn), »Eroica«, »Mondscheinsonate«, »9. Symphonie« (Beethoven). Weil diese Zeit so epochemachend für die Musikgeschichte ist, gilt sie als die »Wiener Klassik«. Ihr Beginn wird (relativ willkürlich) mit der Ankunft Mozarts in Wien 1781 angesetzt, ihr Ende mit Beethovens Tod 1827. Joseph Haydn (1732–1809) und Wolfgang Amadeus Mozart (▶ Interessante Menschen) spielten oft in Streichkonzerten zusammen, Ludwig van Beethoven (▶ Interessante Menschen), der jüngste im Bunde, nahm Kompositionsunterricht bei Haydn. Keiner der drei stammte jedoch aus Wien. Mozart kam aus Salzburg, Haydn aus Rohrau in Niederösterreich und Beethoven aus Bonn. In den 1860er- und 1870er-Jahren war Wien erneut Wahlheimat herausragender Komponisten wie Johannes Brahms und Anton Bruckner.

Operette und Walzer

Zum Phänomen »Wiener Musik« gehört auch die **Operette** – berühmt sind die Werke von Franz von Suppé, Franz Lehár – vor allem aber der **Walzer** (▶ Baedeker Wissen S. 268). Die schon zu Lebzeiten gefeierte Musikerdynastie Strauss veredelte den volkstümlichen Tanz durch eine herausragende musikalische Begleitung. Johann Strauss (Sohn) ging als »Walzerkönig« in die Musikgeschichte ein. Das goldfarbene Denkmal im Stadtpark gehört zu den liebsten Motiven für Fotografen.

Später Ruhm

Nicht immer hat die Stadt ihre Genies geschätzt: der Wiener Franz Schubert (1797–1828), der mit seinen eingängigen Liederzyklen und Klavierkompositionen noch zur Wiener Klassik gerechnet wird, lebte Zeit seines Lebens in ärmlichen Verhältnissen. Als Komponist – nicht als Organist – bekam Anton Bruckner in Wien keinen Fuß auf den Boden. Auf der ganzen Linie scheiterte Arnold Schönberg (1874 bis 1951) mit seiner Zwölftonmusik, mit der er »alle Schranken einer vergangenen Ästhetik« durchbrechen wollte. Seine Schüler Alban Berg (1885–1935) und Anton von Webern (1883–1945), wie Schönberg gebürtige Wiener, fielen in ihrer Heimatstadt ebenso durch.

Ihre Abkehr von den gängigen Hörgewohnheiten überforderte die Zeitgenossen offensichtlich; mittlerweile wird ihr Werk als »Zäsur in der Musikgeschichte« gefeiert. Andere tun sich mit der als schräg empfundenen Musik bis heute schwer.

Schrammelmusik

Eine Besonderheit des Wiener Musiklebens ist die Schrammelmusik. Der Name geht auf die Brüder Josef und Johann Schrammel zurück, die mit ihrem Schrammelquartett – zwei Geigen, eine Gitarre und eine Klarinette – von 1884 bis 1893 große Erfolge feierten. Ihre Musik war oft begleitet von Volkssängern, Jodlern und Kunstpfeifern. Die Brüder Schrammel hinterließen mehr als 250 Tänze, Märsche und Lieder.

Rock, Pop

Im 20. Jh. setzte eine Reihe von Künstlern typisch wienerische Akzente. Zu den bekanntesten Interpreten gehört Wolfgang Ambros. International jedoch gelang es nur Falco (▶ Interessante Menschen), der es mit dem Hit »Rock Me Amadeus« auf Platz 1 der amerikanischen Singlecharts schaffte. Ambros wie Falco zählen zu den Vertretern des **Austro-Pop**, die in österreichischem Dialekt singen.
Thomas Neuwirth alias **Conchita Wurst** holte 2014 beim Eurovision Song Contest für Österreich den Sieg. Der homosexuelle Travestiekünstler trat als Dragqueen auf: sehr feminin gewandet wie eine Diva in ein weißgoldenes Abendkleid, mit langem Haar, dazu aber ein Vollbart. Aus Russland, Weißrussland, Polen und der Türkei meldeten sich entrüstete Politiker zu Wort. In Österreich feierte man sie als »Queen of Austria«, lud sie gar ins Bundeskanzleramt. Vollends angekommen im bürgerlichen Musikbetrieb ist sie seit ihrem Auftritt mit den Wiener Philharmonikern und den Wiener Sängerknaben 2015.

Habsburger als Mäzen

Ein wichtiges Element der »Musikstadt Wien« ist die Förderung, die das Musikleben schon seit den Zeiten der Habsburger genoss. Maximilian I. (1459–1519) tat sich als außerordentlicher Förderer der Musik hervor und holte namhafte Komponisten und Musiker an seinen Hof. Die **kaiserliche Hofkapelle** stieg zu einem Zentrum der europäischen Musik auf. Im 17. Jahrhundert begann die Ära der Oper am Wiener Hof, die vor allem Leopold I. (1658–1705) fördert.

Das Bürgertum hört mit

Mitte des 18. Jahrhunderts wandelte sich das Wiener Musikleben auf entscheidende Weise. Einerseits gelangten nun auch Komponisten zu Ruhm und Ehre, die in nur lockerer oder gar keiner Verbindung zur Hofkapelle standen (Christoph Willibald Gluck, Mozart). Andererseits war gehobene Musik nicht mehr vorwiegend ein Privileg von Kaiserhaus und Adel, sondern auch das Bürgertum förderte ein öffentliches Konzertwesen. 1771 gründete Florian Leopold Gaßmann die aus Berufsmusikern gebildete **Tonkünstler-Sozietät**.

SCHWING DAS TANZBEIN

Der Wiener Walzer ist der älteste und traditionsreichste Gesellschaftstanz. Den Ursprung bilden die Bauerntänze im mittelalterlichen Deutschland und Österreich. 1963 wurde er in das Welttanzprogramm aufgenommen und ist dort durch seine ununterbrochene Drehbewegung einer der schnellsten Tänze.

▶ **Darf ich bitten?**
Schrittfolgen beim Wiener Walzer im 3/4- oder 6/8-Takt, der bei einem Tempo von 58 – 60 Takten pro Minute getanzt wird

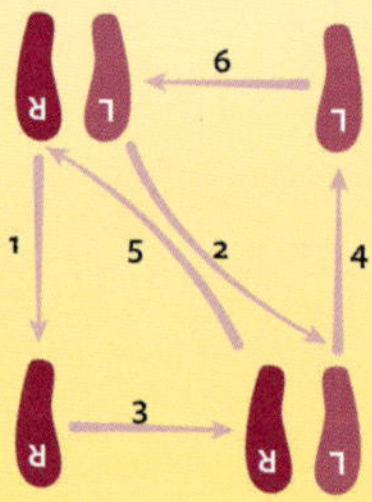

Grundschritte der Frau

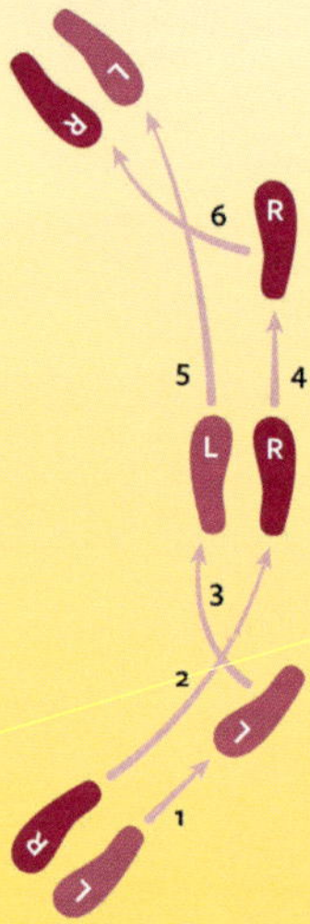

Der Grundschritt basiert auf sechs Schritten

▶ **Der Wiener Opernball**
Die Wiener Staatsoper wird einmal im Jahr zum berühmtesten Ballsaal der Welt umfunktioniert. Für dieses Event ist ein enormer Umbau des Saals notwendig.

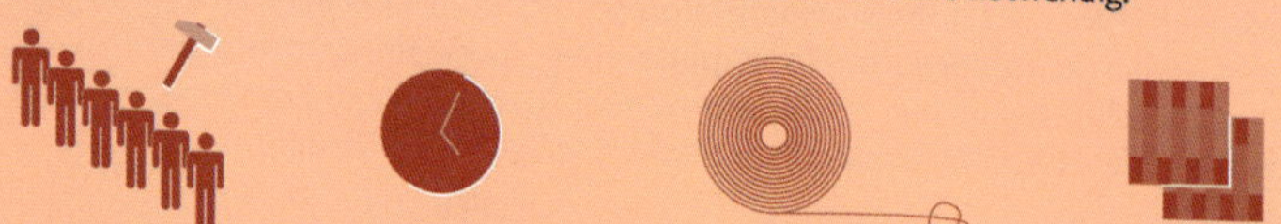

ca. **600** Arbeiter

bis zu **20 000** Arbeitsstunden

rund **6 km** Kabel werden verlegt

170 Parketplatten werden verlegt

850 m² große Tanzfläche

jährlich ca. **4700** Besucher

180 Paare eröffnen den Ball

bis zu **900** Scheinwerfer werden angebracht

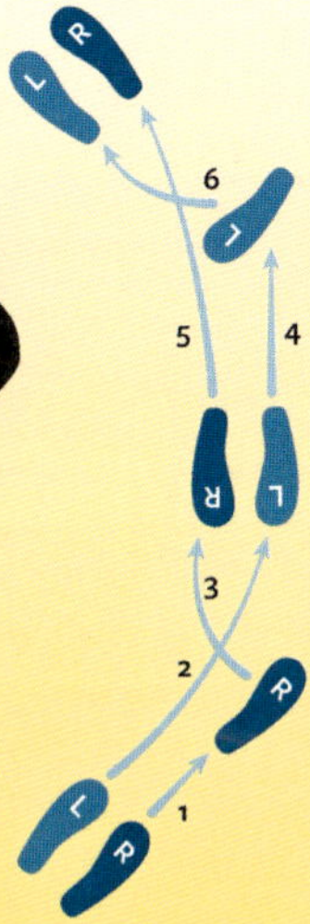

Die Schrittfolge ist auf zwei Takte verteilt. Das Paar bewegt sich schnell fort. Die Bewegung entspricht einer zyklischen Kurve, wodurch das Paar sich zwischen einer langen und einer kurzen Bewegung abwechselt.

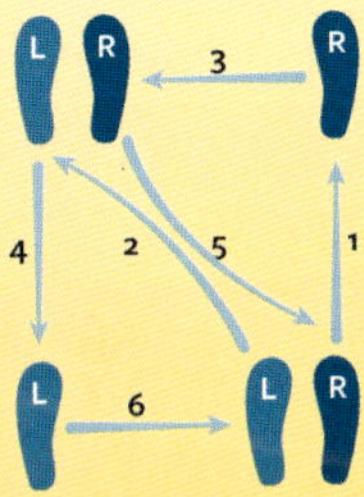

Grundschritte des Mannes

▶ **An der schönen blauen Donau ...**

... besser bekannt als der »Donauwalzer«, wurde 1866/67 von Johann Strauss komponiert. Traditionsgemäß wird er zum Ende des Opernballs gespielt. Die ersten Takte des Themas:

▶ **Einmal Tanzen**

Der Einzug und die Tanzdarbietung des Jungdamen/herrenkomitees ist einer der Höhepunkte des Abends.

▶ **Kosten für Debütanten** (in €)

100	Komiteekarte
400 (günstig)	Kleidung
100	Schuhe
200	Anfahrt
200	Unterkunft
200	Verpflegung
150	Sonstiges

Wiener Philharmoniker 1842 schlossen sich Musiker der Hofkapelle zu den Wiener Philharmonikern zusammen, die nicht mehr nur im Dienste des Fürsten Opern begleiteten, sondern öffentlich als Konzertorchester auftraten. Am Dirigierpult standen Komponisten wie Johannes Brahms, Giuseppe Verdi und Richard Wager, die ihre eigenen Werke aufführten. Noch heute ist das **Neujahrskonzert** der Wiener Philharmoniker der musikalische Höhepunkt des Jahres.

Musikstadt Wien Die Wiedereröffnung der 1945 zerstörten Wiener Staatsoper im November 1955 bezeichnete den Neustart in Sachen Musik. Neben der Staatsoper gehören die Volksoper, die Wiener Philharmoniker, die Wiener Symphoniker und die Wiener Sängerknaben zu den zentralen Stützen des klassischen Musikbetriebs. Mit dem Musikverein und dem Konzerthaus verfügt Wien über zwei musikalische Institutionen von Rang, die Staatsoper zählt zu den führenden Opernhäusern der Welt. Eine Kultstätte für Rock, Pop und Jazz ist das Metropol. Hier haben schon Spliff und die Dubliners, Herbert Grönemeyer, Konstantin Wecker und Georg Danzer das Publikum begeistert.

Durch Wiens Straßen spazieren regelmäßig Promis aller Sparten: Operntenöre, Pop- und Kinostars oder auch Vertreter der Wiener Sängerknaben.

INTERESSANTE MENSCHEN

Sänger, Schauspieler, Frauenschwarm: Peter Alexander

1926–2011
Entertainer

Peter Alexander, einer der bekanntesten deutschsprachigen Sänger, Entertainer und Schauspieler, wollte immer nur »das Nette sehen, das in allen Menschen steckt«. Und genau das erklärt vielleicht den grandiosen Erfolg des Frauenschwarms, der am 30. Juni 1926 in Wien geboren wurde und eigentlich **Peter Alexander Ferdinand Maximilian Neumayer** hieß. Die Entertainer-Legende prägte entscheidend das deutsche und österreichische Showgeschäft seit den 1950er Jahren. Das Multitalent wirkte als Sänger und Schauspieler in 40 Filmen mit, präsentierte viele eigene TV-Shows, nahm mehr als 120 Langspielplatten und 156 Singles auf. Mit Filmen wie »Charley's Tante« eroberte er mit charmantem Wiener Schmäh, gepaart mit einer Prise Melancholie, ein Millionenpublikum im deutschsprachigen Raum und wurde vielfach ausgezeichnet. 1952 heiratete er die Schauspielerin Hildegard Haagen. Am 12. Februar 2011 starb er in Wien und wurde auf dem Grinzinger Friedhof beigesetzt.

Kam und blieb: Ludwig van Beethoven

1770–1827
Komponist

Als 22-Jähriger kam der gebürtige Bonner nach Wien und blieb bis zu seinem Tod. Er galt als schwierig, schloss sich von der Welt ab und wurde nie ein Wiener, obwohl er hier Gönner und Freunde wie Erzherzog Rudolf und die Fürsten Lichnowsky, Lobkowitz und Kinsky fand. Seine innere Unruhe lässt sich an den häufig wechselnden Wohnungen ablesen. 1802 verfasste Beethoven in Heiligenstadt das sog. Heiligenstädter Testament, ein vermutlich als Brief an seine Brüder gedachtes Dokument, wahrscheinlich eine Reaktion auf seine zunehmende Schwerhörigkeit. Beethovens einzige Oper »Fidelio« wurde 1805 im Theater an der Wien uraufgeführt.
Um 1810 stand er auf dem Gipfel seines Ruhms, danach verschlimmerte sich sein Gehörleiden, bis er 1819 schließlich völlig taub war. Acht Jahre später starb er und wurde auf dem Währinger Friedhof beigesetzt, 1888 überführte man seine Gebeine auf den Zentralfriedhof. Der größte Teil seines Werks entstand in Wien, alle **neun Symphonien** wurden hier uraufgeführt. Durch ihn wurde die Instrumentalmusik zum Ausdrucksträger leidenschaftlicher Erregung. Die

wachsende Größe seines Schaffens zeigen die spannungsvolle 3. Symphonie »Eroica«, die erhabene 6. Symphonie »Pastorale«, die überschwängliche 7. sowie die unsterbliche 9. Symphonie, die erstmals 1824 im Kärntnertor-Theater erklang.

Prater-Berühmtheit: Basilio Calafati

1800–1878
Zauberkünstler

Der Zauberkünstler, Gasthaus- und Karussellbesitzer, am 1. Januar 1800 in Triest geboren, galt im Wiener Prater als Berühmtheit, und seine Bedeutung ist bis zum heutigen Tag für jeden Praterbesucher weithin sichtbar.
Calafatis Karriere begann 1820 als »Salamucci«, als italienischer Wurst- und Käsehändler in den Prater-Wirtshäusern. Das Geschäft florierte, und bereits 1830 wurde aus dem Salamucci der Assistent des »Zauberers vom Prater«, Sebastian von Schwanenfeld. Im Jahr 1834 bot von Schwanenfeld ihm an, seine Schaustellerbude zu übernehmen. Dies kam dem geschäftstüchtigen Calafati recht, und er betrieb in dieser »Spielhalle« ein skurriles »Kunstkabinett« mit »unerklärlichen Geistererscheinungen«. Sehr beliebt war auch Calafatis **»Eisenbahncaroussel«**, bekannt unter dem Namen **»Zum großen Chineser«**: Rund um eine neun Meter hohe Holzfigur eines Asiaten zogen zwei Pferde, ab 1844 zwei Dampflokomotiven (»Hellas« und »Peking« genannt) die Waggons.
Am 27. Mai 1878 verstarb der Schausteller und wurde auf dem Marxer Friedhof beigesetzt. Seit 1905 ist der Wiener Zentralfriedhof (Gruppe 30C, Reihe 6, Grab 5) Calafatis letzte Ruhestätte. Am 8. April 1945 vernichtete ein Brand den populären »Chinesen«. Erst 1966, anlässlich der 200-Jahr-Feier des Wiener Wurstelpraters, wurde eine neue Statue im Prater aufgestellt und ein Platz nach Calafati benannt. Heute bilden der »Chinese« und das Riesenrad weithin sichtbare Wahrzeichen des Praters.

Meister der Kriegskunst: Prinz Eugen von Savoyen

1663–1736
Kriegsherr

Prinz Eugen von Savoyen kann ohne Übertreibung als eine Ausnahmeerscheinung seiner Zeit bezeichnet werden. Geboren 1663 in Paris, der Vater früh verstorben, die Mutter eine Mätresse des Sonnenkönigs Ludwigs XIV., als Kind verlacht, als Mann nur 1,54 m groß und hässlich, am Hof von Versailles gemobbt, nach Wien geflüchtet, dort **Blitzkarriere im Militär**: mit gerade mal 20 Jahren General, mit 30 Feldmarschall, mit 34 Oberbefehlshaber des österreichischen Heeres und mit 40 als Präsident des Hofkriegsrats militärisch ganz oben angelangt. Mit 41 zwang der in Paris einst so Gedemütigte die Truppen Ludwigs XIV. in die Knie. Welch eine Genugtuung.

Das Schloss von Versailles vor Augen, stampfte er in Wien ▶ Belvedere aus dem Boden. Noch konnte er sich dort nicht zur Ruhe setzen. 1716 erklärten die Türken – nun zum dritten Mal – den Krieg und standen vor Belgrad. Der umfassende Sieg über doppelt so große Truppenverbände machte Prinz Eugen endgültig in ganz Europa berühmt. Seine Kriegskunst galt als herausragend, seine taktischen Manöver als genial. Sein Rat war gesucht, sogar die polnische Königskrone diente man ihm an – die schlug er aus. Auf Ruhm und Macht folgte auch das große Geld. Eugen wurde zum Sammler von Kunstschätzen und ein bedeutender Mäzen. Davon profitiert Wien noch heute.
Und privat? Ein **»Mars ohne Venus«** sei er, sagte man. Geheiratet hat er nie, Frauengeschichten sind nicht überliefert. War der Prinz schwul? Ja, behaupten die Wiener Grünen und outeten 2010 einen der größten Helden der österreichischen Geschichte als Homosexuellen. Doch es bleibt bei Vermutungen. Gegen Ende seines Lebens wurde es still um Prinz Eugen. Verwirrt sei er, hieß es, man begann ihn zu meiden. 1736 starb der populäre Heerführer vereinsamt im Winterpalais. Sein Grab liegt im Stephansdom. Ein besonders eindrucksvolles Denkmal – es steht auf dem Heldenplatz vor der Hofburg – zeigt Prinz Eugen stolz und tatendurstig auf tänzelndem Ross.

Rock Me Amadeus: Falco

1957–1998
Popstar

Johann Hölzel wurde am 19. Februar 1957 in Wien geboren. Nach drei Semestern brach er 1976 sein Studium am Wiener Jazz-Konservatorium ab; 1977 gab er sich den Künstlernamen Falco. Der damalige DDR-Skispringer Falko Weißpflog hatte Hölzel mit seinen Leistungen stark beeindruckt. Im Jahr 1981 dann erreichte Falco seinen Durchbruch: Die Single **»Der Kommissar«** feierte in den europäischen Charts Spitzenerfolge. 1986 gelang ihm das, von dem jeder Künstler träumt: Seine Single **»Rock Me Amadeus«** hielt sich drei Wochen an der Spitze der amerikanischen Charts. So großartig dieser Erfolg auch war, er belastete den Sänger schwer, da die Messlatte für ihn nun sehr hoch lag. In der folgenden Zeit nahm das Interesse an ihm und seiner Musik immer mehr ab, bis er 1995 unter dem Pseudonym »T>>MA« mit »Mutter, der Mann mit dem Koks ist da«, der Techno-Version eines Alt-Berliner Gassenhauers, wieder einen Hit landete.
1996 wanderte er in die Dominikanische Republik aus, wo er am 6. Februar 1998, kurz vor seinem 41. Geburtstag, bei einem Autounfall ums Leben kam. Sein Sarg wurde von den Rockern, die 13 Jahre zuvor in seinem Video zu »Rock me Amadeus« mitgewirkt hatten, zu Grabe getragen. Auch er erhielt ein Ehrengrab auf dem Zentralfriedhof (Tor 3, Gruppe 40, Nr. 64). Das Album »Out of the dark« wurde nach seinem Tod ein großer Erfolg.

Brillanter Baumeister des Barock: Johann Bernhard Fischer von Erlach

1656–1723
Archtiekt

Österreichs bedeutendster Baumeister des Barock begann seine Laufbahn als Bildhauer. Mehrere Jahre hielt sich der gebürtige Grazer in Rom auf und arbeitete dort im Umkreis Berninis, bevor er ab 1686 vorwiegend in Salzburg und Wien als Baumeister tätig wurde. Fischer von Erlach vereinigte die Formelemente des italienischen Hochbarock mit denen der französischen Frühklassik und der Spätantike. Er fand eine Synthese zwischen südländischem Überschwang und Wiener Anmut: Seine Bauten, Fassaden und Dekorationen sind schwungvoll bewegt, im Sakralbau verschmelzen häufig Lang- und Zentralbau über elliptischem Grundriss. Die Auftraggeber rissen sich um ihn. Hauptwerk ist die im Auftrag Karls VI. als Erfüllung seines Gelübdes errichtete **Karlskirche** in Wien, bei der Fischer von Erlach durch Bauzitate der Antike, des römischen Barock und des Frühklassizismus einen imperialen Architekturprospekt schuf. Unter den Wiener Profanbauten steht die von seinem Sohn vollendete **Hofbibliothek** an erster Stelle, heute Sitz der Österreichischen Nationalbibliothek. Auch für **Schloss Schönbrunn**, das **Winterpalais** des Prinzen Eugen im ersten Bauabschnitt, das **Palais Trautson** und Teile des Schwarzenbergpalais zeichnete er verantwortlich.

Pionier im Reich des Unbewussten: Sigmund Freud

1856–1939
Arzt und Psychoanalytiker

Geboren im nordmährischen Freiberg (heute Příbor), verbrachte Freud seine Jugend in Wien, wo er später auch Medizin studierte. Nach den ersten Semestern widmete sich Freud dem Bereich seelischer Erkrankungen ohne organischen Befund und deren Behandlung. Seit 1885 war Freud als Dozent für Neuropathologie, seit 1902 als Professor und Nervenarzt in der Stadt tätig. Nachdem die Nationalsozialisten Österreich angegliedert hatten und auch dort Juden verfolgten, zwang ihn seine jüdische Abstammung 1938 zur Emigration nach London, wo er bis zu seinem Tod lebte.

Freud gilt als **»Vater der Psychoanalyse«**, der menschliche »Fehlhandlungen« und Träume analysierte und eine psychotherapeutische Methode zur Behandlung seelischer Störungen durch Abreaktion verdrängter traumatischer Erlebnisse entwickelte. Das gesamte psychische Geschehen sah er als von Triebenergien bestimmt an, wobei Triebe, vor allem sexueller Art, aus dem Unterbewusstsein auf Befriedigung zielen und der psychische Organismus gleichzeitig einen Ausgleich dieser inneren und äußeren Reize anstrebt; verdrängte traumatische Erfahrungen – vor allem im Kindesalter – sind nach Freud die krank machende Ursache psychischer Störungen. Der sexuellen Triebkraft als Steuerung menschlichen Verhaltens stellte Freud in

»Jenseits des Lustprinzips« (1920) den Todes- oder Destruktionstrieb gegenüber. Kulturelle Leistungen führte er auf konstruktive Umwandlungen des Sexualtriebs zurück. Die Wohnung Freuds in der Berggasse Nr. 19 ist heute als Museum eingerichtet (▶ S. 85).

Sprechen? Verstummen? Hugo von Hofmannsthal

1874–1929
Lyriker, Dramatiker

Hugo von Hofmannsthal war ein echter Spross des Vielvölkerstaats Österreich. Seine jüdischen Vorfahren stammten aus Böhmen und Mailand. Schon die ersten, unter dem Pseudonym »Loris« publizierten, feinsinnigen Gedichte des 17-Jährigen galten als literarische Sensation. Seine Lyrik und Dramen machten ihn zu einem der erfolgreichsten Vertreter des literarischen Impressionismus und Symbolismus, sein Werk »Der Schwierige« gehört bis heute zum Repertoire der Wiener Bühnen. Als Verfasser eigenwilliger, von Richard Strauss vertonter Opernlibretti schuf der Dichter eine neue Form des Musiktheaters und förderte mit Stücken wie dem **»Jedermann«**, der nach wie vor alljährlich in Salzburg brilliert, den Festspielgedanken. Einen wichtigen Beitrag zur modernen, sprachanalytisch orientierten österreichischen Literatur und Sprachphilosophie formulierte Hofmannsthal in dem 1902 veröffentlichten »Chandos-Brief«, der die Kernfrage um Sinn und Möglichkeiten von Sprechen und Verstummen im menschlichen Zusammenleben behandelt.

Architekturrebell: Friedensreich Hundertwasser

1928–2000
Maler und Architekt

In den farbenfrohen, fantasievollen Arbeiten des gebürtigen Wieners Friedrich Stowasser, der 1949 den Namen Friedensreich Hundertwasser annahm, wirkt die Tradition des österreichischen Jugendstils fort. Zu den Werken des Künstlers, 1953 als »Maler der Spirale« bekannt geworden, gehören neben seinen Gemälden auch Grafiken, Entwürfe für Briefmarken und Telefonkarten und architektonische Projekte. Schon in den 1950er-Jahren trat der ökologisch engagierte Künstler mit Aktionen und Manifesten an die Öffentlichkeit, darunter das »Verschimmelungsmanifest gegen den Rationalismus in der Architektur« (1958).

Hundertwasser setzte sich für Naturschutz und menschengerechtes Bauen und Wohnen ein. In Wien entstand in Zusammenarbeit mit dem Architekten Joseph Krawina in den Jahren 1983 bis 1985 eine knallbunte Wohnanlage in unregelmäßigen Formen. Auch die Gestaltung des 1991 eröffneten ▶ **Kunst Haus Wien** stammt von ihm; darin erhielt er eine permanente Ausstellung mit rund 300 Exponaten. Beigesetzt wurde Hundertwasser auf seinem Grundstück in Neuseeland.

SISI

BAEDEKER WISSEN

Mit 16 Jahren Kaiserin an der Seite eines Mannes, der sie liebte, gesegnet mit Schönheit, Reichtum und Kindern, viel auf Reisen, belesen, bewundert und verehrt – und doch reichte das alles nicht für ein glückliches Leben.

Eine objektive Annäherung an Kaiserin Elisabeth von Österreich ist nicht leicht, zu tief sitzen die »Sissi-Filme« mit Romy Schneider und Karlheinz Böhm in den Hauptrollen im Gedächtnis. Geboren wurde Elisabeth Amalie Eugenie von Wittelsbach, Herzogin in Bayern, Kosenamen »Sisi«, am Heiligabend 1837 in München. Zusammen mit sieben Geschwistern erlebte sie die Kindheit im Münchner Palais Max und im Schloss Possenhofen am Starnberger See.

Von Possenhofen nach Wien

Der Wendepunkt ihrer Lebensgeschichte scheint einem Kitschroman entsprungen: Als Elisabeth ihre Schwester Helene zu deren Verlobung mit dem 23-jährigen **Kaiser Franz Joseph I.** von Österreich im August 1853 nach Bad Ischl begleitet, verliebt sich Franz Joseph in sie und lässt die Verlobung mit Helene platzen. Im April 1854 beginnt die Reise der sechzehnjährigen Braut nach Wien mit Empfängen und Huldigungen allerorten. Getraut wurden Elisabeth und Kaiser Franz Joseph I. am 24. April 1854 in der Augustinerkirche in Wien.

Bei Hof

Die **achttägigen Hochzeitsfeierlichkeiten**, der riesige Hofstaat, das überaus rigide höfische Protokoll und die strenge Schwiegermutter, von ihr »Tante Sophie« genannt, verunsicherten Elisabeth zutiefst: »Ich bin erwacht in einem Kerker, / Und Fesseln sind an meiner Hand«, schrieb sie bereits zwei Wochen nach der Hochzeit.

Natürlich war Elisabeth als Münchner Adelige nicht das naive Mädchen, als das sie in »Sissi«-Schnulzen gerne hingestellt wurde. Dennoch unterschied sich die Welt des Wiener Hofs deutlich von der Atmosphäre im Hause ihrer Kindheit. Die Sechzehnjährige musste sich ins strenge Hofzeremoniell einfügen und sich in einem Milieu aus Intrigen, Fallstricken, geschriebenen und ungeschriebenen Gesetzen zurechtfinden. Ganz sicher eckte Elisabeth an, benahm sich daneben, sprach bayerischen Dialekt. Franz Joseph mag aus Liebe zu Sisi nachsichtig gewesen sein, der Hof hingegen ging zu einer Kaiserin von Österreich, die ihre Rolle nicht adäquat zu spielen vermochte, auf Distanz.

Heute wird die Rolle von Franz Josephs Mutter Sophie neu gesehen: nicht mehr die böse Schwiegermutter, sondern aus guten Gründen bestrebt, ihrer Schwiegertochter eine Kurzerziehung zur Kaiserin eines Vielvölkerstaates mit 30 Millionen Einwohnern angedeihen zu lassen.

Ein Image schaffen

Elisabeth fügte sich anfangs, eignete sich die fehlenden Sprachkenntnisse an, ordnete sich dem Zeremoniell unter, gebar drei Kinder. Gleichzeitig scheint sie sich aber innerlich immer mehr distanziert zu haben. Das Sisi-Museum in der Hofburg dokumentiert ihre

OBEN: Mit einem alten Filmplakat weist das Hofmobiliendepot darauf hin, dass eine ganze Reihe von Möbeln im Sissi-Film aus seinem Fundus stammte.

UNTEN: Endlich Prinzessin! Kinder feiern Geburtstag im Schönbrunner Kindermuseum.

Flucht in extensiven Sport (Reiten, Wandern, stundenlanges Gerätetraining), in strenge Diäten und einen extremen Körperkult. Zeitweise nahm sie nur Orangen zu sich, dann nur Milch, dann Fleisch in Form von gepresstem Fleischsaft. Bei einer Größe von 1,72 m wog sie zwischen 48 und 50 Kilo. Sie muss ausgesehen haben wie heutige Magermodels – und fühlte sich dick. Aus den archivierten Arzneilisten der Hofapotheke schließen Experten heute, dass Elisabeth an Schwächezuständen litt und sich Depressionen abzeichneten. Die Quellen belegen auch einen ausgeprägten Schönheitskult: stundenlange Haarpflege, Bäder in edlen Essenzen, sorgsam ausgewählte Garderobe und ihre natürliche Attraktivität machten die Kaiserin zur **»schönsten Monarchin der Welt«**. Franz Xaver Winterhalter zeigt auf drei Gemälden die 26-Jährige in opulenter Ballrobe, im kunstvoll gesteckten Haar Sterne aus Diamanten. Mit dem Altern tat sie sich später schwer und erlaubte keine Malereien mehr von sich, die sie älter als mit 30 zeigten; fotografieren ließ sie sich überhaupt nicht mehr.

Zweite Heimat Ungarn

Elisabeth ergab sich nicht in ihr Schicksal, sondern ergriff die Chance, aus dem verhassten Leben bei Hof auszubrechen. Reich, mächtig und vor allem mit einem Gemahl gesegnet, der sie gewähren ließ, flüchtete sie ins Privatleben, gab sehr viel Geld aus für Reitsport, reiste durch halb Europa und fand in Ungarn nach Bayern eine zweite Heimat. Ungarn lag zu dieser Zeit mit Österreich im Clinch und stand am Rand der Rebellion. Elisabeth lernte im Grafen Gyula Andrássy einen der führenden Kämpfer für mehr Rechte der Ungarn kennen und schätzen. Hatten die beiden eine Affäre? Eher nicht, denn das Publikwerden hätte beiden sehr geschadet. Sicher ist: Elisabeth unterstützte die Sache der Ungarn mit Nachdruck, auch beim Kaiser. Als Franz Joseph 1867 dem ungarischen Ausgleich zustimmt, sich mit seiner Frau zu König und Königin von Ungarn krönen lässt und die **österreichisch-ungarische Doppelmonarchie** begründet, ist das auch ein Erfolg von Elisabeths Bemühungen. Das vierte Kind des Kaiserpaars und Sisis Lieblingstochter, Marie Valerie, wird in Ungarn geboren. Schloss Gödöllö bei Budapest wird anstelle von Wien auf Jahre Elisabeths bevorzugter Aufenthaltsort.

Kein Ankommen

Während der pflichtbewusste Franz Joseph sich Zeit seines Lebens eisern seiner Berufung als Kaiser von Gottes Gnaden unterwirft – er steht jeden Morgen um 3.30 Uhr auf und befasst sich bis tief in die Nacht mit Regierungsgeschäften – nimmt Sisi wieder ihre rastlosen Reisen auf. Auf **Korfu** kommt sie noch einmal zur Ruhe. Fern von höfischen Ansprüchen genießt sie eine bequeme, ungezwungene Phase. Einen Teil der Lebensmittel lässt sie aus Wien kommen, lernt Griechisch, widmet sich intensiv dem Studium der antiken Kultur und lässt sich zwischen 1889 und 1891 Schloss Achilleion bauen. 1889 war indes auch das Jahr, in dem sich **Rudolph**, ihr einziger Sohn, das Leben nahm. Als Thronfolger war er in seiner Kindheit dem Drill einer militärischen Erziehung ausgesetzt, bevor Sisi ihn nach ihren Vorstellungen erziehen ließ. Offenbar hatte Rudolph wie seine Mutter einen Hang zur Melancholie, begeisterte sich wie sie für die repu-

Mit dem kleinen Gemälde auf seinem Schreibtisch hatte Kaiser Franz Joseph seine wunderschöne Sisi immer vor Augen ...

blikanische Idee und eckte massiv bei Hof an. 1889 erschoss er erst seine Geliebte, dann sich selbst in **Mayerling**. Sein Tod stürzte Sisi in furchtbare Schuldgefühle. Fortan kleidete sie sich nur noch schwarz.

Ermordet in Genf

Während eines Aufenthalts in Genf kreuzte sie den Weg von **Luigi Lucheni**. Der italienische Anarchist stieß der Kaiserin, der er zufällig an der Uferpromenade begegnete, eine Feile in die Brust. Elisabeth starb am 10. September 1898 im Alter von 60 Jahren. Wie alle Habsburger ist sie in der Kaisergruft beigesetzt.

Lebensdaten
geboren: 24. Dez. 1837 in München
gestorben: 10. Sept. 1898 in Genf
Hochzeit: 24. April 1854 mit
Franz Joseph I. von Österreich
Kinder: Sophie Friederike (1855–1857)
Gisela (1856–1932)
Rudolph (1858–1889)
Marie Valerie (1868–1924)
Kaiserin von Österreich ab 1854
Königin von Ungarn ab 1867

Ein Großer des Jugendstils: Gustav Klimt

1862–1918 Maler

Wiens Hauptvertreter des Jugendstils kam in Baumgarten als Sohn eines Graveurs zur Welt. Sein Studium absolvierte Klimt an der Kunstgewerbeschule in Wien, wo er von 1897 bis 1905 die von ihm mitbegründete **»Secession«** leitete, eine avantgardistische Künstlervereinigung, die vom europäischen Jugendstil inspiriert war. Zusammen mit seinem Bruder Ernst und Franz Matsch schuf Klimt von 1886 bis 1888 die Deckengemälde in den seitlichen Treppenhäusern des Wiener Burgtheaters, ferner malte er die Zwickelfelder des Treppenhauses im Kunsthistorischen Museum aus. Erst Ende der Neunzigerjahre des 19. Jh.s fand Klimt zu dem für ihn typischen Stil, inspiriert vom französischen Impressionismus und Symbolismus sowie von der Kunst der Präraffaeliten und des deutschen Jugendstils. Für die folgenden Arbeiten war die Verbindung von linear-flächigen, figurativen und ornamentalen Elementen kennzeichnend. Dargestellt sind auf den meisterhaften Zeichnungen und zartfarbenen Bildern, deren dekorativer Effekt häufig durch die Verwendung von Goldfarbe verstärkt wird, vielfach Akte und Porträts von Frauen. Im Secessionsgebäude schuf Klimt 1902 den monumentalen **»Beethovenfries«** – eine Interpretation der 9. Symphonie.

Kritiker und Kaffeehausbesucher: Karl Kraus

1874–1936 Publizist

Die Lebensgeschichte von Karl Kraus ist in seiner 1899 gegründeten Zeitschrift **»Die Fackel«** nachzulesen, die 37 Jahre lang periodisch erschien, bevor Kraus sie 1936, ohnmächtig gegenüber den brutalen Angriffen der Nationalsozialisten, einstellte. Der scharfzüngige Publizist schuf mit der »Fackel« ein Forum für seine geistreich-boshaften Kommentare. Zugleich übte er schärfste Kritik an seiner Zeit und setzte sich gegen Korruption, Gedankenlosigkeit und Unwahrhaftigkeiten jeglicher Art zur Wehr. Hierfür verfasste er unerbittlich treffsichere Satiren, Essays, Aphorismen und Gedichte. Kraus konnte stundenlang im Kaffeehaus über einzelne Textpassagen diskutieren, und selbst die weißen Lücken seiner Zeitschrift während der Kriegsjahre waren oft beredter als Worte. In seinem dramatischen Hauptwerk **»Die letzten Tage der Menschheit«** dokumentierte der überzeugte Pazifist die Apokalypse des Ersten Weltkriegs und deckte dessen Ursachen in der »gepanzerten Kommerzwelt« auf.

Landesmutter und Kriegsherrin: Maria Theresia

1717–1780 Regentin

Maria Theresia war die Tochter Kaiser Karls VI., der mangels männlicher Nachkommen seine Erbfolge auf die älteste Tochter übertragen

ließ. Als er 1740 starb, trat sie seine Nachfolge in den habsburgischen Ländern an. Sie wurde Erzherzogin von Österreich sowie Königin von Ungarn und Böhmen. Nachdem ihr Gemahl Herzog Franz Stefan von Lothringen 1745 als Franz I. zum Kaiser gewählt worden war, wurde sie – formaljuristisch nicht korrekt – volkstümlich als Kaiserin bezeichnet. Die Frau »mit dem Herzen eines Königs« musste ihr Land gegen Frankreich, Preußen, Sachsen und Bayern verteidigen. Trotz der drei mit aller Anstrengung geführten Kriege verlor sie Schlesien, die bestentwickelte Provinz des habsburgischen Reichs, schließlich an den Preußenkönig Friedrich den Großen.
Im Inneren leitete Maria Theresia eine **umfassende Staatsreform** ein. Zu den Maßnahmen gehörten die Formulierung eines neuen Strafgesetzbuchs und die Regelung des Unterrichtswesens (»Allgemeine Schulordnung«, 1774), die Milderung der Leibeigenschaft, deren Aufhebung der Adel verhinderte. Trotz tiefer Frömmigkeit nahm die Herrscherin auch der katholischen Kirche gegenüber ihren eigenen Standpunkt ein. In ihrer Persönlichkeit verband sie das Streben nach Macht mit einem mütterlichen Wesen. Sie gebar 16 Kinder, darunter Marie Antoinette, die als Gemahlin König Ludwigs XVI. von Frankreich während der Französischen Revolution hingerichtet wurde.
Interessantes Detail: Maria Theresia war eine ebenso leidenschaftliche wie exzellente Kartenspielerin und zockte ihre Kontrahenten am Spieltisch mühelos ab.

Wen die Götter lieben: Wolfgang Amadeus Mozart

1756–1791
Komponist

Der in Salzburg geborene Komponist zeigte schon früh eine außergewöhnliche musikalische Begabung. Als sechsjähriges **»Wunderkind«** gab er in München und Wien Klavierkonzerte, denen sich weitere Auftritte in Europa anschlossen. Als erzbischöflicher Konzertmeister in Salzburg reiste er mehrmals nach Italien, was seine Musik prägte. Im Jahr 1781 kam es zum Bruch mit dem Erzbischof und er zog nach Wien, wo er 1782 Constanze Weber heiratete und fortan als freier Musiker lebte. 1782 wurde das Singspiel »Die Entführung aus dem Serail« uraufgeführt, 1786 die Opera buffa »Figaros Hochzeit«, 1791 die »Zauberflöte«.
Mit seinen Kompositionen, seinen Konzerten und als Klavierlehrer verdiente Mozart außerordentlich gut, und er konnte sich jenen höchst aufwendigen Lebensstil leisten, der offensichtlich seinem Naturell entsprach. So erhielt er für einen Konzertabend umgerechnet ein Honorar von bis zu 4000 €; sein Jahreseinkommen betrug in seinem Todesjahr rund 85 000 €. Wenige Wochen nach der Uraufführung der »Zauberflöte« erkrankte Mozart schwer. Schließlich erlag er am 5. Dezember 1791 einem »hitzigen Frieselfieber«; woran Mozart tatsächlich starb, ist nach wie vor ungeklärt. Einer der größten

musikalischen Genies wurde in einem – damals üblichen – »einfachen allgemeinen Grab« auf dem Friedhof St. Marx beigesetzt. Sein letztes Werk, das **»Requiem«**, konnte Mozart nicht mehr fertigstellen. Seine Schüler Joseph Eybler und Franz Xaver Süßmayr vollendeten die von dem musikbegeisterten Grafen Franz von Walsegg in Auftrag gegebene Komposition. Zu einer musikalischen Begegnung mit dem Musikgenie lädt alljährlich das Wiener Mozartfest ins Konzerthaus.

Der provokante Künstler: Egon Schiele

1890–1918
Maler

Der Wiener-Akademie-Schüler Egon Schiele legte bereits in jungen Jahren eine ungewöhnliche Begabung für Malerei an den Tag. Vom Secessionsstil ausgehend, entwickelte Schiele bald seinen persönlichen Stil und gab die dekorative Ornamentik zugunsten einer **starken Expressivität** auf. Im Gegensatz zu vielen Zeitgenossen blieb er weitgehend dem Gegenständlichen verpflichtet, schuf Aktbilder, die das jeweilige Modell ungeschönt zeigen und ihm daher den Vorwurf der Pornografie eintrugen, der sogar eine Haftstrafe zur Folge hatte. Neben Selbstbildnissen entstanden Porträts seiner Verwandtschaft und anderer Künstler sowie Landschaftsdarstellungen. Im Jahr 1918, das einen großen Erfolg durch die Ausstellung in der Wiener Secession brachte, erlag Schiele der Spanischen Grippe. Die Hauptwerke seiner rund 2000 Zeichnungen und Aquarelle findet man in der Österreichischen Galerie im Oberen ► Belvedere und im Leopold Museum im ► MuseumsQuartier.

Architekt des Wiener Jugendstils: Otto Wagner

1841–1918
Architekt

Otto Wagner setzte in seiner Geburtsstadt durch **funktionalistische Bauten** markante Akzente und beeinflusste international das architektonische Schaffen der Moderne. Nach dem Kunststudium in Wien und Berlin war er von 1894 bis 1912 Professor an der Kunstakademie in Wien und von 1899 bis 1905 Mitglied der Wiener Secession. Während sein Frühwerk wie die Villa in der Hüllsdorferstr. 16 und die Mietshäuser (Universitätsstr. 12, Stadiongasse 10) noch durch einen zurückhaltenden Historismus gekennzeichnet war, realisierte er ab der Jahrhundertwende Jugendstilbauten, bei denen Zweckmäßigkeit, Material und Konstruktion wichtig waren. Wagners Verbindung von Dekoration und Funktion wurde Vorbild für zahlreiche Baumeister, darunter seine Schüler Josef Hoffmann, Joseph Maria Olbrich und Adolf Loos. Von 1894 bis 1897 entstanden nach Wagners Konzept die **36 Stationen der Wiener Stadtbahn**. Etwa zur gleichen Zeit entwarf Wagner auch die **Wehr- und Schleusenanlagen** am Donaukanal. Die für das Spätwerk typische geometrische Struktur kennzeichnet u. a. das mit Granit, Marmor und Glas verkleidete Gebäude der **Österreichischen Postsparkasse** (1904–1906) am Georg-Coch-Platz. Die ▶**Kirche am Steinhof**, erbaut 1904–1909, gilt als ein Hauptwerk des Wiener Jugendstils; die »Weiße Stadt« zu ihren Füßen, größtes psychiatrisches Krankenhaus des Landes, plante Otto Wagner ebenfalls.

Der Erfinder des Reiseführers: Karl Baedeker

1801–1859
Verleger

Als Buchhändler kam Karl Baedeker viel herum, und überall ärgerte er sich über die »Lohnbedienten«, die die Neuankömmlinge gegen Trinkgeld in den erstbesten Gasthof schleppten. Nur: Wie sollte man sonst wissen, wo man übernachten könnte und was es anzuschauen gäbe? In seiner Buchhandlung hatte er zwar Fahrpläne, Reiseberichte und gelehrte Abhandlungen über Kunstsammlungen. Aber wollte man das mit sich herumschleppen? Wie wäre es denn, wenn man all das zusammenfasste?
Gedacht, getan: Zwar hatte er sein erstes Reisebuch, die 1832 erschienene »Rheinreise«, noch nicht einmal selbst geschrieben. Aber er entwickelte es von Auflage zu Auflage weiter. Mit der Einteilung in »Allgemein Wissenswertes«, »Praktisches« und »Beschreibung der Merk-(Sehens-)würdigkeiten« fand er die klassische Gliederung des Reiseführers, die bis heute ihre Gültigkeit hat. Bald waren immer mehr Menschen unterwegs mit seinen **»Handbüchlein für Reisende, die sich selbst leicht und schnell zurechtfinden wollen«**. Die Reisenden hatten sich befreit, und sie verdanken es bis heute Karl Baedeker. Wien beschreibt er erstmals im 1842 erschienenen »Handbuch für Reisende durch Deutschland und den Österreichischen Kaiserstaat«:

» Wien unterscheidet sich dadurch von den meisten andern europäischen Hauptstadten, dass der alte Theil der Stadt, und nicht der neue, die ausgezeichnetsten Gebäude enthält. «

Deutschland und der Österreichische Kaiserstaat, 1. Auflage 1842

E

ERLEBEN & GENIESSEN

Überraschend, stimulierend, bereichernd

Mit unseren Ideen erleben und genießen Sie Wien.

Alles bereit für einen anregenden Nachmittag ►

WIENER ZEITUN

AUSGEHEN

Ob man sich nun dem kulturellen Hochgenuss einer Aufführung in der Staatsoper hingibt, populäre Musicalsongs im Ronacher mitsummt, begeistert eine Kabarett-Revue im Simpl beklatscht oder in einer Bar einfach nur leisen Jazzklängen lauscht – ein Abend in Wien hat meist mit Musik zu tun.

Konzerte, Opern, Musicals und Ballett

Wien und Musik gehören untrennbar zusammen. Weltberühmte Komponisten wie Franz Schubert, Arnold Schönberg oder Johann Strauss, um nur einige Namen zu nennen, wurden hier geboren. Wolfgang Amadeus Mozart, Ludwig van Beethoven und Johannes Brahms haben hier lange Jahre gewirkt. All dies hinterließ in der **»Welthauptstadt der Musik«** deutliche Spuren mit viel gepriesenen Opern-, Operetten- und Musicalbühnen und unzähligen Musikfestivals, die allesamt hochkarätige Programme bieten. So zählen die **Wiener Philharmoniker** zu den besten Orchestern der Welt, die **Wiener Sängerknaben** füllen Konzertsäle rund um den Globus, und die prunkvolle Wiener Staatsoper genießt für ihre Opern- und Ballettproduktionen mit internationalem Staraufgebot weltweite Bekanntheit. Wer sich für Klassik, Jazz oder moderne Musik interessiert, kommt am Wiener Konzerthaus ebenso wenig vorbei wie am Wiener Musikverein, aus dessen Goldenem Saal jedes Jahr das Neujahrskonzert der Wiener Philharmoniker weltweit übertragen wird. Musicalklassiker wie »Mamma Mia« oder »Mary Poppins« begeistern das Publikum im Ronacher und im Raimundtheater.

Theaterszene

Auch Wiens Theaterszene ist kaum zu toppen. Bereits 1788 wurde mit dem ersten **Theater in der Josephstadt** der Bühnenkunst ein adäquater Rahmen erbaut. Anlässlich der Eröffnung seines Neubaus 1822 ließ Beethoven es sich nicht nehmen, sein eigens dafür komponiertes Stück »Die Weihe des Hauses« persönlich zu dirigieren. Heute widmet sich das älteste ständig bespielte Theater der Stadt modernen Aufführungen. Erste Adresse ist das renommierte **Burgtheater** mit seinem anspruchsvollen Programm. Beim Volkstheater stehen Komödien und unterhaltsame Klassiker auf dem Spielplan. Im angesehenen Akademie-Theater werden zeitgenössische Stücke gezeigt, das kleine Schauspielhaus präsentiert moderne Autorenstücke. »brut Wien« im Künstlerhaus fördert junge Künstler der Theater- Tanz- und Performanceszene – die Clubbing-Abende sind ein Szenetreff.

Kabarett und Kleinkunst

In Wien tummelte und tummelt sich auch eine ausgesprochen vielfältige Kleinkunstszene. Der 1986 mit 57 Jahren viel zu früh verstorbene Schauspieler und Kabarettist Helmut Qualtinger lieferte 1961 mit dem legendären Ein-Personen-Stück »Der Herr Karl« eine kritische

Für Nachtschwärmer: das »Bermudadreieck« mit Restaurants und Beisln

Abrechnung mit der Nachkriegsgeschichte Österreichs. Bis heute unvergessen die bissig-makabren Lieder des 2011 verstorbenen Satirikers und Musikers Georg Kreisler.

Das 1912 als »Bierkabarett Simplicissimus« gegründete **Simpl** ist zugleich die älteste und berühmteste Kabarettbühne Österreichs, der **Stadtsaal** in der Mariahilfer Straße das größte Kleinkunsttheater der Stadt. Der Kabarettnachwuchs wächst im **Niedermair** und im **Theater am Alsergrund** heran. Im **Vindobona** wird neuerdings auf Varieté, Chansons und andere Kleinkunst gesetzt. Direkt neben dem Café Hawelka hat 2013 das **CasaNova** eröffnet. Wo schon Josephine Baker auf der Bühne stand, haben heute Kabarettisten wie Viktor Gernot das Sagen. Von Mai bis Anfang September veranstaltet die **Freilichtbühne Tschauner** in Ottakring Kabarett, allen voran Publikumsliebling Emmy Schörg, die beim »Stegreif Kabarett Klassik« erfolgreich mit viel Wiener Schmäh begeistert.

Bars & Musikkneipen

Mit dem **»Bermudadreieck«**, einem Kneipen- und Szeneviertel zwischen Stephansdom und Donaukanal, im Umkreis von Schönlaterngasse und Bäckerstraße bis hin zur Kirche St. Ruprecht, wurde in den

1970er-Jahren das Wiener Nachtleben zu neuem Leben erweckt. Alte und neue Szenespots rauben seither vergnügungswilligen Nachtschwärmern den Schlaf. Nicht weniger angesagt sind die Diskotheken und schrillen Bars um den **Wiener Gürtel**, die sich in den historischen Stadtbahnbögen eingenistet haben.

Wen es nach Sandstrand und Beachparty gelüstet, den treibt es in die hippen **Treffs an der Donau**, z. B. das Tel Aviv Beach, die Strandbar Herrmann (►S. 289)und die Eventlocation Summerstage, oder in die Bars der neuen **CopaBeach** bei der Donauinsel.

Schicker und ruhiger geht es in den Restaurants und Bars am **Naschmarkt** zu. Hier trifft man sich auf einen Plausch, entweder zum Chillen nach einem anstrengenden Arbeitstag oder als »Warm-up« für einen Opern- oder Konzertbesuch.

Im »musikalischen Szenetreff Österreichs« bieten unzählige Clubs Livemusik bekannter und unbekannter Künstler. In Musikerkreisen heißt es: Wer hier in Wien spielen darf, schafft es auch im Rest der Welt! Außer im Internet kann das beeindruckend große aktuelle Abendprogramm der Livebühnen und Clubs in der Stadtzeitung »Falter« durchforstet werden.

Eine besondere Location für einen besonderen Abend: In den Riesenrad-Gondeln wird nach Vorbestellung Sekt serviert.

BARS & SZENEKNEIPEN

1 etc. ▸ Karte S. 306/307

VERANSTALTUNGSINFOS

www.events.at
www.falter.at
www.vienna.at
www.viennaticketoffice.com

1 O – DER KLUB

Dieser lässig-elegante, futuristisch-designte Musikclub von internationalem Format bietet 300 Gästen Platz. Auf dem von geräumigen Sitznischen eingefassten Main- und einem weiteren Dancefloor kann man zu hipper elektronischer Musik und unterhaltsamer Partymusik abtanzen. Do. After-Work, Fr. internat. House- und Techno-DJs, Sa. »Super Disco« mit Hits der 1990er und 2000er.
Feine Cocktailbar.
1., Opernring 4
Tel. 0676 970 15 45
www.facebook.com/O.Vienna
Fr., Sa. 23–6 Uhr

2 LOOS AMERICAN BAR

Winzig klein, aber oho! Holz, Marmor, Spiegel – das sind die Materialien, aus denen der Architekt Adolf Loos 1908 auf nur 24 m² eine extraordinäre Bar zauberte, deren Mythos bis heute anhält. James Bond hätte seine wahre Freude an der großen Auswahl geschüttelter Martini-Varianten!
1., Kärntner Durchgang 10
Tel. 01 512 32 83
www.loosbar.at
tgl. 12–4 Uhr

3 NIGHTFLY'S CLUB

Zum coolen Ambiente im Stil der 1950er-Jahre gibt's in der klassischen American Bar eine große Auswahl bekannter und weniger bekannter Cocktailkreationen. Hier mixen noch echte Könner die Drinks, die Qualität der Zutaten stimmt: Hier wird noch ein Gimlet serviert, der selbst Philip Marlowe geschmeckt hätte. Die Auswahl an schottischen Single Malt Whiskies ist beeindruckend. Wer an der enormen Getränkekarte scheitert, lässt sich vom Barkeeper beraten.
1., Dorotheergasse 14
Tel. 01 512 99 79
www.nightflys.at
Do.–Sa. ab 20 Uhr

4 SKY BAR

Bar der Superlative im obersten Stock des Kaufhauses Steffl: 350 Cocktails, 80 Whisky-Sorten und Livemusik erwarten den Gast. Doch das Spektakulärste ist sicherlich der fantastische Blick auf Wien, auf Riesenrad, Stephansdom und Karlskirche.
1., Kärntner Str. 19
Steffl Department Store
(Zugang durch das Kaufhaus oder Panoramalift Kärntner Str.)
Tel. 01 513 17 12
www.skybar.at
Mo.–Sa. 10–24, So., Fei. 12–22 Uhr

5 STRANDBAR HERRMANN

Wo der Wienfluss in den Donaukanal mündet und die Urania Sternwarte aufragt, liegt diese beliebte Strandbar. Ein aufgeschütteter Sandstrand und Liegestühle verbreiten Mittelmeerfeeling, ein DJ legt auf, bei süffigen Cocktails lassen junge Wiener den Tag ausklingen. Ab 10 Uhr gibt es Frühstück.
3., Herrmannpark
Tel. 0720 22 99 96
www.strandbarherrmann.at
April–Anf. Okt. tgl. 10–2 Uhr

DISKOTHEKEN

6 ARENA

Zwei Veranstaltungshallen in einem ehemaligen Schlachthof und ein prächtiges Open-Air-Gelände mit einer großen Leinwand fürs stimmungsvolle Sommerkino machen die Disko zu einer bedeutenden Livemusikbühne, die (fast) täglich bespielt wird.

3., Baumgasse 80
Tel. 01 798 85 95
www.arena.wien

7 B72

Auf zwei Etagen der Stadtbahnbögen wird im »B72« bis morgens abgefeiert, im Sommer sitzt das Publikum zwischendurch auch im Gastgarten. Fast täglich treten hier namhafte nationale und internationale Bands auf. Auch die österreichische Alternativ-Musikszene spielt hier auf und trifft sich.

8., Hernalser Gürtel
Stadtbahnbogen 72
Tel. 01 409 21 28
www.b72.at
Di.–Sa. ab 20 Uhr

8 CLUB PASSAGE

Der Club in einer ehemaligen Fußgängerunterführung, die den Burggarten mit der Mariahilfer Straße verband, zählt zu den beliebtesten »In-Diskos« Wiens. Zum großen Floor gehören noch drei Bars. Schrill ist der Club auch wegen der schwindelerregenden, stylischen Lichtshows, die durch futuristisches Interieur unterstrichen werden. Die Musik reicht von Dance- und Housemusic bis zu gepflegtem Clubsound.

1., Burgring 3/Babenberger Passage
Tel. 01 961 66 77-0
www.club-passage.at
Sa. ab 23 Uhr

9 PRATERDOME

In Österreichs größter Disko erwarten die Partygänger u. a. vier Tanzflächen, zwölf Themenbars und moderne Soundsysteme. Aufgelegt wird von House über Soul bis zu Latin und Disco. Schlag Mitternacht steigt eine gigantische Lasershow. Gleich nebenan in der Waldsteingartenstr. 135 zieht die Pratersauna Electro- und Technofans an.

2., Riesenradplatz 7
Tel. 01 908 11 92-0
www.praterdome.at
Do.–Sa. 22–6 Uhr

10 VOLKSGARTEN CLUBDISKOTHEK

Möbel aus den 1950er-Jahren, gelungen aufgestylt mit futuristischen Lichtinstallationen auf der Höhe des 21. Jh.s. Seit Jahren eine der ersten Adressen Wiens, wenn es ums Tanzen geht. Ringsum kommen und gehen die Clubs, der Volksgarten bleibt. Fr. House und RnB, Sa. House pur. Dazu eine lange Cocktailtheke zum Regenerieren.

1., Heldenplatz
Tel. 01 532 42 41
www.volksgarten.at
Do., Sa. 23–6 Uhr

ROCK · POP · JAZZ

⓫ PORGY & BESS

Erste Adresse für Jazzfreunde: Im »Porgy & Bess« geben jeden Abend international bekannte Jazzgrößen ihr Bestes. »In der strengen Kammer« stehen kleine, avantgardistische Bands auf der Bühne.
1., Riemergasse 11
Tel. 01 5 03 70 09
Ticket-Vorverkauf:
Tel. 01 5 12 88 11
www.porgy.at, tgl. 16–22 Uhr

⓬ JAZZLAND

Wiens ältester Jazzkeller liegt unter einer Kirche und lässt seine Gäste alle Stilrichtungen des Jazz live erleben.
1., Franz-Josefs-Kai 29
Tel. 01 5 33 25 75
www.jazzland.at
Mo.–Sa. ab 19
Livemusik ab 21 Uhr

⓭ METROPOL

Im Metropol (600 Plätze) begeistern Rock und Jazz, Musicals, Kabarett und Kleinkunst das Publikum. Im Sommer wird die »Pawlatschen-Bühne« (200 Plätze) im Gastgarten bespielt. Mit 100 Sitzplätzen ist das »Metropoldi« eine ideale Location für Lesungen und Kleinkunst.
17., Hernalser Hauptstr. 55
Tel. 01 40 77 74 07
www.wiener-metropol.at

THEATER, KONZERTE UND KLEINKUNST

VORVERKAUFSSTELLE DER BUNDESTHEATER

Karten für Staatsoper, Burgtheater, Wiener Staatsballett, Volksoper und Akademietheater
1., Operngasse 2
Mo.–Sa. 10–18, So., Fei. 10–13 Uhr
Tel. 01 514 44 78 80
www.bundestheater.at

VIENNA TICKET OFFICE

1., Kärntner Str. 51
tgl. 8.30–19 Uhr
Tel. 01 513 11 11
www.viennaticketoffice.com

WIEN-TICKET

Vorverkauf von Tickets für die meisten Events in Wien
Wien-Ticket Center
(Pavillon befindet sich bei der Staatsoper)
1., Herbert-von-Karajan-Platz
Mo.–Sa. 10–19 Uhr
Karten-Tel. 01 5 88 85
www.wien-ticket.at

VIENNA CLASSIC

Kundenzentrum, 1. Operngasse 6
Mo.–Fr. 9–13 Uhr
Tel. 01 890 55 55
www.viennaclassic.com

THEATER

AKADEMIETHEATER

Das 1911 gegründete Theater ist seit 1922 die zweite Spielstätte des Burgtheaters und hat 500 Plätze.
3., Lisztstr. 1
Tel. 01 514 44 45 45
www.burgtheater.at

ATELIERTHEATER

Das Ateliertheater hat alle Höhen und Tiefen der Wiener Kulturförderung überstanden. Seit 2017 stehen hier vor allem junge Künstler auf der Bühne.

1., Burggasse 71
Tel. 0680 128 55 40
www.ateliertheater.wien

BURGTHEATER

Erste Adresse unter den Theatern in Wien. Mehr Infos: ▶ Burgtheater.

1., Universitätsring 2
Info-Tel. 01 51 4 44 44 40
www.burgtheater.at

WERK X

Hier stehen moderne, gesellschaftspolitische Theaterproduktionen auf dem Spielplan. Das Ssprchtheater unterhält aktuell zwei Spielstätten in Wien: in Meidling stehen meist Eigenproduktionen auf dem Programm, am Petersplatz zeigt die freie Szene, was sie kann.

12., Oswaldgasse 35A
1., Petersplatz 1
Karten-Tel. 01 535 32 00
www.werk-x.at

KAMMERSPIELE DER JOSEFSTADT

Gespielt werden hauptsächlich Komödien.

1., Rotenturmstr. 20
Karten-Tel. 01 42 70 03 00
www.josefstadt.org

KOMÖDIE AM KAI

Boulevard- und Krimi-Komödien werden hier in unmittelbarer Nähe zur Alten Donau gespielt.

1., Franz-Josefs-Kai 29
Karten-Tel. 01 533 24 34
www.komoedieamkai.at

Für seine Akustik weltberühmt: der große goldene Musikvereinssaal. Hier spielen die Wiener Philharmoniker und andere hochkarätige Orchester.

SCHAUSPIELHAUS

Autorentheater mit familiärem Flair – nur 280 Plätze. Der Schwerpunkt liegt auf deutschsprachigen Erstaufführungen.
9., Porzellangasse 19
Karten-Tel. 01 317 01 01 18
www.schauspielhaus.at

THEATER DRACHENGASSE

Aktuelles, anspruchsvolles Autorentheater zwischen Mainstream und Avantgarde
1., Fleischmarkt 20–22
Karten-Tel. 01 513 14 44
(Di.–Sa. 15.30–19 Uhr)
www.drachengasse.at

THEATER IN DER JOSEFSTADT

Wiener Theater-Institution, die Klassiker und Uraufführungen zeitgenössischer Autoren bietet.
8., Josefstädter Str. 26
Karten-Tel. 01 42 70 03 00
www.josefstadt.org

VOLKSTHEATER

Klassisch-modernes Theater
7., Neustiftgasse 1
Karten-Tel. 01 52 11 14 00
www.volkstheater.at

KINDERTHEATER AKZENT

... gibt Kinder-Musicals und -Opern.
4., Theresianumgasse 18
Tel. 01 501 65 13 306
www.akzent.at

THEATER DER JUGEND

Das mit rund 45 000 Abonnenten größte Kinder- und Jugendtheater Europas bespielt zwei Spielstätten. Hier darf der Nachwuchs sogar selbst auf die Bretter, die die Welt bedeuten.
Renaissance-Theater
7., Neubaugasse 36
Theater im Zentrum
1., Liliengasse 3
Karten-Tel. 01 52 11 02 28
www.tdj.at

KABARETT, COMEDY & VARIETÉ

KABARETT-INFOS

www.kabarett.at

KABARETT NIEDERMAIR

Kabarett und Comedy, Sprungbrett für Nachwuchs-Kleinkünstler sowie Kindertheaterproduktionen
8., Lenaugasse 1 a
Karten-Tel. 01 408 44 92
(Mo.–Fr. 17–19, Sa. u. So. 18–19 Uhr)
www.niedermair.at

DAS VINDOBONA

Grätselsoap und Kabarett für »Hiesige und Zugraaste«
20., Wallensteinplatz 6
Karten-Tel. 01 512 39 03
www.vindobona.wien

STADTSAAL

Kabarett, Konzerte und Lesungen im größten Kleinkunstsaal der Stadt.
6., Mariahilfer Str. 81
Karten-Tel. 01 909 22 44
(Mo.–Fr. 16.30–19.30, bei Spielbetrieb auch Sa. 16.30–19.30, So. 18–19.30 Uhr)
www.stadtsaal.com

THEATER AM ALSERGRUND

Wiens kleinste Kabarettbühne ist überaus beliebt und gemütlich.
9., Löblichgasse 5–7
Karten-Tel. 01 310 46 33
www.kabarett-wien.at

TSCHAUNER BÜHNE

Einzige noch existierende Stegreifbühne Wiens. Tschauner Reloaded (jährliche Neuproduktion), Kabarett, Impro, Musik und Kinderprogramm. Die Bühne ist überdacht, es wird daher bei jeder Witterung gespielt.

Maroltingergasse 43
1160 Ottakring
Karten-Tel. 01 914 54 14
Mitte Juni–Anf. Sept.
www.tschauner.at

OPER · OPERETTE · BALLETT

STAATSOPER
1., Opernring 2
Tel. 01 514 44 22 50
www.wiener-staatsoper.at

THEATER AN DER WIEN
6., Linke Wienzeile 6
Spielstätte in der Kammeroper:
1., Fleischmarkt 24
Karten-Tel. 01 588 85-111
www.theater-wien.at

VOLKSOPER
9., Währinger Str. 78
Info-Tel. 01 514 44 36 70
www.volksoper.at

MUSICAL

RAIMUND THEATER
6., Wallgasse 18–20
Karten-Tel. 01 588 85-111
www.musicalvienna.at

RONACHER
1., Seilerstätte 9
Karten-Tel. siehe Raimund Theater
www.musicalvienna.at

KONZERTHÄUSER

WIENER KONZERTHAUS
3., Lothringer Str. 20
Karten-Tel. 01 24 20 02
Mo.–Fr. 10–18, Sa. 10–14 Uhr
www.konzerthaus.at

MUSIKVEREIN
Neben der Oper die wichtigste Spielstätte für klassische Musik in Wien. Hier spielen die Wiener Symphoniker und Philharmoniker, dirigiert von den ganz Großen. Aufgeführt werden u. a. auch Konzerte für Kinder und Jugendliche. Für seine Akustik berühmt: der große goldene Musikvereinssaal.
Mehr ▶ Karlsplatz
1., Musikvereinsplatz 1
Tel. 01 505 81 91
www.musikverein.at
Führungen: tgl. außer So. 13.45 Uhr | Preis: 10 €
Konzertkarten buchen:
www.viennaclassic.com

CASINO UND KINO

14 CASINO WIEN
Das Casino Wien präsentiert sich in dem im 15. Jh. erbauten noblen Palais Esterházy. Wer sein Glück versuchen möchte, hat u. a. die Wahl zwischen Roulette, Black Jack und Poker. Einen Dresscode gibt's nur beim klassischen Spiel, also Hemd und Sakko bereithalten!
1., Kärntner Str. 41
Tel. 01 512 48 36
www.casinos.at
tgl. 15–4 Uhr
Jackpot Café: tgl. 9–4 Uhr

METROKINO KULTURHAUS
Mit seiner umfangreichen audiovisuellen Bibliothek und einem denkmalgeschützten historischen Kinosaal aus der Zeit um 1900 gewährt das vom Filmarchiv Austria betriebene Haus tolle Einblicke in das filmkulturelle Erbe Österreichs.
1., Johannesgasse 4
Tel. 01 512 18 03
www.metrokino.at

ESSEN UND TRINKEN

Gut essen und trinken hat in Wien einen hohen Stellenwert. Schließlich ist die Donaumetropole auch die einzige Stadt der Welt, die Namensgeber eines eigenständigen Speisen-Stils ist. Das Erfolgsgeheimnis der »Wiener Küche« liegt in den Einflüssen verschiedenster Länder, deren Rezepte man an der Donau immer wieder neu und abwechslungsreich abwandelt.

Wiener Küche

Der Begriff »Wiener Küche« tauchte erstmals Ende des 18. Jh.s in Kochbüchern auf. Auf den Speisekarten der Hauptstadt lassen sich bis heute die unterschiedlichsten Einflüsse des einstigen Vielvölkerstaates ablesen. Aus Böhmen und Mähren stammen Knödel und Mehlspeisen wie die Palatschinken. Ungarn steuerte das Gulasch bei, das beim Wiener Fiaker-Gulasch fantasiereich abgeändert wurde. Das Frankfurter Würstchen heißt in Deutschland Wiener; klar ist nicht, ob es an der Donau erfunden oder im 18. Jh. von einem eingewanderten Frankfurter Metzger mitgebracht wurde.
Mehr zum Wiener Schnitzel und anderen typischen Gerichten siehe auf den beiden Folgeseiten.

Mehlspeisen

Beliebt ist Wiener Küche vor allem wegen ihrer Vielzahl an **leckeren Süßspeisen**, einst aus Fastenvorschriften der katholischen Kirche entstanden. Da Fleisch an etwa 150 Tagen im Jahr nicht gegessen werden durfte und Fisch meist zu teuer war, hieß die preiswerte Alternative logischerweise: Mehlspeisen**!** Die Bezeichnung »Mehl« ist eigentlich irreführend, da einige dieser Gerichte gar kein Mehl enthalten – Mehlspeisen im ursprünglichen Sinn waren einfach Speisen ohne Fleisch. Heute wird der Begriff in der Regel für die unterschiedlichsten kalorienreichen, süßen Desserts wie Topfenpalatschinken, ein mit Quark gefüllter Pfannkuchen, oder den Kaiserschmarrn verwedet, ein zunächst in Butter gebackener und dann zerrupfter Rosinenpfannkuchen.

Experimente, ja bitte!

Aber nicht nur Tafelspitz, Schnitzel und Kaiserschmarrn versprechen himmlische Vergnügen. Die Gastronomie an der Donau ist internationaler geworden. Preisgekrönte Gourmetlokale, junge Crossoverküche und **experimentierfreudige Köche** verwöhnen mit immer Neuem. So finden sich auf den Speisekarten gehobener Restaurants kühne Kreationen wie Rieslingsbeuscherl mit Pulpo, Currykutteln an Eierschwammerln oder Topfenknödel mit rotem Pfeffer. Andere greifen alte Traditionen wieder auf; zum Beispiel **»Wiener Austern«**: Lange war Wien bekannt für seine Schneckenzucht, im 18. und 19. Jh. gab es hinter der Peterskirche sogar extra einen Markt für die auch »Wiener Austern« genannten Weinbergschnecken. Heute

TYPISCHE GERICHTE

Frittatensuppe: Für die Frittatensuppe werden Pfannkuchen in gleich große Streifen geschnitten und in die klare Bouillon gegeben. Klassischerweise muss die Suppe natürlich aus frischem Gemüse gekocht werden, Brühwürfel sind tabu. Noch etwas Petersilie darüber gestreut – fertig!

Tafelspitz: Für einen Tafelspitz dürfen nur sehr gute Rinderlendenstücke verwendet werden, die man in einem köstlich duftenden Sud aus Wurzelgemüse ca. drei Stunden simmern lässt. Traditionelle Beilagen sind Röstkartoffeln und frisch geriebener Kren (Meerrettich).

Apfelstrudel: Wien ohne Apfelstrudel – undenkbar! Doch seine Zubereitung erfordert Erfahrung und Fingerspitzengefühl, da ein guter Strudelteig dünn »gezogen« sein muss, und zwar so dünn, dass durch ihn eine Zeitung gelesen werden kann. Bei der klassischen Variante wird der Strudel mit einer Mischung aus Äpfeln, Rosinen, Zimt und Nüssen gefüllt. Individuellen Kompositionen sind jedoch keine Grenzen gesetzt

Wiener Schnitzel: »Is' ja eh kloar« – am Wiener Schnitzel kommt kein Besucher vorbei! Dazu ist es einfach zu bekannt und schmeckt zu gut. Beim »Original« handelt es sich um ein Kalbsschnitzel, das zuerst in Mehl, dann verquirltem Ei und anschließend in frisch geriebenen Semmelbröseln gewendet wird. Nicht zu fest andrücken, denn die Panade soll das zarte Fleisch nur locker umhüllen! Das Ganze wird in reichlich Schmalz oder Butterschmalz goldgelb gebacken und mit einer Zitronenscheibe und einem Petersiliensträußchen garniert. Dazu gibt es Erdäpfelsalat (Kartoffelsalat) und Häuptelsalat (Kopfsalat).

Burenwurst: Die »Haße« wird aus Brät, Speck und von den Produzenten streng gehüteten herzhaften Gewürzmischungen hergestellt. Im Wasserbad erhitzt, mit scharfem Senf (der in Wien gar nicht so scharf ist) und einem Brötchen serviert, ist sie begehrter Imbiss am Würstelststand.

Schinkenfleckerl (Abb. links): Nudeln, leicht angeschwitzte Zwiebeln, geschnittener Schinken, pikante Gewürze wie z. B. eine Prise Muskat, steifgeschlagener Eischnee und etwas Béchamel sind die Zutaten für diese typisch wienerische Spezialität: Frisch aus dem Backrohr serviert schmeckt's am allerbesten!

züchtet Andreas Gugumuck die Tiere. Bei einer Führung durch seine Schneckenfarm erfahren Gourmets alles über deren Zucht und kulinarische Verarbeitung (10., Rosiwalgasse 44, Tel. 0676 365 36 43, Führungen: n. V. Mo.–Fr. 9–18 Uhr, Preis inkl. Kostprobe: 24 €, www.gugumuck.com).

Würstel und Maroni

Nicht wegzudenken aus Wiens Stadtbild sind die **Würstelstände**, die noch während der k. u. k. Monarchie erfunden wurden. Mehr als 300 gibt es davon – der älteste, »Würstelstand Leo« steht seit 1928 an der Ecke Nussdorferstr./Währinger Gürtel. Am Würstelstand gibt es keine sozialen Unterschiede, essen Studenten neben Topmanagern eine Bratwurst, Leberkäse, dicke Käsekrainer oder scharfe Debreziner mit Semmel und Senf, scharfen Kirschpfefferoni, Silberzwiebeln und Gurke und natürlich »Haße« (»Heiße«) – Burenwurst.
Am Würstelstand Bitzinger beim Albertinaplatz gibt es die »Bosna«-Bratwurst mit hausgemachtem Zwiebelsenf, Petersilie und Curry im Brötchen. Hier stehen Fiakerfahrer und »Taxler«, Touristen, Promis, Politiker und Opernbesucher friedlich vereint durch eine Bratwurst.
Im Winter sind die Stände der **Maroni-Brater**, die zum Teil auch Bratäpfel und Kartoffelpuffer machen, beliebte Wärmeplätze.

Beisl

Bodenständig und gemütlich behaupten sich die Wiener Beisln in der boomenden Restaurantszene. Die Bezeichnung stammt vermutlich vom Jiddischen »bajiss« für Haus. In den holzgetäfelten Traditionslokalen wird Wein und Bier ausgeschenkt, kommen Fritattensuppe, Schnitzel, Gulasch und köstliche Mehlspeisen auf den Tisch.

Schanigarten

Sobald die Sonne scheint, werden Stühle und Tische auf Plätze und Gehsteige rausgestellt, sitzen die Hauptstädter im Schanigarten. Die mobilen Oasen der Entspannung sind vermutlich nach dem Piccolokellner benannt, der früher oft »Schani« gerufen wurde: »Schani, trag‘ den Garten aussi!«

Kaffeehaus

Seit 2011 zählt die Wiener Kaffeehauskultur (▶Baedeker Wissen S. 310) zum **immateriellen Kulturerbe der UNESCO**. Die Begründung der Kommission lautet: »Die Tradition der Wiener Kaffeehauskultur reicht bis Ende des 17. Jh.s zurück und ist durch eine ganz spezielle Atmosphäre geprägt. Typisch für ein Wiener Kaffeehaus sind Marmortischchen, auf denen der Kaffee serviert wird, Thonetstühle, Logen, Zeitungstischchen und Details der Innenausstattung im Stil des Historismus.

Die Kaffeehäuser sind ein Ort, in dem »Zeit und Raum konsumiert werden, aber nur der Kaffee auf der Rechnung steht.«

AUSGESUCHTE RESTAURANTS UND KAFFEEHÄUSER

❶ etc. **▸ Karte S. 306**

In Wien ist für jeden Geschmack und Geldbeutel etwas dabei. An den Kaffeehäusern kommt eh' keiner vorbei.

PREISKATEGORIEN

für ein Hauptgericht
€€€€ über 25 €
€€€ 20–25 €
€€ 15–20 €
€ unter 15 €

GOURMETTEMPEL

❶ DUCHARDT €€€€

Nach 33 Jahren in der Spitzengastronomie hat Walter Bauer sein renommiertes Restaurant in neue Hände übergeben. Nachfolger ist Marcus Duchardt, der „das Beste von heimischen Wäldern bis ins offene Meer", also Klassiker der heimischen und französischen Küche auf höchstem Niveau interpretiert. Probieren Sie das Ochsenschlepp mit Pastinaken, den Rochen mit Kapern oder gleich das 6-Gang-Menü »Fantasie«.
1., Sonnenfelsgasse 17
Tel. 01 512 98 71
www.duchardt.at

❷ RESTAURANTS IM HOTEL SACHER €€€€

Prominente aus aller Welt speisen gern in einem der beiden Hauben-Restaurants der Nobelherberge: der »Roten Bar« und dem »Anna Sacher«. Traumhaft gut schmeckt der Tafelspitz mit Apfelkren und Schnittlauchsauce, eine Spezialität des Hauses. Und eine der köstlichen Nachspeisen ist sicher nicht schwer zu erraten ... ▸ S. 14
1., Philharmonikerstr. 4
Tel. 01 51 45 60
www.sacher.com

❸ DO & CO €€€€

Im Nobelrestaurant des Do & Co Hotel Vienna im obersten Stock des Haas-Hauses genießt man Sushi und Sashimi, Fisch aus allen Meeren und natürlich die Klassiker der Wiener Küche samt sensationellem Blick auf den Stephansdom.
1., Stephansplatz 12
www.docohotel.com
Tel. 01 535 39 69

❹ STEIRERECK AM STADTPARK €€€/€€€€

Moderne österreichische Küche auf höchstem Niveau an einem der schönsten Plätze der Donaumetropole mitten im Stadtpark. Prominente aus Wirtschaft, Politik und Film zählt das zweifach michelinbesternte Lokal zu seinen Gästen – unbedingt reservieren! In der dazugehörigen »Meierei« kann bis 12 Uhr gefrühstückt werden, sie verwöhnt u. a. mit Kalbsbeuscherl und Schokoladenknödeln.
3., Am Heumarkt 2A
Tel. 01 713 31 68
www.steirereck.at

❺ TIAN €€€€

Ein Michelinstern schmückt das vegetarische Restaurant Tian. Alles begann mit einer Sinnkrise von Küchenchef Paul Ivić. Er fragte sich: Wie muss eine Spitzenküche geartet sein, die man auch ökologisch verantworten kann? Fleisch und Fisch, klar, das geht dann nicht mehr. Neue Rezepte mussten her. Gemüse soll von der Wurzel bis zum Blatt verwendet werden. Längst vergessene Sorten kommen wieder auf den Teller, bio und regional. Die kreative Besinnungszeit hat köstliche Früchte getragen.
1., Himmelpfortgasse 23
Tel. 01 890 46 65
www.tian-restaurant.com

TRADITIONSLOKALE UND JUNGE KÜCHE

6 FIGLMÜLLER €€

Eine winzige Gasse, die von der Wollzeile abgeht, führt zu diesem stets gut besuchten Lokal. Zum rustikalen Stil mit viel Holzmobiliar wollen die Ober im Frack nicht so ganz passen, doch das macht den besonderen Stil des Figlmüller aus. In dem Lokal in der Nähe vom Stephansdom gibt es die vermutlich größten Schnitzel Wiens und Weine aus eigenem Anbau. Am besten reservieren, vor allem, wer in der Gruppe kommt.
1., Wollzeile 5
Tel. 01 512 61 77
www.figlmueller.at

7 GRIECHENBEISL €€€

Die gemütlichen Gewölbestüberln in Wiens ältester Gaststätte (seit 1447) sind längst eine gefragte Touristenhochburg. Illustre Gäste waren Egon Schiele, Oskar Kokoschka, Mark Twain und der Bänkelsänger Marx Augustin, der 1679 das populäre Spottlied »Oh, du lieber Augustin, alles is' hin« verfasste. Abends spielen Musiker Klavier oder Akkordeon. Auch Wiener kommen gern mit ihren Gästen hierher, wenn sie ein typisches Lokal zeigen wollen.
1., Fleischmarkt 11
Tel. 01 533 19 77
www.griechenbeisl.at

8 GRÜNAUER €€/€€€

Das beliebte Beisl überzeugt mit österreichischen Klassikern wie gekochtes Rindfleisch, Gulasch oder Wiener Schnitzel, Lammbeuschel und Spanferkelleber – alles aus Biofleisch regionaler Anbieter. Auch ausgezeichnet: die Auswahl an guten günstigen Hausweinen.
7., Hermanngasse 32
Tel. 01 526 40 80
www.gasthaus-gruenauer.com

9 ZUM SCHWARZEN KAMEEL €€/€€€

Ins Schwarze Kameel auf ein Glas Grünen Veltliner zum Beinschinkenbrötchen, für Canapés oder Austern mit Champagner – in Wien gehört zum samstäglichen Stadtbummel ein kleiner Imbiss, und die belegten Brote im Kameel genießen Kultstatus. Die Holztäfelungen, Vitrinen und das Mobiliar sind über 100 Jahre alt im schönstem Wiener Jugendstil. Die hausgemachten Marmeladen, Pestos, Öle und Schokoladen sind auch köstliche Mitbringsel. Sehr gepflegt speist man im ebenso schönen Gastraum nebenan, etwa Kalbsrahmgulasch und ein sehr feines Wiener Schnitzel.
1., Bognergasse 5
Tel. 01 533 81 25
www.kameel.at

10 AM SPITTELBERG €€

Im Szeneviertel Spittelberg bietet das Alt-Wiener Gasthaus im Sommer auch einen großen Schanigarten. Es wird eine traditionelle österreichische Küche geboten, wobei am Zwiebelrostbraten oder am Gulasch kein Weg vorbeiführt!
7., Spittelberggasse 5
Tel. 0664 343 96 40
www.gasthausamspittelberg.at

11 OFENLOCH €€

Herrlich verfeinerte Klassiker der Wiener Küche in einem besonders ansprechenden Ambiente. Hier stehen auch die berühmten Wiener Weinbergschnecken auf der Karte. Das Restaurant selbst gibt es schon seit 1704. Von April bis Oktober mit Schanigarten.
1., Kurrentgasse 8
Tel. 01 533 88 44
www.restaurant-ofenloch.at

12 UBL €/€€

Wer fein essen gehen will, geht woandershin, wer ein typisches Wiener Beisl sucht, geht zum Ubl ganz in der

Nähe vom Naschmarkt. Hier erhalten Sie typische Wiener Küche im besten Sinn, Wiener Schnitzel, geröstete Leber, Leberknödelsuppe und andere Innereien, außerdem auch Spezialitäten wie Tafelspitz, Beinfleisch und Blutwurst. Die knarzenden Böden, holzvertäfelten Wände und das rustikale Mobiliar zeugt von einer 130-jährige Tradition, die sich auch einer eigenen Webseite bislang erfolgreich verweigert.
4., Preßgasse 26
Tel. 01 587 64 37

⓭ ZU DEN DREI BUCHTELN €€
Für eine lukullische Reise nach Böhmen muss man nur bis in die Wiener Wehrgasse fahren. Hier kocht die Chefin persönlich allerbeste Hausmannskost. Dazu gibt's ein frisch gezapftes Budweiser oder Kozel und als Nachspeise köstliche Buchteln, natürlich drei Stück!
5., Wehrgasse 9
Tel. 01 587 83 65
www.zuden3buchteln.at

⓮ OMNOM BURGER €/€€
Nachhaltigkeit und Qualität statt schnellem Imbiss: Frische Zutaten von regionalen Erzeugern sorgen im Burger-Hotspot mit sechs Sitzplätzen für ein delikates Slow-Food-Erlebnis. Gebrutzelt wird Di.–So. nach hauseigenem Rezept solange der Vorrat reicht. Tiefgekühltes ist für das Freundetrio ein No-Go.
5., Wiedner Hauptstraße 125
Tel. 0660 707 10 15
www.omnomburger.at

⓯ GÖSSER BIERKLINIK €
Frisch gezapft oder aus der Flasche wird hier vor allem das Bier der steirischen Brauerei Göss ausgeschenkt. Unkomplizierte Kneipe mit original Wiener Küche. Vom Hieferschwanzl (Rinderlende) über Topfenstrudel bis zum Saftgulasch ist alles in korrekter Qualität zu haben. Die 1683 gegründete Bierklinik ist übrigens eines der ältesten Gasthäuser in Wien.
1., Steindlgasse 4
Tel. 01 533 75 98
www.goesser-bierklinik.at

INTERNATIONALE KÜCHE

⓰ DAS LOFT WIEN €€€
Es gibt gute Gründe, das Hotel Sofitel Vienna aufzusuchen, auch ohne dort einzuchecken. Etwa der Besuch von Bar und/oder Restaurant »Das Loft« im obersten Stockwerk. Der Schweizer Künstlerin Pipilotti Rist ist eine phantastisch schöne Deckengestaltung gelungen – ein bunt leuchtender Paradiesgarten scheint über den Tischen zu schweben. Eine vollverglaste Wand gibt den Blick vom 18. Stock aus auf die Altstadt frei, Wien und der Stephansdom liegen den Gästen zu Füßen (▶Abb. S. 302/303). Kleine, exzellente Karte. Wer nicht essen will, besucht nur die Bar. Abends wird um Smart Casual Garderobe gebeten, Wanderstiefel müssen draußen bleiben. Die Atmosphäre ist aber überhaupt nicht steif, sondern angenehm entspannt. Frühzeitig zu reservieren – das ist auch online möglich – ist ratsam!
Sofitel Vienna Stephansdom
2., Praterstr. 1
Tel. 01 906 16 81 10
www.dasloftwien.at

⓱ KIM €€€
Fisch, Fleisch, Meeresfrüchte in Form von Sushis und anderen herrliche Speisen auf Gourmetniveau kredenzt die koreanische Starköchin Kim Sohyi. Überwiegend kommt Bioqualität für diese traditionelle asiatische Küche zum Einsatz. Serviert wird stets ein Überraschungsmenü. Das Ganze spielt sich in einem ehemaligen Plattenladen ab – nur 10 Tische.
9., Währinger Str. 46
Tel. 0664 425 88 66
www.sohyikim.com

Traumhaft innen wie außen: das »Loft« im Sofitel Tower

18 NIHONBASHI €€€

Japanische Esskultur in feinster Form. Sushi im Erdgeschoss, im ersten OG die Teppanyaki-Küche. Hier wird echter Sake kredenzt und selbst Japankenner werden nicht enttäuscht. Das Restaurant trägt den Namen eines Stadtteils in Tokyo, der als Zentrum Japans gilt. Auch das gehört dazu: Karaoke – aber nicht für die Öffentlichkeit, sondern in separaten Räumen, nur auf Reservierung.

1., Kärtner Str. 44
Tel. 01 890 78 56
www.nihonbashi.at

19 MOTTO AM FLUSS €€

Das lang gestreckte Gebäude liegt wie ein Schiff im Donaukanal. Am Abend entfaltet die Location ihren vollen Zauber, wenn die bunten Lichter der Stadt in den Wellen auf- und abtanzen. Auf dem Oberdeck ruhen sich Sonnenhungrige und Frischluftfreunde bei Kaffee und Frühstück aus, drinnen lassen es sich die Gäste im reduziert gestylten Ambiente gut gehen. Einfallsreiche Küche, die am Morgen auch selbst gemachte Kräutertees, Smoothies und ausgefallenes Frühstück bietet, abends gut ausgesuchte Crossover-Küche mit mediterranem Schwerpunkt. Feine Fischauswahl, wie sich das am Fluss gehört. Abends unbedingt reservieren. Online für den gleichen Tag bis jeweils drei Stunden vor der gewünschten Uhrzeit möglich (▶Abb. S. 29).

1., Franz Josefs Kai 2
Restaurant und Café:
Tel. 01 252 55 11
www.mottoamfluss.at

20 HAAS & HAAS €€

Das Teehaus Haas & Haas lohnt für einen Abstecher schon in der Frühe: Hier stehen 20 Frühstücksvariationen auf der Karte, darunter ein American Breakfast mit Fried Eggs und Bacon, ein chinesisches mit Dim Sum und gebratenen Nudeln, auch japanisch mit Misosuppe und natürlich das Wiener »Gabelfrühstück« mit Sacherwürstel, Kren, Senf und Laugenbrezel. Die Atmosphäre ist hier stets ruhig und entspannt, obwohl der trubelige Stephansplatz gleich anbei ist. Auch zum Mittagessen werden Kleinigkeiten geboten. Wer mag, kauft im angeschlossenen Tee- und Spezialitätenladen ein.

1., Stephansplatz 4
Tel. 01 512 26 66
www.haas-haas.at

21 HANSEN €€

Im Souterrain der Börse darf beim Kochen zugeschaut werden. Hinter der Glaswand kreiert das Team mediterrane Küche. Man speist an weiß gedecken Tischen, sitzt auf Rattanmöbeln und fühlt sich wie ein Gott im Grünen. Das üppige Grün ist der Nachbarschaft des Blumengeschäfts Lederleitner zu verdanken.

1., Wipplingerstr. 34
Tel. 01 532 05 42
www.hansen.co.at
So., Fei. Ruhetag

VEGETARISCH & VEGAN

22 HOLLEREI €€

Drei Gehminuten von der U-Bahn und nur wenig weiter von Schloss Schönbrunn: ein Beisl-Juwel mit behaglich-schicker Gaststube, Schanigarten und, vor allem, allerköstlichster – sogar veganer – Fleischlos-Küche, die man hier schon seit den frühen 1980ern zelebriert.

15., Hollergasse 9
Tel. 01 892 33 56
www.hollerei.at

23 YAMM! €

Ohne Laktose, vegan oder scharf – hier wird (fast) jeder Wunsch erfüllt. Haubenkoch Walter Schulz überzeugt mit gesunden, frischen Kreationen und Spezialitäten aus aller Welt, wobei regionalen Produkten

der Vorzug gegeben wird. Probieren Sie die aromatischen Currys und süßen Naschereien aus der hauseigenen Patisserie.
1., Universitätsring 10
Tel. 01 532 05 44
www.yamm.at

HEURIGE · BUSCHENSCHANKEN

Alles zum echten Heurigen verrät
▶ Baedeker Wissen S. 96

24 MAYER AM PFARRPLATZ €€

Wo einst Beethoven wohnte und Teile seiner 9. Symphonie schrieb, einem 300 Jahre alten, denkmalgeschützten Vorstadthaus mit rebenbestandenem Innenhof, ist heute eine der Parade-Buschenschänken Wiens zuhause. Das reichhaltige Buffet mit typisch Wiener Schmankerln und feinen Weinen aus eigenem Anbau genießen auch viele prominente Gäste.
19., Pfarrplatz 2
Tel. 01 370 12 87
www.pfarrplatz.at

25 FUHRGASSL-HUBER €€

Zwischen Weinbergen und dem Wienerwald im Herzen des alten Winzerortes Neustift gelegen, zählt auch diese Adresse zu den klassischen Buschenschänken. Gemütliche Stuben und ein romantischer Innenhof verstehen sich ebenso wie ein vielfältiges warmes und kaltes Buffet und ausgezeichnete Weine.
19., Neustift am Walde 68
Tel. 01 440 14 05
www.buschenschank-fuhrgassl-huber.at

26 HEURIGER 10ER MARIE €€

Seit 1740 werden im ältesten Heurigen Wiens, untergebracht in einem denkmalgeschützten Weingut, die Gäste mit robustem Wiener Charme bewirtet. Wer Schinkenfleckerl, Gemüsestrudel und den eigenen Wein aus dem Gut Fuhrgassl-Huber genießen will, sollte unbedingt reservieren.
16., Ottakringer Str. 222
Tel. 01 489 46 47
www.10ermarie.at

27 FEUERWEHR WAGNER €/€€

Der gemütliche Heurigen ist berühmt für seine Backhendl. Im Winter bullert der Kachelofen, im Sommer lockt die Terrasse. Eine Kellereiführung lohnt.
19., Grinzinger Str. 53
Tel. 01 320 24 42
www.feuerwehrwagner.at

BAEDEKER MAGISCHE MOMENTE

»HIER SEIN IST HERRLICH«

Ein kleiner Spaziergang ab Nussdorf hinauf auf den Kahlenberg durch die Weinberge, immer höher, Wien und sein Gewühl verschwindet Schritt für Schritt. Oben, im Sirbu, dann einen Veltliner trinken und übers Leben sinnieren. Vielleicht mal wieder Rilke lesen.
(Heuriger Sirbu, www.sirbu.at)

WIEN
Freud-Museum
Kahlenberg
Grinzing,
Nußdorf,
Heiligenstadt
Gartenpalais Liechtenstein
Polizeidirektion
Börse
Börseplatz
S.-Freud-Park
Universitätsstr.
Landesgericht
Universität
Schottenstift
Schottenkirche
Palais Harrach
Freyung
Palais Kinsky
Palais Ferstel
Palais Mollard
Uhrenmuseum
Am Hof
K. zu den neun Chören der Engel
Judenplatz
Rathaus
Rathausplatz
Rathauspark
Burgtheater
Stadtpalais Liechtenstein
Minoritenkirche
Peterskirche
Graben
Elisabeth
Theseustempel
Bundeskanzleramt
Innenmin.
Michaelerplatz
Pestsäule
Michaelerkirche
Jüd. Museum
Kohlmarkt
Parlament
Volksgarten
Alte Hofburg
Palais Auersperg
Schmerlingplatz
Justizpalast
Palais Trautson (Justizmin.)
Erzh. Karl
Josefsplatz
Heldenplatz
Pr. Eugen
Burgtor
Neue Hofburg
Augustinerkirche
Kaisergruft
Theatermuseum
Volkstheater
Naturhist. Museum
Maria-Theresien-Platz
Weltmuseum Wien
Albertina
Burggarten
Albertinaplatz
MuseumsQuartier
Kunsthist. Museum
Museumsplatz
Staatsoper
R.-Stolz-Platz
Opernring
Schillerplatz
Akad. d. bild. Künste
Technische Universität
Secession
Theater an der Wien
Naschmarkt
Karlsplatz
Lainzer Tiergarten
Westbahnhof,
Schönbrunn
Mariahilfer Straße
Getreidemarkt
Wienzeile
Kärntner Str.
Babenbergerstr.
Eschenbachgasse
Operngasse
Friedrichstr.
Burgring
Universitätsring
Landesgerichtsstraße
Auerspergstr.
Lerchenfelder Str.
Burggasse
Siebensterngasse
Neustiftg.
Museumstr.
Bellariastr.
Volksgartenstr.
Reichsratsstraße
Felderstr.
Lichtenfelsg.
Stadiong.
Josefstädter-str.
Schottengasse
Schottenbastei
Mölkerbastei
Wipplingerstraße
Teinfaltstr.
Schenkenstr.
Bankgasse
Herreng.
Wallnerstr.
Habsburgerg.
Bräunerstraße
Augustinerstr.
Dorotheergasse
Spiegelg.
Tegetthoffstr.
Goethegasse
Elisabethstraße
Nibelungengasse
Schauflerg.
Ballhauspl.
Metastr.
Bognerg.
Naglerg.
Tuchlauben
Tiefer Graben
Renngasse
Concordiaplatz
Börsegasse
Helferstorferstr.
Hohenstaufengasse
Grillparzerstr.
Liebiggasse
Rathausstraße
Garnisongasse
Florianig.
Tulpeng.
Schmidg.
Lenaugasse
Wickenburg.
Bartensteing.
Doblhoffgasse
Josefg.
Breite Gasse
Spittelbergg.
Stiftg.
K.-Schweighofer-G.
Stiftgasse
Windmühlgasse
Theobaldgasse
Lehargasse
Treitlstr.
Hauptstr.
200 m
©BAEDEKER

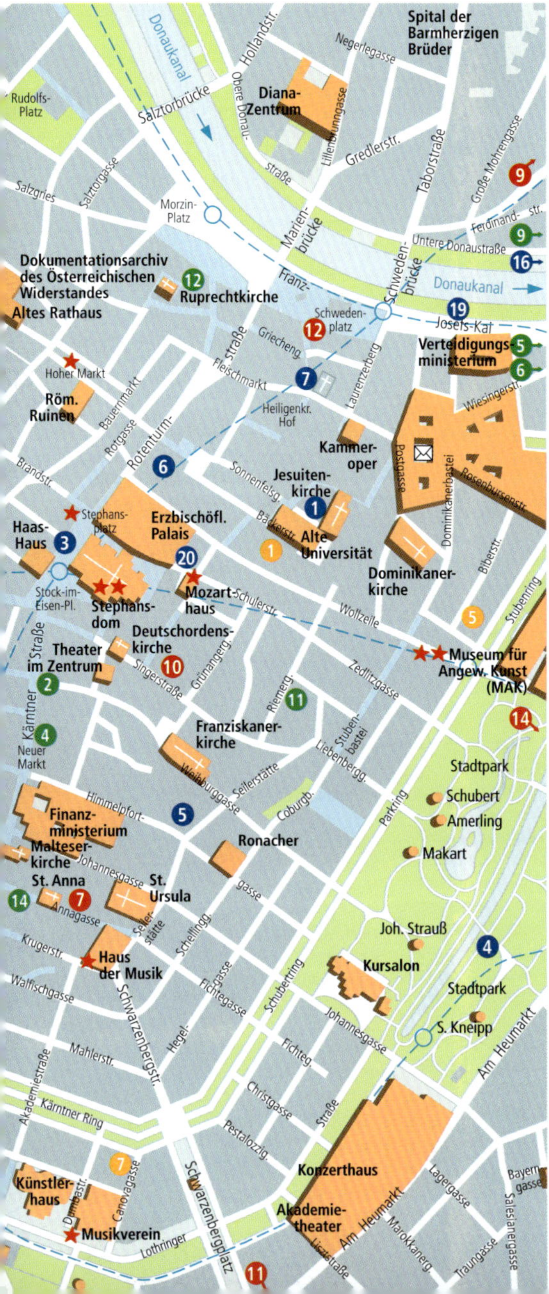

1 Duchardt
2 Restaurants im Hotel Sacher
3 Do & Co
4 Steirereck am Stadtpark
5 Tian
6 Figlmüller
7 Griechenbeisl
8 Grünauer
9 Zum schwarzen Kameel
10 Am Spittelberg
11 Ofenloch
12 Ubl
13 Zu den drei Buchteln
14 Omnom Burger
15 Gösser Bierklinik
16 Das Loft Wien
17 Kim
18 Nihonbashi
19 Motto am Fluss
20 Haas & Haas
21 Hansen
22 Hollerei
23 yamm!
24 Mayer am Pfarrplatz
25 Fuhrgassl - Huber
26 Heuriger 10er Marie
27 Feuerwehr Wagner

1 Le Méridien Vienna
2 Palais Hansen Kempinski Vienna
3 Park Hyatt Vienna
4 Sacher
5 Altstadt Vienna
6 Boutiquehotel Stadthalle Wien
7 Mailbergerhof
8 Rathaus Wein & Design
9 Strandhotel Alte Donau
10 Gästehaus des Deutschen Ordens
11 Gegenbauers Wiener Gäste Zimmer
12 Alma
13 25hours
14 Magdas Hotel
15 Motel One
16 Bendiktushaus
17 Kugel
18 Hostel Hütteldorf
19 Palace Hostel Wien

1 O - der Klub
2 Loos American Bar
3 Nightfly's Club
4 Sky Bar
5 Strandbar Herrmann
6 Arena
7 B72
8 Club Passage
9 Praterdome
10 Volksgarten Clubdiskothek
11 Porgy & Bess
12 Jazzland
13 Metropol
14 Casino Wien

1 Alt Wien
2 Bräunerhof
3 Central
4 Demel
5 Café Prückel
6 Hawelka
7 Imperial
8 Landtmann
9 Mozart
10 Café Sacher
11 Sperl
12 Café Weimar

KAFFEEHÄUSER

1 KAFFEE ALT WIEN €

Café oder Beisl? Auf jeden Fall ein Urgestein der Wiener Kaffeehauskultur, 1936 vom legendären Leopold Hawelka und seiner Frau Josefine gegründet, die es bis 1939 führten. Die Wände sind tapeziert mit Plakaten, das Licht ist schummrig – der ideale Platz für Schriftsteller, Künstler und Lebenskünstler. Eine Spezialität des Hauses ist Gulasch mit Schwarzbrot. Dazu passt hervorragend ein Seidel Bier. Kaffee gibt es natürlich auch.
1., Bäckerstr. 9
Tel. 01 512 52 22
www.kaffeealtwien.at

2 BRÄUNERHOF €/€€

Das gemütliche Kaffeehaus mit (fast) originaler Einrichtung liegt ganz in der Nähe der Hofburg. Anfang der 1920er als Tanzlokal eröffnet, war es einst Stammcafé der Schriftsteller Hugo von Hofmannsthal, Alfred Polgar und Thomas Bernhard. Hier hat schon mancher über köstlichem Apfelstrudel und einem Stapel Zeitungen die Zeit vergessen.
1., Stallburggasse 2
Tel. 01 512 38 93

3 CENTRAL €€/€€€

Das legendäre »Literatencafé« zählt auch heute noch zu den ersten Adressen unter den Kaffeehäusern Wiens. Seinen Platz hat es im Palais Ferstl in einem Saal, der allein schon durch die vielen Säulen sehr gediegen wirkt. Dazu kommt noch der Flügel in der Mitte des Raums. Täglich von 17 bis 22 Uhr greift ein Pianist in die Tasten. Nachteil des Erfolgs: die Besucherschlangen am Eingang reichen oft bis auf die Straße hinaus; die Wartezeiten halten sich meist in Grenzen.
1., Herrengasse 14
Tel. 01 533 37 63 61 od. -24
www.cafecentral.wien

4 DEMEL €€/€€€

► S. 75

5 PRÜCKEL €€

Eines der klassischen verbliebenen Ringstraßen-Cafés: Gegenüber von MAK und Stadtpark, ein eleganter Treffpunkt von Künstlern und Kosmopoliten im mondänen Fünfzigerjahre-Design; feine hausgemachte Mehlspeisen.
1., Stubenring 24
Tel. 01 512 61 15
www.prueckel.at

6 HAWELKA €

► S. 80

7 IMPERIAL €€/€€€

Im elegant-gediegenen Traditionscafé unbedingt die laut Legende zur Eröffnung des Hotels Imperial für Kaiser Franz Josef I. erfundene zart-herbe Imperial-Torte probieren. Gegen sie wirkt die berühmte Sachertorte geradezu schlicht. Oder kommen Sie zwischen 11.30 und 14.30 Uhr zum Champagner-Frühstück. Das Hotel war einst übrigens die Privatresidenz des Herzogs von Württemberg.
1., Kärntner Ring 16, Hotel Imperial, Tel. 01 50 11 03 89
www.cafe-imperial.at

8 LANDTMANN €€/€€€

Ums Landtmann ranken sich etliche Geschichten. Sigmund Freud war hier Stammgast. Hilary Clinton und Paul McCarntey waren auch schon hier. Das Kaffeehaus liegt nur einen Steinwurf weit weg von Burgtheater und Parlament. Entsprechend ist es bei Theaterleuten wie bei der Politikerprominenz beliebt. Zwar besitzt das Landtmann auch eine Terrasse, doch schöner ist es drinnen in diesem elegant-traditionell eingerichteten Kaffeehaus mit seiner großen Auswahl an Zeitungen. Ober eilen hin und her, nur gedämpft klappert Geschirr. Bestellen Sie die hausgemach-

ten Mehlspeisen oder eine der vorzüglichen Torten. Unter der Woche wird bis 14.30 ein feines Mittagsmenü geboten.
1., Universitätsring 4
Tel. 01 24 10 01 20
www.landtmann.at

9 MOZART €€€

Im 1794 gegründeten Kaffeehaus vis-à-vis der Albertina schrieb Graham Greene am »Dritten Mann« – und unter der reichen Frühstücksauswahl findet sich ein »Dritter-Mann-Frühstück«.
1., Albertinaplatz 2
Tel. 01 24 10 02 00
www.cafe-mozart.at

10 CAFÉ SACHER €€€

► S. 299

11 SPERL €/€€

Im Sperl kennt man keine Berührungsängste. Hier treffen sich ältere Damen auf einen Plausch, junge Mütter mit ihren Freundinnen, Handwerker ruhen bei einem kleinen Braunen aus, Zeitungsleser finden bei über 30 Titeln ein reiches Angebot, auch ein Billardtisch wäre verfügbar. Traumhaft: die denkmalgeschützte Inneneinrichtung aus dem Jahr 1880. Hier wird eine der besten Melangen von Wien serviert, im Sommer auch im Garten. Dazu eine Sperl-Torte!
6., Gumpendorfer Str. 11
Tel. 01 586 41 58
www.cafesperl.at

12 CAFÉ WEIMAR €€

Bis heute ist das im Jahr 1900 eröffnete Kaffeehaus Treffpunkt von Künstlern und Publikum der nahen Volksoper. Tipp für die Speisekarte: der Alt-Wiener Suppentopf und das Wiener Backhuhn. Wer kommt, sollte Zeit mitbringen, nicht zuletzt wegen der beeindruckenden Auswahl an nationalen und internationalen Zeitungen. Jeden Abend ab 19.30 Uhr und ab dem späten Sonntagnachmittag erklingt Kaffeehausmusik live.
9., Währinger Str. 68
Tel. 01 317 12 06
www.cafeweimar.at

Zeitungsrascheln, köstliche Torten, gediegenes Ambiente im Sacher

DAS WIENER KAFFEEHAUS

Die charmanten Wiener Kaffeehäuser sind eine jahrhundertealte Institution und aus dem Alltag der Donaumetropole nicht wegzudenken. Seit dem Jahr 2011 gehört die Wiener Kaffeehauskultur sogar zum immateriellen Kulturerbe der UNESCO.

Doch was genau ist das Besondere an den Wiener Kaffeehäusern? Der in Wien geborene Schriftsteller Stefan Zweig beschrieb das in seinem Buch »Die Welt von Gestern« so: Das Kaffeehaus »ist eigentlich eine Art demokratischer, jedem für eine billige Schale Kaffee zugänglicher Klub, wo jeder Gast … stundenlang sitzen, diskutieren, schreiben, Karten spielen, seine Post empfangen und vor allem eine unbegrenzte Zahl von Zeitungen und Zeitschriften konsumieren kann.« Heute trifft man seltener auf Gäste, die bei nur einer Tasse Kaffee mehrere Stunden verweilen. Die Zeit ist schneller und kurzlebiger geworden, das spürt man auch im Kaffeehaus. Wo einst unterschiedlichste Zeitungen auf den Tischen ausgebreitet wurden, werden heute Laptops aufgeklappt, wird mit Smartphones telefoniert. Aber natürlich gibt es noch die berühmten traditionellen Wiener Kaffeehäuser, die ihren ursprünglichen Charakter bewahrt haben, »Relikte« aus der guten, alten Zeit, als Kaffeehäuser noch eine Weltanschauung und unverzichtbarer **Sammelpunkt der Künstler- und Literatenwelt** sowie all jener Zeitgenossen waren, die, wie Alfred Polgar es treffend formulierte, »allein sein wollen, aber dazu Gesellschaft brauchen«. Als heftige politische Diskussionen im Gange waren, geistiger Austausch stattfand, literarische Werke zum Besten gegeben wurden, Tagesereignisse zerpflückt oder einfach nur Zeitung gelesen wurde.

Das erste Kaffeehaus

Die Geschichte dieses bunten **Treffpunkts der Wiener Gesellschaft** begann – so die Legende – im Jahr 1683, als der aus Polen stammende Franz Georg Kolschitzky für seine Heldentaten während der zweiten Türkenbelagerung vom damaligen Bürgermeister Andreas von Liebenberg großzügig mit einem Grundstück, dem kaiserlichen Privileg als Kaffeesieder und einem Teil der türkischen Kriegsbeute – Säcke mit mysteriösen dunklen Bohnen – belohnt wurde. Der geschäftstüchtige Kolschitzky eröffnete das erste Kaffeehaus der Stadt, und zwar in der Nähe des Stephansdoms. Die historisch belegte Realität verlief indes anderes. Der geheimnisvolle armenische Spion Johannes Deodato, der im Dienst des Wiener Hofs stand, eröffnete das erste Kaffeehaus der Stadt am 17. Januar 1685. Und zwar in seinem Wohnhaus am Haarmarkt, der heutigen Rotenturmstraße 14. Isaak de Luca, Andreas Pein, Stefan Devich und Rudolf Perg erhielten am 16. Juli 1700 von Kaiser Leopold I. das ausschließliche Privileg, Kaffee, Tee und Schokolade herzustellen und in öffentlichen Lokalen auszuschenken – die Wiener Kaffeesieder-Innung war geboren.

Kaffeevariationen

Die fast unübersehbare Vielfalt der Kaffeezubereitungsarten hat den Ruhm der Wiener Kaffeehäuser begründet

(alles zu Melange, Einspänner & Co. ▸ Baedeker Wissen S. 314).

Literatencafé

Das im Ausland gerne mit dem Kaffeehausbegriff identifizierte Literatencafé war immer erheblich vom jeweiligen Etablissement und seinem Stammpublikum geprägt. Zum Brennpunkt des Wiener Geisteslebens avancierte das Kaffeehaus in der Zeit des Biedermeier, als sich im »Silbernen Kaffeehaus« illustre Künstler und Dichter wie Franz Grillparzer, Johann Nepomuk Vogl und Moritz von Schwind trafen und die Walzerkönige Johann Strauß und Joseph Lanner die Konzertcafés mit ihren Melodien erfüllten. Spätestens seit dem Fin de Siècle ist die Wiener Literaturgeschichte untrennbar mit der Kaffeehauskultur verbunden.

Berühmte Cafés

Um 1890 fanden sich im (heute geschlossenen) **Café Griensteidl** am Michaelerplatz die Dichter Arthur Schnitzler und Hugo von Hofmannsthal ein, der wortgewandte Kulturkritiker Karl Kraus, der Architekt Adolf Loos und der Revolutionär Leo Trotzki. Danach wurde die Rolle der führenden Kaffeehaus-Institution vom **Café Central** übernommen, untergebracht nur wenige Meter weiter im Palais Ferstel in der Herrengasse. Hier wurden auch Karl Kraus, Peter Altenberg – der, modelliert aus Pappmaschee, noch immer dort sitzt –, Anton Kuh, Egon Friedell und Alfred Polgar Stammgäste. Das Literatencafé jener Tage stand laut Polgar für »eine Weltanschauung, und zwar eine, deren innerster Inhalt es ist, die Welt nicht anzuschauen«.
In den späten Zwanziger- und frühen Dreißigerjahren des 20. Jh.s war der nahe beim »Central« gelegene noble »Herrenhof« wichtigster Treffpunkt der Literaten und Weltverbesserer. In dem großräumigen Café, das 1961 geschlossen wurde, nahmen damals u. a. Hermann Broch, Hugo von Hofmannsthal, Egon Erwin Kisch, Robert Musil, Joseph Roth, Friedrich Torberg und Franz Werfel ihre Melange. Im **Café Museum** nahe der Oper, das Adolf Loos 1907 im Stil einer amerikanischen Bar entworfen hatte, verkehrten die noch unbekannten Franz Lehár und Oskar Kokoschka, während man im ständig überfüllten **Café de l'Europe** tagsüber das Bürgertum und nachts die Halbwelt mit den »hüben und drüben amtierenden Damen« antraf. Ab 1933 erkoren die Emigranten aus Deutschland dieses Kaffeehaus zu ihrem nächtlichen Treffpunkt – unter ihnen Bert Brecht –, bevor die meisten Besucher ins Exil nach Paris, London oder in die USA gingen. Drei Jahre nach dem Tod des Musikgenies eröffnete beim Mozartdenkmal ein Café, das 1825 den ersten klassischen Schanigarten Wiens mit Tischen, Stühlen und Kübelpflanzen erhielt – im Café Mozart spielt auch eine Szene aus dem Kultfilm »Der dritte Mann«.

Geist der Vergangenheit

Wenngleich nicht mehr die schöpferische Institution jener Tage, so doch bis heute mit diesem Etablissement artverwandt, ist das Kaffeehaus des beginnenden 21. Jh.s. Hierbei gilt es zu unterscheiden zwischen den renommierten In-Cafés rund um die Hofburg wie dem Central oder dem **Landtmann** und den aus fernen Tagen herüber geretteten Lokalitäten der Einheimischen, in denen man seine Zeit noch gelassen mit Zeitungen, mit Billard oder Schach oder einem ausgiebigen »Tratscherl« verbringt. Im altmodisch anmutenden **Café Bräunerhof** in der Nähe des Michaelerplatzes, in dem Thomas Bernhard Zeitung lesend seine Vormittage verbrachte, weht noch der Geist der klassischen Ära. Weitere legendäre Oasen der Gemütlichkeiten sind das **Sperl** in der Gumpendorferstraße, seit 1880 von Künstlern und Theaterleuten bevölkert, oder das für seine Buchteln berühmte **Hawelka** nahe beim Dorotheum, in den 1950er- und 1960er-Jahren Künstler-Café und heute noch Treffpunkt von Intellektuellen.

Zwar schlossen zuletzt sogar berühmte Adressen, 2018 das Griensteidl, aber noch verschwindet die berühmte Wiener Kaffeehauskultur keineswegs: 2018 gab es in Wien 847 Konzessionen für Kaffeehäuser, 603 für Kaffeerestaurants, 332 für »Stehkaffeeschenken« und 76 für Kaffeekonditoreien. Zum Erhalt dieser wundervollen Institution tragen sicherlich auch die **UNESCO-Auszeichnung** von 2011 und natürlich die Wien-Gäste bei. Ein Besuch in einem der traditionellen Kaffeehäuser zählt zum Pflichtprogramm eines jeden Aufenthalts in der Stadt! Denn nur so bietet sich die Gelegenheit, das wahre Wien mit seinem Charme, seiner Melancholie, seiner Gemütlichkeit, seinem Traditionsbewusstsein, seiner ganz eigenen, besonderen Atmosphäre, seinem Schmäh und seinem zum Teil etwas skurrilen Humor richtig kennenzulernen.

Café Central im Palais Ferstel, eines der bekanntesten Kaffeehäuser der Stadt

KEIN WIENER TRINKT KAFFEE

BAEDEKER WISSEN

In einem Wiener Kaffeehaus bestellt man nicht einfach einen »Kaffee« – womöglich betont auf der ersten Silbe, was mit einem leicht pikierten Blick des Kellners quittiert wird –, sondern wählt aus zahlreichen Variationen. Und zum Großen Schwarzen, zum Verlängerten oder zu einer Melange, traditionell mit einem Glas Leitungswasser serviert, lässt man sich eine der »Mehlspeisen« schmecken, von denen die Sachertorte die berühmteste ist.

▶ **Die Original Sachertorte**
und ihre Zutaten

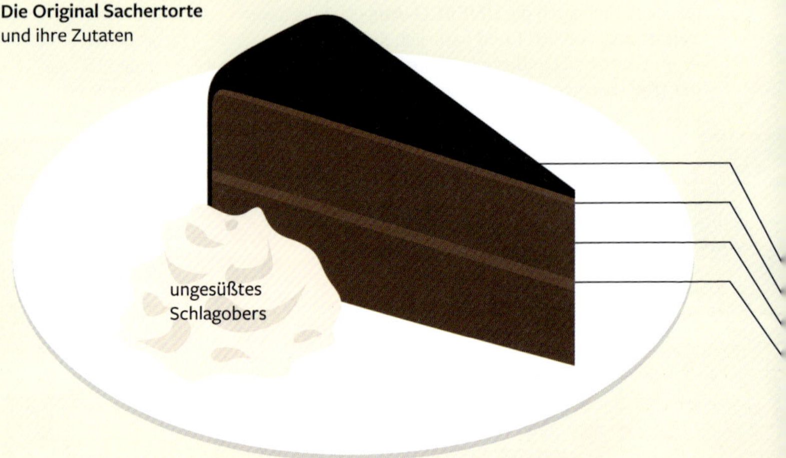

▶ Wiener Kaffeehaus-Literaten:

ARTHUR SCHNITZLER
ALFRED POLGAR
FRIEDRICH TORBERG
EGON ERWIN KISCH
PETER ALTENBERG
HERMANN BROCH
KARL KRAUS
ANTON KUH
FELIX SALTEN

▶ Blüte um 1900 – die Wiener Kaffeehaus-Geschichte

1685	Gründung des ersten Wiener Kaffeehauses
1786	Café Demel
1873	Café Landtmann
1819	Es gibt etwa 150 Kaffeesieder
1876	Café Central
1876	Hotel Sacher
1880	Café Sperl
Um 1900	Es gibt etwa 600 Kaffeehäuser in Wien
1903	Café Prückel
1959	Das »Kaffeehaussterben« beginnt
ab ca. 1990	Renaissance der Kaffehaus-Tradition

Kuvertüre (Schokoladenglasur)
2. Schicht Marillenmarmelade
Sacher Biskuitmasse
1. Schicht Marillenmarmelade
passend dazu: Wiener Melange

FEIERN

Natürlich gibt es in einer Millionenstadt wie Wien ein riesiges, abwechslungsreiches Angebot an Kulturveranstaltungen, Festen und Events. Doch in erster Linie ist Wien eine ganz wundervolle Musikstadt mit einem entsprechenden Programm.

Feiern Sie mit!

Operngala, Operette oder Jazz, Musical, Megaparty oder Musikfilmfestival – Wien hat immer Saison, vom Neujahrskonzert über die Festwochen bis zum Adventszauber. Den Auftakt macht das legendäre **Neujahrskonzert** der Wiener Philharmoniker. Der berühmte Opernball verwandelt die Staatsoper im Februar in einen prunkvollen Ballsaal. Es folgen Osterklang und Frühlingsfestival, außerdem könnte man täglich auch den **Schönbrunner Schlosskonzerten** lauschen. Im Mai beginnen die Wiener Festwochen. Im Juni zieht die LGBT-Community samt Freunden bei der Regenbogenparade mit schrillen Kostümen über die Ringstraße. Im Sommer begeistern Jazzfestival, das Popfest Wien, das Musikfilm-Festival vor dem Rathaus und Volksfeste im Prater.

Drei Tage dauert das **Donauinselfest** am letzten Juniwochenende, Europas größtes Open-Air-Festival unter freiem Himmel mit Rock, Pop, Sportevents, Kinderprogramm und Kabarett. Das Museumsquartier lädt beim »Sommer im MQ« zu jeder Menge Kultur in seine weitläufigen Höfe ein. Im Herbst inszenieren die Modebranche die Vienna Fashion Week und die Szene für Gegenwartskunst Viennacontemporary, die Messe Blickfang und die Vienna Design Week. Mehr als zwei Dutzend Christkindlmärkte verzaubern an stimmungsvollen Plätzen im Advent.

BAEDEKER MAGISCHE MOMENTE

DIE HEILIGE NACHT

Rund 7000 Menschen besuchen an Heiligabend den ► Stephansdom, der um 23 Uhr seine Tore öffnet. Kurz vor Mitternacht erklingt die Pummerin, nun beginnt die Christmette. Weihrauch hängt in der Luft, Hunderte von Kerzen schimmern, Choräle und Werke von Mozart erklingen. Selbst eingefleischten Atheisten wird hier warm ums Herz.

Silvester

Wer stilvoll das alte Jahr beenden und in das neue Jahr hineinfeiern möchte, sollte sich rechtzeitig um Karten für die legendäre, opulent ausstaffierte **Silvesteraufführung der »Fledermaus«** im festlichen Ambiente der prunkvollen Staatsoper bemühen. Für all die Vielen, die für dieses nicht nur bei Wienern sehr begehrte Event keine Karten ergattern konnten, wird die berühmte Operette von Johann Strauss (Sohn) live und zum Nulltarif auf eine Großleinwand am Stephansplatz übertragen. Natürlich wird es kaum jemanden überraschen, dass die anwesenden Wiener die »Fledermaus«-Texte und -Melodien kennen! Daher wird aus voller Kehle mitgesungen, geschunkelt und mit bis dato fremden Menschen mehr oder minder schwungvoll getanzt.

VERANSTALTUNGSKALENDER

FEIERTAGE

1. Januar: Neujahr, 6. Januar: Heilige Drei Könige, Ostermontag, 1. Mai: Tag der Arbeit, Christi Himmelfahrt, Pfingstmontag, Fronleichnam, 15. August: Mariä Himmelfahrt, 26. Oktober: Nationalfeiertag, 1. November: Allerheiligen, 8. Dezember: Mariä Empfängnis, 25./26. Dezember: Weihnachten

EVENT-INFOS

Die Tageszeitungen und ein monatlich erscheinendes Veranstaltungsprogramm des Wien Tourismus informieren über Events.

Gute Onlineportale sind:
www.wien.info
www.vienna.at
www.falter.at

JANUAR

NEUJAHRSKONZERTE

Konzerte der Wiener Philharmoniker (sehr früh zu reservieren ist unbedingt erforderlich !) im Musikverein, der Wiener Symphoniker und des Hofburg-Orchesters.

FEBRUAR

OPERNBALL

Prominenz aus aller Welt ist zu Gast beim weltbekannten Event, das immer am letzten Donnerstag im Fasching stattfindet.
► S. 18; Baedeker Wissen S. 320

BALL DER KAFFEESIEDER

In der festlich geschmückten Hofburg findet im Februar einer der schönsten und mit 6000 Besuchern größten Bälle statt. Es herrscht ein strenger Dress-Code (Sie: Ballrobe oder Abendkleid. Er: Frack, Smoking oder Gala-Uniform, keine Krawatte, sondern Masche!). Karten ab 150 €, dazu Sitz-, Tisch- und Logenkarten.
Klub der Wiener Kaffeehausbesitzer
Tel. 066 47 94 67 45
www.kaffeesiederball.at

MÄRZ–MAI

WIENER FRÜHLINGSFESTIVAL

Im Konzerthaus erklingen von März bis Mitte Mai klassische Töne.
Karten-Tel. 01 24 20 02
www.konzerthaus.at

MAI

WIENER FRÜHLINGSMARATHON
Läufer aus 120 Ländern gehen an den Start – von der Wagramer Straße bis zum Heldenplatz.
www.vienna-marathon.com

MOZART-KONZERTE
Das Wiener Mozart Orchester spielt von Mai bis in den Oktober.
www.mozart.co.at.

WIENER FESTWOCHEN
Klassisches, Zeitgenössisches und Avantgardistisches präsentieren im Mai und Juni die Wiener Festwochen.
Service-Tel. 01 589 22 22
www.festwochen.at

JUNI

CONCORDIABALL
Traditionsreicher Sommerball des Presseclubs Concordia, der Vereinigung österreichischer Journalisten und Schriftsteller. Getanzt wird im Rathaus und im Arkadenhof unter freiem Himmel.
Karten-Tel. 01 533 85 73
www.concordiaball.at

DONAUINSELFEST
Dreitägiges Open-Air-Festival mit Rock- und Popmusik – bei freiem Eintritt. 2019 standen Wolfgang Ambros und Tocotronic auf der Bühne.
www.donauinselfest.at

REGENBOGENPARADE
Für alle, die gern grellbunt und ausgelassen feiern: Dieses Fest, bei dem Lesben und Schwule ihre Anliegen sichtbar machen, ist längst zu einem Fixpunkt des Wiener Veranstaltungskalenders geworden. Über 100 000 Menschen sind Ende Juni/Anfang Juli dabei, wenn der Demo-Zug über die Ringstraße zieht.
www.hosiwien.at

JULI

JAZZ-FEST WIEN
In der Staatsoper, im Konzerthaus, in Clubs und bei Open-Air-Konzerten treten Interpreten des Jazz und seiner »Grenzregionen« auf.
Karten-Tel. 01 712 42 24
www.jazzfest.wien

IMPULSTANZ
Performances, Workshops, Research Projekte – ab Mitte Juli treffen sich Tänzer, Choreografen und Dozenten aus aller Welt in Wien.
www.impulstanz.com

MUSIKFILMFESTIVAL
Auf dem Rathausplatz werden bis Anfang September auf einer Riesenleinwand berühmte Opernfilme und legendäre Konzertmitschnitte unter freiem Himmel gezeigt.
Filmbeginn: tgl. bei Einbruch der Dunkelheit
www.wien-event.at

JULI/AUGUST

OPEN AIR IM DONAUPARK
Jedes Jahr heißt es an den Sommerwochenenden im Juli und August: Bühne und Eintritt frei für eine gelungene Mischung aus Theater, Kabarett, Comedy, Blues und Jazz.
www.kulturverein-donaustadt.at

KINO OPEN AIR
An lauen Sommerabenden bietet das »Kaleidoskop« am Karlsplatz ein abwechslungsreiches Programm. Das mobile »Volxkino« zeigt sein Programm bei freiem Eintritt in Parks, auf Plätzen oder Märkten.
www.kaleidoskop.film
www.volxkino.at

AFRIKA TAGE
Imm in den ersten Augustwochen steht die Donauinsel im Zeichen Afrikas. Ziggy Marley und Patrice spielten

hier bereits. Neben Musik steht das Essen und Trinken im Mittelpunkt sowie ein afrikanischer Bazar mit Kunsthandwerk aller Art.
www.afrika-tage.at

SEPTEMBER

VOLKSSTIMMEFEST

Zweitägiges Fest der KPÖ-Zeitung auf der Jesuitenwiese im Prater mit Jazz, Swing und Balkan Brass, Theater, Diskussionsrunden, Sportwettkämpfen und Leckerbissen aus aller Welt
www.volksstimmefest.at

OKTOBER

VIENNALE

Mitte Okt. bis Anfang Nov. werden in den Innenstadtkinos Premieren, Tributes, Retrospektiven und 300 der besten Dokumentar-, Kurz- und Spielfilme österreichischer und internationaler Regisseure gezeigt.
www.viennale.at

DEZEMBER

WEIHNACHTSMÄRKTE

Festlich geschmückte Stände und qualitätsvolles Kunsthandwerk sorgen in der Adventszeit auf den Wiener Weihnachtsmärkten für ein unvergleichliches Flair. Standorte: Rathaus, Stephansdom, Maria-Theresien-Platz, Freyung, Karlsplatz, Michaelerplatz, Spittelberg, Schönbrunn, Belvedere.
www.christkindlmarkt.at
www.altwiener-markt.at

KAISERBALL

Zu Walzernklängen und Operettenmelodien ins neue Jahr tanzen: An Silvester lädt die Hofburg in ihre Prunksäle. Der Dresscode ist streng: von den Damen wird ein bodenlanges Abendkleid erwartete, Herren zeigen sich in Frack, Smoking oder Galauniform.
Karten-Tel. 01 587 36 66 214
www.hofburgsilvesterball.com

In der Vorweihnachtszeit werden an mehreren Stellen der Innenstadt Christkindlmärkte abgehalten, auch auf dem festlich geschmückten Karlsplatz.

ALLES IM DREIVIERTELTAKT!

BAEDEKER WISSEN

Der Wiener Opernball mit seinen jährlich über 5500 Gästen gehört zu den berühmtesten Bällen überhaupt und zählt zu den gesellschaftlichen Höhepunkten des Wiener Faschings.

Gekrönte Häupter und gefeierte Stars, betuchte Unternehmer und prominente Politiker, teure Roben und ein Hauch der großen weiten Welt: Im Februar verwandelte sich die Wiener Staatsoper in den wohl berühmtesten Ballsaal der Welt. Beim **»Ball der Bälle«** steht weniger das Tanzen im Vordergrund als vielmehr das Sehen und Gesehen-Werden. Und obwohl die Eintrittspreise hoch sind, ist es sehr schwer, an Karten zu kommen. Natürlich stellt der Opernball auch einen wichtigen Wirtschaftsfaktor für die Stadt dar. Über 5 500 Besucher kommen jedes Jahr wegen dieser Veranstaltung nach Wien, die Hälfte davon reist aus dem Ausland an. Der Reingewinn des Abends liegt bei ca. 1,1 Mio. €. Kein Wunder also, dass z. B. in New York, Dubai oder Malaysia ebenfalls ein »Wiener Opernball« organisiert wird.

Staatsoper als Ballsaal

Der erste Wiener Opernball fand 1935 zugunsten der Winterhilfe statt. Seitdem wird er in der Regel am letzten Donnerstag im Fasching veranstaltet. Der Mittwochabend ist für die Generalprobe reserviert, bei der (zahlende) Gäste zuschauen können. Unendlich viel Arbeit ist notwendig, damit sich das »erste Haus am Ring« in einen festlich geschmückten Tanzpalast verwandelt. Das Opernhaus ist sowohl einen Tag vor dem Ball als auch einen danach wegen Umbauarbeiten und Dekorierung geschlossen. So wird z. B. in der Nacht vor dem Opernball die gesamte Parterre-Bestuhlung demontiert und auf einem Gerüst ein ebener, 850 m² großer Tanzboden eingesetzt. Dann folgt der Aufbau von 34 Bühnenlogen, verteilt auf drei Ränge.
Der Wiener Opernball ist auch für seinen herrlichen Blumenschmuck berühmt. Aus den über 40 000 Blüten einen sensationellen Eyecatcher zu zaubern, ist Jahr für Jahr eine echte Herausforderung für die Floristen. Zuletzt entsteht vor dem Haupteingang der Staatsoper ein überdachtes Entrée mit beheizbarem roten Teppich, auf dem sich Prominenz aus aller Welt ablichten lässt. Insgesamt 650 Personen arbeiten für ein optimales Gelingen des Events.

Mit Frack und Krönchen

»White tie«, so lautet der auf dem Wiener Opernball herrschende und streng einzuhaltende Dresscode. Für die Herren bedeutet das: schwarzer, einreihiger Frack, bei dem die Jacke nicht geschlossen werden kann. Dazu schwarze Lackschuhe und schwarze Kniestrümpfe aus Seide. Armbanduhren sind verpönt, es sollte schon eine goldene Taschenuhr sein. Für die Damen sind ein aufwendiges Abendkleid sowie glitzernder Schmuck Pflicht.
Ein strenger Ablauf, in den viele traditionelle Elemente eingebunden sind, bestimmen den Rhythmus des Balls. Sobald der Bundespräsident in seiner Loge Platz genommen hat, gilt der Ball als eröffnet. »Kordelsteher« sorgen für eine freie Tanzbühne. Vor hochkarätigen Musik-, Tanz- und Gesangseinlagen

Jetzt aber keinen Fehler machen, wenn so ein illustres Publikum zuschaut.

tanzen Debütantinnen in festlichem Kleid und mit Glitzerkrönchen auf dem Kopf und Debütanten im schwarzen Frack die Eröffnungspolonaise. Sobald die 180 Paare ihren Auftritt absolviert haben, werden mit dem Aufruf »Alles Walzer!« die Ballgäste zum Tanz gebeten. Zum Abschluss spielt das Orchester den Donauwalzer, den Radetzkymarsch und »Brüderlein fein«, das bekannteste Lied aus Ferdinand Raimunds 1826 erstmals aufgeführtem Theaterstück »Der Bauer als Millionär«. Punkt fünf Uhr morgens ist der Ball zu Ende, Zeit für das traditionelle **»Blumenzwicken«**, bei dem die Gäste Teile des Blumenschmucks mit nach Hause nehmen.

Seit 1969 übertragen der ORF und der Bayerische Rundfunk den Opernball live. Die Moderatoren klären dabei u. a. so elementare Fragen wie: Wer besucht mit wem in welchem Outfit den Ball? Und auch die Frage, welche berühmte Persönlichkeit den schillernden Wiener Bauunternehmer Richard »Mörtel« Lugner, Opernballbesucher seit 1992, gegen eine exorbitant hohe Gage hierher begleiten »darf«.

Büro des Wiener Opernballs
Hanuschgasse 3, 1010 Wien
opernball@wiener-staatsoper.at
www.wiener-staatsoper.at
Opernballkarten können nur schriftlich (per Brief oder E-Mail) bestellt werden, Logen und Tischplätze müssen zusätzlich zu den Eintrittskarten gekauft werden. Karten können meist ab 1. März des Vorjahrs gebucht werden und sind rasch vergeben.

Kartenpreise:
Eintrittskarte: 350 €
Logen: 12 000–23 500 €
Tische: 420–1 260 €
Generalprobe:
Sitzplatz: 30–60 €
Stehplatz: 25 €

WIENER MUSEEN

GESCHICHTE · KULTURGESCHICHTE

ALTE SCHMIEDE
▶ Schönlaterngasse, S. 206

BESTATTUNGSMUSEUM
▶ Baedeker Wissen S. 327
Mo.–Fr. 9–16.30, März–3. Nov. auch Sa. 10–17.30 Uhr

DOKUMENTATIONSARCHIV DES ÖSTERREICHISCHEN WIDERSTANDES
▶ Altes Rathaus, S. 56

FOLTERMUSEUM
▶ Baedeker Wissen, S. 327

VIKTOR-FRANKL-MUSEUM
Das weltweit erste Viktor-Frankl-Museum widmet sich dem Leben und Werk des Begründers der Logotherapie und macht anhand von »Erlebnis-Kästen« die Logotherapie und Existenzanalyse anschaulich erfahrbar.
9., Mariannengasse 1/Top 15
Mo., Fr., Sa. 13–18 Uhr
Eintritt: 8 €
www.franklzentrum.org

FREUD-MUSEUM
▶ S. 85

ERNST FUCHS MUSEUM
In der einstigen Privatvilla Otto Wagners, die der Wegbereiter der modernen Architektur für sich selbst um 1887 im Stil der Neorenaissance bauen ließ, wohnte und arbeitete der 2015 in Wien verstorbene Maler Ernst Fuchs. Ein großer Teil der spektakulär möblierten Räume kann besichtigt werden.
14., Hüttelbergstraße 26
Di.–So., Fei. 10–16 Uhr
Eintritt: 14 €
www.ernstfuchsmuseum.at

GLASMUSEUM
Die Mustersammlung der Firma Lobmeyr geht zurück bis in die Zeit der Firmengründung im Jahr 1823.
1., Kärntner Str. 26 (Zugang durch das Glasgeschäft Lobmeyr)
Mo.–Sa. 10–18 Uhr
Führungen nach Voranmeldung
Tel. 01 512 05 08
Eintritt: frei
www.lobmeyr.at

GLOBENMUSEUM
▶ Freyung, S. 88

HEERESGESCHICHTLICHES MUSEUM
▶ S. 94

HERMESVILLA
▶ Ausflüge, S. 45

HOFJAGD- UND RÜSTKAMMER
▶ Hofburg, S. 112

HOFMOBILIENDEPOT MÖBEL MUSEUM WIEN
Die Sammlung entwickelte sich aus dem k. u. k. Hofmobilien- und Materialdepot, das für die Verwaltung und Instandsetzung des höfischen Mobiliars zuständig war. Möbel, Teppiche und Lampen, alle aus den ehemaligen kaiserlichen Schlössern, sollen einen geschlossenen Eindruck von der jeweiligen Epoche vermitteln. Die meisten Möbel für die Sissi-Filme wurden vom Hofmobiliendepot ausgeliehen. Viele Ensembles spiegeln den Charakter ihrer einstigen Besitzer wieder. So oppulent wie exotisch: das Gemach von Prinz Eugen. Extrem exzentrisch: das ägyptische Kabinett von Kaiserin Maria Ludovica.
7., Andreasgasse 7
Di.–So. 10–17 Uhr,
www.hofmobiliendepot.at
Eintritt 11,50 €

OBEN: Nur die schönsten und berühmtesten Flügel schaffen es in die Musikinstrumentensammlung der Hofburg.

UNTEN: Krone und Zepter des Kaisers von Österreich in der Kaiserlichen Schatzkammer der Hofburg

NICHTS FÜR SCHWACHE NERVEN!

Die zahlreichen Wiener Museen präsentieren sich in bester Laune. Meist zeigen sie wertvolle Kunstschätze oder beschäftigen sich mit Musik. Allerdings fallen drei kleine Museen durch dieses »Kunstraster«: das Folter-, das Bestattungs- und das Kriminalmuseum.

Dass die Wiener schon immer ein fast inniges Verhältnis zum Tod hatten, ist allgemein bekannt. Nicht von ungefähr befand der 2011 verstorbene Musiker und Kabarettist Georg Kreisler: »Der Tod, das muss ein Wiener sein ...« Und dass dieses recht besondere Verhältnis zum Tod auf unterschiedliche – zum Teil skurrile, bisweilen bizarre – Weise auch museal aufbereitet wird, dürfte somit niemanden verwundern.
Die Sammlungen der drei genannten-Museen nehmen keine Rücksicht auf die zarten Nerven ihrer Besucher. So werden auf einer Fläche von etwa 800 m² im **Foltermuseum**, untergebracht in einem ehemaligen Luftschutzbunker aus dem Zweiten Weltkrieg, ausführlich die dunklen Seiten der Menschheit ausgeleuchtet. Anhand von mehr als hundert erschreckenden Exponaten wird über die furchtbare Geschichte der Folter berichtet. Diese symbolisieren die menschliche Grausamkeit von der Antike bis zur Neuzeit und verdeutlichen, dass Folter nach wie vor ein aktuelles Problem darstellt.

Justizgeschichte

Im **Kriminalmuseum** herrscht ebenfalls eine gruselige Stimmung. Dafür sorgen auch die z. T. nur spärlich ausgeleuchteten 20 Besucherräume im »Seifensiederhaus«, einem der ältesten Häuser der Leopoldstadt aus dem Jahr 1685, die eine düstere Atmosphäre vermitteln. Der Besucher begibt sich auf einen abenteuerlichen Streifzug durch die Geschichte der Justiz, der Kriminalität und des Polizeiwesens Österreichs und Wiens vom Mittelalter bis heute. So erfährt man Spannendes über subtil verübte Mordanschläge, über nebulöse, zum Teil ungelöste Kriminalfälle und schaurige Hinrichtungen. Wirklich nichts für schwache Nerven!

»Pompfüneberei«

Schaurig, aber auch schaurig schön, geht es im **Bestattungsmuseum** weiter, das sich mit den Begräbnisritualen und der innigen Verbindung der Wiener zum »Sensenmann« beschäftigt. Über 1000 Exponate widmen sich ausgiebig und in teils schillernden Facetten dem Thema Tod und Sterben, den Bestattungs- und Totenkulten. Besonders im Zeitalter des Barock inszenierten Adel und betuchte Bürger den irdischen Abgang ihrer Angehörigen mit üppigem Prunk – »Pompfüneberei« wurde das genannt –, prächtigen Uniformen der Sargträger und pompös gestalteten Kutschen. Eine Tradition, die in Wien auch heute noch, wenn auch in abgeschwächter Form, zu finden ist. Für die lieben Lebenden bietet der Museumsshop – natürlich passend zum Thema – genauso individuelle wie skurrile Mitbringsel, beispielsweise einen Friedhof zum Selbstbasteln, einen Minisarg oder das Modell eines Leichenwagens.

FOLTERMUSEUM
6., Fritz-Grünbaum-Platz 1
Esterházypark
Tel. 01 595 45 93
tgl. 10–18 Uhr
Eintritt: 6 €
www.folter.at

KRIMINALMUSEUM
2., Große Sperlgasse 24
Tel. 0664 300 56 77
Do.–So., Fei. 10–17 Uhr
Eintritt: 10,90 €
www.kriminalmuseum.at

BESTATTUNGSMUSEUM
Das Bestattungsmuseum befindet sich beim Zentralfriedhof und gibt einen umfassenden Einblick in die Friedhofskultur vergangener Jahrhunderte mit Schwerpunkt Wien. Auch ein Klappsarg, wie Mozart ihn wohl erhielt, ist zu sehen.
Tor 2 (Haupteingang), Untergeschoss der Aufbahrungshalle 2
11., Simmeringer Hauptstr. 234
Mo.–Fr. 9 –16.30, März–2. Nov. auch Sa. 10–17.30 Uhr
Eintritt: 7 €
www.bestattungsmuseum.at

Monat für Monat zeigt das Bestattungsmuseum andere Prunksärge und Leichenwagen betuchter Bürger für eine üppige »Pompfüneberei«.

JÜDISCHES MUSEUM

▶ Dorotheergasse, S. 81

KAISERAPPARTEMENTS

▶ Hofburg, S. 102

KRIMINALMUSEUM

▶ Baedeker Wissen S. 327

LIPIZZANER BESUCHERZENTRUM

▶ Hofburg, S. 105

MECHARISTENKLOSTER

Hinter den Klostermauern der Mechitharisten-Kongregation verbergen sich kostbare Schätze armenischer Kunst und Kultur. Bibliothek und Museum des Klosters illustrieren mit 2600 Handschriften, ca. 170 000 Bänden, einer umfangreichen Münzsammlung sowie Raritäten der Volks- und Sakralkunst Geschichte und Schrifttum der Armenier. Sehr beliebt bei Besuchern ist der im Kloster hergestellte Kräuterlikör, der »Mechitharine«.

7., Mechitaristengasse 4
Führungen: n. V.
Tel. 01 523 64 17
www.mechitharisten.org

MUSEUM FÜR ANGEWANDTE KUNST MAK

▶ S. 165

MUSEUM FÜR VERHÜTUNG UND SCHWANGERSCHAFTSABBRUCH

In Zeiten ohne Verhütungsmittel sah das Frauenleben deutlich anders aus. Über zehn Geburten waren keine Seltenheit, der Tod im Kindbett allgegenwärtig, bei ungewollten Schwangerschaften blieb oft nur der Gang zur »Engelmacherin«. Wie weit das Feld rund ums Thema Verhütung und Abtreibung ist, zeigt das bislang weltweit einzige Museum dieser Art. Auch aktuelle Methoden werden vorgestellt.

15., Mariahilfer Gürtel 37
Mi.–So. 14–18 Uhr, Führungen nach Voranmeldung unter Tel. 0699 17 81 78 04
muvs.org
Eintritt: 8 €, Führungen: 12 €

MUSEUM FÜR VOLKSKUNDE

Das Museum ist im ehemaligen Gartenpalais Schönborn untergebracht. Gezeigt werden Siedlungs-, Haus- und Hofformen in Modellen, Bildern und Kartogrammen, traditionelle Stuben mit ländlichem Hausrat, Trachten, Schmuck und Musikinstrumente vom 16. bis 19. Jahrhundert.

8., Laudongasse 15
Di.–So. 10–17, Do. bis 20 Uhr
Führungen: nach Voranmeldung
Tel. 01 406 89 05
www.volkskundemuseum.at
Eintritt: 8 €, Führung: 4 €

NASCHMARKTMUSEUM

▶ Naschmarkt, S. 175

PAPYRUSMUSEUM

▶ Hofburg, S. 111

PATHOLOGISCH-ANATOMISCHE SAMMLUNG

▶ Josephinum, Narrenturm S. 126

PRATERMUSEUM

▶ Prater, S. 183

SAMMLUNGEN DER MEDIZINISCHEN UNIVERSITÄT WIEN

▶ Josephinum, S. 126

SCHATZKAMMER

▶ Hofburg, S. 103

SCHATZKAMMER DES DEUTSCHEN ORDENS

Prächtiges Tafelgeschirr, gotische Altarbilder, mittelalterliche Münzen und Medaillen und kostbare Goldschmiedearbeiten sowie die Insignien und Ornate des Deutschen Ordens. Auch Mozart wohnte einige Monate hier;

Als Schnörkel noch Mode waren: Barocke Kutschen in der Kaiserlichen Wagenburg

heute werden in der *Sala terrena* Konzerte gegeben.

1., Singerstr. 7
(Deutschordenshaus)
Mo., Mi., Fr., Sa. 13–15, Di., Do. 13–17 Uhr
Führungen nach Voranmeldung
Tel. 01 512 10 65-214
Eintritt: 5 €
www.deutscher-orden.at

SCHOKOMUSEUM

Schokoladige Kunstwerke, historische Produktionsmaschinen sowie Verpackungen im Wandel der Zeit und andere süße Themen, z. B. die Fertigung von Pralinen, lassen sich bei der einstündigen Führung entdecken und können an drei verschiedenen Schokobrunnen auch probiert werden. Bei allen kleinen und großen Naschkatzen sind die angebotenen Workshops– »Malen mit Schokolade« oder »Kinder machen Konfekt«–überaus beliebt.

23., Willendorfergasse 2–8
Di.–Fr. 9–16 , Sa. 9–17
Führungen: Di., Do. 15, Sa. 10 Uhr
Eintritt: 9 €, Führung: 2 €
www.schokomuseum.at

SILBERKAMMER

▶ Hofburg, S. 101

SISI MUSEUM

▶ Hofburg, S. 102

WAGENBURG

▶ Schönbrunn, S. 199

WELTMUSEUM WIEN

▶ Hofburg, S. 113

WIEN MUSEUM KARLSPLATZ

▶ Karlsplatz, S. 137

OBEN: Kunstausstellung im Oberen Bevedere, im Hintergrund »Der Kuss« von Gustav Klimt

UNTEN: Herzog Rudolf IV. gab sein Bildnis 1365 in Auftrag. Es ist das älteste wirklichkeitsnahe Porträt des Abendlandes und ein Highlight des Dom Museums.

KUNST · ARCHITEKTUR

21ER HAUS
▶ Belvedere, S. 71

AKADEMIE DER BILDENDEN KÜNSTE
▶ S. 48

ALBERTINA
▶ S. 50

AUGARTEN TBA 21
▶ Augarten, S. 63

BELVEDERE
▶ S. 67

DOM MUSEUM WIEN
▶ Stephansplatz, S. 222

EPHESOS-MUSEUM
▶ Hofburg, S. 111

FÄLSCHERMUSEUM
Vis-à-vis vom Hunderwasser-Krawina-Haus zeigt die »Werkstätte für Kunst & Architektur« berühmte Meisterwerke der Kunstgeschichte – als Fälschungen.
3., Löwengasse 28
Di.–Fr. 10–16, Sa., So. 10–17 Uhr
www.faelschermuseum.com
Eintritt: 6 €

HEIDI HORTEN COLLECTION
Der jüngste, im Sommer 2022 eröffnete Neuzugang der Wiener Museumslandschaft: die neue Dauerheimat für eine der hochkarätigsten privaten Kunstsammlungen Europas. Sie bietet einen Querschnitt von der klassischen Moderne bis zur Gegenwart. Vertreten sind u. a. Klimt, Schiele, Picasso, Warhol, Chagall und Richter.
1., Hanuschgasse 3
Mi.–Mo. 11–19, Do. bis 21 Uhr
www.hortencollection.com
Eintritt: 15 €

KUNSTFORUM WIEN/BANK AUSTRIA KUNSTFORUM
Ob Cézanne oder Picasso, Kandinsky oder Chagall, Warhol oder Lichtenstein – die klassische Moderne und die Avantgarden der Nachkriegszeit sind hier vereint. Außerdem gibt es renommierte Retrospektiven und Wechselausstellungen zeitgenössischer Künstler.
1., Freyung 8
tgl. 10–19, April–Okt. Fr. bis 21 Uhr
Führungen: Fr. 18.30, Sa. 15.30, So., Fei. 11 Uhr
www.kunstforumwien.at
Eintritt: 12 €, Führung: 3,50 €

KUNSTHALLE WIEN
▶ MuseumsQuartier, S. 173

KUNST HAUS WIEN
▶ S. 147

KUNSTHISTORISCHES MUSEUM
▶ S. 149

LEOPOLD MUSEUM
▶ MuseumsQuartier, S. 172

MUSEUM MODERNER KUNST STIFTUNG LUDWIG WIEN
▶ MuseumsQuartier, S. 172

PALAIS LIECHTENSTEIN
▶ Stadtpalais S. 73, Gartenpalais S. 90

PHANTASTENMUSEUM
▶ Josefsplatz, S. 125

SCHATZHAUS MITTELALTER
▶ Belvedere, S. 70

SCHOTTENSTIFT
▶ Freyung, S. 89

SECESSION
▶ S. 207

OTTO-WAGNER-WOHNUNG
Zu sehen sind umfangreiche

Erinnerungsstücke an Otto Wagner (1841–1918), der zu den berühmtesten österreichischen Architekten zählt.
7., Döblergasse 4
Mo.–Fr. 9–12 Uhr
Juli–Sept. nach Voranmeldung
Tel. 01 523 22 33

LITERATUR · FILM

DRITTE MANN MUSEUM
4., Preßgasse 25
Ende März–Nov. Sa. 14–18 Uhr
Eintritt: 11 €
www.3mpc.net
▶ Baedeker Wissen, S. 143

ESPERANTOMUSEUM
▶ Freyung, S. 89

FILMMUSEUM
Der »Ausstellungsraum« des 1964 gegründeten Museums ist ein technisch auf dem neuestem Stand stehendes Kino, das Filmvorführungen bietet.
1., Augustinerstr. 1
(im Gebäude der Albertina)
www.filmmuseum.at

LITERATURMUSEUM
Die österreichische Literatur vom Ende des 18. Jh.s bis heute hat im Grillparzerhaus eine Heimat gefunden. Auf zwei Stockwerken werden im ehemaligen k. u. k. Hofkammerarchiv Bücher, Manuskripte und Briefe von literarischen Größen wie Johann Nestroy, Arthur Schnitzler, Ilse Aichinger, Ingeborg Bachmann, Thomas Bernhard und Friederike Mayröcker gezeigt sowie interessante Accessoires wie ein Regiestuhl Ernst Jandls gezeigt.
1., Johannesgasse 6
Di.–So. 10–18, Do. bis 21,
Juni–Sept. zusätzlich
Mo. 10–18 Uhr
Eintritt: 8 €
www.onb.ac.at

THEATERMUSEUM
▶ S. 226

MUSIK

BEETHOVEN-GEDENKSTÄTTEN
Im Pasqualati-Haus, woder Komponist über acht Jahre lang gewohnt hat, entstanden so bedeutende Werke wie die 5. bis 8. Symphonie sowie die Oper »Fidelio«.
1., Mölker Bastei 8
Di.–So., Fei. 10–13, 14–18 Uhr
Eintritt: Erw. 5 €
www.wienmuseum.at

Im Eroicahaus arbeitete Beethoven 1803 und 1804 an seiner dritten Symphonie – gezeigt werden Erstdrucke dieser Partitur. Weitere Gedenkstätten ▶ Heiligenstadt
19., Döblinger Hauptstr. 92
derzeit geschlossen
www.wienmuseum.at

BRAHMS-GEDENKRAUM
Im ersten Stock des Haydnhauses (s. u.) wurde Brahms ein Raum gewidmet, der mit Gegenständen aus seiner letzten Wohnung möbliert ist. Zu sehen ist auch eine Bilddokumentation über Leben und Wirken des Komponisten.

HAUS DER MUSIK
▶ S. 94

HAYDNHAUS
Joseph Haydn wohnte hier von 1797 bis zu seinem Tod 1809 und schrieb u. a. die Oratorien »Die Schöpfung« und »Die Jahreszeiten«. Die Dauerausstellung konzentriert sich auf Haydns letzte zwölf Lebensjahre.
6., Haydngasse 19
Di.–So., Fei. 10–13, 14–18 Uhr
www.wienmuseum.at
Eintritt: 5 €

MOZARTHAUS
▶ Stephansplatz, S. 223

SAMMLUNG ALTER MUSIKINSTRUMENTE

▶ Hofburg, S. 113

ARNOLD SCHÖNBERG CENTER

Die Stiftung bewahrt den Nachlass des berühmten Komponisten und Malers und veranstaltet Ausstellungen und Konzerte.

3., Schwarzenbergplatz 6
Eingang Zaunergasse 1
Mo.–Fr. 9–17 Uhr
Eintritt: 6 €
www.schoenberg.at

SCHUBERT GEBURTSHAUS

In der »Rauchkuchl« kam am 31. Januar 1797 Franz Schubert zur Welt. Zu sehen sind Partituren, Manuskripte, Bilder und persönliche Gebrauchsgegenstände des Komponisten. Zwei Räume des Hauses sind Adalbert Stifter gewidmet.

9., Nußdorfer Str. 54
Di.–So., Fei. 10–13, 14–18 Uhr
Eintritt: 5 €
www.wienmuseum.at

SCHUBERT STERBEWOHNUNG

Ausgestellt sind u. a. Briefe und die letzten musikalischen Entwürfe des Komponisten.

4., Kettenbrückengasse 6
Mi. u. Do. 10–13, 14–18 Uhr
Eintritt: 5 €
www.wienmuseum.at

STAATSOPERNMUSEUM

▶ Theatermuseum, S. 226

JOHANN STRAUSS WOHNUNG

Im »Donauwalzerhaus«, in dem Johann Strauss (Sohn) 1867 auch seinen beschwingten Walzer »An der schönen blauen Donau« komponierte, werden Dokumente aus dem Leben des berühmten Walzerkönigs sowie zahlreiche persönliche Gegenstände gezeigt.

2., Praterstr. 54
Di.–So., Fei. 10–13, 14–18 Uhr
Eintritt: 5 €
www.wienmuseum.at

NATUR · TECHNIK

FEUERWEHRMUSEUM

▶ Am Hof, S. 61

HAUS DES MEERES – AQUA TERRA ZOO WIEN

Über 10 000 Meeresbewohner und Reptilien aus fünf Kontinenten, dazu ein Tropenhaus mit frei laufenden Äffchen, Paradiesvögeln und ein »Krokipark«. Mutige dürfen mittwochs um 14 Uhr Haie und Schlangen streicheln, So. 10, Do. 19 Uhr ist Reptilienfütterung. Seit 2020 mit noch mehr Platz und mehr Tieren.

6., Fritz-Grünbaum-Platz 1
(Esterházypark)
tgl. 9–20 Uhr
Eintritt: 21 €
www.haus-des-meeres.at

NATURHISTORISCHES MUSEUM

▶ S. 176

PLANETARIUM

▶ Prater, S. 183

REMISE VERKEHRSMUSEUM

1868 zogen noch Pferde die Tram in Wien. Wie diese Wagen aussahen und was sich sonst noch in der Geschichte des Wiener Nahverkehrs getan hat, zeigt das Verkehrsmuseum der Wiener Linien. Neben der umfangreiche Sammlung historischer und moderner Fahrzeuge locken ein U-Bahn-Simulator und Multimedi-Themeninseln.

3., Erdbergstr. 109
(Eingang: Ludwig-Koeßler-Platz)
Mi. 9–18, Sa., So. 10–18 Uhr
Eintritt: 8 €
www.remise.wien

TECHNISCHES MUSEUM

▶ S. 224

UHRENMUSEUM
Mehr als 3000 Zeitmesser ticken im stilvollen Altwiener »Harfenhaus« und zu jeder vollen Stunde erfüllen das Schlagen, Läuten und Spielen der Uhren das Museum. Es zeigt Bilderuhren, Turm- und Standuhren, Tisch- und Taschenuhren vom 15. Jh. bis heute. Das schwerste Exponat ist eine Turmuhr aus dem Stephansdom von 1699, das älteste eine Türmeruhr aus dem 15. Jh. Weitere Prachtstücke sind eine astronomische Uhr von 1663 und eine Pendule des französischen Uhrmachers Louis Monet von 1752. Aus der Uhrensammlung Marie von Ebner-Eschenbachs stammt eine um 1800 in der Schweiz entstandene goldene Anhängeruhr.
1., Schulhof 2
Di.–So., Fei. 10–18 Uhr
Eintritt: 8 €
www.wienmuseum.at

SHOPPEN

Antiquitäten, Delikatessen, Trachten, Schmuck und Porzellan – Wien bedeutet Shopping der Superlative! Modebewusste finden hier ebenso exklusive Luxuslabels wie junge Avantgarde. Und wer auf der Suche nach einem stilvollen Souvenir ist, kann neben urbanen Klassikern auch viel Ausgefallenes entdecken.

Schick shoppen

Kaum ein Einkaufswunsch bleibt in Wien unerfüllt. Die schönsten Schaufenster sind rund um den Stephansdom zu Hause. Im neuen **Goldenen Quartier**, an **Kärntner Straße**, **Graben** und **Kohlmarkt** ballen sich Nobelboutiquen, Juweliere und Parfümerien, locken trditionsreiche k. u. k. Hoflieferanten und extravagante Trachtengeschäfte, edle Luxusmarken und exklusive Flagshipstores. Wiens hippste Einkaufsgegend ist die **Mariahilfer Straße**. In den Seitengassen der Flaniermeile wie der Kirchengasse präsentieren kleine Boutiquen junges Fashiondesign und Streetwear. Mitten im Kreativbezirk Neubau hat sich die schmale Lindengasse mit Mode zwischen Klassik, Avantgarde und Streetstyle entwickelt. Beim Stöbern auf den Floh- und Antiquitätenmärkten am Naschmarkt, Spittelberg oder Am Hof lassen sich manche Raritäten entdecken.
Rund um den **Naschmarkt** und in der **Kettenbrückengasse** warten originelle Accessoires und Souvenirs. Kreatives Möbeldesign, Naturkosmetik und faire Mode aus Biotextilien bieten Kirchengasse und Gumpendorfer Straße. Edle Leuchten, feine Stoffe und schönes Geschirr aus heimischer Produktion haben die **Österreichischen Werkstätten** und die **Augarten Porzellanmanufaktur**. Im The Vienna Store, dem MAK Design Shop und dem MQ Point im Museumsquartier gibt es Kunstgenuss zum Mitnehmen und handgemachte **Wien-Andenken** abseits von Sisi und Franz. Als Drehscheibe für Design gelten die 30 Läden im Designcenter Stilwerk. Mehr als nur ein

Gaumenkitzel sind die feinen Delikatessen zum Mitnehmen aus den besten Häusern Österreichs. Wiener Lifestyleprodukte und Delikatessen von der Sachertorte über Schlumberger Sekt, Sissi-Taler, Grand Guglhupf und Manner-Schnitte bis zur Wiener Schnecke vertreibt Wien Products (www.wienproducts.at).

Öffnungszeiten

Die Öffnungszeiten sind in Wien merklich lockerer geworden. In der Regel sind Geschäfte zwar Montag bis Freitag von 9 bis 18.30 geöffnet, viele schließen aber inzwischen erst um 19 oder 20 Uhr. Samstags wird indes spätestens um 17 Uhr geschlossen. An Sonn- und Feiertagen öffnen nur einige Souvenirläden, die Museums-Shops, Läden in Bahnhöfen und am Flughafen Wien-Schwechat.

SHOPPING-ADRESSEN

SHOPPING-TOUREN

Zwei bis drei Stunden dauern die geführten Touren mit Wiener Stylistinnen zu angesagten Trendshops, versteckten Geheimtipps, exklusiven Shopping-Tempeln oder heimischen Schmuck- und Modeateliers. Ein Schwerpunkt liegt auf österreichischem Design und Handwerk sowie auf kulinarischen Adressen. Die Touren werden auf Deutsch und Englisch angeboten.
www.shoppingwithlucie.com

Eine Tour zum nachhaltigen Shoppen und ökologisch korrektem Konsum gibt neue Einblicke.
www.ichmachesanders.com

ANTIQUITÄTEN & ANTIQUARIATE

AUKTIONSHAUS DOROTHEUM

Auch nur mal im Schauraum stöbern macht großen Spaß. Highlights sind vier große internationale Auktionswochen. Dorotheum-Juwelier und -Galerie verkaufen zu Fixpreisen.
▶ Dorotheergasse, S. 80.
Dorotheergasse 17
www.dorotheum.com

ANTIQUARIAT ANDREAS MOSER

Seit bald drei Jahrzehnten nun schon werden hier alte, wertvolle Bücher, Handschriften und Autographen verkauft.
1., Helferstorferstraße 3
www.antiquariat-moser.at

DELIKATESSEN

ALTMANN & KÜHNE

Fast zu schön, um gegessen zu werden ist das handgerollte Liliputkonfekt – schokogetunkter Nusskrokant, Himbeerpralinen oder Pistazienmarzipan –, das liebevoll in von den Wiener Werkstätten designten Naschkasterln verpackt wird.
1., Graben 30
www.altmann-kuehne.at

DEMEL

Zuckerbäckerkunst in höchster Vollendung, ▶ Demel, S. 75

GERSTNER K.U.K. HOFZUCKERBÄCKER WIEN

Die berühmte Manufaktur liefert seit 1847 höchste Qualität. Das Stammhaus befindet sich in der Kärtner Straße im Palais Todesco und bietet neben Torten, Strudel, Makronen, Pralinen und Petit Fours auch einen guten Mittagstisch.
1., Kärtner Str. 51
www.gerstner-konditorei.at

MEINL AM GRABEN

Meinls Klassiker vom Traminer Sekt und der Wiener Torte über getrüffelten Piemonter Käse und Kürbispesto bis zur Marille mit Jamaica Rum Konfitüre, Edelfischen und Krustentieren, sommerleichten Veilchensoufflés und verführerischen Petits Fours – drei Etagen mit göttlichen Genüssen!
1., Am Graben 19
www.meinlamgraben.at

SACHER CONFISERIE

Unerreicht: die Original Sacher-Torten, die in allen Größen auch zum Mitnehmen angeboten werden. Auch weitere herrliche Köstlichkeiten.
▶ S. 299

ZUM SCHWARZEN KAMEEL

Eine Institution für Feinkost der Oberklasse und und kleine Snacks in einem wunderbaren Ambiente. Nebenan ein edles Restaurant
1., Bognergasse 5
www.kameel.at

DESIGN, KUNSTHANDWERK

LOBMEYR

Feinstes Porzellan, edle Kristalllüster und hochwertige Tischware. Werfen Sie auch einen Blick in das Glasmuseum im zweiten Stock.
1., Kärntner Straße 26
www.lobmeyr.at

Feine Dinge im Schwarzen Kameel. Diese lassen sich auch an der Bar verspeisen oder im Restaurant.

ÖSTERREICHISCHE WERKSTÄTTEN

Die österreichischen Werkstätten sind eine gute Adresse für originellen Designerschmuck, hochwertiges Glas und Porzellan der Wiener Werkstätte, Wiener Art-déco- und Designerschmuck sowie stylische Wohn- und Modeaccessoires.
1., Kärntner Straße 6
www.oew.at

CARL AUBÖCK

Der Traditionsbetrieb ist weithin bekannt für edles, markantes Design aus Messing, Leder, Holz – vom Briefbeschwerer bis zum Schlüsselanhänger.
7., Bernardgasse 23
Mo.-Do. 7.30-18, Fr. bis 14.30 Uhr, Tel. Voranmeldung
Tel. 01 523 66 31 o. 0664 340 05 89

HABARI

Seit einem Vierteljahrhundert betreiben Lore Sander und Werner Pilz diese Plattform für außereuropäisches Wohndesign. Die Ernte ihrer vielen Recherchereisen auf der Suche nach alten Handwerkstraditionen sind authentisches Kunstgewerbe, Wohn- und Modeaccessoires aus Europa und Japan, Lateinamerika und Schwarzafrika. Im Souterrain: regelmäßig Sonderausstellungen (Eintritt frei) mit Skulpturen, Bildern, Installationen.
6., Theobaldgasse 16
Mo.-Fr. 11-19, Sa. 10-17 Uhr
www.habari.at

THE VIENNA STORE

Lustige und praktische, teils kitischige und auch edle Wien-Klassiker erhalten Sie hier – auch die Kaisersemmel aus Porzellan der Manufaktur Augarten, Keksausstecher in Riesenradform. Im selben Haus residiert die Zuckerlwerkstatt, die Lollies, Bonbons und allerliebste Süßigkeiten in Handarbeit herstellt.
1., Herrengasse 2 und Wollzeile 9
www.theviennastore.at
www.zuckerlwerkstatt.at

(FLOH)-MÄRKTE

BRUNNENMARKT

Mit über 170 Ständen ist der Brunnenmarkt der größte Straßenmarkt Wiens. Hier zeigt sich die Donaumetropole multikulturell, mischt sich Wiener Schmäh mit südländischem Flair. Der Markt geht fast nahtlos in den Yppenplatz über mit festen Marktpavillons – hier wird im populären »Wetter« ligurisch gekocht.
16., Brunnengasse (zw. Thaliastraße und Ottakringer Straße)
Mo.-Fr. 6-19.30, Sa. bis 17 Uhr

KARMELITERMARKT

Die junge Lokal- und Kunstszene hat den Karmelitermarkt in der Leopoldstadt für sich entdeckt . Auch Slow Food Wien ist hier jeden Samstag vertreten. Im »Engel« werden an zwei großen Holztischen himmlische Gerichte serviert, der »Schank zum Reichsapfel« hat süffigen Wein und ein herrliches Heurigenbüfett.
2., zwischen Krummbaumgasse und Haidgasse
Mo.-Fr. 6 bis 19.30, Sa. bis 17 Uhr

KUTSCHKERMARKT

1885 bei der St. Getruds-Kirche gegründet, ging es mit dem Kutschkermarkt immer mal wieder auf und ab. Aktuell sind die Standler auf einem Höhenflug: die Mischung aus Blumen, Käse, Gemüse und netten Cafés lockt ein buntes Publikum an. Vor allem samstags lohnt der Besuch!
18., Kutschkergasse
Mo.-Fr. 6-19.30, Sa. bis 17 Uhr
Bauernmarkt Sa. 7-14 Uhr

NASCHMARKT

Alt bewährt und zu Recht der beliebteste Markt der Stadt
▶ Naschmarkt

KAUFHÄUSER UND EINKAUFSQUARTIERE

GOLDENES QUARTIER

Das exklusivste Einkaufsviertel der Stadt erstreckt sich zwischen Tuchlauben, Bognergasse und Am Hof. Hier liegen die noblen Flagshipstores internationaler Designer-Labels wie Armani, Prada, Louis Vuitton, Miu Miu und Vivienne Westwood.
www.goldenesquartier.com

RINGSTRASSENGALERIEN

Das Palais Corso mit seiner denkmalgeschützten Fassade und der Kärtnerringhof mit 16 Stockwerken bieten stilvoll Platz für Modeboutiquen, Schuhläden, Parfümerien und Juweliere, Cafés, Restaurants und Bars.
1., Kärntner Ring 5–7, 9–13
www.ringstrassen-galerien.at

STEFFL

Das Steffl ist ein Traditionshaus für Mode und Lifestyle mit Premium Modemarken im »Goldenen U« zwischen Stephansdom und Staatsoper. Mit tollem Blick über die Stadt punktet die Sky- Bar & Restaurant im obersten Geschoss.
1., Kärntner Straße 19
www.steffl-vienna.at

KINDERSACHEN

SCHNEEKUGELMANUFAKTUR

In den handgearbeiteten Schneekugeln der Manufaktur Perzy rieselt seit über 110 Jahren der Schnee leise auf Stephansdom und Riesenrad. Von den Glaswelten im Miniformat werden rund 200 000 pro Jahr in alle Welt verkauft,
7., Schumanngasse 87
Shop: Mo.–Do. 9–15 Uhr
Schneekugelmuseum n.V.
Tel. 01 486 43 41
www.viennasnowglobe.at

HERR UND FRAU KLEIN

Von Möbeln über Kinderwagen bis Mode und Spielsachen Handverlesenes mit hohem Designanspruch
7., Kirchengasse 7
www.herrundfrauklein.com

HERZILEIN WIEN

Zeitlose, handgenähte Wiener Kollektion, Accessoires und Geschenkartikel für Kinder bis zwölf Jahren
1., Wollzeile 17
www.herzilein-wien.at

MODE

DISASTER CLOTHING

Noch ein Fairtrade-Pionier mit trendiger und vor allem bezahlbarer Mode von heimischen Designern.
7., Kirchengasse19
www.disasterclothing.at

FLO VINTAGE

Ingrid Raab, einst Model und Fernsehjournalistin, hatte den richtigen Riecher, als sie den ersten Vintage-Laden Wiens eröffnete. Er liegt in der Nähe des Naschmarkts und bietet herrliche nostalgische Mode von 1880 bis 1980. (Abb. ►S. 242).
4., Schleifmühlgasse 15a
www.flovintage.com

ELFENKLEID

Sommer- und Winter-, Abend- und Brautkleider, alle in schlichtem, gradlinigem Design. Anprobetermine im eigenen Atelier.
5., Margaretenstraße 39
Di.–Sa. 11–18 Uhr
www.elfenkleid.com

GREEN GROUND

Chic geht auch in bio. Mode aus ökologischer und nachhaltiger Produktion in einer großen Auswahl finden Sie nördl. des Freud-Museum.
9., Porzellangase 14–16
Mo. geschl.
www.greenground.at

GUYS & DOLLS FASHION

Stylische, preiswerte Designermode für junge Leute, dazu farbenfrohe Tücher, Taschen und Gürtel – einfach mal reinschauen.
1., Schultergasse 2
www.guysanddolls.at

LENA HOSCHEK

Mit den schmeichelnden Sanduhr-silhouetten ihrer Kreationen bringt die österreichische Designerin die weibliche Figur perfekt zur Geltung – auch maßangefertigte Brautkleider und Couture-Roben. Lena Hotschek hat auch ein eigenes Trachtel-Label kreiert.
1., Seilergasse 16
shop.lenahoschek.com

HOUSE OF GENTLEMEN

Der noble Herrenausstatter führt Topdesigner wie Church's, Hackett, Thomas Pink, Barbour und Borsalino – hier gibt es das passende Outfit für jeden Anlass.
1., Kohlmarkt 11
www.bruehl.at

KNIZE MODE-ATELIER

»Stil kennt keine Kompromisse« – seit 1858 werden bei Knize Anzüge nach Maß geschneidert. Schon die Habsburger Erzherzöge ließen hier nähen. Ein Anzug benötigt etwa zehn Arbeitstage und annähernd 7000 Nadelstiche. Das hat seinen Preis, aber dafür kann aus feinsten Stoffe ausgewählt oder auch »von der Stange« gekauft werden. Die originale Inneneinrichtung entwarf kein Geringerer als Adolf Loos.
1., Graben 13
www.knize.at

MÜHLBAUER HUTMANUFAKTUR

Brad Pitt, Madonna und Meryl Streep lieben die stylischen Kopfbedeckungen der Wiener Hutmanufaktur, die 2014 ihr 111-jähriges Firmenjubiläum feierte. Stroh und Strick, Filz und Fell, Leder und Leinen, alles wird auf die Köpfe gezaubert. Nichts gefunden? Maßangefertigte Sondermodelle fertigt Mühlbauer in zwei bis vier Wochen.
1., Seilergasse 10
www.muehlbauer.at

SPOSA VIENNA

Heiraten in Wien! Davon träumen viele. Dieser eleganter Salon staffiert die Braut mit ausgewählten Markenkleidern, Accessoires und wunderschönen Schuhen aus – auch der Bräutigam wird hier gern eingekleidet.
3., Landstraßer Hauptstr. 90
www.sposa-vienna.at

TOSTMANN TRACHTEN

Tracht ist wieder ziemlich in, nicht nur auf dem Münchner Oktoberfest. Vom schlichten Alltagsdirndl bis zum hinreißenden Hochzeitsdirndl, auch günstige Modelle mit kleinen Fehlern gibt's im »Glücksstüberl«.
1., Schottengasse 3a
www.tostmann.at

MUSIK

MUSIKHAUS DOBLINGER

Seit 1817 die erste Adresse für alle Musikliebhaber mit beeindruckender Auswahl an Instrumenten, Noten, CDs und DVDs. Profimusiker wie Amateure schätzen die kompetente Beratung – und nostalgische Atmosphäre.
1., Dorotheergasse 10
www.doblinger.at

DAS LOKAL – CAFÉ & ALTE MEDIEN

Bei ausgezeichnetem Kaffee, Bio-Säften und feine Snacks gibt es Second-Hand-Vinyls und -CDs von Jazz bis Rock – und einen Plattenwaschservice!
7., Richtergasse 6
www.daslokal.net

WIENS »WEISSES GOLD«

August der Starke wird getobt haben vor Zorn, als er feststellte, dass sein Porzellanmacher Samuel Stöltzel 1719 von Meißen nach Wien geflüchtet war. Der hatte offenbar eine Magd geschwängert und sich den Konsequenzen entzogen, im Gepäck das streng gehütete Betriebsgeheimnis der Porzellanherstellung. Lang ausgehalten hat es der Überläufer bei seinem neuen Arbeitgeber, der Wiener Augarten-Manufaktur, aber nicht.

Stölzel blieb nicht einmal ein Jahr in Wien, dann flüchtete er denselben Weg zurück, den er gekommen war. Wieder eine Frauengeschichte? Zahlten die Wiener zu schlecht? Für Letzteres spricht, dass Stölzel vor seinem Aufbruch nach Sachsen alle Brennöfen zerstörte. Doch hatten ihm die Wiener das Geheimnis des Weißen Goldes mittlerweile abgeschaut. Dennoch dauerte es Jahre, bis die bereits 1718 gegründete, **zweitälteste Manufaktur Europas** mit Meißen in Konkurrenz treten konnte. Anfangs wurde in der heutigen Porzellangasse im 9. Bezirk Porzellan für den kaiserlichen Hof und den Adel hergestellt. Erster Manufakturbesitzer war der k. u. k. Hofkriegsagent Claudius Innocentius du Paquier, der durch ein Sonderprivileg Kaiser Karls VI. das Monopol zur Porzellanherstellung in den österreichischen Kronländern innehatte. 1744 kam die Manufaktur in kaiserlichen Besitz. Die Porzellanherstellung in Wien florierte und die Teller und Tassen, Kannen und Terrinen der **Wiener Porzellanmanufaktur** waren zu Zeiten des Wiener Kongresses weit über die Grenzen des Landes hinaus berühmt und begehrt. Ab Mitte des 19. Jh.s erhielt die Manufaktur immer stärkere Konkurrenz durch die Massenproduktion von günstigerem Porzellan und Steingut, was 1864 zur Schließung des Betriebs führte.

Erst 1923 konnte im einstigen kaiserlichen Lustschloss Augarten die Wiener **Porzellanmanufaktur Augarten** wieder eröffnen. Wegen der unverwechselbaren Muster und Formen ihrer Produkte war sie bald wieder auf Erfolgskurs. Filigran, edel und anmutig präsentiert sich das Porzellan aus der Wiener Augarten-Manufaktur. Bis heute wird jedes Stück von Hand gefertigt und bemalt. Gefertigt wird das Porzellan nach historischen Modellen und Entwürfen namhafter zeitgenössischer Designer.

Meister der Präzision

Formenbauer, Gießer, Modelleur, Maler, Ränderer und Goldpolierer – jeder Arbeitsschritt erfordert einen Meister seines Faches. Bei einer Führung durch die Manufaktur inklusive Museumsbesuch wird die über 300-jährige Geschichte des Hauses dargestellt, der Entstehungsprozess von Porzellan erklärt und das Zusammenspiel der Spezialisten bei der Herstellung gezeigt. Das Museum illustriert die Geschichte des Wiener Porzellans anhand von über 150 repräsentativen Exponaten von den Anfängen bis heute. Im Café Restaurant wird der Kuchen auf modernem Augarten Porzellan serviert, gibt es köstliche Eissorten aus eigener Herstellung. Im Shop kann man sich mit kostbaren Mitbringseln eindecken. Achten Sie auf zweite Wahl-Ware mit minimalen Fehlern.

Feldspat, Quarz und Kaolin ...

... sind die drei notwendigen Zutaten für feines Porzellan – nur, das Verhältnis macht's! Die daraus entstandene zähflüssige Masse kann entweder gleich in Formen gegossen werden oder muss – z. B. für Teller – einige Monate lagern bzw. »mauken«. Viel Fingerspitzengefühl und Erfahrung sind bei der Aufglasurmalerei notwendig. Mit feinsten Pinselstrichen oder Tuschfedern werden ein- oder mehrfarbige Dekore auf die bereits zweimal gebrannte weiße Ware aufgetragen. Die speziellen Farben verschmelzen durch den Brand bei 820 °C mit der Glasur. Um Gold zu erzielen, wird 24-karätiger Goldstaub in Flüssigkeit aufgelöst. Durch den Brand entsteht ein matter Goldton und erst nach dem Polieren mit Meeressand und Achat erscheint der schöne Glanz. Die Entwürfe liefern bis heute namhafte Künstler wie Franz von Zülow, Thomas Feichtner und Joseph Nigg. Die Rück- bzw. Unterseite trägt die Malernummer und das blaue **»Bindenschild«**, das Hauswappen der Babenberger, seit 1744 das Markenzeichen für Wiener Porzellan.

Wer sich selbst künstlerisch betätigen möchte, gestaltet sein eigenes Stück »Augarten« – natürlich mit professioneller Malhilfe! Das Stück wird dann später gebrannt und zugeschickt. Für kleine Künstler gibt es eineinhalbstündige Kinderkurse mit Porzellanmalen, für Erwachsene zweitägige Malseminare.

WIENER PORZELLAN-
MANUFAKTUR AUGARTEN
Manufaktur
2., Schloss Augarten
Obere Augartenstraße 1
Tel. 01 211 24 200
www.augarten.com
Führungen: Mo. 10.15, 11.30 u. jeden 1. Sa. im Monat zusätzlich 14 und 15.30 Uhr, Dauer 1 Std., 21 €

Zweitägige Workshops
nach Voranmeldung
Preis: 390 €

Porzellanmuseum & Shop
Mo.–Sa. 10–17 Uhr
Eintritt: 8 €

Flagshipstore Augarten Wien
1., Spiegelgasse 3
Mo.–Sa. 10–18 Uhr

Fröhlich, frech und formvollendet: die Pinocchio-Vasen im Flagshipstore der Augarten-Manufaktur

RAVE UP RECORDS

Wer Rock, Reggae, Indie, Punk, House und Hip-Hop liebt, findet hier ein umfassendes Angebot an Schallplatten und CDs. Die Beratung ist erstklassig, und aus den ständig eintrudelnden Neuerscheinungen filtert das Team die besten heraus. Wer also aus dem musikalischen Trott ausbrechen will, könnte hier fündig werden.
6., Hofmühlgasse 1
www.rave-up.at

SCHMUCK

WIENERRING

Wer ein originelles Andenken an den Wien-Urlaub und zugleich eine werthaltige Pretiose sucht, ist hier richtig: die Kreation »Wiener Ring«, designt von einem Traditionsjuwelier in Gestalt der Ringstraße, gefertigt aus Rot-, Gelb- oder Weißgold, auch als Anhänger und mit Diamantbesatz.
2., Taborstr. 79
www.nikl.at
www.wienerring.at

WAGNER

Hier glitzern und funkeln die Brillanten und Saphire um die Wette. Österreichs größtes Geschäft für Luxusjuwelen bietet neben Schmuck aus eigener Produktion auch internationale Marken und eine eigene Rolex-Boutique.
1., Graben 21
1., Tuchlauben 2
1., Kärtner Str. 32
www.juwelier-wagner.at

SCHUHE & TASCHEN

UNITED NUDE

Vor diesem Schaufenster bleiben nicht nur Frauen stehen: Die futuristischen High-Heels von Rem D. Koolhaas, Architekt, und Galahad Clark, Schumacher in siebter Generation, sehen einfach umwerfend aus. Auf dem Wiener Pflaster kämen ihre Trägerinnen vermutlich nicht weit, aber da gehören diese Kunstwerke auch nicht hin. Ebenfalls totschick: Ballerinas, bizarre Pantoletten und witzige Sneakers – die gibt es auch für Herren.
1., Herrengasse 6-8
www.unitednude.at

PRADA

Mitten im Goldenen Quartier gegenüber vom Schwarzen Kameel: Eine elegante Marmortreppe führt in den oberen Stock, wo traumhafte Schuhe des italienischen Kultlabels auf kosmopolitische Kunden warten.
1., Bognergasse 4
www.prada.com

R. HORN'S

Die zeitlos schöne Taschen, Geldbörsen und Accessoires, die bei Horn in traditioneller Wiener Handarbeit gefertigt werden, lehnen sich an den Jugendstil-Motiven von Otto Wagner, Adolf Loos und den Wiener Werkstätten an.
1., Stephansplatz 3
1., Bräunerstr. 7,
1., Herrengasse 6–8
1., Mahlerstr. 5
www.rhorns.com

RUDOLF SCHEER & SÖHNE

Schuhe verraten angeblich den Charakter eines Menschen. Wer sich bei Scheer maßgefertige Schuhe fertigen lässt, dürfte fortan über jeden Verdacht erhaben sein. Markus Scheer, der das Handwerk nun in der 7. Generation ausübt, hat das gediegene Angebot um elegante Taschen, Koffer und Handyhüllen erweitert.
1., Bräunerstr. 4
www.scheer.at

STADTBESICHTIGUNG

Wien ist so kompakt, dass sich die Innenstadt bequem zu Fuß erkunden lässt. Und wenn die Füße nicht mehr wollen, kann man zwischen Fiaker, Citybike, Rikscha, Bus und Tram wählen.

Quer durch Wien

Eine **Stadtrundfahrt** im zweispännigen **Fiaker** ab Stephansdom, Heldenplatz oder Albertina gehört für viele zu den Höhepunkten einer Wien-Reise. Bequem lässt sich die Stadt in den **Hop-on-Hop-off-Bussen** entdecken, die alle wichtigen Sehenswürdigkeiten anfahren. Mit der **Vienna Ring Tram** erkunden Sie Wiens Prachtstraße und ihre herrlichen Ringstraßenpaläste wie Staatsoper, Hofburg, Parlament und Rathaus. Die Straßenbahn Linie D fährt vom Südbahnhof an Schloss Belvedere vorbei über Schwarzenbergplatz zur Ringstraße. Wer die Tour in einem Heurigen beenden will, bleibt sitzen und steigt erst in Nußdorf aus.

Themen-Touren

Wiens Fremdenführer bieten mehr als 50 verschiedene **Themenspaziergänge**, darunter Führungen zu prächtigen Jugendstilbauten und Glanzpunkten der Habsburger, zu den Stammcafés berühmter Kaffeehausliteraten oder den Trendlokalen im Bermudadreieck, durch das jüdische Wien und in die romantischen Gässchen am Spittelberg. Musikfans können den Spuren großer Komponisten wie Mozart, Beethoven und Strauß folgen. Wer es gruselig mag, kann auf einer Geistertour erfahren, warum der erste Vampir ein Wiener gewesen sein soll.

Donaurundfahrt

Oder erkunden Sie Wien **auf der Donau und dem Donaukanal** an Bord der **Schiffe der DDSG Blue Danube**. An- und Ablegeplätze befinden sich am Schwedenplatz und an der Reichsbrücke. Die kleine Rundfahrt dauert 1,5 Stunden, für die große Donaurundfahrt bis zum Kraftwerk Freudenau sind ungefähr 3,5 Stunden einzuplanen. Vorbei an der UraniSternwarte geht es über den Donaukanal zur Schleuse Freudenau und zur Donauinsel. Danach passiert man den beeindruckenden Millennium Tower mit traumhaftem Ausblick auf den Kahlenberg, und dann tuckert das Ausflugsschiff zurück zum Schwedenplatz.

Auf Rädern unterwegs

Wien hat mehr als 1200 km Radwege und zahlreiche Verleihstellen von **Rädern und E-Bikes**, um die Stadt zu erkunden. **Nextbikes** können 24 Stunden am Tag an 200 Bikestationen entliehen werden – Anmeldung am Nextbike-Terminal mit Kreditkarte. Wer nicht selber strampeln will, kann an **Segway-Touren** teilnehmen oder sich ein **Faxi** nehmen – dreirädrige Fahrradtaxis mit Platz für zwei Passagiere. Mehr zum jüngsten Hype, den **E-Scootern**, ▶S. 365.

Sight-Runs Wer Wien im wahrsten Sinne des Wortes »erlaufen« möchte, schließt sich einem professionellen **Lauf-Guide** an. Die ausgebildeten Jogger bieten verschiedene Laufrouten, je nach Kondition. Eine »Laufeinheit« umfasst einen »Sight-Run« von ca. 10 km und kostet 70 €. Zusätzlich können Herzfrequenz und Lauftempo ausgewertet und Trainingsempfehlungen gegeben werden.

ADRESSEN

HOP-ON-HOP-OFF-BUSSE UND STADTRUNDFAHRTEN

VIENNA SIGHTSEEING TOURS
1., Opernpassage, Top 3
Nov.–März Mo.–Sa. 10–17, So., Fei. bis 15 Uhr
April–Okt. Mo.–Sa. 9.30–18, So., Fei. bis 15 Uhr
Ticket ab 27 €
www.viennasightseeing.at

BIGBUSTOURS
Im Ticket sind zwei Stadtrundgänge inbegriffen.
E-Ticket zum Ausdrucken, 24-Std.-Hop-on-Hop-off-Ticket ab 33,30 €
www.bigbustours.com/de

WIEN FÜHRUNGEN CITY TOURS
Amüsante Streifzüge und Rundfahrten mit Bus, Fiaker, Limousine oder Minibus durch die Stadt
12.. Rosaliagasse 19 / 6
Preis: ab 16 €
www.wienfuehrungen.com

FAHRRAD, FAXI, E-SCOOTER

PEDAL POWER VIENNA
Geführte Stadtrundfahrten inkl. Fahrrad, Fahrräder, Radkarten und Tourbeschreibungen werden auf Wunsch zum Hotel gebracht.
2., Ausstellungsstr. 3
www.pedalpower.at
Anf. März–Ende Okt. tgl. 9–18 Uhr Preis: ab 37 €

FAXI – RIKSCHA
Individuelle Sightseeingtouren
7., Zieglergasse 44/3
Tel. 0699 12 00 56 24
Preis: 30 Min 45 €, pauschal bis 1,2 km 10 €
www.faxi.at

E-SCOOTER SHARING
▶S. 365

FIAKER
Wie zu Kaisers Zeiten unterwegs.
Standplätze: Stephansplatz, Hofburg (Heldenplatz/Michaelerplatz), Albertinaplatz, Petersplatz, Burgtheater.
Kleine Rundfahrt (ca. 20 Min. durch die innere Altstadt) 55 €
Große Rundfahrt (ca. 40 Min. über die Ringstraße und durch die Altstadt) 80 €. Auch Fahrten zum Zentralfriedhof.

SEGWAY-TOUREN

PEDALPOWER SEGWAY
Segway-Neulinge erhalten eine halbstündige Einweisung.
Geführte Stadttouren
Mai–Sept. tgl., März, April, Okt., Nov. Mo., Mi., Fr., Sa., So.
Preis: 79 €
www.segway-vienna.at

STADTFÜHRUNGEN

VIENNA GUIDE SERVICE

Vermittlung von geprüften Stadtführerinnen und -führern, die Stadt- und Thementouren anbieten, z. B. zu Musik, Architektur, Museen, Gärten und Parks.
Tel. 01 587 36 33 62
www.guides-in-vienna.at

PERPEDES

1,5 bis 2 Std. Stadtspaziergang, z. B. Heurigen-Tour durch Grinzing oder »Rätselrallye« zu verborgenen Plätzen Wiens.
7., Kaiserstr. 26/6
Tel. 0664 301 76 05
www.viennaforyou.com

VIENNA SIGHT RUNNING

Fitness-Training und Sightseeing in einem: In kleinen Gruppen im lockerem Lauftempo den eigenen und den Wiener Puls spüren.
Tel. 0676 627 89 52
www.vienna-sightrunning.at

WELCOME TOUR VIENNA

Gut zweistündige, professionell geführte Gratis-City-Rundgänge auf »Pay what you wish«-Basis, Treffpunkt: Helmut-Zilk-Platz vis-à-vis Albertina.
auf Deutsch: tgl. 10.30 u. 14.30 Uhr
www.welcometourvienna.at

WIEN BEWEGT

»Wien bei Nacht«, »Sisi-Tour« und »Architektonische Highlights«, z. B. der neue DC Tower
7., Ahornergasse 1/1/18
Tel. 0664 918 88 88
www.wienbewegt.at

SHADES TOURS

Odachlose führen durch Wien und zeigen unbekannte Seiten der Stadt.
www.shades-tours.com

DONAUFAHRTEN

Donaurundfahrten und mehrstündige Thementouren an Bord der MS Admiral Tegetthoff, MS Wien oder MS Vindobona mit Buffet.
www.ddsg-blue-danube.at

ÜBERNACHTEN

Edel, hip oder Budget? Das Angebot an Unterkünften in der Hauptstadt ist für jeden Geschmack und Geldbeutel immens. Mit mehr als 13 Mio. Übernachtungen pro Jahr zählt Wien zu den Topzielen in Europa. Es gilt daher nicht nur während der Hauptsaison rechtzeitig sein Zimmer zu buchen – egal ob im schicken Designhotel, im prunkvollen Ringstraßenpalais oder in einer kleinen charmanten Familienpension.

Hotels

Die österreichischen Hotels sind in fünf Kategorien klassifiziert, vom Fünf-Sterne-Haus der Luxusklasse bis zum einfachen Gasthaus mit einem Stern. Für ein nettes Doppelzimmer in der Wiener Innenstadt muss man im Schnitt mit 100 – 150 € rechnen. Bei Buchung über ein Reisebüro oder **Onlineportale** wie www.hrs.de oder www.booking.com lassen sich oft Zeit und Geld sparen. Auch der Buchungsservice des **WienTourismus** hilft bei der Zimmersuche (www.wien.info/

ren rauchende Witwe Anna Sacher ließ jene diskreten Chambres séparées einrichten, denen Arthur Schnitzler in seinem »Abschiedssouper« ein literarisches Fortleben sicherte. Heute dienen die Séparées als elegante Speisesäle. Im Dachgeschoss wartet ein moderner Spa- und Wellnessbereich. Alle Sehenswürdigkeiten der Innenstadt sind im Nu zu Fuß erreichbar, die Staatsoper liegt gleich gegenüber.
1., Philharmonikerstr. 4
Tel. 01 51 45 60
www.sacher.com

5 ALTSTADT VIENNA €€€

Das in einem Patrizierhaus von 1902 untergebrachte Hotel liegt im Künstlerviertel Spittelberg. Durch die jeweilige individuelle Ausstattung gleicht keines seiner 42 Zimmer dem anderen. Da der Besitzer Kunstsammler und Kunstmäzen ist, sehen die Gäste u. a. Werke von Andy Warhol und Markus Prachensky. Angesagt sind um 16 Uhr die Teatime und abends relaxen in der Bar.
7., Kirchengasse 41
Tel. 01 522 66 66
www.altstadt.at

6 BOUTIQUEHOTEL STADTHALLE WIEN €€€

Grüner nächtigen im Ökohotel: Der Regen wird aufgefangen und als Brauchwasser genutzt, Fotovoltaikanlage und Solarflächen erzeugen Strom, Wärmepumpen liefern das angenehme Raumklima. Das Frühstück ist weitgehend biologisch. Das ökologische Passivhaus besitzt 38 Zimmer – 42 weitere Zimmer sind im renovierten Stammhaus aus der Zeit um 1900 untergebracht.
15., Hackengasse 20
Tel. 01 982 42 72
www.hotelstadthalle.at

7 MAILBERGERHOF €€€

Der Mailbergerhof liegt ruhig in der schönen Annagasse gleich bei der Annakirche (Sonntagskonzerte) und nur fünf Gehminuten von der Staatsoper. 40 elegante Zimmer und acht Appartments gehören zu dem Familienbetrieb in dem kleinen Barockpalais aus dem 17. Jahrhundert.
1., Annagasse 7
Tel. 01 512 06 41
www.mailbergerhof.eu

8 RATHAUS WEIN & DESIGN €€€

Der Name ist Programm: Die 39 stilvollen Zimmer und Suiten in der Nähe vom Rathaus sind geweils einem österreichischen Topwinzer gewidmet – entsprechend ist die Weinbar des Zimmers bestückt. Weinkosmetik im Badezimmer gibt den finalen Touch.
8., Lange Gasse 13
Tel. 01 400 11 22
www.hotel-rathaus-wien.at

9 STRANDHOTEL ALTE DONAU €€

Wunderbar für Wasserratten und Sonnenanbeter: ein sympathisches Familienhotel, keine 10 U-Bahn-Minuten vom Stadtzentrum, im Erholungsgebiet Alte Donau. Direkt vor den in warmen, kräftigen Farben designten Komfortzimmern lockt vor der Wagramer Skyline-Kulisse die eigene Liegewiese samt Badesteg.
21., Wagramer Str. 51
Tel. 01 204 40 40
www.strandhotel-alte-donau.at

10 GÄSTEHAUS DES DEUTSCHEN ORDENS €€

So dicht am Stephansdom und dann auch noch im Haus des Deutschen Ordens, also einem der ältesten Häuser Wiens, zu übernachten – das hat was. Die kleinen Fensterchen der Zimmer gehen teils zum Stephansplatz, teils zum Innenhof. Der ist im Sommer ein wunderbar-lauschiges Fleckchen. Die Unterkunft ist äußerst

Jung, frisch, frech gibt sich das 25hours Hotel.

beliebt, hat aber lediglich 26 schlicht-modern eingerichtete Zimmer, also unbedingt zwei bis drei Monate vorab reservieren. Im Haus befinden sich auch die sehr sehenswerte Schatzkammer des Ordnes sowie die Deutschordenskirche.
1., Singerstr. 7/Stiege 1
Tel. 01 512 10 65
www.deutscher-orden.at

11 GEGENBAUERS WIENER GÄSTE ZIMMER €€
Naschmarkt-Ikone und »Genussbotschafter« Erwin Gegenbauer ist nicht nur vielseitiger Gourmet, der hochwertige Öle, Essige und Biobier produziert. In seiner Wiener Essigbrauerei hinter dem neuen Hauptbahnhof gibt es 5 edle puristische Zimmer im industriellen Stil mit Holzfußböden. Kostenfrei sind Innenpool und Sauna.
10., Waldgasse 3
Tel. 01 604 10 88
www.gegenbauer.at

12 ALMA €€
Zentraler als in diesem kleinen, feinen Boutique-Hotel lässt sich kaum wohnen. Vor dem Haus warten Dutzende Beisln und Restaurants, und zum Donaukanal sind es auch nur zwei Gehminuten. Modernster Komfort, erstklassiger Service und einige Zimmer haben sogar einen Whirlpool.
1., Hafnersteig 7
Tel. 01 533 29 61
www.hotel-alma.com

13 25HOURS €€
Im hippen Bezirk beim Museumsquartier verspricht das junge Designhotel einen spannenden Mix aus Materialien, Formen und Farben. Alle 217 Zimmer und Suiten stehen ganz im Zeichen von Zirkus und Manege – fragen Sie aber nach einem ruhigen Zimmer weg von der Lerchenfelder Stra-

ße. Die Gäste werden konsequent geduzt, egal, wie grau das Haar. Pluspunkte gibt es für das üppige Frühstücksbufett. Das Restaurant 1500 Foodmakers serviert Pizza, Pasta und knackige Salate. Am Abend lohnt der Gang aufs Dach, wo eine Bar mit tollem Blick über die Stadt wartet und sich bei weitem nicht nur Hotelgäste treffen. Kostenfrei: Fahrradverleih und Highspeed WLAN.
7., Lerchenfelder Straße 1–3
Tel. 01 52 15 10
www.25hours-hotels.com

14 MAGDAS HOTEL €

Das etwas andere Wiener Hotel betreibt die Caritas: Die Mitarbeiter stammen aus mehr als einem Dutzend Nationen, auch Flüchtlinge arbeiten hier. Jedes der 85 Zimmer in diesem jüngst erst eröffneten City Hotel in Wien Mitte ist individuell in beschwingend-farbenfrohem Upcycling-Design gestaltet, ein Hit außerdem die zentrale Lage ein paar Gehminuten nur von Stadtpark und Ringstraße.
Gleichfalls empfehlenswert, nicht nur wegen des sozialen Mehrwerts, ist das zugehörige Restaurant »magdas Lokal« mit seiner feinen, auf Bio- und Fairtrade-Produkten basierenden Küche.
Frühstück 7–10.30, Sa., So., Fei. bis 14, à la carte: Mo.–Sa. 12–14.30 und 17.30–21.30 Uhr
3., Ungargassse 38
Tel. 01 720 02 88
www.magdas-hotel.at

15 MOTEL ONE WIEN STAATSOPER €

Die Hotelkette hat seit 2014 auch ein Haus in unmittelbarer Nähe von Oper, Karlsplatz und Naschmarkt, zentraler geht es kaum. Die 400 Zimmer sind in einem denkmalgeschützten Gebäude untergebracht, so ist auch bei einer modernen Einrichtung ein Hauch Alt-Wien spürbar. Dank zentraler Lage und Preis ziemlich beliebt, also frühzeitig buchen.
1., Elisabethstr. 5
Tel. 01 585 05 05
www.motel-one.com

16 BENEDIKTUSHAUS €

»Ich war fremd, und ihr habt mich aufgenommen« – gemäß der Regel des hl. Benedikt betreibt das Schottenstift ein Gästehaus mit 21 einfachen Ein- bis Vierbettzimmern. Alle Zimmer sind mit Lift erreichbar und verfügen über Telefon und WLAN. Bis auf das Vierbettzimmer mit schönem Blick auf die Freyung sind alle Zimmer hofseitig und absolut ruhig gelegen. Fernseher gibt's hier nicht und ein wenig schlicht fällt auch das Frühstück aus, aber der klösterliche Touch tut im üppigen Wien doch auch ganz gut.
1., Freyung 6 a
Tel. 01 53 49 89 00
www.benediktushaus.at

17 KUGEL €

Im Künstler- und Biedermeierviertel Spittelberg verströmt das seit 1863 bestehende Hotel Altwiener Atmosphäre. Seine 25 Zimmer sind alle mit persönlicher Note ausgestattet – die Superior-Zimmer haben auch Himmelbetten. Tolles Frühstück mit Gugelhupf, Krapfen und Dirndlmarmelade (Marmelade aus Kornelkirschen).
7., Siebensterngasse 43
Tel. 01 523 33 55
www.hotelkugel.at

JUGENDHERBERGEN, HOSTELS

18 HOSTEL HÜTTELDORF €

Die erste Jugendherberge Österreichs ist ein modernes, sauberes Quartier am Rande einer Parkanlage fünf Gehminuten von der U-Bahnlinie U4. So entspannen Reisende abseits des Touristentrubels und sind doch schnell wieder im Zentrum. 60 helle

Zimmer mit 1 bis 6 Betten, einige haben Bad oder WC und Dusche. Den Schlafsälen steht auf jedem Stock ein Gemeinschaftsbad mit WC zur Verfügung. Großer Garten, Spielecke, gratis WLAN und Mountainbike-Verleih. Restaurants, Bäckerei und Supermarkt sind in der Nähe.
13., Schlossberggasse 8
Tel. 01 877 02 63
www.hostel.at

19 PALACE HOSTEL WIEN €

Die Jugendherberge liegt in einer großen Parkanlage am Wiener Wilhelminenberg, 30 Min. mit der U3 (Ottakring) zum Stephansdom. Alle 41 zwei- und Vierbett-Zimmer sind mit eigener Dusche und WC ausgestattet, die meisten haben eine Terrasse mit wunderschönem Blick auf Wien. Mountainbike- und Nordic-Walking-Strecken beginnen hinterm Haus.
16., Savoyenstr. 2
Tel. 01 4 81 03 00
www.hostel.at

CAMPINGPLÄTZE

www.campingwien.at

CAMPING WIEN NEUE DONAU

Zufahrt vom Donauradweg, Badebuchten, Wasserskilift, Freestylerrampe, Rad-, Boot- und Skateverleih, Surf- und Tauchschule, Restaurants, Bars und Inseldiscos
22., Am Kleehäufel
Tel. 01 202 40 10
April–Mitte Sept.

CAMPING WIEN WEST

10 km vom Stadtzentrum, großzügige Plätze, in der Nähe der Shopping City Süd
14., Hüttelbergstr. 80
Tel. 01 914 23 14
März–Jan.

P
PRAKTISCHE INFOS

Wichtig, hilfreich präzise

Unsere praktischen Infos helfen in allen Situationen in Wien weiter.

Wiens Hauptbahnhof liegt im 10. Bezirk im Süden der Stadt. ▶

KURZ & BÜNDIG

NOTRUFE

EURO-NOTRUF
Tel. 112 (landesweit)

POLIZEI
Tel. 133 (landesweit)

FEUERWEHR
Tel. 122 (landesweit)

NOTARZT
Tel. 144 (landesweit)

APOTHEKEN-NOTDIENST
Tel. 14 55

PANNENHILFE DES ARBÖ
Tel. 123

ADAC-NOTRUF IM AUSLAND
Tel. 00 49 89 22 22 22

ZAHNÄRZTL. NOTDIENST
Tel. 01 5 12 20 78

FRAUEN-NOTRUF
Tel. 01 7 17 19

ELEKTRIZITÄT
220 Volt Wechselstrom
Europa-Norm-Gerätestecker

FUNDBÜRO STADT WIEN
Tel. 01 40 00 80 91

WAS KOSTET WIE VIEL?
3-Gänge-Menü: ab 40 €
Einfache Mahlzeit: ab 10 €
Melange: ab 5 €
Einzelfahrt ÖPNV: 2,40 €
Einfaches Doppelzimmer: ab 70 €

ZEIT
Mitteleuropäische Zeit
Sommerzeit: Ende März–Ende Okt.

ANREISE · REISEPLANUNG

Reisemöglichkeiten

Auto Alle Autobahnen und einige Schnellstraßen in Österreich sind gebührenpflichtig. **Maut-Vignetten** können in den Geschäftsstellen und Grenzbüros der Automobilklubs sowie in grenznahen Tankstellen gekauft werden. Anhänger bzw. Wohnwagen bis 3,5 t Gesamtgewicht sind nicht vignettenpflichtig! In Wien angekommen, verrät der A-nach-B-Routenplaner unter www.anachb.vor.at für Autos und Fahrräder die schnellste Strecke zum Hotel.

HINWEIS

Gebührenpflichtige Nummern sind mit * gekennzeichnet

PARKEN

Parkplätze in der Innenstadt sind rar, Parkhäuser extrem teuer. Park-and-Ride-Parkhäuser am Stadtrand bieten deutlich günstigere Konditionen. Von dort aus kommt man mit der S-Bahn rasch ins Zentrum.

Übersicht über alle Parkhäuser/ P&R inkl. Gebühren:
www.parken.at

MAUTGEBÜHREN

10-Tages-Vignette:
9,90 € (Kfz bis 3,5 t)
5,80 € (Motorrad)
2-Monats-Vignette:
29 € bzw. 14,50 €
Jahresvignette:
96,40 € bzw. 38,20 €
www.vignette.at

FLUGHAFEN WIEN-SCHWECHAT

FLUGAUSKUNFT

Tel. 01 7 00 72 22 33
www.viennaairport.com

FAHRT INS STADTZENTRUM

Der City Airport Train fährt jede halbe Stunde zum City Air Terminal, U-Bahn-Station Landstraße/Bahnhof Wien-Mitte (Eingang City Air Terminal: Marxergasse/Ecke Invalidenstr.)

City Airport Train (CAT)
tgl. erster Zug nach Wien um 6.05; 23.08 Uhr letzter zum Flughafen; Fahrzeit: 16 Min.
Ticket-Preis am Automaten: 14,90 € (einfach), 24,90 € (hin und zurück); www.cityairport-train.com

Die S-Bahn nutzt dieselben Gleise wie der CAT, ist langsamer, aber billiger:
S-Bahn (S7): alle 30 Minuten
Fahrzeit 25 Min.
Ticket-Preis: 4,80 €
www.oebb.at

Die Buslinie VAL1 fährt einen Rundkurs Westbahnhof-Schottentor-Morzinplatz-Flughafen. Linie VAL2 fährt direkt zum Morzinplatz nahe der U-Bahnstation Schwedenplatz,
Tickets im Bus, bei Vienna AirportLines am Flughafenausgang und online.

Bus VAL (Vienna AirportLines)
alle 30 Minuten
Fahrzeit: VAL 1 ca. 40 Min.
VAL 2 ca. 20 Min.
Ticket-Preis: 9 € (einfache Fahrt), 15 € (Hin- und Rück)
Info-Tel. +43 5 17 17
www.viennaairportlines.at

BAHN

WIENER HAUPTBAHNHOF

www.hauptbahnhofcity.wien
Reiseportal: www.oebb.at

DEUTSCHE BAHN

Tel. *0180 699 66 33 (Buchung)
www.bahn.de

ÖSTERREICHISCHE BUNDESBAHNEN

Tel. *05 17 17
www.oebb.at

NAHVERKEHR WIEN

www.wienerlinien.at

SCHWEIZERISCHE BUNDESBAHNEN

Tel. *0848 44 66 88
www.sbb.ch

SCHIFFSVERBINDUNGEN

Blue Danube
Schifffahrt GmbH (DDSG)
2., Handelskai 265
(im Schifffahrtszentrum)
Tel. 01 5 88 80
www.ddsg-blue-danube.at

Flugzeug Der **Flughafen Wien-Schwechat** liegt rund 20 km südöstlich von Wien. Vom Flughafen verkehren S-Bahn und Cityairport Train nach Wien-Mitte sowie Busse zum Hauptbahnhof. Der **CAT** (City Airport Train) fährt in 16 Minuten vom Flughafen in die Stadt (U-Bahn-Haltestelle: Landstraße/Wien Mitte). CAT-Tickets sind im Wiener Liniennetz nicht gültig! Die Tickets der preisgünstigeren **S-Bahn** (Linie S 7 in 32 Minuten zur Station Landstraße/Wien Mitte) gelten hingegen auch im Netz der Wiener Linien.

Bahn Der neue **Hauptbahnhof Wien** ist nur drei U-Bahnstationen von der City entfernt und von allen U-Bahn- und Schnellbahnstationen Wiens in weniger als 30 Minuten erreichbar. Der **ICE** verbindet Wien täglich im Zweistundentakt mit Hamburg, Regensburg, Nürnberg, Würzburg und Frankfurt. Der **ÖBB Railjet** braucht von München nach Wien keine vier Stunden, an den Wochenenden bringt er Fahrgäste direkt von Stuttgart, Mannheim oder Frankfurt nach Wien. Mit dem Europa-Spezial kann man z. B. ab 29 € von München oder Frankfurt nach Wien reisen. Die Öffi-App qando informiert über das innerstädtische Vorankommen mit U-Bahn, S-Bahn, Bus und Bims (download über www.wienerlinien.at und iTunes App Store bzw. Google Play Store).

Schiff Von Mai bis Sept. verkehren die Schiffe der **Blue Danube Schifffahrt GmbH** (DDSG) auf der traditionsreichen Reiseroute von Passau über Linz, Melk und Krems nach Wien.

Fahrrad Der **Donauradweg** begleitet die Donau über 1400 km durch vier Länder. Sportfans können in Österreich von der barocken Drei-Flüsse-Stadt Passau entlang der Donau bis nach Wien radeln. Der ca. 320 km lange, gut ausgeschilderte Streckenabschnitt führt auf sehr gut ausgebauten Radwegen durch das Donautal. **Fahrräder** werden überall vermietet. Auch **E-Bikes** können entliehen und bei Hotels, Restaurants und Cafés kostenlos aufgeladen werden.

Radeln ohne Gepäck, organisierte Radreisen, Hotels, Tipps und Infos: www.nextbike.at, www.donau.com, www.donau-radweg.info

Ein- und Ausreisebestimmungen

Reisedokumente Österreich ist Mitglied des **Schengener Abkommens**, daher entfallen die Passkontrollen an den deutsch-österreichischen Grenzübergängen. Es empfiehlt sich jedoch weiterhin, Reisedokumente mitzunehmen, da stichprobenartige Kontrollen durchgeführt werden. Reisende aus der Schweiz benötigen einen gültigen Personalausweis. Wer **mit dem Auto** nach Österreich einreist, muss den nationalen Führerschein und die Fahrzeugpapiere dabeihaben; es empfiehlt sich, die Internationale (Grüne) Versicherungskarte mitzunehmen.

Haustiere

Hunde, Katzen und andere Haustiere benötigen bei Reisen innerhalb der EU-Länder einen **EU-Heimtierausweis**. Dieser enthält u. a. ein mindestens 30 Tage und höchstens zwölf Monate vor der Einreise ausgestelltes Tollwut-Impfzeugnis. Zur Identifizierung muss das Tier einen Mikrochip tragen. In Wien müssen **Hunde** generell an der Leine geführt werden, zudem besteht Maulkorbpflicht an allen öffentlichen Orten, zum Beispiel auf Straßen, Plätzen, in Bussen, U-Bahnen und Restaurants und bei Veranstaltungen.

Zollbestimmungen

Innerhalb der **Europäischen Union (EU)** ist für Mitgliedsländer der Warenverkehr für private Zwecke weitgehend zollfrei; teils gelten (Mengen-)Beschränkungen für bestimmte Warengruppen. Darüber informiert die Zollbehörde des jeweiligen Heimatlandes (Deutschland: www.zoll.de). Zollfrei bei der **Wiedereinreise in die Schweiz** sind für Personen ab 17 Jahre z. B. 200 Zigaretten, 1 l Spirituosen sowie weitere Reisemitbringsel im Gesamtwert aller Einkäufe von bis zu 300 sfr (aktuelle Infos unter www.admin.ch).

Reiseversicherungen

Krankenversicherung

Gesetzliche Krankenkassen erstatten die Kosten teilweise für ärztliche Leistungen, wenn dem behandelnden Arzt die **Europäische Krankenversicherungskarte**, die »European Health Insurance Card« (EHIC), vorgelegt wird. Aber auch mit dieser Karte ist in vielen Fällen ein Teil der Behandlungskosten bzw. Ausgaben für spezielle Medikamente selbst zu zahlen. Gegen Vorlage der Quittungen übernimmt die Krankenkasse im Heimatland gegebenenfalls die so entstandenen Kosten. Da aber meist ein Teil der Arztkosten und die Kosten eines evtl. notwendigen Rücktransports von den Krankenkassen nicht übernommen werden, empfiehlt es sich, eine zusätzliche **Auslands-Reise-Krankenversicherung** abzuschließen.

AUSKUNFT

ZENTRALE AUSKUNFT

WIEN TOURISMUS
1., Albertinaplatz/Maysedergasse
(hinter der Staatsoper)
Tel. 01 2 45 55
www.wien.info

TOURISTENBÜROS
Albertinaplatz:
tgl. 9–18 Uhr
Flughafen Wien-Schwechat
Ankunftshalle:
tgl. 9–18 Uhr

WIENXTRA-JUGENDINFO
Infos für Jugendliche zu Unterkünften, Freizeitangeboten, Events etc., inkl. Vorverkauf von Konzerttickets.
1., Babenberger Str. 1/
Ecke Burgring
Tel. 01 4 00 08 41 00
www.wienxtra.at/jugendinfo
Mo.–Fr. 14.30–18.30 Uhr

WIENXTRA-KINDERINFO
Hier erhalten Kinder – und ihre Eltern – alle möglichen Tipps und Infos, um einen Urlaub in Wien ausgiebig genießen zu können.
7., MuseumsQuartier, Hof 2
Tel. 01 4 00 08 44 00
www.wienxtra.at/
kinderaktiv
Di.–Fr. 14–18,
Sa., So. 10–17 Uhr

BOTSCHAFTEN

ÖSTERREICHISCHE BOTSCHAFT IN DEUTSCHLAND
Stauffenbergstr. 1
10785 Berlin
Tel. 030 269 34 280
www.bmeia.gv.at

ÖSTERREICHISCHE BOTSCHAFT IN DER SCHWEIZ
Kirchenfeldstr. 77/79
3005 Bern
Tel. 031 3 56 52 51 /-252
www.bmeia.gv.at

DEUTSCHE BOTSCHAFT IN WIEN
1., Gauermanngasse 2-4
1010 Wien
Tel. 01 71 15 40
www.wien.diplo.de

SCHWEIZER BOTSCHAFT IN WIEN
1., Prinz-Eugen-Str. 9a
1030 Wien
Tel. 01 7 95 05
www.eda.admin.ch/wien

INTERNET

WWW.WIEN.INFO
Offizielle Seite der Touristeninformation Wien mit Tipps und Empfehlungen

WWW.STADT-WIEN.AT
Internetportal für Wiener und diejenigen, die mehr über den Alltag der Stadt erfahren wollen.

WWW.VIENNA.AT
... bringt die aktuellen News der Stadt.

WWW.WIEN.GV.AT
Die Website der Stadt Wien informiert ausführlich u. a über touristische Angebote, über Parkplätze, das Radwegenetz und über den öffentlichen Nahverkehr.
Im interaktiven Stadtplan sind WLAN-Hotspots eingezeichnet (»Karteninhalt«, »Bildung«, Element »WLAN Standort«). Bei Google Play und im App Store gibt es gratis die entsprechende App »Stadt Wien live«.

WWW.FESTWOCHEN.AT
Infos und Programmhinweisen rund um die im Mai und Juni veranstalteten Wiener Festwochen sowie Kartenbestellservice.

WWW.WIEN-KONKRET.AT
Aktuelle Informationen über Wien, interessant für Einheimische und Touristen; viele Ausflugstipps.
Falter

WWW.FALTER.AT
Die in Wien erscheinende linksliberale Wochenzeitung Falter bring auch allerhand Tipps und Events rund um Wien.

WWW.SPOTTEDBYLOCALS.COM
Webseite auf Englisch mit ausgefallenen Lokations und Tipps

ETIKETTE

Wiener Schmäh

Es ist legendär und viel besungen, das »Goldene Herz«, dessen sich waschechte Wiener gerne rühmen. Woraus es besteht? Wichtig dafür ist auf jeden Fall eine gute Portion Humor, der den Einheimischen leicht über die Lippen geht und den sie augenzwinkernd ihren **»Schmäh«** nennen. Wer gewohnt ist, sich in klaren Worten auszudrücken, hat mitunter Schwierigkeiten, die wienerisch-barocke Ausdrucksweise richtig einzuschätzen. Die **»unverbindliche Verbindlichkeit«** lässt sich nicht strikt für bare Münze nehmen, sondern verlangt Interpretationsspielräume.
Gleiches gilt für den beißenden Witz, den Wiener gerne versprühen. Er ist nicht immer wörtlich oder persönlich gemeint und mit einer gehörigen Portion Charme im Nu zu entschärfen. **Spritzige Wortduelle** werden gerne um ihrer selbst willen geführt. Ebenso wenig darf man das berühmt-berüchtigte **Raunzen** der Wiener, ihren bereitwillig bekundeten Fatalismus und ihre Melancholie allzu wörtlich nehmen. Sein und Schein, Ernst und Spiel, Realität und Theater sind für den Bewohner dieser ehemaligen Kaiserstadt zwei Seiten ein und derselben Medaille.

Dresscode

Wohl aus diesem Bewusstsein rührt die Vorliebe für – teilweise reichlich obskure – Titel und für eine in manchen Situationen ziemich skurrile und auch noch recht starre Etikette, die Nicht-Wiener ob ihrer Unzeitgemäßheit bisweilen irritiert (bestes Beispiel: der Handkuss). Auch sollte von Wien-Besuchern das kollektive Einverständnis respektiert werden, sich für kulturelle und gesellschaftliche Ereignisse, also den Konzert-, Theater- und Opernabend oder den Ball, gebührlich »in Schale zu werfen«. Zwar haben sich die Regeln etwas gelockert, bei Bällen jedoch ist Frack/Abendkleid Pflicht.

Die Wiener und der Tod

Eine weitere Eigenheit der Wiener ist ihre intime Beziehung zum Tod. Man mische sich bloß einmal bei einem Heurigen unter die Einheimischen und lausche den Texten ihrer weinerlich-raunzigen Lieder: Vom »Wein« ist darin die Rede, der »sein wird, wenn man nimmer sein wird«, vom »G'wand, das verkauft wird, um in Himmel zu fahr'n«, oder von den »Fiaker, die an trag'n, wenn ma amal stirbt«. Oder man höre den Wienern zu, wenn sie von einer »schönen Leich'« schwärmen, jenem repräsentativen Begräbnis mit prunkvollem Kondukt und großer Trauergemeinde, mit stimmiger musikalischer Umrahmung, pathetischen Nachrufen und opulentem Leichenschmaus, das so viele als End- und Höhepunkt ihres durch und durch bescheidenen Lebens erhoffen. Es ist wohl kaum Zufall, dass Sigmund Freud gerade in dieser seiner Heimatstadt den Todestrieb entdeckte.

Trinkgeld

Was man auf jeden Fall vermeiden sollte, ist, das Trinkgeld zu vergessen. Der matte Scherz, in Wien beginne der Balkan, hat diesbezüglich durchaus seine Richtigkeit. Profaner gesagt: Kellner, Friseure und Toilettenfrauen kommen nur dank des obligaten Trinkgelds finanziell einigermaßen über die Runden.

Besuch im Kaffeehaus

Und weil wohl fast jeder Wien-Besucher in einem der berühmten Kaffeehäuser einkehrt, sei auch noch auf die sprachlichen Sensibilitäten der Kellner hingewiesen: Wer in einem Traditionscafé einfach »Kaffee« ordert und dabei vielleicht noch die erste Silbe betont, erntet, zumindest im Geiste, ein Naserümpfen. Hierzulande bestellt man eine Melange, einen Kleinen oder Großen Braunen beziehungsweise Schwarzen. Und zum Stück Sachertorte gibt's nicht etwa Sahne, sondern »Schlagobers« (▶ Baedeker Wissen S. 314)!

GELD

Währung

Der Euro (€) ist in Österreich das offizielle Zahlungsmittel.

Kreditkarten

Die meisten internationalen Kreditkarten werden von Banken, Hotels, Restaurants, Autovermietern und vielen Einzelhandelsgeschäften akzeptiert und angenommen. Bei Verlust sollte man unverzüglich die Karte unter der einheitlichen Sperrnotruf-Nummer sperren lassen. Der **Sperrnotruf** gilt für sämtliche sperrbare Medien wie Bank- und Kreditkarten sowie für Handys. Innerhalb Deutschlands ist die Nummer kostenlos, aus dem Ausland müssen die Gebühren für das Telefonat übernommen werden: Tel. **+49 116 116** (www.sperr-notruf.de). Für Österreich gilt: Tel. 0800 204 88 00. Die Schweiz hat keine einheitliche Notfallnummer, die wichtigsten sind: +41 44 659 69 00 (Swisscard); +41 44 828 31 35 (UBS Card Center); +41 58 9 58 83 83 (VISECA); +41 44 8 28 32 81 (PostFinance).

LESETIPPS

Nicole Adler und Tina Herzl: Wien for Women only. Brandstätter 2014. Verrückte Klamottenläden, weniger bekannte Shoppingadressen, eine ganze Reihe von Restaurants – vegan und bio natürlich mit dabei –, Anlaufstellen für Kunstliebhaberinnen und anderes mehr.

Monika Czernin: Gebrauchsanweisung für Wien. Piper 2016. Wiener Lebensart in kompakter Form und unterhaltsam erklärt.

Wolf Haas: Brennerova. Heyne-Verlag 2016. Schamanen, Mädchenhandel und abgehackte Hände – auch im neunten Krimi um den eigenwilligen ehemaligen Polizisten Simon Brenner und seine alte Liebe Herta legen jedes Wort und jeder Satz eine Zündschnur.

Harald Havas: Kurioses Wien. Metro 2014. Hellhörig und mit Adleraugen streift Havas durch Wien und schildert skurrile, einmalige und witzige Besonderheiten der Donaumetropole.

Heinrich Steinfest: Nervöse Fische. Piper 2011. Als auf einem Wiener Hochhaus ein Toter gefunden wird, der allem Anschein nach von einem Hai getötet wurde, steht Chefinspektor Richard Lukastik nicht nur vor einem Rätsel, es sind unzählige.

Bildbände

Monika Faber und Jochen Martz: Die Wiener Ringstraße. Hatje Cantz 2014. Der gelungene Bildband berichtet von Architekten und Künstlern der prachtvollen Bauensembles und vom Alltag hinter den Fassaden der Paläste, Banken und Wohnhäuser an der Ringstraße.

DuMont Bildatlas Wien. DuMont 2023. Stefan Spath führt mit wunderschönen Bildern von Toni Anzenberger durch die charmante Hauptstadt.

PREISE · VERGÜNSTIGUNGEN

Vienna-City-Card

Mit der Vienna-City-Card hat man **freie Fahrt mit U-Bahn, Bus und Tram** für 24, 48 oder 72 Stunden (17 / 25 / 29 €) und erhält Ermäßigungen bei Museen und Sehenswürdigkeiten, Theatern und Konzerten, beim Einkaufen, in Cafés, Restaurants und beim Heurigen. Die Karte gibt's beim Wien Tourismus (▶ Auskunft), in Hotels und bei den Wiener Linien.
www.viennacitycard.at

Vienna Pass

Mit dem Vienna Pass hat man freien **Eintritt in über 60 Sehenswürdigkeiten**, darunter die Spanische Hofreitschule, Hofburg, Albertina, Leopold Museum, Riesenrad und Kunsthistorisches Museum. Das Ticket für öffentlichen Verkehrsmittel kann dazugebucht

werden. Der Tages-Pass kostet 87 €, 2 Tage 123 €, 3 Tage 153 € und 6 Tage 189 €. Jeder Vienna-Pass-Besitzer darf ein Kind bis 6 Jahren gratis mitnehmen, Kinder und Jugendliche bis 19 Jahre zahlen etwa die Hälfte. Der Pass kann vor Reiseantritt online bestellt, per Post nach Hause geschickt oder im Kundencenter in der Opernpassage oder am Airport Driver-Schalter in der Ankunftshalle des Flughafens abholt werden.
www.viennapass.de

Museen

Geld sparen lässt sich mit **Kombi-Tickets** der Museen. Kinder und Jugendliche haben oft freien Eintritt, zu bestimmten Zeiten oder an besonderen Tagen heißt es sogar für alle Eintritt frei.

REISEZEIT

Klimadiagramm
▶ S. 245

Wien hat das ganze Jahr Saison. Im Frühjahr bezaubert die Donaumetropole, wenn die herrlichen Grünanlagen blühen und die Temperaturen für einen Stadtbummel angenehm sind, die Schanigärten schon geöffnet haben und das **Wiener Frühlingsfestival** einen ersten kulturellen Höhepunkt im Jahresreigen setzt. Das viel besuchte Festival wird im Mai und Juni von den zahlreichen Events der **Wiener Festwochen** abgelöst. Im Sommer verspricht Wien sogar echte Badefreuden auf der Donauinsel und entlang der Alten Donau, wo Standbäder für eine Abkühlung im »Meer der Wiener« sorgen. Wenn es im Herbst draußen kühl und regnerisch wird, beginnt die **Theatersaison**. Der Winter ist **Ballsaison** und berühmt für die bezaubernden Wiener Christkindlmärkte.

TELEKOMMUNIKATION · POST

Telefon

Öffentliche Telefonzellen sind auch in Wien rar geworden. Für die Reise kommt am besten das eigene **Handy** oder **Smartphone** ins Gepäck. Das Mobilfunknetz in Wien ist sehr gut. Mobiltelefone wählen sich in das entsprechende österreichische Partnernetz ein. Roaming-Gebühren fallen seit 2017 innerhalb der EU bis zu einer bestimmten Obergrenze nicht mehr an.

Internet

Wenn auch Tablet oder Notebook mitreisen, ist es sinnvoll, sich zu kostenfreiem **WLAN** schlau zu machen. Viele Lokale und Beherbergungsbetriebe bieten dies an. **Kostenlose WLAN-Hotspots** in der Stadt sind auf der Wlanmap markiert. Auch der interaktive Stadtplan der Stadt Wien zeigt, wo man kostenlosen Zugang zum Internet hat, darunter U-Bahn-Stationen und die Tourist-Info am Albertinaplatz, Naschmarkt, Prater, Donauinsel, Rathausplatz, Stephansplatz, Mariahilfer Straße, Hauptbahnhof, Flughafen und die wienXtra-jugendinfo im Museumsquartier.

LÄNDERVORWAHLEN

VON DEUTSCHLAND UND DER SCHWEIZ
nach Wien: 0043 1

VON ÖSTERREICH
nach Deutschland: 0049
in die Schweiz: 0041

WLAN

www.wien.gv.at
www.wien.info

Postämter

Die Schalterstunden der Postämter sind Mo. bis Fr. von 8 bis 12 und von 14 bis 18 Uhr. Das Hauptpostamt (1., Fleischmarkt 19) ist bis 19 Uhr geöffnet. Briefmarken kann man in Postämtern und Tabakgeschäften kaufen, die in Wien **»Trafiken«** heißen. **Briefmarken** für Standardbriefe (bis 20 g) und Postkarten nach Deutschland und in die Schweiz kosten 0,90 €.

VERKEHR

Straßenverkehr

Die Verkehrsregeln in Österreich entsprechen dem übrigen Europa mit Rechtsverkehr, aber auch im Kreisverkehr gilt – falls nicht anders beschildert – **»rechts vor links«**.
Die **Höchstgeschwindigkeit** auf Autobahnen beträgt für Pkw und Motorräder 130 km/h, für Pkw mit Anhänger 100 km/h. Auf Landstraßen gelten für Pkw und Motorräder 100 km/h, für Pkw mit Anhänger bis 750 kg Gewicht 100 km/h, mit mehr Gewicht 80 km/h. Im Stadtgebiet gelten allgemein 50 km/h.
Auf allen Sitzen besteht **Anschnallpflicht**, zudem gilt eine Warnwestenpflicht (bei Absicherung von Unfallort, Panne etc.) Das Telefonieren während der Fahrt ist ausschließlich mit einer **Freisprecheinrichtung** erlaubt. Kinder unter 14 Jahren, die kleiner als 150 cm

sind, müssen im Kindersitz befördert werden. **Motorrad-** und Mopedfahrer müssen **Helme** tragen. Höchstgrenze für den **Blutalkoholgehalt** ist 0,5 Promille.

Parken

Viele Bezirke in Wien sind in **Kurzparkzonen** aufgeteilt. Die maximale Parkdauer in diesen Zonen beträgt 2 Stunden. Parkscheine sind u. a. in Tankstellen, Trafiken und an Fahrscheinautomaten der Wiener Linien erhältlich; 30 Minuten kosten 1,25 €.
Wesentlich günstiger ist das Parken in den **Park-&-Ride-Garagen** (Kosten: 4,10 € am Tag), an U- oder S-Bahnlinien, die rund um die Uhr geöffnet sind. Vom 15. Dezember bis zum 30. März besteht zwischen 20 und 5 Uhr früh ein generelles **Parkverbot** in allen Straßen mit Straßenbahnschienen, um bei starkem Schneefall die Räumung zu ermöglichen.

Taxi

Ein **höherer Grundtarif** besteht für Nacht- (23–6 Uhr), Sonn- und Feiertagsfahrten. Außerdem werden Zuschläge für Fahrten zum Flughafen erhoben.

Öffentlicher Nahverkehr

Fahrkarten für Busse, Straßenbahnen, S- und U-Bahnen sind bei den Verkaufsstellen der Wiener Linien, in Trafiken und an den Verkaufsautomaten erhältlich. Per Smartphone lassen sich Mobile Tickets auch bequem von unterwegs kaufen (www.wienerlinien.at). Einzelfahrten kosten 2,40 €. Das **24-, 48- oder 72-Stunden-Ticket** (8 €/ 14,10 €/ 17,10 €) gewährt unbegrenzte Mobilität auf allen Linien in Wien ab Entwertung. Freie Fahrt mit U-Bahn, Bus und Tram für 24, 48 oder 72 Stunden bietet die **Vienna Card** (▶ Vergünstigungen, S. 361).
Darüber hinaus gibt es eine (Tages)Einkaufskarte (5,80 €) für Shoppingfans von Montag bis Samstag zwischen 8 und 20 Uhr sowie eine übertragbare 8-Tage-Klimakarte (40,80 €), die an 8 beliebigen Tagen verwendet werden kann. Mit der übertragbaren Wochenkarte ist man eine Kalenderwoche von Montag bis Montag um 9 Uhr mobil (17,10 €). Kinder bis 6 Jahre fahren gratis mit, bis 15 Jahre zum halben Preis, ebenso Hunde. Für Schüler, Lehrlinge, Studenten und Senioren gibt es preisgünstige Sondertarife.
In der Zeit von etwa 0.30 bis 5 Uhr verkehren 22 **Nachtbuslinien** im 30- Minuten-Takt.

Rauf aufs Rad

Radwege durch verkehrsarme Zonen werden intensiv genutzt – auch mit den **Nextbikes**, die man ab 1,30 € pro Stunde an 200 Stationen entleihen kann (www.nextbike.at). Einige Unternehmen führen auch E-Bikes, Tandems und Rikschas. Fahrräder dürfen kostenlos in der **U-Bahn** transportiert werden.
An allen Tankstellen von Wien-Energie ist das Aufladen von **E-Bikes** gratis. Auch an beliebten Radstrecken gibt es Ladestationen.

E-Scooter

Wien gehört zu den Trendsettern, mal wieder, denn hier rollen die Miet-Elektroroller schon länger durch die Stadt. Um einen Scooter zu leihen, müssen Sie zuerst die App des Anbieters installieren. Bezahlt wird per Kreditkarte. Gefahren darf mit den flotten Rollern meist überall dort, wo auch Fahrräder erlaubt sind. Das heißt umgekehrt: nicht auf Gehwegen, teils nicht in Fußgängerzonen. Wie beim Autofahren gilt: wer mit dem E-Scooter fährt, darf nicht telefonieren, maximal 0,8 Promille Alkohol und keine Drogen im Blut haben.

TAXIRUF
Tel. 31 300
Tel. 40 100
www.taxi31300.at
www.taxi40100.at

AUTOMOBILKLUBS

ÖSTERREICHISCHER AUTOMOBIL-, MOTORRAD- UND TOURING-CLUB (ÖAMTC)
Tel. *08 10 12 01 20
www.oeamtc.at
Pannenhilfe: Tel. 120

AUTO-, MOTOR- UND RADFAHRERBUND ÖSTERREICHS (ARBÖ)
Tel. 01 89 12 10
www.arboe.at

PANNENHILFE
Tel. 123

ADAC-NOTRUFZENTRALE MÜNCHEN
Tel. 0049 89 22 22 22
(Pannenhilfe)
Tel. 0049 89 76 76 76
(Medizinische Hilfe)

MIETWAGEN

AVIS
Tel. 01 700 73 2700
www.avis.at
In Deutschland
Tel. *01806 55 77 55

EUROPCAR
Tel. 01 700 73 28 12
www.europcar.at
In Deutschland
Tel. 040 520 18-80 00

SIXT
Tel. 01 700 73 65 17
www.sixt.at
in Deutschland
Tel. *01806 66 66 66

ÖFFENTLICHER NAHVERKEHR

WIENER LINIEN
Service-Tel. 01 7 90 91 00
www.wienerlinien.at

FAHRRADVERLEIH
www.nextbike.at
www.fahrradverleih.at
www.pedalpower.at
www.radverleih-hochschaubahn.com

E-SCOOTER SHARING
www.li.me
www.tier.app

REGISTER

A

B

C

D

E

F

G

H

BILDNACHWEIS

age fotostock/LOOK-foto S. 327
Augarten Porzellan S. 341
Baedeker Archiv S. 311
Dieterich, Werner S. 49, 74, 143
DuMont Bildarchiv/Axel Krause S. 292, 321; Ernst Wrba S. 4, 9, 31, 33, 47, 51 o., 57, 93, 97, 103, 121, 135, 169, 170 u., 175, 180, 191 u., 203, 205, 208, 211, 213, 234, 239, 253, 261, 279, 287, 309, 312/313
fotolia/Liane M S. 319
Globenmuseum, Klaus Pichler S. 88
Hackenberg, Rainer S. 2, 51 u.
Hautzinger, Peter S. 220
Kunsthistorisches Museum Wien S. 5 u.; 153 u., 325 u., 325 o., 329
laif/Arnaud Robin/Le Figaro Magazine S. 76
laif/Gonzalo Azumendi S. 28, 156, 162/163
laif/Neil Farrin/robertharding S. 21
laif/Godong/robertharding S. 146
laif/Gerald Haenel S. 3, 13 14/15, 60, 65, 110, 118, 153 o., 270, 277 o., 277 u., 330 o.
laif/Thomas Linkel S. 336
laif/Peter Rigaud S. 107 o., 128
laif/Evelyn Rois & Bruno Stubenrauch S. 242
LOOK-foto/Harald Eisenberger S. 322
mauritius images/Jonathan Andel/Alamy S. 290
mauritius images/allOver images/Alamy S. 26/27
mauritius images/blickwinkel/S. 3, 107 u.
mauritius images/Werner Dieterich S. 5 o.; 10/11, 87, 160
mauritius images/foodcollection S. 17
mauritius images/Rainer Hackenberg S. 22/23, 263, 302/303
mauritius images/Hackenberg-Photo-Cologne/Alamy S. 85
mauritius images/imageBROKER/Günter Lenz S. 116
mauritius images/imageBROKER/Martin Siepmann S. 296 re. o.
mauritius images/Rene Mattes S. 18/19
mauritius images/Rainer Mirau S. 68, 188, 353
mauritius images/Karl Thomas/S. 228/229
mauritius images/Volker Preusser S. 44, 83, 124, 141, 288
mauritius images/John Warburton-Lee/Carlos Sanchez Pereyra S. 148
mauritius images/Westend61/Werner Dieterich S. 227
picture alliance/akg-images S. 250; akg-images/Erich Lessing S. 159, 330 u.; APA/Helmut Fohringer S. 177; Votava S. 25
Palais Hansen Kempinski Vienna S. 347
Reincke, Madeleine S. 170 o.
Schloß Schönbrunn Kultur- und Betriebsges.m.b.H./Agentur Zolles S. 191 o.
StockFood/Eising Studio - Food Photo & Video S. 285, 296 re. u., 297 u.
StockFood/Teubner Foodfoto GmbH S. 296 li.
stockfood/Schieren, Bodo A. S. 297 o.
Weltmuseum Wien; KHM-Museumsverband S. 115
Wien Museum/Markus Guschelbauer S. 138
Wien Museum/Peter Kainz S. 122
25hours Hotels/Sven Hoffmann S. 349

Titelbild: Blick vom Riesenrad auf dem Prater (mauritius images/Westend61/EJW)

VERZEICHNIS DER KARTEN UND GRAFIKEN

ATMOSFAIR

nachdenken • klimabewusst reisen
atmosfair

Reisen verbindet Menschen und Kulturen. Doch wer reist, erzeugt auch CO2. Der Flugverkehr trägt mit bis zu 10% zur globalen Erwärmung bei. Wer das Klima schützen will, sollte sich nach Möglichkeit für die schonendere Reiseform entscheiden (wie z.B. die Bahn). Gibt es keine Alternative zum Fliegen, kann man mit atmosfair klimafördernde Projekte unterstützen.
atmosfair ist eine gemeinnützige Klimaschutzorganisation unter der Schirmherrschaft von Klaus Töpfer. Flugpassagiere spenden einen kilometerabhängigen Betrag und finanzieren damit Projekte in Entwicklungsländern, die den Ausstoß von Klimagasen verringern helfen. Dazu berechnet man mit dem Emissionsrechner auf **www.atmosfair.de** wieviel CO2 der Flug produziert und was es kostet, eine vergleichbare Menge Klimagase einzusparen (z.B. Berlin – London – Berlin 13 €). atmosfair garantiert die sorgfältige Verwendung Ihres Beitrags. Alle Informationen dazu auf www.atmosfair.de. Auch der Karl Baedeker Verlag fliegt mit atmosfair.

IMPRESSUM

Ausstattung:
113 Abbildungen, 23 Karten und Grafiken, eine große Reisekarte

Text:
Dina Stahn mit Beiträgen von Dieter Luippold, Dr. Madeleine Reincke, Reinhard Strüber, Walter M. Weiss

Bearbeitung:
Baedeker-Redaktion (Birgit Ulmer)

Kartografie:
Franz Huber, München, © 2023 KOMPASS-Karten GmbH, A-6020 Innsbruck; MAIRDUMONT, D-73751 Ostfildern (Reisekarte)

3D-Illustrationen:
jangled nerves, Stuttgart

Infografiken:
Golden Section Graphics GmbH, Berlin

Gestalterisches Konzept:
RUPA GbR, München

22. Auflage 2023

Trotz aller Sorgfalt von Redaktion und Autoren zeigt die Erfahrung, dass Fehler und Änderungen nach Drucklegung nicht ausgeschlossen werden können. Dafür kann der Verlag leider keine Haftung übernehmen. Jede Karte wird stets nach neuesten Unterlagen und unter Berücksichtigung der aktuellen politischen De-facto-Administrationen (oder Zugehörigkeiten) überarbeitet. Dies kann dazu führen, dass die Angaben von der völkerrechtlichen Lage abweichen. Irrtümer können trotzdem nie ganz ausgeschlossen werden. Kritik, Berichtigungen und Verbesserungsvorschläge sind jederzeit willkommen. Schreiben Sie uns, mailen Sie oder rufen Sie an:

Baedeker-Redaktion
Postfach 3162, D-73751 Ostfildern
Tel. 0711 4502-262
www.baedeker.com

Printed in China

FSC www.fsc.org
MIX
Papier aus verantwortungsvollen Quellen
FSC® C124385

BAEDEKER VERLAGSPROGRAMM

Viele Baedeker-Titel sind als E-Book erhältlich.

A
Ägypten
Algarve
Allgäu
Amsterdam
Andalusien
Australien

B
Bali
Baltikum
Barcelona

Belgien
Berlin · Potsdam
Bodensee
Böhmen
Bretagne
Brüssel
Budapest
Burgund

C
China

D
Dänemark
Deutsche Nordseeküste
Deutschland
Dresden
Dubai · VAE

E
Elba
Elsass · Vogesen
England

F
Finnland
Florenz
Florida
Frankreich
Fuerteventura

G
Gardasee

Golf von Neapel
Gomera
Gran Canaria
Griechenland

H
Hamburg
Harz
Hongkong · Macao

I
Indien
Irland
Island
Israel · Palästina
Istanbul
Istrien · Kvarner Bucht
Italien

J
Japan

K
Kalifornien
Kanada · Osten
Kanada · Westen

Kanalinseln
Kapstadt · Garden Route
Kopenhagen
Korfu · Ionische Inseln
Korsika
Kreta
Kroatische Adriaküste · Dalmatien
Kuba

L
La Palma
Lanzarote
Lissabon
London

M
Madeira
Madrid
Mallorca
Malta · Gozo · Comino
Marrokko
Mecklenburg-Vorpommern
Menorca
Mexiko
München

N
Namibia
Neuseeland
New York
Niederlande

Norwegen

O
Oberbayern
Österreich

P
Paris
Polen
Polnische Ostseeküste · Danzing · Masuren
Portugal
Prag
Provence · Côte d'Azur

R
Rhodos
Rom
Rügen · Hiddensee
Rumänien

S
Sachsen
Salzburger Land
Sankt Petersburg
Sardinien
Schottland
Schwarzwald
Schweden
Schweiz
Sizilien
Skandinavien
Slowenien
Spanien
Sri Lanka
Südafrika
Südengland
Südschweden · Stockholm
Südtirol
Sylt

T
Teneriffa
Thailand
Thüringen
Toskana

U
USA · Nordosten
USA · Südwesten

Usedom

V
Venedig
Vietnam

W
Wien

Z
Zypern

Meine persönlichen Notizen

Meine persönlichen Notizen

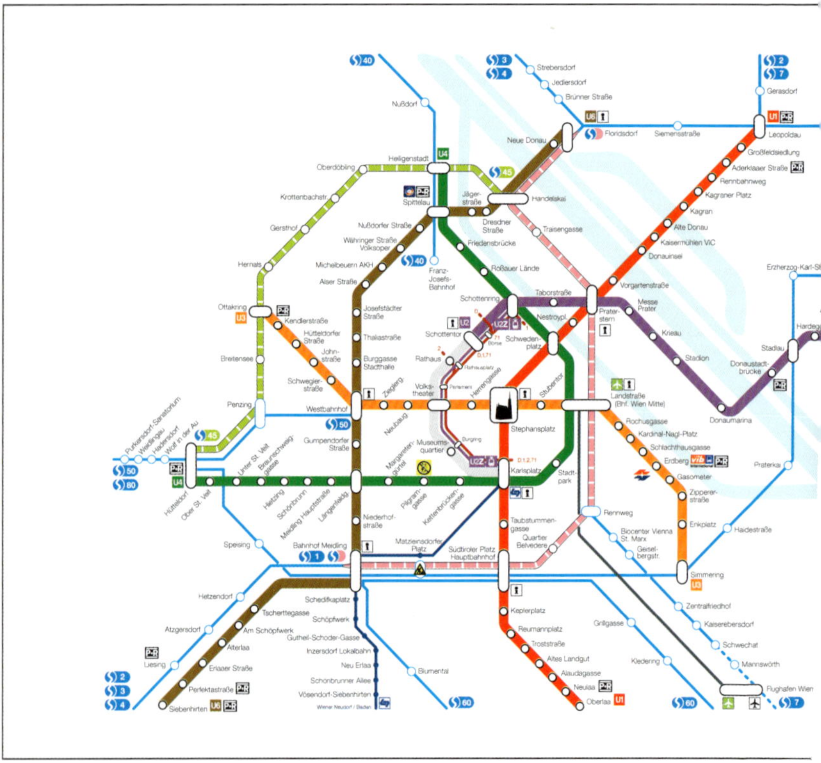

S 40
Nußdorf
S 3
S 4
Strebersdorf
Jedlersdorf
Brünner Straße
S 2
S 7
Gerasdorf
U6
Floridsdorf
Siemensstraße
U1 P+R
Leopoldau
Neue Donau
Großfeldsiedlung
Aderklaaer Straße
Rennbahnweg
Kagraner Platz
Kagran
Alte Donau
Kaisermühlen VIC
Donauinsel
Vorgartenstraße
U4
Heiligenstadt
Oberdöbling
S 45
Krottenbachstr.
Spittelau
Jäger-
straße
Handelskai
Gersthof
Nußdorfer Straße
Dresdner
Straße
Traisengasse
Währinger Straße
Volksoper
Friedensbrücke
Hernals
Michelbeuern AKH
S 40
Franz-
Josefs-
Bahnhof
Roßauer Lände
Alser Straße
Erzherzog-Karl-Str.
Ottakring
U3
Kendlerstraße
Josefstädter
Straße
Schottenring
Taborstraße
Prater-
stern
Messe
Prater
Nestroypl.
Hütteldorfer
Straße
Thaliastraße
U2
U2Z
Schottentor
Schweden-
platz
Krieau
Hardegg
Breitensee
John-
straße
Burggasse
Stadthalle
Rathaus
Stadion
Stadlau
Donaustadt-
brücke
Schwegler-
straße
Zieglerg.
Volks-
theater
Herrengasse
Stubentor
Landstraße
(Bhf. Wien Mitte)
Penzing
Westbahnhof
Stephansplatz
S 50
Neubaug.
Donaumarina
Rochusgasse
Purkersdorf-Sanatorium
Weidlingau
Hadersdorf
Wolf in der Au
S 45
Gumpendorfer
Straße
Kardinal-Nagl-Platz
Unter St. Veit
Braunschweig-
gasse
Margareten-
gürtel
Museums-
quartier
Schlachthausgasse
S 50
S 80
U4
Erdberg
Praterkai
U2Z
Karlsplatz
Gasometer
Stadt-
park
Hütteldorf
Ober St. Veit
Hietzing
Schönbrunn
Meidling Hauptstraße
Längenfeldg.
Pilgram-
gasse
Kettenbrücken-
gasse
Zippererstraße
Niederhof-
straße
Taubstummen-
gasse
Rennweg
Enkplatz
Haidestraße
Quartier
Belvedere
Biocenter Vienna
St. Marx
Speising
Bahnhof Meidling
Matzleinsdorfer
Platz
Südtiroler Platz
Hauptbahnhof
Geisel-
bergstr.
S 1
Simmering
U3
Hetzendorf
Schedifkaplatz
Tscherttegasse
Zentralfriedhof
Schöpfwerk
Kaiserebersdorf
Atzgersdorf
Am Schöpfwerk
Keplerplatz
Grillgasse
Gutheil-Schoder-Gasse
Reumannplatz
Schwechat
Alterlaa
Troststraße
Inzersdorf Lokalbahn
Liesing
Altes Landgut
Kledering
Mannswörth
Erlaaer Straße
Neu Erlaa
Blumental
Alaudagasse
Schönbrunner Allee
S 2
S 3
Perfektastraße
Neulaa
Flughafen Wien
Vösendorf-Siebenhirten
S 4
Siebenhirten
U6
Wiener Neudorf / Baden
S 60
Oberlaa
U1
S 60
S 7